E D U C A T I O N

교육복지의 이해

임연기 · 이병승 · 최준렬 · 이영재 · 박성희 · 박혜원
지희숙 · 김인옥 · 곽효정 · 신교남 · 이지영 공저

학지사

W E L F A R E

머리말

교육복지에 대한 논란이 뜨겁습니다. 교육복지 주장은 보편적 복지냐 선택적 복지냐, 이상적 최대한의 복지냐 실현 가능한 현실적 복지냐, 급진적 복지냐 점진적 복지냐 등의 입장 차이로 구분할 수 있습니다. 이상적으로는 보편적 복지를 추구해야 하지만, 현실적으로는 재정 형편을 고려하여 선택적 복지를 병행할 수밖에 없는 실정입니다. 이처럼 교육복지란, 넓게 보면 모든 국민들에게 최대한의 교육다운 교육을 보장하는 것이요, 좁게 보면 교육 취약 집단에 최소한의 교육을 보장하는 것입니다.

넓은 의미에서는 교육복지의 실현을 위한 여러 관점이 상존하고 있습니다. 무상 의무교육 또는 공교육의 충실화, 입시 위주 교육의 해소와 교육의 본질 회복, 교육 불평등 또는 교육 격차 해소, 안전하고 행복한 학교 만들기, 교육 환경 및 여건의 개선, 교육 소외의 극복, 평생학습사회 구축 등이 그것입니다. 이들은 모두 교육복지의 과제적 성격을 띠고 있습니다. 좁은 의미에서 본 교육복지의 일차적 대상으로서 유아와 장애학생, 저소득층 학생, 위기학생, 다문화 가정 및 탈북 청소년, 지역 차원에서는 도시 저소득층 밀집 지역 학교와 농어촌 지역 학교에 재학하는 학생들을 교육 취약 집단으로 보고 있습니다. 사회복지학계를 중심으로 학교사회복지론의 체계화가 시도되고 있기도 합니다.

이 책은 공주대학교 교육학과 BK21 교육복지연구팀에 직간접적으로 참여한 교수와 대학원생들의 공동 노력으로 발간되었습니다. 참여 교수와 대학원생들이 그간 교육복지와 관련하여 고민하고 발표한 논문들을 엮어 펴낸 것입니다. BK21 사업의 산물이자 그 흔적인 셈입니다. 교육복지에 관심 있는 여러분들에게 교육복지를 이해하는 데 조금이나마 보탬이 되기를 간절히 소망합니다. 미흡한 점이 많아 큰 아쉬움이 남지만 사업 종료 시점에서 결실을 맺게 된 것을 크게 기쁘게 생각합니다. BK 사업 책임자로서 공동 작업에 참여한 여러 집필진들과 함께 기쁨을 나누고자 합니다.

이 책은 1부에서 교육복지의 기초로서 교육복지의 개념(이병승), 교육복지 이론(최준렬), 교육복지 연구방법(이영재) 그리고 2부에서 독일의 교육복지(박성희)와 일본의 교육복지(박혜원)를 중심으로 외국의 교육복지를 다루고 있습니다. 이를 바탕으로 교육 취약 집단을 대상으로 수행된 연구 사례를 소개하는 데 초점을 두고 있습니다. 3부에서는 정부 주도의 도시 저소득층 밀집 지역 학교를 지원하는 교육복지우선지원사업(박성희), 농산어촌 학생을 지원하는 농산어촌 연중돌봄학교 육성사업(임연기)을 안내하고, 4부에서 6부까지는 농촌 지역아동센터(박성희)와 농촌 빈곤계층 아동 진로교육(김인옥), 여성(지희숙) 및 노인(신교남), 다문화 가정(곽효정)과 북한이주민(이지영)을 대상으로 하는 연구 사례를 다루었습니다.

특히 옥고를 보내 주신 이영재 명예교수님, 이 책의 출판에 크게 기여한 박성희 교수와 박혜원 선생의 노고에 감사 드립니다. 아울러 수익성이 없지만 열정만을 믿고 출판을 맡아 주신 학지사 김진환 사장님께도 심심한 감사의 말씀을 드립니다.

2013년 9월

집필자를 대표하여 임연기

차 례

2부 외국의 교육복지

3부 정부의 교육복지 사업

4부 농어촌 교육복지 실천연구

5부 여성 및 노인 교육복지 실천연구

6부 다문화 교육복지 실천연구

1부

교육복지의 기초

1장 | 교육복지의 개념

2장 | 교육복지 이론

3장 | 교육복지 연구방법

1장 교육복지의 개념

교육복지가 무엇인가를 밝히는 방법에는 여러 가지가 있을 수 있다. 아마도 이것을 밝히기 위한 손쉬운 방법들 중의 하나는 교육복지의 개념이 어떤 의미를 가지고 있는가를 알아보는 일일 것이다. 하지만 이러한 작업도 만만치 않은 일임에 틀림없다. 그도 그럴 것이 교육복지라는 말이 학자에 따라서 그리고 국가에 따라서 다르게 쓰이고 있기 때문이다. 따라서 이 상황에서 우리가 할 수 있는 일이란 우선 교육복지의 이념이 어떠한 사회적 · 역사적 배경 속에서 등장하였는가를 밝혀 보는 일이요, 다음으로 교육복지의 개념을 어떤 방식으로 이해해 왔는가 하는 기존의 관점들을 살펴보고, 마지막으로 기존의 관점들을 기초로 교육복지의 개념을 재정립해 보는 일이다. 요컨대, 본 장에서는 교육복지 개념의 사회성과 역사성, 교육복지를 이해하는 기존의 관점들을 소개한 후에 보다 종합적인 교육복지의 개념을 제시하고자 한다.

1. 교육복지 이념의 등장[1)]

교육복지의 개념은 다른 개념들과 마찬가지로 그 자체의 고유한 이념을 지향하고 있으며, 또한 특수한 사회문화적 배경에서 출현하였다. 따라서 '교육복지'라는 말이 출현한 시대성과 역사성을 추적해 보는 일은 이 개념에 담긴 이념, 목적, 방향성에 대한 이해를 높이는 데 도움을 줄 것으로 보인다. 여기서는 서양과 우리나라를 중심으로 교육복지의 이념이 등장한 사회적 · 역사적 배경을 살펴보고자 한다.

1) 서양의 교육복지 이념

서양의 경우 교육복지의 이념이 등장하게 된 배경은 역사적으로 16세기까지 거슬러 올라간다. 고대로부터 시행되어 온 엘리트 중심의 교육 형태는 중세와 근대를 거치면서 위축되기 시작하였고, 상대적으로 교육의 대중성과 공공성이 크게 확보되기 시작하였다. 일찍이 16세기 독일의 루터(Martin Luther)에 의해 주창된 국민교육제도로부터 1642년 미국의 매사추세츠교육령, 1648년 독일의 고타교육령, 1792년 프랑스 혁명의회에 제출된 콩도르세(Marquis de Condorcet) 교육법안에 이르기까지 의무교육제도는 교육의 기회 균등이라는 교육복지적 이념과 맥을 같이하고 있다. 이러한 이념은 현대사회로 넘어오면서 좀 더 새로운 차원으로 전개되었는데, 예컨대 1948년 세계인권선언, 1985년 유네스코의 『학습의 권리(Right to learn)』 등에서 추구하는 교육 이념은 기회 균등을 넘어 과정 및 결과의 평등까지 보장해야 한다는 입장을 잘 보여 주고 있다. 이렇듯 법적 · 제도적 장치로서의 교육복지

---

1) 최현주(2010). 재정리.

이념은 시대에 따라 사회적 상황과 맞물리면서 그 성격이 변하였다고 할 수 있다.

물론 역사적으로 교육복지를 법적 · 제도적 장치를 통해 실현하고자 하는 노력 외에도 개인적 차원에서 이러한 이념의 실천을 강조했던 사례들도 있다. 예컨대, 코메니우스(J. A. Comenius, 1592~1670)는 그의 저서 『대교수학(Didactica)』(1628)에서 "부유하고 뛰어난 아이들뿐만 아니라 동일하게 모든 도시, 지역, 마을 그리고 부락 출신의 귀족이든 평민이든, 부자든 가난하든, 남자든 여자든 모두가 계속해서 학교에 가야 한다."(정일웅 역, 2002)라며 교육평등의 이념을 주장하였다. 또한 페스탈로치(Johann Heinrich Pestalozzi, 1746~1827)가 운영한 고아원에서는 사회적 약자에 대한 인간 복지적 차원[2]의 교육복지 이념을 실현하고자 하였다. 이 외에도 최근에 결과적 평등을 지향하는 보상교육으로서 미국의 HSP(Head Start Project),[3] 영국의 EAZ(Education Action Zone)[4]나 EPA(Education Priority Area),[5] 프랑스의

---

2) 페스탈로치(Pestalozzi)는 영국의 산업혁명으로 인해 발생한 농촌과 도시의 빈민 대중을 위한 교육에 큰 관심을 가졌다. 그는 인간의 행복이나 불행은 교육에 의한 인간성 계발 여하에 달려 있다고 보고, 교육 이념의 역점을 인간성 계발에 두었으며, 나아가 교육의 본질을 인간개혁과 사회개혁에 두었다. 그는 사람이 이러한 교육 목적을 실현하기 위해서는 선천적으로 가지고 있는 능력, 심성, 기능(Head, Heart, Hand: 3H)을 조화롭게 발달시켜야 한다고 주장하였다. 이러한 페스탈로치의 교육 이념은 근본적으로 인간 복지적 차원의 인간성 계발을 전제로 하고 있다고 할 수 있다.

3) 미국의 헤드 스타트 프로젝트(Head Start Project)는 1965년부터 저소득층 3~5세 유아를 대상으로 실시되었고, 1994년에는 임산부와 신생아 및 만 2세까지의 영아를 대상으로 하는 Early Head Start 프로그램을 도입하여 대상을 확대하였다. 이 프로그램은 아동교육과 보육은 물론 의료서비스, 치과 진료, 정신건강, 급식서비스, 영양 및 부모교육 등을 포함하고 있으며, 각 아동과 가정의 발달, 윤리, 문화, 언어적 유산과 경험을 반영하여 적합한 서비스를 제공하고 있다(서문희 외, 2006).

4) 영국의 경우 제2차 세계대전 이후 「1988교육개혁법」이 제정됨에 따라 학부모의 학교 선택권이 보장되면서 학교 간의 격차가 심화되기 시작하였다. 이러한 문제를 해결하기 위해 1998년에 교육우선지역(Education Action Zone) 정책을 입안하여 실시했는데, 이것은 선별적 투자를 특징으로 하는 교육복지정책으로서 특정 지역에서 나타나는 고질적인 교육 문제의 악순환을 끊기 위해 마련된 정책이다. 이 정책은 지역사회, 지역의 기업 등이 적극적으로 참여하게 하고, 학교에는 보다 많은 자율권을 주어 지역사회에 적합한 교육을 실시할 수 있도록 특정 지역을 지원하는 것이었다. 이 정책은 2005년 5월 EiC(Excellence in Cities)로 전환되었으며, 그 내용과 방법은 계속해서 보완되고 있다.

ZEP(Zone Education Priority)[6] 등에서 현대 교육복지의 이념적 배경을 찾을 수 있다(김신일, 2009).

2) 우리나라의 교육복지 이념

우리나라의 경우 교육학 분야에서 '복지'의 개념이 본격적으로 논의되기 시작한 것은 1980년대 이후로 그 역사가 일천하다. 비교적 역사적 뿌리가 깊은 아동복지[7]도 고아(孤兒)나 걸아(乞兒) 등에 대한 인간 복지적 차원의 국가적 긴급 보호정책을 기원으로 하고 있으며, 이것을 교육 분야에서 담당해야 할 중요한 과제라고 인식하기 시작한 것은 최근의 일이다. 또한 우리 사회에서 '교육복지'라는 용어가 언제부터 공식적으로 사용되었는지를 분명하게 파악하기는 쉽지 않으나, 대체로 이 용어가 명시적으로 드러난 것은 1990년대 후반 5 · 31 교육개혁 조치 이후라고 할 수 있다(이혜영 외, 2006). 이러한 교육개혁 조치를 계기로 우리 사회에서는 교육복지의 이념을 실현하고자 하는 제도적 · 법적 차원의 노력과 더불어 민간 차원의 노력이 점차 가

---

5) 영국의 EPA(Education Priority Area)는 결과의 평등을 위한 교육정책으로 저소득층의 취학 전 어린이들을 위한 보상교육의 차원에서 시행되는 정책이다. 이것은 불우한 계층의 취학 전 어린이들에게 기초학습 능력을 길러 주어 이들이 학교교육에서 뒤쳐지지 않도록 예비적 조치를 취하는 데 목적을 두고 있다(김신일, 1985 참고).

6) 1994년부터 실시된 교육 불평등 해소를 위한 프랑스의 교육복지정책은 개인보다는 지역 단위에 초점을 맞추고 있다. 교육평등정책의 기본 방향에 부합하는 정책이 바로 교육우선지역(Zone Education Priority: ZEP) 정책이다. 여기서 '우선지역'이란, 교육 소외가 심각한 지역과 사회경제적 차이가 심한 사람들에게 우선 지원한다는 의미를 담고 있으며, 이러한 지원은 보충교육이나 평생학습 차원이 아니라 제도교육 차원에서 이루어진다는 특징이 있다.

7) 고대(신라 유리왕 5년)로부터 시작된 '아동복지사업'은 부모가 없는 아동을 급식하고 양육하는 일을 실시하는 것으로 시작하였고, 이러한 아동보호 정신이 고려 시대를 지나 조선 시대에까지 이어져 보호자가 없거나 가난한 아동을 양자녀로 일반 가정에서 보호하거나, 나라에서 수용하는 등의 보호정책을 시행하였다. 이러한 아동보호는 광복 이후 아동보육사업으로 이어졌고, 「아동복지법」(1981)을 제정하면서 아동의 비물질적 · 심리적 욕구도 충족시켜 주는 복지정책으로 발전해 왔다(아동복지편람편집위원회, 1997).

속화되어 왔다.

우선 우리나라의 제도적 · 법적 차원에서 교육복지 이념을 추적해 보면, 이 이념은 해방 이후 가시적으로 드러난 것임을 알 수 있다. 예컨대, 1948년「헌법」에서의 초등 무상교육 실시 제안, 1950년의 초등 의무교육 규정, 1967년의 도서 벽지「교육진흥법」제정, 1969~1971년의 중학교 무시험 정책 실시, 1973년 고교평준화 정책의 추진, 1977년「특수교육진흥법」제정 등이 모든 국민에게 교육 기회를 동등하게 보장해 줘야 한다는 점을 강조하고 있다는 점에서, 이들 조치에는 이미 교육복지 이념이 담겨 있다고 할 수 있다.

다음으로, 정책적 차원에서도 교육복지의 이념이 꾸준히 실천되어 오고 있음을 알 수 있다. 예컨대, 아동복지사업, 학교사회사업,[8] 교육안전망사업[9]과 같은 정책들은 교육복지의 이념을 실현하고자 하는 의도를 담은 정책이다. 물론 이러한 정책은 일찍이 미국의 HSP를 비롯하여 영국의 EAZ, 프랑스의 ZEP 등에 이념적 기반을 둔 것으로서, 주로 학교를 중심으로 지역과 연계하여 교육 소외계층의 학습자를 지원함으로써 교육 불평등을 해소하고자 하는 데 목적을 두고 있었다. 우리나라의 경우 이러한 정책은 교육 소외 지역인 농촌을 지원하는 '농촌돌봄학교사업' 또는 '전원학교사업' 등으로 이어지면서 교육 불평등을 해소하고자 하는 방향으로 전개되어 왔다.

이 밖에 제도적 · 정책적 차원과 상관없이 민간 사회시설에서 실현되어

---

8) 보건복지부에 의해 시행된 학교사회사업은 비록 최근에 소개되었지만, 그 이전에 이미 1930년대부터 그와 유사한 사회복지 서비스를 제공하고 있었다. 즉, 학생을 대상으로 하는 복지관 내의 사회복지 서비스 외에 복지관과 학교가 연계하여 학생의 복지를 실현하는 보다 발전적인 형태의 학교사업이 시작되었다. 그러나 우리나라에서 본격적으로 발전하기 시작한 것은 1960년대에 들어서면서부터였고, 본격적으로 실시된 때는 1990년대라고 할 수 있다. 그리고 보건복지부 관할인 학교사회사업에 관하여 교육계에서 본격적인 관심을 갖기 시작한 것은 1990년대 후반부터이며, 2000년대부터는 전국적으로 확대 · 시행되었다(신이선, 1999 참고).

9) 사회 양극화가 주요 이슈로 부각되면서 교육인적자원부에서는 교육 격차 해소를 주된 정책 과제로 설정하고 교육안전망 구축 지원을 천명하였다. 사회복지제도를 일컫는 사회안전망의 개념에서 차용한 교육안전망은 취약 집단을 위한 교육복지정책의 안전화와 제도화 추구를 표방한 것이라고 볼 수 있다(이혜영 외, 2006).

온 활동 속에서도 교육복지 이념을 찾아볼 수 있다. 예컨대, 근로 청소년 및 저학력 청소년을 위한 야학을 비롯하여 저소득층 아동을 돕기 위한 공부방 운영, 아동 및 청소년을 위한 복지시설 운영 등에도 교육복지 이념이 담겨 있다. 특히, 야학은 18세기 후반 개화기로부터 오늘에 이르기까지 약 110년간 유지해 오면서 가난한 서민들의 교육을 담당해 왔다는 점에서 교육복지 이념을 실현해 온 중요한 민간교육기관으로 볼 수 있다(천성호, 2009).

이상과 같은 역사적 사실에 비추어 볼 때 우리나라 교육복지 이념은 제도적 · 법적 · 정책적 차원을 넘어 민간 차원에 이르기까지 폭넓게 실현되어 왔다고 할 수 있다. 그러나 교육복지의 이념이 명시적으로 제시된 것은 최근의 일이라고 할 수 있다. 1995년 교육의 과정 및 결과의 평등을 위한 교육의 질적 수준의 개혁을 요구하는 교육개혁안이 발표되었다. 이 교육개혁안은 "모든 국민이 자아실현을 극대화할 수 있는 교육복지 국가를 지향함"을 천명하고, 교육복지 국가를 '에듀토피아(edutopia)'로 표현함으로써 교육적 이상으로서의 교육복지 이념을 명시적으로 드러냈다고 할 수 있다(이혜영 외, 2006). 그러나 이 교육개혁안은 교육의 질적 수준 향상을 꾀함으로써 교육을 세계화 · 정보화 추세에 맞추고, 국가 경쟁력을 강화하기 위한 인력 양성을 목적으로 하고 있다는 점에서 어디까지나 교육의 수월성을 확보하고자 하는 데 초점을 맞춘 것이지, 교육복지의 본질적 의미를 실현하고자 한 개혁안이라고는 할 수 없다.

우리 사회에서 교육복지 이념을 실현하고자 한 정책적 시도가 보다 본격적으로 이루어진 것은 1997년 외환 위기 이후라고 할 수 있다. 외환 위기로 노동시장 구조의 변화와 고용 불안 등이 커지면서 사회적 약자에 대한 정책적 지원이 필요해짐에 따라 교육복지의 이념 실현을 위한 정책적 시도가 보다 강하게 요구되었다. 즉, 사회적 소외계층 또는 교육 소외계층을 위한 투자가 선행되어야 한다는 주장이 제기되면서 교육 격차 해소 및 교육 평등 보장을 위한 적극적인 교육복지정책이 시작된 것이다.

이상에서 살펴본 바와 같이 외국과 우리나라의 경우, 교육복지 이념이 등장한 사회적 · 역사적 배경이 동일한 것은 아니더라도 일반적으로 개인을 보호하고 개개인의 복지를 실현하고자 하는 목적에서 비롯되었으며, 점차적으로 교육의 기회를 균등하게 부여하고자 하는 국가적 교육평등정책으로 발전하였음을 알 수 있다. 또한 사회구조의 변화에 따라 파생된 불평등 문제를 해소하고자 하는 정책으로 전환하게 되었다. 그리하여 이제는 동서를 막론하고 교육복지정책은 교육 불평등 해소를 위한 교육 기회의 보장, 교육의 과정 및 결과의 평등, 교육정의의 실현을 지향하는 교육복지의 이념을 실현하고자 하는 방향으로 전개되고 있다.

2. 교육복지에 관한 기존의 관점

앞에서 살펴본 바와 같이 교육복지의 이념이 등장하게 된 사회적 · 역사적 배경을 살피는 일은 교육복지의 개념을 이해하는 토대로서 나름대로 의의를 가진다. 하지만 오늘날 우리 사회에서 쓰이고 있는 교육복지의 개념은 내포와 외연이 넓은 개념으로, 역사적인 접근만으로는 이 개념의 복잡한 의미를 파악하는 데 한계가 있다. 따라서 교육복지의 개념이 실제로 우리 사회에서 어떻게 쓰이고 있는가를 살펴볼 필요가 있다. 특히, 교육복지 분야에서 연구하거나 일하는 사람들이 교육복지 개념을 어떤 관점에서 바라보는가를 살펴볼 필요가 있다. 교육복지를 바라보는 다양한 관점이 있지만, 여기서는 대체로 학계에서 논의된 바 있는 세 가지 관점, 즉 교육복지를 사회복지의 한 영역으로 보는 관점, 교육 이념을 실현하기 위한 지원으로 바라보는 관점 그리고 교육활동에 복지 이념이 내재한다는 관점을 간단히 소개하고자 한다.[10]

1) 사회복지의 한 영역으로 보는 관점

교육복지를 바라보는 첫 번째 관점은 교육을 사회복지의 한 영역으로 보거나 사회복지를 실현하기 위한 방법으로 보는 입장이다. 이러한 관점은 대체로 사회복지학자들에 의해 제시된 입장으로, 이들은 교육이란 사회복지의 하위 영역인 동시에 사회복지 이념을 실현하기 위한 방법론에 지나지 않는다고 주장한다. 예컨대, 한만길(2000)은 '교육'과 '복지'의 관계를 '교육 외적인 관점'과 '교육 내적인 관점'으로 구분하면서 "교육은 복지의 한 영역이고, 교육활동 자체가 하나의 복지이며, 교육복지는 교육받고 있는 사람을 대상으로 한 사회복지"라고 주장하였다. 그리고 이태수(2004)는 교육을 복지사회 실현을 위한 중요한 방법이라고 하면서 "교육과 복지는 상호 밀접한 관계를 가지며, 복지는 교육의 목적인 동시에 수단"이라고 주장하였다. 또 이상오(2000)는 "교육은 이미 처음부터 사회복지의 이념을 지향하고 있으며, 사회복지를 구현하는 또 다른 실천방법으로서 기여하여 왔다."라고 주장한 바 있다. 이 같은 여러 주장을 요약하여 그림으로 나타내 보면 [그림 1-1]과 같다.

이러한 관점을 지지하는 사람들은 교육복지가 다음 두 가지 의미를 가진다고 생각한다. 하나는 교육복지가 어디까지나 사회복지의 한 영역에 지나지 않는다는 것이다. 예컨대, 사회복지 영역에는 보건의료, 소득, 노동, 주택,

10) 물론 학계에서는 교육복지를 바라보는 관점을 다양하게 표현하기도 하지만, 앞에서 구분한 관점에서 크게 벗어나지 않는다. 예컨대, 한만길(2000)은 '교육'과 '복지'의 관계를 '교육 외적인 관점'과 '교육 내적인 관점'으로 구분하였으며, 이태수(2004)는 교육과 복지의 목적을 동일하게 보는 관점과 교육을 복지사회의 실현을 위한 방법으로 보는 관점으로 구분하였다. 이혜영 등(2006)은 이를 좀 더 세분화하여, 첫째 교육 개념에 복지 개념이 내재해 있다는 관점, 둘째 교육을 사회복지의 일부로 보거나 사회복지를 실현하기 위한 방법으로 보는 관점, 셋째 복지를 교육을 위한 수단으로 간주하여 복지를 통하여 교육을 실현한다고 보는 관점으로 구분하였으며, 최근에 김정원 등(2010)은 교육복지를 이해하는 방식을 교육의 복지적 성격을 강조하는 입장과 사회복지의 한 영역으로 보는 입장으로 구분하고 있지만, 이들의 관점은 앞에 제시한 세 가지 관점으로 묶일 수 있을 것이다.

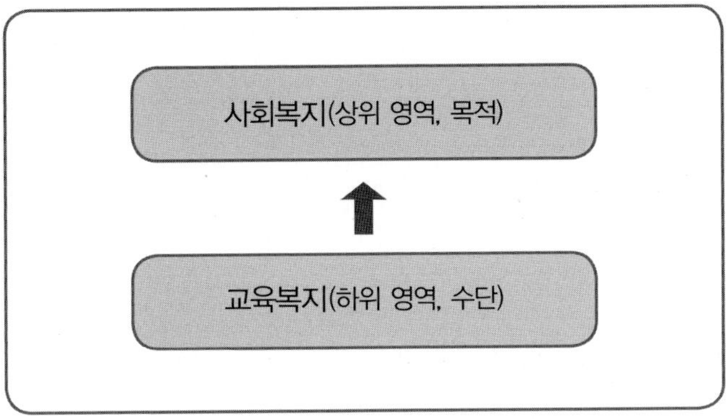

그림 1-1 사회복지 영역으로서 교육복지

교육 등이 포함되어 있는데, 교육은 이러한 여러 영역들 중 하나라는 것이다. 주로 사회복지 영역에서 활동하는 전문가들은 교육복지를 이러한 관점에서 바라보고 있다. 이들은 종래 학교사회사업 활동을 사회복지의 한 영역에서 이루어지는 활동 중 하나로 보고 있으며, 나아가 교육복지를 학생뿐만 아니라 그 이전과 그 이후까지를 포함하여 전 생애에 걸쳐 전체 사회의 장에서 이루어지는 교육 관련 서비스로 규정하고 있다(류방란 외, 2006).

다른 하나는 교육을 사회복지의 한 수단이나 방법으로 보는 것, 즉 교육을 통해 사회복지를 실현할 수 있다고 보는 입장이다. 예를 들어, 삶의 질 향상을 위하여 빈곤을 퇴치하거나 사회 이동을 촉진해야 한다면, 교육은 그러한 목적을 달성하도록 해 주는 중요한 수단이라는 것이다. 교육을 통하여 사회복지를 실현할 수 있다고 보는 대표적인 관점은 생산적 복지론이다. 생산적 복지론은 이전의 사회복지정책이 기본적인 생활 욕구를 충족시켜 주는 소비적 방식으로 전개되어 왔던 것을 비판하고, 수급자의 경제적 자활 능력을 키워 주는 방식으로 이루어져야 한다는 관점이다. 이러한 관점을 지지하는 사람들은 교육이 수급자들의 생산력을 향상시키는 데 기여해야 한다고 주장한다. 요컨대, 생산적 복지론에서 교육은 높은 소득을 얻을 수 있는 기회, 생산성 향상을 위한 방법을 획득하는 수단적 기능을 수행해야 한다는 것이다(류방란 외, 2006).

2) 교육 지원으로 바라보는 관점

교육복지를 바라보는 두 번째 관점은 복지를 교육 이념을 실현하기 위한 수단으로 보는 입장이다. 이러한 관점은 대체로 일부 교육학자들이 내세우는 입장으로서, 이들은 복지를 통해 교육의 이념이 실현될 수 있다고 믿는다. 이러한 점에서 복지란, 실현하고자 하는 것 자체의 이념이나 목적이 아니라 교육이 추구하는 목적을 달성하기 위해 필요한 토대를 제공하는 것이라고 할 수 있다. 이 같은 의미에서 이러한 관점을 '교육 이념 실현의 토대로서 교육복지관' 혹은 '교육 지원으로서 교육복지관'이라고 할 수 있으며, 이러한 관점을 그림으로 나타내면 [그림 1-2]와 같다.

예컨대, 신체적인 장애 요인이 있는 학생들이 교육활동을 제대로 해 나갈 수 없을 때 그러한 장애 요인을 극복할 수 있도록 지원해 주거나 아침 식사를 못하고 등교하거나 준비물을 준비하지 못한 상태에서 수업에 들어올 경

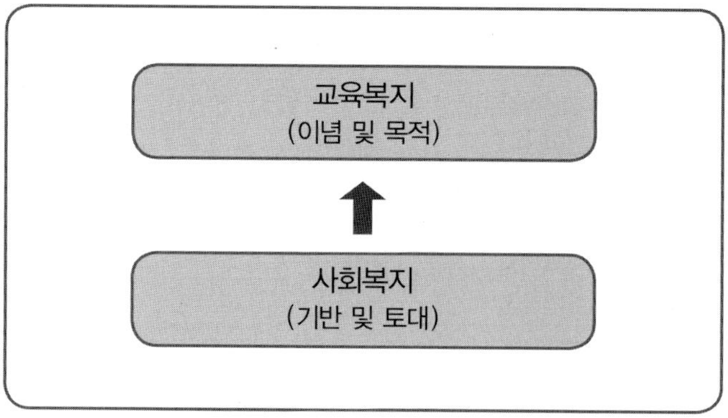

그림 1-2 교육복지 지원으로서 사회복지

우, 아침 식사나 학습 준비물을 제공하는 활동은 교육 이념을 실현하기 위한 조건이 될 수 있을 것이다. 다시 말해, 아침 식사를 거르거나 미처 준비물을 구비하지 못한 것과 같은 이유로 교육활동에 정상적으로 참여하지 못하거나 참여하였다고 해도 성과를 거두지 못한다면 이러한 어려움을 극복할 수 있도록 지원해야 한다는 것이다. 이러한 의미의 교육복지 활동은 현실적으로 사회복지 활동과 크게 다르다고 할 수 없을 것이다. 교육복지를 이러한 관점에서 이해할 경우 종래에 사회복지 활동의 일환이었던 것들은 그 자체의 의의를 가지기보다는 교육 목적을 실현하기 위한 조건이나 토대로서 그 의의를 가진다고 할 수 있다(류방란 외, 2006). 하지만 지금까지 사회복지 영역에서 다루어져 온 보건의료, 소득, 노동, 주택 등 다양한 분야의 활동들이 모두 교육의 본질적 가치를 실현하기 위한 조건이요, 토대로서 기여한다는 주장은 부분적으로 옳지만 모두 옳다고는 볼 수 없을 것이다.

3) 교육활동에 복지 이념이 내재한다는 관점

앞에서 소개한 두 가지 관점은 교육과 복지 혹은 교육복지와 사회복지를 별개의 것으로 보거나 목적과 수단의 관계로 보고 있다. 첫 번째 관점은 사회복지에 무게를 두면서, 교육복지란 사회복지의 한 영역이거나 사회복지 이념을 실현하기 위한 수단으로 바라보는 반면에, 두 번째 관점은 교육에 무게를 두면서, 복지 혹은 사회복지란 교육 이념을 실현하기 위한 지원 및 조건으로 바라보고 있다. 이럴 경우 전자는 교육을 복지의 하위 개념으로 바라보게 되고, 후자는 복지를 교육의 하위 개념으로 바라보게 된다. 따라서 이 두 가지 관점은 어느 하나가 다른 하나에 종속되거나 규정되는 난점을 드러내고 있다.

이에 비해 교육복지를 바라보는 세 번째 관점은 교육과 복지를 별개의 영역으로 보거나 목적과 수단의 관계로 보는 것이 아니라, 교육과 복지를 동일

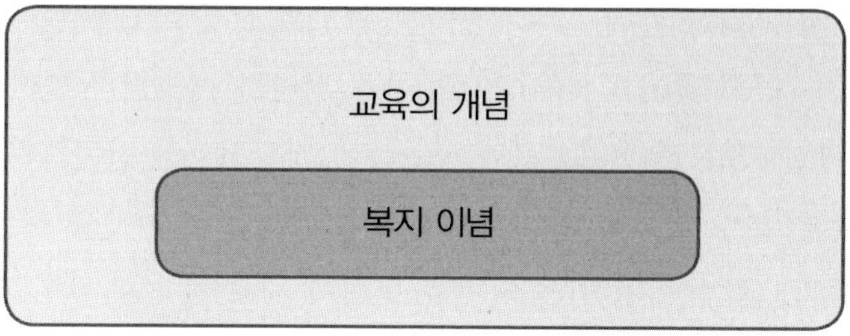

그림 1-3 교육활동에 내재하는 사회복지 이념

한 목적을 추구하는 분야로 보거나 교육활동에 이미 복지의 이념이 담겨 있는 것으로 바라보고 있다. 이러한 관점은 주로 교육학자들에 의해 제기되었으며, 이들은 이러한 관점을 흔히 '내재적 관점'이라고 부르는데, 그 이유는 교육이라는 개념 안에 이미 복지를 실현한다는 의미가 논리적으로 내재해 있기 때문이라는 것이다. 이러한 주장을 그림으로 나타내면 [그림 1-3]과 같다.

이상과 같은 맥락에서 이기범(1996)은 "교육복지는 복지가 교육에 내재되어 있다는 상식을 명시화한 개념"이며, "교육은 삶의 기회를 넓히고, 삶의 질을 높이는 활동인 만큼 같은 목적을 지닌 복지의 내용을 담고 있다."라고 주장한 바 있다. 또한 이돈희 역시 교육은 개인의 성장 욕구 실현이라는 내재적 가치를 추구한다는 점에 있어서 누구에게나 보편적으로 적용되는 복지적 동기를 지닌다고 보았으며, 이러한 복지적 동기에 의한 교육 기회를 '교육복지'라고 부르고 있다. 이러한 관점에서 교육과 복지는 상위와 하위 개념으로 관계를 맺기보다는 동일한 목적을 추구하는 상이한 개념일 뿐이다. 교육이 본래 추구하는 가치를 충실히 실현하다 보면 복지의 목적도 동시에 실현된다는 것이다(이돈희, 1999). 이러한 맥락에서 김인희(2006) 또한 교육복지란 교육의 정의를 실현하려는 노력의 일환으로, 이러한 의미에서 교육과 복지는 별개의 영역으로 구분될 수 없으며, 따라서 교육과 복지가 추구하는 목적도 동일할 수밖에 없다고 주장한다. 이상과 같은 내재적 관점은 교육과 복지가 인간의 삶의 질 향상과 교육정의 실현이라는 동일한 목적을 추구한다는 점이나 교육의 개념 속에 이미 복지적 이념이 담겨 있다는 점을 강조한다는 면에서 동어 반복적인 주장이라는 지적을 받기도 한다.

3. 교육복지의 의미

앞에서 살펴본 바와 같이 교육복지를 바라보는 관점은 다양하다. 여기서는 이러한 기존의 다양한 관점들을 비판적으로 검토하면서 교육복지의 의미를 교육학적 관점에서 밝혀 보고자 한다. 이미 앞에서 지적한 바 있듯이, 교육복지를 사회복지의 하위 영역으로 바라보거나 복지 이념을 실현하기 위한 수단으로 바라보는 관점 그리고 교육의 본질적인 문제를 사회복지학의 개념적 틀과 기준에 비추어 평가하는 것은 교육 본래의 가치 실현이라는 교육학의 관심과는 거리가 먼 것이다. 교육 그 자체에 '삶의 질 향상'이라는 복지적 가치가 내재해 있고 그것이 교육의 본질을 구성한다면, 우리는 교육이 정상적인 기능 수행을 통해 그 가치를 실현할 수 있는 방안을 모색함으로써 교육 및 복지가 추구하는 공동의 목적을 달성할 수 있을 것이다. 정상적인 교육의 모습을 실현하는 일, 이것은 교육의 영역 안에서 교육 연구자들과 실천가들이 고민해 봐야 할 일이다(김인희, 2006). 교육복지를 이러한 관점에서 이해하는 것은 앞에서 소개한 세 번째 관점과 맥을 같이한다고 할 수 있다. 따라서 교육복지에 대한 정의(定義)는 교육이 추구하는 본질적 가치와 관련지어 내릴 수밖에 없을 것이며, 그러한 가치 실현을 방해하는 요인을 어떻게 제거할 것인가 하는 논의 속에서 시도되어야 할 것이다.

우선 교육복지의 의미를 밝히기 위해서 우리는 교육복지가 교육정의(教育正義) 실현과 밀접한 관련이 있다는 점을 알아 둘 필요가 있다. 이돈희(1999)

는 "제도로서 교육의 정의로움을 밝히는 일은 그 제도가 교육적임을 밝히는 일과 같다."라고 주장한 바 있는데, 이는 교육정의의 실현 여부를 판단하는 것이 곧 교육적 가치 실현을 위한 제도의 정의로운 운영 여부를 판단하는 것과 같다는 주장이라고 할 수 있다. 교육이 유의미한 학습 경험을 통해 개인의 능력을 최대한 발휘하면서 성장하도록 하는 것이고, 그 성장의 요소에는 누구에게나 보편적으로 요구되는 공통 요소와 개인의 특성에 따른 특수 요소가 있다고 할 때, 전자의 경우에 대하여 우선적으로 관심을 가지고 그것에 맞는 원칙하에 접근하는 일이 곧 교육복지라고 할 수 있을 것이다. 이러한 관점에서 보면, 교육복지란 교육정의를 실현하려는 노력의 일환이라고 볼 수 있다(김인희, 2006).

다음으로, 교육복지의 의미를 밝히기 위해서는 교육정의를 비롯한 교육의 본질적 가치 실현을 어렵게 하는 요인이 무엇이며, 그러한 요인들을 어떻게 다룰 것이냐 하는 문제를 고려해 봐야 한다. 교육정의의 실현을 어렵게 만드는 요인 중 대표될 만한 것이 바로 교육 소외(教育疎外)다. 여기서 교육 소외란, 정상적인 교육 기회를 통해 자신에게 필요한 학습을 경험하지 못함으로써 자신이 지닌 잠재 능력을 제대로 발휘하지 못하여 정상적인 성장의 길을 걷지 못하고, 그로 인하여 삶의 질이 향상되지 못하는 현상을 말한다(김인희, 2006). 말하자면 교육 소외는 자신의 성장을 극대화하기 위한 교육적 요구에 부합되는 학습 기회를 갖지 못하는 현상이라고 할 수 있는데, 이는 교육 내용, 교육방법, 교육 환경에의 부적응 문제를 불러일으킴으로써 교육이 본래 실현하고자 하는 삶의 질을 저하하게 된다. 이러한 관점에서 교육복지는 이와 같은 문제를 해결하려고 노력하거나 교육 소외를 극복하여 교육 수요자가 유의미한 교육 기회를 누리고, 나아가 질 높은 삶을 유지하는 것을 의미한다.

끝으로, 교육복지의 의미를 밝히기 위해서는 교육 소외와 관계가 깊은 교육 불평등 및 교육 격차 문제를 고려하지 않을 수 없다. 왜냐하면, 교육 불평등은 교육 소외 현상을 불러일으키는 주된 원인 중 하나이기 때문에 이것을 바르게 이해하고, 이를 해소하기 위한 방안을 찾는 일은 교육복지 개념을 바르게 이해하기 위한 중요한 단초가 된다고 할 수 있다. 또한 최근 사회 양극화 현상과 관련하여 지역 간 교육 격차 문제를 해소하기 위한 논의가 활발하게 이루어지고 있는데, 이 교육 격차 역시 교육정의를 구현하려는 교육복지적 노력을 가로막는 중요한 요인이다. 즉, 개인 간, 집단 간, 학교 간, 계층 간, 지역 간에 나타나는 학업성취 등의 교육 결과 및 교육 여건, 교육 내용 등의 격차로 인하여 발생하는 교육의 양적 · 질적 차이는 교육복지 차원에서 극복되어야 할 대상임에 틀림없다.

이상과 같은 점들을 고려하여 교육복지의 의미를 밝힌 다음과 같은 정의들은 교육복지의 개념을 이해하는 데 큰 도움을 줄 것으로 여겨진다. 예컨대, 김인희(2006)는 "교육복지란 교육 소외를 극복하여 정상적인 교육과 학습이 이루어지는 상태 또는 교육 소외를 극복하기 위한 의도적인 노력의 총체"라고 정의하였으며, 이혜영(2006)은 "교육복지란 모든 국민에게 일정 수준의 교육을 받을 수 있는 기회를 제공하며, 개인적 · 사회적 · 경제적 요인으로 인해 발생하는 교육 소외 · 부적응 · 불평등 현상을 해소하여 모든 국민이 각자의 교육적 요구에 맞는 교육을 받음으로써 잠재 능력을 최대한 계발할 수 있도록 제반 지원을 제공하는 것이다."라고 정의한 바 있다. 또 이혜영 등(2006)은 "교육복지란 모든 국민을 위한 교육의 질 제고를 추구하면서 취약 집단의 교육적 취약성을 예방하고 극복할 수 있도록 교육의 기회를 제공하고, 교육과정 속에서 유의미한 학습 경험을 제공하며, 개인의 역량을 충분히 발휘하여 교육적 성취를 얻을 수 있도록 지원함으로써 교육 불평등을 해소 혹은 완화하려는 사회적 행위다."라고 정의하고 있다. 이러한 정의들은 관점과 강조점에서 다소 차이를 보이기는 하지만, 비교적 포괄적이고 종합적인 차원에서 교육복지의 의미를 밝히고 있다는 점에서 교육복지 개념을 이해하는 데 큰 도움을 줄 것으로 여겨진다.

4. 교육복지의 실천 원리

앞에서 소개한 교육복지의 정의를 종합해 볼 때 장차 교육복지정책은 다음과 같은 실천 원리[11]를 고려해야 할 것이다.

첫째, 기초교육 수준의 적용 원리를 들 수 있다. 이것은 의무교육 기간 등 교육 기간, 국민공통기본교육과정 등 교육 내용과 학습 도달 목표, 기초학력 책임제에서 적용하는 기초학력 수준 등 다양한 방식으로 나타나는데, 이러한 교육활동을 가능하게 하는 교육 여건의 최소 기준, 즉 교원의 자격 기준, 교육시설을 포함한 제반 교육 환경 기준 등의 설정이 필연적으로 수반된다. 이 같은 기초교육 수준은 복지적 교육 기회 배분의 평등 원리에 따라 모든 사람들에게 적용되어야 할 보편적인 기준이다.

둘째, 교육 기회 배분의 평등 원리를 들 수 있다. 이것은 인간 삶의 질적 향상을 목적으로 하는 교육복지가 누구에게나 보편적으로 요구되는 공통의 사회적 가치라고 할 수 있는데, 이러한 보편적 가치의 배분은 당연히 모든 사람에게 평등하게 주어져야 한다는 것을 말한다. 하지만 이것은 모든 학습자에게 항상 동일한 방식으로 주어져야 한다는 것을 의미하지는 않는다. 왜냐하면, 학습자들은 능력, 소질, 관심 등의 차이에서 오는 각기 다른 교육적 필요를 가지기 때문이다. 이러한 의미에서 교육 기회 배분의 평등 원리는 교육 기회의 교육적 가치가 얼마나 동등하게 주어지고 있는가에 관심을 가지지, 그 결과가 얼마나 평등한가에 관심을 가지는 것은 아니다.

셋째, 비용의 공적 부담의 원리를 들 수 있다. 이것은 사회적으로 요구되는 기초교육 수준의 교육을 사회가 책임져야 한다는 원리다. 이 원리에 따

---

11) 이 실천 원리들은 김인희(2006)의 주장을 참조하여 정리한 것이다. 물론 교육복지 실천의 주요 원칙을 다르게 제시하는 경우도 있다. 예컨대, 김정원 등(2010)은 교육복지 실천의 주요 원칙으로 통합교육의 원칙, 의미 있는 학습 경험의 원칙, 능동적 시민 양성의 원칙 등을 제시하고 있다.

르면, 사회는 인간다운 삶의 조건을 조성한다든가 건전한 사회 유지를 위해 교육비를 공적으로 부담해야 한다. 그렇지 않을 경우 교육복지의 기회는 개인의 경제적 능력에 따라 분배된다. 경제적 능력이 부족한 자에게는 보편적으로 요구되는 기초교육의 기회를 보장하지 못하는 결과가 초래될 것이며, 빈부 격차는 교육을 통해 완화되는 것이 아니라 심화될 가능성이 높다.

넷째, 학습 경험의 유의미성의 원리를 들 수 있다. 이것은 교육자, 교육 목표, 교육 내용, 교육방법, 교육 환경 등 교육의 제 조건이 학습자들이 가지는 학습 경험에 의미가 있어야 한다는 원칙으로, 이러한 원칙을 고려하지 않을 경우 교육 부적응이라는 교육 소외 현상을 낳을 수 있다. 물론 유의미한 학습 경험의 모습은 개개인의 교육적 필요만큼 다양해질 수 있다. 대체로 학습 경험의 유의미성을 높이기 위해서는 학생들의 교육적 필요에 대한 정확한 파악이 선행되어야 하고, 학습 경험을 어떤 방식으로 제공할 것인가 하는 설계가 이루어져야 한다.

다섯째, 교육 기회의 충분성의 원리를 들 수 있다. 이것은 학습 경험이 얼마나 유의미한가의 문제뿐만 아니라, 그러한 경험이 교육적 필요를 어느 정도 충족시키는가를 숙고할 때 고려해야 할 원리다. 흔히 학교 현장에서 학습 내용이나 방법이 학습자에게 적합하게 제공된다고 하더라도 교육 자원이 부족하거나 또 다른 이유로 충분한 학습 경험을 하지 못하는 경우가 생길 수 있다. 이때 교육복지 차원에서의 바람직한 대응은 교육 공급 체계의 유연성을 높임으로써 보다 다양한 방식으로 학습 경험을 제공하는 것이다.

여섯째, 교육 손실 누적 및 조기 대응의 원리를 들 수 있다. 이것은 교육 소외가 가져오는 교육 기회의 손실 누적으로 인해 생겨날 수 있는 삶의 질의 저하 혹은 삶의 손실을 막기 위하여 가능한 한 최선의 대책을 마련해야 한다는 원리를 말한다. 이러한 원리에 비추어 볼 때 교육복지 차원에서 제한된 교육 자원으로 인해 발생하는 교육 기회의 손실을 최소화하기 위해서는 학습자들의 교육 소외 현상을 가능한 한 이른 시기에 파악하여 이에 대한 적절한 조치를 취해야 한다. 이를 위해 교육 소외의 양상과 취약 부분, 원인 등을 분석하여 교육 소외 발생의 구조와 과정을 파악해야 할 것이다.

일곱째, 평생교육의 원리를 들 수 있다. 이것은 교육 손실을 학령기에 보충할 수도 있지만, 그렇지 못한 사람들이 언제, 어디서나 자신이 원하는 교육 기회를 가질 수 있도록 해 주어야 한다는 교육복지의 원칙을 말한다. 이들이 이러한 기회를 가지도록 하기 위해서는 교육 공급 방식을 다양화하고, 학습 시기를 유연하게 할 필요가 있다. 학교 부적응 등의 이유로 학업을 중단한 사람들에 대한 대안교육 프로그램, 저학력 성인들을 위한 방송통신교육 프로그램, 학력 인정 평생교육시설 등은 이 같은 기회를 넓히는 데 크게 기여할 것으로 보인다.

2장 교육복지 이론

교육복지는 국민에게 교육적 욕구를 충족시켜 주는 복지로, 교육복지를 추구하는 이념과 목적에 따라 교육복지의 방향과 내용이 달라진다. 어떤 이념을 추구하고, 달성하고자 하는 목적이 무엇이냐에 따라 실행해야 할 교육복지가 달라진다. 교육복지 이론은 교육복지가 추구해야 할 논리적 근거를 마련해 주는 토대이며, 교육철학과 사회복지 이론을 모태로 하고 있다. 교육철학과 사회복지론에서 논의되었던 복지이론의 유형은 다양하지만 내용의 유사성과 중복성을 고려한다면, 교육정의론, 교육권론, 교육공동체론, 기능주의 이론, 수렴이론, 시민권 이론, 정치경제학 이론이 대표적이다. 이 장에서는 이들 이론을 중심으로 교육복지 이론을 논의하기로 한다.

1. 교육복지 이론의 기초

국민에게 교육적 욕구를 충족시켜 주는 교육복지를 누가, 누구에게, 왜 제공해야 하는가가 교육복지 이론의 기초다. 교육복지를 국가가 제공해야 하는가, 교육받은 자를 활용하는 기업이 제공해야 하는가? 교육복지를 국민 모두에게 제공해야 하는가, 해당되는 일부에게만 제공해야 하는가? 교육복지를 제공하는 이유는 무엇인가? 개인의 능력을 배양하여 사회에서 역량을 발휘하도록 하기 위해서 교육복지를 제공해야 하는가, 소외된 자들의 역량을 개발하여 사회의 성원이 되는 통합 기능을 발휘하기 위해 교육복지를 구현해야 하는가? 이러한 문제가 교육복지 이론을 구축하는 토대가 된다.

이용교와 임형택(2010)은 교육복지가 추구해야 할 목표를 "국민 기초교육 수준을 보장"하는 데 있다고 설정하고 있다. "장애학생, 저소득층 학생, 저학력 성인, 외국인 근로자 자녀, 기초학력 미달자 등 신체적 · 사회적 · 경제적 · 제도적 요인 등으로 인해 교육 기회를 제한받고 있거나, 기초학력에 미달하는 교육 소외계층이 상존하고 있는 상황에서 교육 소외계층에 대한 실질적인 교육 기회 보장과 기초학력 달성을 통해 국민 기초교육 수준을 달성하는 것이 교육복지의 중요한 목표"라고 정의하고 있다. 이와 같이 정의하는 교육복지의 목표는 선정된 일부에게만 제공하는 교육복지다. 사회적으로 소외되거나 적응하지 못하는 사람들에게 교육 기회를 제공하여 함께 어울릴 수 있고, 적응할 수 있는 능력을 길러 주는 것이 교육복지의 목표다. 이런 목표는 교육복지가 추구하는 사회적 통합 기능을 구현한다.

사회적 통합은 복지의 중요한 목표다. 빈부의 갈등, 배운 자와 배우지 않은 자의 갈등이 심화될 때 사회는 많은 비용을 소모하게 되고, 발전이 저해된다. 사회의 갈등을 완화하고, 뜻을 함께할 수 있는 사회적 통합 기능을 활성화하는 것이 교육복지가 추구하는 중요한 목표 중 하나다.

사회적 통합과 더불어 사회적 연대도 교육복지가 추구하는 목표다. 소외되고 어려움을 겪는 사람들에게 교육복지를 제공하여 함께 생각하고, 함께 생활할 수 있는 기반을 마련해 주어 사회적 연대를 강화한다.

사회적 통합과 사회적 연대가 교육복지 이론을 구축하는 기반인 것이다.

어떻게 사회적 통합과 연대를 형성하도록 하는가는 이론에 따라 다르다. 교육정의론적 교육복지는 국가가 추구하는 사회정의 실현을 통해, 교육권론적 교육복지는 개인이 가진 고유의 권한을 보장하여, 교육공동체적 교육복지는 교육과 관련된 모든 사람이 서로 협동하여 함께 생활할 수 있는 기반을 마련하여 사회적 통합과 연대를 구축하도록 한다. 기능론적 교육복지는 국가와 기업 등이 협동하여 사회적 통합과 연대를 구축하기 위해 노력해야 한다면, 시민권적 교육복지는 국가가 책임지고 이를 실현해야 한다. 갈등론적 관점에서 보면, 시민이나 노동자들이 단결하여 주장하고 쟁취하여 사회적 통합과 연대를 구축하여야 한다. 이와 같이 통합과 연대를 어떻게 구축하도록 하느냐에 따라 교육복지 이론이 달라진다. 교육정의론, 교육권론, 교육공동체론이 교육적 관점에서 교육의 이념을 실현하여 사회적 통합과 연대를 구축하도록 한다면 기능론, 시민권론, 갈등론 등은 사회복지를 실현하여 사회적 통합과 연대를 구축하도록 한다. 서로의 관점은 다르지만, 본질적으로는 어떻게 복지를 제공하여 함께하는 사회를 구축하느냐를 모색하고 있다.

2. 교육정의론

교육복지의 이론적 기반은 교육정의론에서 찾을 수 있다. 정의는 사전적으로는 "사회나 공동체를 위한 올바른 도리"(다음, 2012)로 정의되나, 사회학이나 철학적 차원에서는 "사회의 주요 제도가 권리와 의무를 배분하고, 사회 협동 체제로부터 생긴 이익의 분배를 정하는 방식"(Rawls, 1999/2003)으로 정의하고 있다. 이는 사전적으로 막연하게 규정하고 있는 정의의 개념을 보다 구체화하고 있다. 일반적으로 정의라고 하면 '사람이 수행해야 할 올바른 도리' 또는 '사회를 구성하고 유지하는 공정한 도리'라고 생각하는데, 이런 개념 정의는 추상적이어서 정의의 개념을 명확히 이해하는 데 어려움이 있다.

사람이 수행해야 하는 올바른 도리나 사회의 구성원으로서 수행해야 할 규범은 사회적 제도와 관련이 깊다. 국가에 따라 지켜야 할 도리가 다르고, 지역에 따라 행동해야 할 규범이 다르다. 올바르고 공정하게 행동하는 기준이 사회 체제에 따라 다르기 때문에 정의의 개념도 사회제도에 따라 다르다. 따라서 플라톤과 같이 절대적 진리를 추구하는 이상론적 정의론에서는 어느 때, 어느 곳에서나 공통으로 적용되는 이데아와 같은 정의의 개념이 존재하지만 현실적으로는 불가능하다. 현실적으로 어느 사회, 어느 시대에나 모두 통용되는 정의의 개념을 찾기란 불가능하다. 아시아에서는 합리적이며 도덕적인 것이 유럽에서는 비합리적이며 부도덕한 행위일 수 있으며, 과거에는 당연한 규범이 오늘날에는 폐기해야 할 규범으로 변하고 있다.

정의의 개념이 지역과 시대에 따라 달리 적용되기 때문에 정의의 개념을 제도와 관련지어 규정하고 있다. 이돈희(2004)는 정의를 "사회제도가 제도로서 지녀야 할 당위적 규칙 혹은 원리"로 정의하고 있다. 정의(justice)는 just의 명사형이며, 그 사회에서 현재 지켜야 할 규범으로 풀이하고 있다. 이런 정의는 롤즈(Rawls, 1999/2003)도 유사하다. 그는 사회의 주요 제도가 권리와 의무를 배분하는 것으로 정의를 규정하고 있다. 즉, 절대적인 윤리규범이나 당위적 도리가 아니라, 사회제도 속에서 발생하는 다양한 권리와 의무를 어떻게 배분하느냐를 정의로 규정하고 있는 것이다. 단순히 제도 속에서 지켜야 할 당위적 규칙을 넘어서 제도 속에서 발생하는 다양한 권리와 의무를 적절히 배분하는 것으로 정의의 범위를 넓히고 있다. 이런 배분적 정의는 아리스토텔레스에 그 기원을 둔다(이돈희, 2004). 아리스토텔레스는 정의를 법리적 정의와 분배적 정의로 설명하였다. 그는 사회제도를 어떻게 법으로 공정하게 규정하느냐와 사회에서 발생하는 각종 권리와 의무를 어떻게 공정하게 배분하느냐를 토대로 정의를 설명하였다. 법리적 정의는 분배적 정의에 기초를 둔다. 어떻게 권리와 의무를 공정하게 배분해야 하는가를 제도화하는 것이 법규이기 때문에, 법리적 정의는 배분적 정의를 바탕으로 하고 있다. 배분의 원리와 절차를 구체적인 행동 양식으로 규정하고 있는 것이 바로 법이다.

정의에서 배분은 중요한 요소이기 때문에 이돈희(2004)는 "교육에서 정의의 문제는 교육제도가 창출하는 가치를 어떻게 배분해야 하느냐에 관한 것"으로 교육정의를 규정하고 있다. 교육제도가 창출하는 가치를 공정하게 배분하기 위해서는 교육 기회를 공정하게 제공하여야 한다. 교육 기회는 "각자의 성장에 유의미한 학습의 장"(2004)이다. 개인은 각기 다른 환경 속에서 다른 능력을 가지고 태어나기 때문에, 개개인이 가진 잠재력을 자신의 여건에 맞게 계발하고 발전시키도록 하는 것이 교육정의를 실현하는 일이며, 교육복지를 구현하는 일이다.

교육정의론에서 추구하는 교육복지는 개인의 여건에 따라 자신의 잠재력을 계발하여 성장을 가능하게 하는 학습의 장을 마련하는 일이다. 개인이 가진 잠재적 능력을 최대한 발휘하도록 함으로써 사회에 원만히 적응하고, 사회의 갈등 요인을 줄이며, 발전 가능성을 확대하도록 하는 것이 교육복지가 수행해야 할 과업이다.

개인의 성장을 가능하게 하는 교육 기회를 적절히 제공하기 위해서는 교육 자원의 능률성, 성장의 공통 요소와 특수 요소, 성장력의 차이, 소요 자원의 차이(이돈희, 2004)의 네 가지 요소가 고려되어야 한다.

첫째, 교육 자원은 한정되어 있다. 비록 개인이 가진 잠재력을 발휘하기 위해 자원을 배분해야 하지만 한정된 자원을 효율적으로 활용할 수 있는 방안을 모색해야 한다. 자원을 효율적으로 배분하기 위한 방안을 이돈희(2004)는 [그림 2-1]과 같이 제시하고 있다. [그림 2-1]에서 A와 B는 자원을 활용하여 성장한 개인이고, D는 누구나 달성해야 할 공통의 목표이며, R_1, R_2, R_3, R_4는 한정된 자원이다. 자원이 R_2였을 경우에는 A와 B 모두 공통의 목표인 D 수준을 달성했기 때문에 D 수준 이상의 A와 B의 잉여 자원을

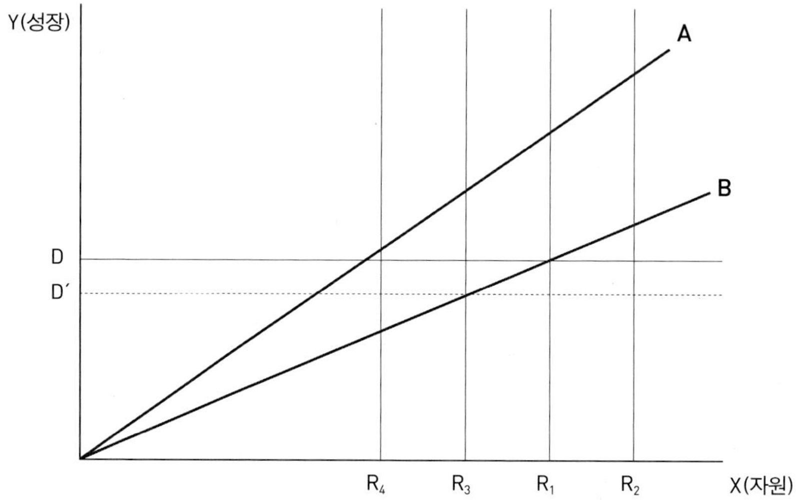

그림 2-1 개인의 성장을 위한 자원의 효율적 배분

출처: 이돈희(2004). 교육정의론. 서울: 교육과학사.

동등하게 배분하면 된다. 자원이 R_1이 되면, B는 공통의 목표에 도달했지만 A는 그 이상을 달성하였다. 따라서 A가 가진 잉여 자원을 A와 B가 동등하게 배분한다. 반면에 자원이 R_3가 되면, A는 공통의 목표를 달성하고 잉여 자원이 있지만 이 잉여 자원으로 A와 B 모두 공통의 목표인 D를 달성할 수는 없다. 이럴 경우에는 공통의 목표 D를 D′로 낮춰 모두가 공통의 목표를 달성하도록 한다. 이와 같이 자원을 배분하여 교육 기회를 공평하게 제공하도록 한다.

둘째, 교육 기회를 배분할 때 성장의 공통 요소와 특수 요소를 고려해야 한다. 누구나 달성해야 할 공통 요소가 있는가 하면, 개인별로 다른 요소가 있다. 한 시민으로서 생활하기 위해 필요한 읽기, 쓰기, 셈하기와 같이 공통 요소가 있는가 하면, 음악을 잘하는 사람, 미술을 잘하는 사람 등과 같이 개인에 따라 차이가 있는 요소가 있다. 교육 기회를 배분할 때 이런 요소가 고려되어야 한다.

셋째, 교육 기회를 배분할 때 성장력의 차이를 고려해야 한다. 개인의 능력에는 차이가 있다. 영재 학생이 있고, 지체 학생이 있다. 이들을 똑같이 대하는 것은 교육 기회의 올바른 배분이 아니다. 이들의 차이를 고려하여 교육 기회를 배분하여야 한다.

넷째, 성장력의 차이와 더불어 소요 자원의 차이도 고려해야 한다. 고급 수준의 학업을 수행하기 위해서는 많은 비용이 소요된다. 천재 음악가를 양성하기 위해서는 고급 바이올린이 필요하고, 비싼 수강료도 요구된다. 특수 아동을 지도하기 위해서도 많은 비용을 부담해야 한다. 이런 요소가 교육 기회를 배분하는 데 고려되어야 한다.

3. 교육권론

교육권론은 교육복지의 이론적 근거를 교육에 대한 권리에서 찾고자 한다. 국민의 교육에 대한 권리를 규정하고 있는 것은 「헌법」이다. 「헌법」 제31조 제1항에서 "모든 국민은 능력에 따라 균등하게 교육을 받을 권리를 가진다."라고 규정하고 있다. 여기서 규정하고 있는 '교육을 받을 권리'를 교육권이라 한다. 이렇게 규정하는 교육권은 학자에 따라 개념을 달리하고 있다. 김철수(2007)는 '교육을 받을 권리'를 학습권으로 보고, 이에 상응하는 '교육을 할 권리'를 교육권으로 정의하고 있으며, 교육권은 "어린이 등 피교육자의 인간성을 계발하고, 그들에게 문화를 전달하며, 민주적인 국가 사회의 담당자를 육성한다고 하는 국민적인 의무와 책임 및 그를 다하기 위한 권한을 총괄하는 개념"이라고 설명하고 있다. 권영성(2007)은 '교육을 받을 권리'를 수학권이라 하고, '교육을 하는 권리'를 수업권이라 한다. 대개는 교육권을 '교육시킬 권리' 또는 '교육할 권리'로 정의하고 있다. 학자에 따라 다양하게 정의되고 있는 교육권을 표시열(2008)은 협의 및 광의의 의미로 구분하여 네 가지로 정의하고 있다. 첫째, 가장 좁은 의미의 교육권은 교육받을 권리를 의미하는 학습권 내지 수학권을 의미하고, 둘째 협의의 교육권은 학습권 내지 수학권에 교육을 시킬 또는 교육을 할 권리로 학부모의 교육권과 교사의 교육권을 포함한다. 이때 협의의 교육권에는 설치자의 교육권과 국가의 교육권이 포함된다. 셋째, 광의의 교육권은 교육에 직접 관계하는 당사자의 교육에 관련된 권리 내지 권한을 의미한다. 넷째, 가장 넓은 의미의 교육권은 「헌법」상 인정되는 교육에 관한 국민의 기본적 인권을 말한다. 국민이 인간의 존엄과 가치, 인간다운 생활을 영위하기 위해 향유해야 할 교육 인권, 국민 교육권 등이 이에 해당된다.

이러한 표시열의 교육권 분류는 교육복지의 이론적 근거를 찾는 데 많은 도움을 준다. 교육권의 가장 좁은 의미로 정의하고 있는 학습권은 "인간이 태어나면서부터 학습을 통하여 인격을 형성하고, 인간의 존엄과 가치를 실현하며, 인간적으로 성장 · 발달할 권리"(노기호, 1998)다. 인간이 인간답게 살기 위해서는 학습권이 필요하며, 이를 보장받기 위해서 학습자는 국가와 학교 설치자를 상대로 학습권을 요청할 수 있다. 동시에 국가와 학교 설치자는 학습권이 적극적으로 실현되도록 교육 조건을 정비하여야 한다. 둘째, 셋째, 넷째에서 규정하고 있는 교육권은 교육을 준비하고 담당해야 할 교육 설치자나 국가, 교사와 학부모 등이 교육을 제공하기 위해 어떤 역할을 해야 할지를 규정하고 있다. 교육권의 정의 수준에 따라 담당해야 할 역할이 다르지만, 학부모와 교사, 학교 설치자와 국가가 교육을 위해 어떤 조건을 마련하고, 역할을 수행해야 하는가의 방향을 설정하고 있다. 교육권론적 차원에서 찾을 수 있는 교육복지의 이론적 근거는 학습자의 권리와 교육권자의 역할을 원활히 수행할 수 있도록 여건을 마련하는 일이다.

4. 교육공동체론

교육공동체는 공동체의 의미를 교육에 적용한 개념이다. 공동체란 "자유 의지에 의해 결합되고, 가치와 규범의 공유를 통해 결속되는 개인들의 집합"(김경근 외, 2002)이다. 교육공동체는 단순히 편의성이나 이성적으로 잠정적인 합의에 의해 맺어지는 인위적인 결합이라기보다는 개별적인 의지가 공동체 문화에 스며들어 확산됨으로써 완성되는 집합이다. 즉, "교육을 지향하여 그 뜻을 함께하고 공동의 노력을 경주하는 공동체다. 다시 말하면, 교육에 대한 공유된 가치와 신념으로 구성된 구성원들이 그들의 가치와 신념을 구현하기 위해서 '우리'라는 감정을 통해 유대감과 친밀감을 가지고 사회적 응집력으로 인해 협동하는 공동체가 교육공동체"(정범모 외, 1999)다.

서지오바니(Sergiovanni, 1994)는 교육공동체를 친족공동체(community of kinship), 공간공동체(community of place), 의식공동체(community of mind)로 구분하여 설명하고 있다. 친족공동체는 가족이나 동아리와 같이 친밀한 구성원 간에 이루어지는 공동체이고, 공간공동체는 우리 학급, 우리 동네, 우리 지역과 같이 공간을 함께 사용함으로써 이루어지는 공동체다. 의식공동체는 공동의 목적, 공유 가치, 존재와 행위에 대한 공유된 개념으로 이루어지는 공동체다. 이때 '우리'라는 정체감이 강화되는데, 이 정체감은 가장 인간적이면서 숭고한 것이라고 서지오바니는 밝히고 있다.

교육공동체는 공유된 가치와 신념에 기초한 '우리'라는 감정에 기초하여 구성원 간에 관계를 맺기 때문에 합리적 사회에서 추구하는 계약 관계와 다르다. 교육활동을 수행하면서 계약된 업무에 한정하여 학생들을 가르치기보다는 자라나는 후세들이 올바르게 성장하도록 지도하기 위해 혼신을 다한다. 아침 8시에 출근하여 오후 4시에 칼같이 퇴근하기보다 학생들의 문제를 해결하기 위해 밤늦게까지 열성적으로 지도하는 교사들은 바로 의식공동체의 한 예라 할 수 있다.

교육공동체에서 추구하는 이상은 서로의 생각을 공유하면서 자발적으로 사명감을 갖고 교육에 임할 수 있도록 하는 것이다. 그런데 이런 교육공동체적 이상이 사회의 변화에 따라 붕괴되고 있다. 관리자 및 교육자 중심의 전통적 교육공동체가 해체됨으로써 교사와 교사, 교사와 관리자 간의 신뢰감이 상실되고, 교원들은 철저히 개인주의와 편의주의를 선호하며, 교사들은 어느 것이 더 교육적인가를 고민하지 않으려 한다(김경근 외, 2002).

이러한 사회의 변화에 따라 붕괴되고 있는 교육공동체를 복원하도록 하는 일이 교육복지를 실현하는 일이다. 교육 여건을 개선하고, 학습자 중심의 교육을 실현한다고 해도 교육공동체에 대한 신념이나 가치를 공유하지 않고서는 근본적으로 교육을 개선하기 어렵다. 교육공동체가 의식공동체를 재구축할 수 있는 방안을 모색함으로써 교육이 본연의 모습으로 돌아갈 수 있도록 제도와 방안을 마련하는 일이 교육복지라 할 수 있다.

5. 기능주의 이론

기능주의 이론에서 보는 교육복지는 교육복지가 수행하는 기능에 초점을 맞춘다. 기능이란, 전체가 효율적으로 작동하도록 하기 위해 전체에 대해 각 유형들이 수행하는 기여 혹은 공헌을 말한다(Mishra, 1996). 기능주의 이론에서는 국가가 발전하고 성장하기 위해 소외계층은 어떤 역할을 수행해야 하고, 저소득 계층이나 차상위 계층은 사회에서 어떤 문제를 야기하고 있으며, 이런 문제를 해결하기 위해 교육복지는 어떤 역할을 할 수 있는가를 주요 관심 대상으로 삼는다. 각자 처한 상황과 여건에서 조화와 적합성을 극대화하기 위해 어떤 기능을 수행해야 하는가의 토대를 마련하는 것이 바로 기능주의 이론의 핵심 내용이다.

기능주의 이론은 체제이론에 바탕을 두고 있다. 체제는 통합된 전체를 의미하고, 이는 상호 관련된 부분으로 이루어진 집합이다. 전체는 부분으로 이루어졌지만, 이들 부분 간에는 유기적인 관계를 맺고 서로 지원하며 도움을 받는다(Mishra, 1996). 교육복지도 이와 같은 기능을 수행한다. 비록 소외계층이나 기초학력 미달자에게만 교육복지를 제공한다 하더라도 이들이 국가 속에서 조화롭게 생활하고, 자신이 추구하는 목적을 적합하게 달성하도록 한다면 교육복지의 목적은 달성되었다고 가정한다.

한편 동일한 기능주의 입장을 취하지만 학자들에 따라 입장이 조금씩 다를 수 있다. 이런 경향은 고전적 기능주의와 현대적 기능주의가 다르고, 동일한 고전적 기능주의임에도 스펜서(Spencer)와 뒤르켕(Durkheim)이 다른 것과 같다(Mishra, 1996). 스펜서는 '유기체적 사회관'을 주장하면서 기능주의적 관점을 가졌지만, 국가의 개입을 철저하게 부정하였다. 그는 시장과 개인의 선택에 따라 자율적으로 움직이는 기능주의적 관점을 주장하였다. 반면에 뒤르켕은 국가의 개입을 인정하면서 사회가 복잡해지고 규모가 확대됨에 따라 사회의 기능을 조정하고 규제해야 할 필요가 커졌으며, 이런 기능을 국가가 수행해야 한다고 주장하였다. 그는 개인 자신과 공동선을 위해 개인을 억제할 필요가 있다고 주장하였다.

기능주의 관점을 확대하고, 현대적 기능주의를 체계화한 학자는 파슨스(Parsons, 1951)다. 그는 사회 생존의 요소를 적응(adaptation), 목표 달성(goal attainment), 통합(integration), 유형 유지(pattern maintenance)의 네 가지로 제시하였다. 적응은 경제적 과업을 달성하는 것이고, 목표 달성은 정치적 과업을 수행하는 것이며, 통합은 조화와 연대를 유지하는 것이고, 유형 유지는 사회의 기본적인 가치를 유지하는 일이다. 교육복지는 통합과 밀접한 관련이 있다. 통합은 사회체제를 보다 일관성 있게 만들고, 사회체제 구성원들 간의 관계를 보다 조화롭게 하는 과정이다. 이런 통합은 체제 통합과 사회 통합으로 구분된다. 체제 통합은 제도의 통합이고, 사회 통합은 사회집단 간의 통합이다(Mishra, 1996).

제도의 통합은 제도의 개선을 통해 통합을 추진하는 것으로, 사회가 발전하여 산업사회에서 교육을 잘 받은 노동력이 필요한데 교육제도가 뒷받침되지 못해 우수한 인력을 공급하지 못한다면 이는 조화를 이루지 못한다. 즉, 인력을 공급하는 교육제도와 이를 활용하는 경제제도 간에 괴리가 발생하는 것이다. 이런 괴리로 인해 제도 간에 갈등이 발생하여 사회 발전과 국가 발전을 꾀하는 데 어려움이 생긴다. 이런 문제를 해결하기 위해 교육제도를 바꿔 산업사회가 요구하는 인력을 양성하려고 노력하는 것이 제도의 통합이고 체제 통합이다.

반면에 사회집단 간의 통합은 구성원 간의 통합이다. 사회를 구성하는 구성원들은 다양하다. 노동자도 있고, 경영자도 있으며, 불교 신자도 있고, 기독교 신자도 있다. 이들 구성원 간에는 갈등과 부조화가 발생할 가능성이 높다. 사회집단 간의 갈등을 줄이고, 공동체에 대한 이들의 헌신과 충성을 증진시키는 일이 사회 통합이다. 체제 통합은 공동체의 효율성을 증진시키려고 노력하고, 사회 통합은 공동체의 사기와 단합을 증진시키기 위해 노력한다(Mishra, 1996).

통합은 사회의 필수적인 요소다. 사회의 갈등을 줄이고, 공동체를 유지하기 위해서는 교육복지를 실현해야 한다. 교육을 받지 못해 소외되거나, 능력을 함양하지 못해 자신이 수행해야 할 역할을 담당할 수 없을 때 사회의 갈등은 확대되고, 사회를 유지하는 데 어려움이 생길 것이다. 또한 이들의 사회에 대한 연대감과 소속감은 부정적이거나 소극적일 것이다. 이런 요소를 제거하기 위해 공동체적 특징을 가진 사회나 집합체는 공동체의 다른 구성원들에 대한 관심과 연대감을 유지해야 한다. 구성원들은 공동체에 대한 연대감이 유지될 때 서로 간에 생각을 공유하고, 사회가 수행하는 일에 동참할 수 있을 것이다.

기능주의 이론은 사회의 통합을 위해 교육이 다양한 역할을 수행해야 한다는 교육복지 이론이다. 사회에 내재된 갈등을 완화하기 위해 국가와 각종 사회단체가 소외계층이나 교육을 제공받지 못하는 사람들에게 교육을 제공하고, 교육을 통해서 사회가 안고 있는 갈등을 최소화하여 국가라는 공동체를 유지 · 발전시킨다는 이론이다.

기능주의 이론이 체제적 접근을 강조하기 때문에 체제 내 구성 요소들의 기능을 소홀히 하는 문제점이 지적되고 있지만, 교육복지가 갖는 기능을 분명히 하고, 교육복지가 지속적으로 수행해야 할 방향을 명확히 제시하고 있다는 점에서 의의가 있다.

6. 수렴이론

수렴이론은 교육복지의 발달이 산업 발달에 크게 영향을 받는 점을 강조한 이론으로, '기술결정론'이라고도 한다. 수렴이론은 산업사회에서 사회제도의 성격과 발달을 산업 기술과 경제의 변화로 설명하려고 한다. 선진 산업사회의 사회구조를 결정짓는 가장 중요한 요인은 이데올로기나 계급 갈등이 아니라 테크놀로지, 즉 기술이다. 선진 산업사회의 사회문제 해결방법을 기술로 설명하려는 이론이 바로 수렴이론 또는 기술결정론이다(Mishra, 1996).

수렴이론은 산업 기술이 발달하는 과정에서 초기에는 각기 차이를 보이지만, 발달 수준이 높아질수록 국가 간의 차이가 유사해져 동일한 목표로 수렴한다는 점에서 수렴이론이라 하고, 기술의 발달 수준이 교육복지의 수준을 결정한다는 점에서 기술결정론이라 한다. 용어를 보면 전혀 별개의 개념처럼 보이지만, 의미를 파악하면 동일하다고 할 수 있다.

수렴이론을 주장한 커(Kerr, 1973)는 산업화 초기 단계에서 사회구조에 영향을 미치는 주요한 요인이 산업화를 추진하는 지배 집단의 성격이라고 설명하고, 산업화를 주도하는 엘리트 집단을 다섯 가지로 유형화했다. 이 중

세 가지 유형이 오늘날 산업사회의 사회구조를 형성하는 주요 요인으로 작용하고 있다. 이들 세 가지 엘리트 집단은 중간 계급, 군주적 집단, 공산주의자다. 산업화를 추진하는 과정에서 지배 집단은 자신들의 이해관계와 이데올로기에 따라 사회구조를 만들려고 한다. 중간 계급은 상업 조직과 같은 성격을 지닌 계층으로, 시장의 자유를 신봉하고, 자원을 배분하는 데 있어 시장의 역할을 극대화하며, 정부의 개입을 최소화하려고 한다. 중간 계급이 추구하는 가치는 개인의 책임과 창의성이며, 경제적 · 정치적으로 독립적이고 자립적인 노동자를 선호하고, 개인들 간의 자유로운 계약에 의해 사회적 관계를 형성한다. 중간 계급이 지배하는 사회에서 추구하는 교육복지 모형은 잔여적(residual) 복지다. 국가 전체를 대상으로 제도적으로 추진하는 복지가 아니라, 사회의 민간단체나 자선단체 등이 자발적으로 추진하는 복지다. 즉, 사회자본의 잔여 부분에 의해 수행하는 복지가 선호된다.

군주적 집단은 독일이나 일본과 같이 국가 중심적이며, 가부장적이고, 온정주의적인 성격을 띤다. 정부와 기업이 교육복지를 책임지고 제공하지만, 대신에 교육 수요자에게 의무와 책임을 지우며, 충성을 요구한다. 모든 국민들에게 교육복지를 제공하기 때문에 집합주의적인 경향이 강하고, 제도적으로 교육복지를 실현하려고 한다.

공산주의자들은 복지를 모든 국민에게 당연히 제공해야 할 규범으로 여긴다. 교육복지나 사회복지는 선택 사항이 아니라 필수이며, 시장이나 개인의 자유는 인정되지 않는다. 개인은 집합체에 종속되며, 국가는 구성원들의 모든 욕구를 충족시켜야 할 책임이 있다. 공산주의자들에 의해 제공되는 복지는 제도적 복지가 아니라 구조적(structural) 복지다. 사회적 제도에 의해 부분적으로 시행되는 복지가 아니라, 국가의 기본 체제 내에서 구조적으로 시행되는 복지다. 그렇기 때문에 전 국민을 대상으로 모든 복지를 시행하려 한다.

산업화 초기에는 산업화를 추진하는 엘리트 집단의 성격에 따라 교육복지의 내용과 추진방법이 각기 달랐다. 그리고 점차 산업화가 진행되면서 고도의 산업사회로 진입함에 따라 다원적 산업주의(pluralistic industrialism), 즉 혼합 체계가 필요해졌다. 고도의 산업사회에서는 중간 계급이 선호하는 극단적 자유방임이나 완전한 자유방임을 수용하기 어렵고, 공산주의자들이 추구하는 완전한 국가 중심의 복지를 실현하기 어렵다. 자유방임은 빈부의 격차를 심화하고, 사회 갈등을 확대하기 때문에 기본적 생활을 보장하는 사회복지정책을 국가 주도로 추진하도록 하였으며, 완전한 국가 중심의 복지는 효율성과 창의성을 높이기 위해 통제의 분산화가 필요해졌다. 이와 같이 산업화가 촉진됨에 따라 중간 계급과 공산주의자들이 추구하는 복지정책과 같이 서로 다른 차원에서 추구하던 복지의 모습이 군주론자들이 추구하는 복지정책으로 수렴된다. 고도의 산업사회가 되면 중간 계급이 추구하던 잔여적 복지와 공산주의자들이 추구하는 구조적 복지가 군주론자들이 추구하는 제도적 복지로 수렴된다는 이론이다.

수렴이론은 기술 발전이 복지 발전을 결정한다는 결정론, 산업사회의 변화에 따라 제도적 복지로 수렴된다는 예정론을 가정하였다는 점에서 비판을 받는다. 동일한 고도 산업사회에 진입해 있으면서도 교육이나 의료 등의 복지 수준이 국가에 따라 잔여적이거나 구조적인 경우도 있기 때문에 이런 요인을 설명하지 못하는 점도 있다. 그럼에도 극단적 복지의 개념을 합리적 · 제도적 복지로 방향을 제시하였다는 점에서 의의가 있다.

7. 시민권 이론

시민권 이론은 교육복지를 시민의 권리로 여긴다. 국민이 개인의 권리를 정당하게 보장받고, 참정권을 올바르게 향유하기 위해서 국가는 국민에게 일정한 수준의 교육을 제공해야 한다. 국가의 시민으로서 올바르게 역할을 수행하기 위해서는 적절한 수준의 교육을 받아야 하며, 이런 교육은 국가의 책무이고, 시민은 일정한 수준의 교육을 받을 권리를 가진다.

교육복지에 관한 시민권 이론은 마셜(Marshall, 1963)에 의해 주장되었다. 마셜은 시민권을 공민권(civil right), 정치권(political right), 사회권(social right)으로 구분하고, 이들 권리는 시민으로서 생활하기 위해 보장되어야 할 기본권이라고 주장하였다(Mishra, 1996 재인용). 공민권은 개인의 자유와 평등을 보장받을 권리이고, 정치권은 투표할 권리와 관직에 출마할 권리, 즉 참정권을 보장받을 권리이며, 사회권은 일정한 수준의 문명화된 삶을 누리고 사회활동에 참여할 수 있는 권리를 의미한다.

교육복지는 사회권과 관련이 깊다. 사회에서 일정한 수준의 문화생활을 영위하고 사회활동에 참여하기 위해서는 가정의 배경이나 경제적 수준에 관계없이 일정한 수준의 교육을 받아야 한다. 일정한 수준의 교육을 받아야 사람들과 의사소통을 원활히 할 수 있고, 사회 구성원으로서 함께 연대할 수 있는 기반을 마련할 수 있기 때문이다.

현대사회에서 연대는 중요한 의미를 가진다. 사회 구성원들에게 생각을 공유하고 공동체 의식을 갖게 하여 국가 발전을 촉진하는 원동력이 연대다. 사회의 갈등을 줄이고, 연대를 강화하기 위해서는 시민에게 교육복지를 적절히 제공해야 하며, 이런 복지는 국가가 담당해야 할 몫이다. 시민권 이론은 국가가 교육복지를 담당해야 한다는 점에서 수렴이론과 다르다. 교육복지를 국가가 제공하든, 기업이 제공하든, 민간이 제공하든 간에 제공되는 수준에 초점을 둔 교육복지 이론이 수렴이론이라면, 교육복지는 국가의 몫이며, 국가가 제공하는 복지만을 교육복지로 여기는 것이 시민권 이론이다. 시민이 시민답게 역할을 수행하도록 국가가 일정한 수준의 교육복지를 제공하여야 한다는 이론이다.

교육복지를 제공하는 사회권은 공민권 및 정치권과 관련이 깊다. 사회권을 강화함으로써 공민권과 정치권의 수준이 높아질 수 있다. 교육받은 시민이 많을수록 개인이 향유하는 자유와 평등의 수준이 높아지며, 올바르게 투표하고 정치에 참여할 수 있는 능력이 향상된다. 아울러 공민권과 정치권의 향상은 사회권을 높이는 요인이 된다. 국민의 자유와 평등의 수준 및 정치에 참여할 수 있는 역량이 높아질 때 교육의 질과 수준을 높이는 여건이 마련될 수 있다.

국가가 제공해야 하는 교육복지의 수준을 고려할 때 자본주의적 가치와 대립된다. 자본주의적 가치는 '자립과 부의 축적'(Mishra, 1996)을 중요하게 여긴다. 개인의 능력과 노력에 따라 부의 축적 수준이 달라지며, 이런 차이는 교육 수준의 차이를 가져온다. 경제적으로 능력 있는 시민이 더 수준 높은 교육을 받을 수 있으며, 이런 교육 수준의 차이는 다시 경제적 수준의 차이를 가져온다.

시민권 이론에서 강조하는 교육복지의 방법과 자본주의에서 주장하는 교육복지는 서로 모순을 일으킬 수 있다. 모든 시민에게 동등한 교육을 제공해야 하는 시민권적 복지론과 개인의 능력과 노력에 따라 차별적으로 교육을 제공해야 하는 자본주의적 복지론의 관점이 다르기 때문이다. 이런 관점의 차이에도 불구하고 시민권적 교육복지와 자본주의적 교육복지는 양립할 수 있다. 시민권 이론에서 주장하는 교육복지는 보편적이며 기본적인 교육복지다. 즉, 시민으로서 갖춰야 할 양식을 구비하기 위해 필요한 기본적 교육을 국가가 책임지고 제공해야 하며, 그 이상의 교육은 개인의 능력과 노력에 따라 달라질 수 있다. 이런 관점에서 시민권적 교육복지와 자본주의적 교육복지는 양립할 수 있다.

8. 정치경제학 이론

정치경제학은 경제를 정치 현상이나 사회구조와 관련하여 탐구하는 학문 영역(다움, 2012)이다. 즉, 국가의 경제를 변화시키는 데 어떤 정치활동이나 사회활동이 작용하는가를 분석하는 일이다. 이런 학문적 방법을 교육복지에 적용하는 이론이 정치경제학 이론이다. 즉, 정치경제학 이론은 교육복지를 변화시키기 위해 어떤 정치 현상이나 사회 현상이 작용하는가를 분석하는 이론이다. 교육복지에 영향을 주는 정치경제학적 요인은 크게 두 가지로 구분할 수 있다. 하나는 국가의 부를 증진시키기 위해 인간의 능력을 계발해야 한다는 인적자본론이고, 다른 하나는 노동자 계급이 투쟁해서 교육복지를 실현해야 한다는 계급투쟁론이다. 즉, 국가나 시민의 영향력이 어떻게 작용하여 교육복지를 변화시켰는가를 설명하는 이론이다.

1) 인적자본론

인적자본론은 교육복지를 인간의 능력 계발로 보는 이론이다. 인적자본(human capital)은 "교육과 훈련을 통해서 인간의 몸속에 축적시킨 지식 · 기술 · 창의력 등이 마치 기계가 가진 생산력과 같은 역할을 하므로, 물적자본(physical capital)인 기계가 가진 생산력에 비추어 인간의 몸에 갖추어진 생산력"(백일우, 2007)이고, 교육을 받음으로써 인간의 능력이 향상되어 더 높은 생산력을 발휘할 수 있다는 학설이다. 인적자본론은 베커(Becker, 1964)와 슐츠(Schultz, 1961) 등에 의해 주장되었으며, 교육은 소비가 아니라 투자라는 이론을 정립하였다.

인적자본론이 대두되기 이전까지는 교육을 소비로 간주해 왔다. 그동안 교육은 등산이나 휴식을 취하는 것처럼 개인이 여가를 즐기고, 재미를 느끼는 소비적 활동이라고 여겼으며, 교육을 받는 대부분의 사람들이 노동에서 해방된 귀족 계급이었다. 이런 소비적 개념이 투자적 개념으로 변경된 것은 산업혁명으로 인해 교육이 확산되고, 교육받은 사람들의 생산성이 향상되면서부터다. 교육받은 사람과 받지 않은 사람의 역할과 수행하는 기능이 달라지면서 사람들에게 교육을 시킬 필요가 생기게 된 것이다. 국가가 발전하기 위해서는 교육받은 사람들이 많이 필요하게 되었으며, 이런 교육을 국가가 제공해야 한다는 관점을 인적자본론이 제시하였다. 국가의 인적자원을 풍부하게 하고, 질을 높였을 때 국가의 발전이 촉진될 수 있다는 점을 밝힌 것이다.

인적자본론에서는 인적자본을 축적하기 위해 국가의 교육복지를 증진시켜야 한다는 주장을 하지 않았지만, 기본적인 전제는 인적자본과 경제성장의 관계를 분석하면서 인적자본의 질을 높이기 위해서는 국가의 노력과 투자가 필요함을 전제하고 있다.

국가가 책임지고 교육복지를 증진시켜야 한다는 관점은 시민권 이론과 유사하다. 시민으로서 교육받을 권리를 가진다는 점과 국가의 부를 증진시키기 위해 국가가 교육복지를 증진시켜야 한다는 점은 국가가 책임지고 교육을 제공해야 한다는 점에서 동일하다.

2) 계급투쟁론

계급투쟁론은 교육복지를 투쟁의 산물로 여기는 이론이다. 개인이 영유하는 교육복지를 국가가 베풀어 주는 시혜가 아니라, 수요자와 노동자들이 단결하여 요구하고 투쟁하여 쟁취하는 산물로 여긴다.

계급투쟁론은 마르크스를 기점으로 갈등론적 사회학자들에 의해 주장되어 온 이론이다. 가진 자와 가지지 못한 자들의 갈등으로 사회의 모순을 설명하고, 노동자들의 단합으로 노동자들의 권리를 쟁취해야 함을 주장하였다(원석조, 2006).

초기 마르크스적 계급투쟁은 현재는 많이 순화되었지만, 교육복지를 확대하는 데 있어 계급투쟁론적 관점은 지금도 많이 적용되고 있다. 교육복지를 확대하기 위해 한국교원단체연합회, 전국교직원노동조합, 참교육학부모회 등의 각종 단체들이 끊임없이 요구하고 주장하는 활동을 계급투쟁론적 이론으로 설명할 수 있을 것이다.

3장 교육복지 연구방법

교육복지의 연구방법은 현장연구로서의 특징을 가진다. 현장연구는 실험실 연구에 대비되는 것으로, 이는 여러 가지 변인들이 통제되지 않은 현장 그대로의 상태에서 수행되는 연구를 말한다. 현장연구는 사회과학의 연구방법으로서 양적 연구와 질적 연구로 나뉘며, 각각의 연구 모두 여러 가지 유형이 있다. 이러한 교육복지 연구방법을 포괄적으로 알아보기 위해서 사회과학 연구방법론의 맥락에서 살펴보고자 한다.

사회과학 연구방법을 알아보기 위해서는 우선 과학적 연구의 기초가 되는 이론을 살펴보고, 사회과학 연구 유형에는 어떠한 것들이 있는지 살펴볼 필요가 있다. 사회과학 연구 유형은 크게 양적 연구와 질적 연구로 나누어 볼 수 있는데, 양적 연구는 사회과학 분야에서 오랜 기간에 걸쳐 타당한 연구방법으로 인정되어 왔으나, 근래에 이르러 사회과학의 패러다임이 이동함에 따라 질적 연구가 등장하게 되었다.

양적 연구와 질적 연구의 특징을 알아보기 위해서는 이들의 기반이 되는 연구 패러다임을 살펴볼 필요가 있으며, 양적 연구 및 질적 연구에 속하는 여러 가지 연구 유형들의 특징을 살펴볼 필요가 있다. 따라서 여기서는 양적 연구와 질적 연구의 기반이 되는 연구 패러다임과 이에 기초하여 양적 연구와 질적 연구의 차이점을 살펴본 후에 양적 연구 및 질적 연구에 속하는 유형의 특징을 각각 살펴보기로 하겠다. 이에 앞서 과학적 연구의 기초가 되는 이론을 살펴보고자 한다.

1. 연구의 기초

과학적 연구의 기초로서 연구의 일반적 의미를 살펴보고, 연구의 논리, 즉 과학적 연구에서 사용되는 주요 용어들의 사용 규칙 및 과학적 연구가 수행되는 일반적인 절차를 살펴보자.

1) 과학적 연구의 의미

과학적 연구의 의미를 알아보기 위해서 '과학'이라는 말이 지니는 의미와 '연구'라는 말이 지니는 의미를 살펴볼 필요가 있다.

(1) 과학의 개념

과학이라는 말은 여러 가지 수준에서 각각 다른 의미로 사용되고 있는데, 이는 크게 세 가지 수준의 의미로 나누어 볼 수 있다. 과학의 첫 번째 의미는 체계적인 지식을 말하는데, 이는 과학의 가장 넓은 의미로서, 과학을 구성하는 지식들이 체계를 이루고 있음을 뜻한다. 이러한 과학에 대립되는 개념은 상식으로서, 이는 단편적인 지식을 뜻한다. 과학의 두 번째 의미는 경험과학을 말하는데, 이는 경험을 종합하여 지식을 발견한다는 의미다. 이러한 경험과학에 대립되는 개념은 논리과학으로서, 이는 기존의 지식을 논리적으로 분석해서 새로운 지식을 찾는다는 뜻이다. 과학의 세 번째 의미는 자연과학을 말하는데, 이는 과학의 가장 좁은 의미로서, 과학의 연구 대상이 자연현상이라는 것을 뜻한다. 인간에 대한 연구도 자연현상으로서 연구하면 자연과학이 되지만, 인간을 정신적 존재, 특히 의지를 지닌 존재로 보면 정신과학이 된다. 또한 이러한 정신적 의지의 산물, 즉 문화에 관하여 연구하면 인문과학이며, 인간을 사회적 존재로 인식하여 연구하면 사회과학이 된다.

과학적 연구를 논의하기에 앞서 과학의 의미를 살펴보는 이유는 과학적 연구에서 말하는 과학이라는 말의 개념이 두 번째 의미, 즉 경험과학을 뜻한다는 것을 말하고자 함이다. 과학은 경험을 종합하여 지식을 만들며, 이렇게 만들어진 지식을 '종합적 지식'이라고 한다. 경험과학에 대립되는 개념은 논리과학으로서, 이는 기존의 지식을 논리적으로 분석해서 새로운 지식을 만들며, 이렇게 만들어진 지식을 '분석적 지식'이라고 한다.

과학자는 사물의 현상을 정확하게 기술하고, 여러 가지 현상 속에 내재하는 규칙성을 발견하여 법칙이나 이론으로 일반화하려 한다. 과학자는 이러한 활동을 함에 있어서 과학이 지니는 세 가지 특징을 마음에 새겨야 한다. 첫째로, 과학은 객관성을 추구한다. 객관성이란, 과학자는 되도록 개인적인 신념이나 편견을 배제하고 외부에 있는 객관적 실체에서 지식의 증거를 찾아야 함을 뜻한다. 둘째로, 검증 가능성이다. 과학자는 누가, 언제, 어디서 연구를 수행하든지 연구의 조건과 과정이 같다면 동일한 결론을 얻어야 한다. 이를 위해서 경우에 따라서는 타인이 수행한 연구를 똑같이 반복하여 검증하기도 한다. 셋째로, 자체 수정을 인정한다. 과학자는 기존의 이론이나 법칙에 대하여 회의적인 태도를 취하면서 면밀히 관찰하고, 새로운 사실이 발견되면 기존의 이론이나 법칙을 수정하도록 문을 열어 놓는다. 과학은 이러한 자체 수정을 통하여 신뢰할 수 있는 지식 체계를 갖춘다.

(2) 연구의 개념

연구란, "어떤 현상에 관련된 사상을 객관적으로 관찰해서 사상들 간의 관계를 분석하고, 그 속에 내재된 규칙성을 찾아냄으로써 체계적인 지식을 얻는 과정"(이종승, 2009)이라고 정의할 수 있다. 이러한 연구의 정의에 담겨 있는 연구의 속성을 살펴보자.

첫째, 연구의 대상이 현상에 관련된 사상이다. 교육복지의 연구 대상은 교육복지 현상과 관련된 여러 가지 사상이다. 교육복지 연구의 핵심적인 대상은 학생들의 성장과 발달에 관련된 사상이라고 할 수 있지만, 이 밖에 교육복지 현상과 관련된 교육사조, 교육제도, 교육시설, 교육 환경, 교육방법, 교육 매체 등이 모두 교육연구의 대상이 될 수 있다.

둘째, 객관적으로 관찰한다. 연구를 수행하는 사람은 사상을 관찰함에 있어서 개인 내부에 있는 신념이나 편견을 배제하고, 외부에 있는 객관적 실체에 대한 객관적인 관찰을 통해서 지식을 찾아내야 한다.

셋째, 사상들 간의 관계를 분석한다. 과학적 연구의 목적은 법칙을 발견하는 것인데, 법칙의 형식은 'A이면 B다(If A, then B)'다. 이는 바로 A라는 사상과 B라는 사상의 관계를 말한다. 이러한 관계는 인과관계일 수도 있고, 상관관계일 수도 있다.

넷째, 규칙성을 찾아낸다. 앞에서 말한 사상들 간의 관계가 법칙으로 정립되기 위해서는 관계의 규칙성이 있어야 한다. 규칙성이란, 어떤 상황에서 발생한 현상이 이와 유사한 상황에서도 발생한다는 것을 말한다. 열심히 공부하면 성적이 올라간다는 현상은 A라는 학생에게서도 그러하고, B라는 학생에게서도 그러하며, 누구나 다 그렇다고 할 때 법칙으로 정립되는 것이다. 그러나 과학에서 말하는 규칙성은 모든 경우에 그렇다는 절대적 규칙성을 말하는 것이 아니라, 대부분의 경우에 그렇다는 확률적 규칙성을 의미한다.

다섯째, 체계적 지식을 얻는 과정이다. 체계적 지식이라 함은 기존의 지식과 논리적인 관련성이 있어야 하며, 지식이 전체적으로 어떤 체계를 이루어야 함을 의미한다. 예를 들어, 어떤 연구에서 A 교수법이 가장 효과적이라는 결과가 나왔는데, 다른 연구에서는 B라는 교수법이 가장 효과적이라는 결과가 나왔다고 하자. 이는 분명히 모순된 연구 결과다. 연구자는 왜 이런 결과가 나왔는지를 깊이 있게 탐구해서, 예를 들면 '지능이 높은 학생들에게는 A 교수법이 가장 효과적이고, 지능이 낮은 학생들에게는 B 교수법이 가장 효과적이다.'와 같은 연구 결과를 도출하여 체계화해야 한다.

2) 연구의 논리

여기서는 과학적 연구를 수행할 때 주로 사용되는 기본적인 용어로서, 개념, 변인, 정의, 법칙과 가설, 이론과 모형에 대한 사용 규칙에 대하여 알아보고자 한다. 이러한 용어가 지니는 의미를 정확하게 이해할 필요가 있으며, 용어의 사용에서 유의할 점은 무엇인지 살펴보도록 한다.

(1) 개 념

개념(concept)이란 어떤 단어(과학에서는 '용어')가 지시하는 대상들이 공통적으로 지니는 속성을 의미한다. '학습 부진아'라는 단어를 예로 들어 보자. 이 단어가 지시하는 대상이 있으며, 그 대상이 공통적으로 지니는 속성이 있는데, 이러한 공통적인 속성이 학습 부진아의 개념이다. 개념은 이와 같이 지시 대상이 지니는 공통적인 속성을 지각함으로써 형성되기도 하지만, 기존의 개념을 결합하여 형성되기도 하며, 관찰된 사실의 배후에 있는 속성을 추론하여 가설적으로 만들어지기도 한다.

과학적 연구에서 사용되는 개념은 좋은 개념이어야 하는데, 좋은 개념이란 의미가 분명하고 의의가 있는 것을 말한다. 의미(meaning)가 분명하다는 것은 개념이 지니는 속성을 정확하게 관찰할 수 있어야 함을 뜻하고, 의의(significance)가 있다는 것은 이론 내에서 중요한 역할을 함을 뜻한다. 예를 들면, 심리학에서 '스키마'라는 용어는 의미가 분명하지 않지만 이론 내에서 중요한 역할을 한다. 이와 반대로 '두개골 지수'라는 용어는 의미가 분명하지만 이론 내에서는 쓸데없는 개념이다. 이에 대하여 '지능'이라는 용어는 의미가 분명하며, 이론 내에서 중요한 역할을 하기 때문에 연구에 있어서 좋은 개념이다.

(2) 변 인

변인(variable)이라는 용어는 개념과 같은 의미다. 다만 개념은 논리의 세계에서 사용되는 말인 데 비하여 변인은 경험의 세계에서 사용되는 말이다. 예를 들면, 지능이 높으면 공부를 잘한다는 사실을 확인하는 연구에서, 우리는 지능과 성적을 각각 측정해서 지능과 성적의 관계를 밝히려고 한다. 이러한 경우에 논리의 세계에서는 지능이라는 개념과 성적이라는 개념의 관계를 정립하고, 경험의 세계에서는 지능이라는 변인과 성적이라는 변인의 관계를 확인한다. 그러나 개념이 모두 변인이 되는 것은 아니다. 변인은 연구의 대상이 되는 속성이 대상에게서 다른 값으로 나타나야 한다. 예를 들면, 성별이라는 속성이 연구 대상에게서 남자 또는 여자로 나타나면 변인이 되지만, 모두 남자이거나 모두 여자이면 상수(constant)가 된다.

변인은 독립변인과 종속변인으로 구분된다. 독립변인이란 두 변인의 관계에서 영향을 미친다고 가정하는 변인을 말하고, 종속변인은 영향을 받는다고 가정하는 변인을 말한다. 영향을 미치고 받는 관계가 확실하지 않을 때는 예언변인과 기준변인이라는 말을 사용한다. 실험연구는 어떤 실험을 처치했더니 어떤 효과가 나타난다는 것을 확인하는 연구이기 때문에 독립변인과 종속변인이 분명히 나타난다. 실험을 처치하는 것을 실험변인이라고 하며, 효과가 나타날 것으로 기대되는 속성을 측정변인이라고 한다. 이 외에도 변인은 질적 변인과 양적 변인으로 구분하기도 하고, 유기체 변인과 환경 변인으로 구분하기도 한다.

(3) 정 의

정의(definition)는 어떤 용어의 의미를 어떻게 사용하겠다는 약속을 진술한 것이다. 전술한 개념과 변인은 단어로 나타내는 것이며, 정의는 다음에 진술할 법칙과 더불어 문장으로 나타낸다. 문장으로 진술된 것에 대하여 진위를 판단할 수 있는데, 정의는 약속에 의해서 항상 진이다.

정의를 내리는 방법에는 여러 가지가 있으나, 연구와 관련된 중요한 정의 방식에는 명명적 정의와 조작적 정의가 있다. 명명적 정의는 용어가 지시하는 대상이 지닌 속성을 나열하는 것이다. 예를 들면, '학습 부진아는 학업성취가 기대 수준에 도달하지 못하는 아동이다.'라고 정의하는 경우에 이는 명명적 정의다.

이에 비하여 조작적 정의는 경험적으로 관찰할 수 있는 방법, 즉 어떤 조건에서 나타나는 반응을 관찰하는 방법을 정의 속에 기술하는 것을 말한다. 예를 들면, '학습 부진아는 어떤 학력고사를 어떤 상황에서 실시했을 때 몇 점 미만의 점수를 획득한 아동이다.'라고 정의하는 경우에 이는 조작적 정의다. 명명적 정의와 조작적 정의 중에서 어떤 것을 중시하느냐 하는 것은 입장에 따라 다르다. 행동주의 입장에서는 조작적 정의를 중시하지만, 인간주의 입장에서는 조작적 정의의 남용에 대하여 우려하고 있다. 과학적 연구를 수행할 때는 명명적 정의와 조작적 정의를 아울러 진술해야 한다.

(4) 법칙과 가설

개념의 의미는 정의에 의해 주어지고, 개념의 의의는 관련된 법칙에 의해서 주어진다. 어떤 개념과 관련된 법칙이 많으면 의의 있는 개념이고, 관련된 법칙이 없으면 의의 없는 개념이다. 따라서 법칙은 개념의 의의와 관련된다. 법칙(law)이란, 둘 이상의 사실 간의 규칙적 관계를 진술한 것을 말한다. 예를 들면, '지능이 높으면 공부를 잘한다.'는 것이 법칙이 되기 위해서는 지능이 높다는 사실과 공부를 잘한다는 사실이 규칙적인 관계를 지니고 있어야 한다. 법칙은 'A이면 B다.'와 같이 논리적 형식을 취한다. 예를 들면, '지능이 높으면 공부를 잘한다.'는 법칙이 있다면, 이는 지능이 높다는 사실(A)과 공부를 잘한다는 사실(B)이 규칙적 관계를 가진다는 것을 뜻한다.

법칙의 종류에는 기술적 법칙과 이론적 법칙이 있다. 기술적 법칙은 어떤 현상이 왜 일어나는가를 설명하는 법칙이고, 이론적 법칙은 어떤 법칙이 왜 성립할 수 있는지를 설명하기 위한 근본적인 법칙이다. 예를 들면, '물은 위에서 아래로 흐른다.'는 현상을 설명하기 위해서 자유낙하의 법칙은 기술적 법칙이 되고, 자유낙하의 법칙을 설명하기 위한 만유인력의 법칙은 이론적 법칙이 된다. 법칙은 논리적 법칙과 경험적 법칙으로 구분하기도 한다. 논리적 법칙은 논리에 의해서, 경험적 법칙은 관찰에 의해서 진위가 가려지는 것을 말한다. 따라서 논리적 법칙은 절대적으로 진위가 가려지고, 경험적 법칙은 확률적으로 진위가 가려진다.

법칙과 밀접한 관계를 지니고 있는 것으로 가설(hypothesis)이 있다. 법칙은 사실 간의 규칙적인 관계가 진으로 확인된 것을 말하고, 가설은 그러한 관계를 잠정적으로 인정한 것을 말한다. 법칙은 한 시대가 지나면 위로 드러날 수도 있기 때문에, 장기적으로 보면 모든 법칙이 가설이라고 할 수 있다. 연구를 수행함에 있어서 가설은 연구를 전체적으로 안내하는 나침반과 같은 역할을 하기 때문에 가설을 설정하는 것은 매우 중요한 일이다. 일반적으로 실험연구에서는 가설을 반드시 설정해야 하고, 상관연구에서는 가설을 설정하는 것이 좋으며, 조사연구에서는 가설을 설정하지 않아도 좋다. 가설은 연구의 이론적 배경과 선행연구에 기초해서 설정하는데, 질적 연구에서는 이러한 배경과 선행연구가 없는 무지의 상태에서 연구가 수행되므로 가설을 설정하지 않는 것이 보통이다.

(5) 이론과 모형

이론(theory)이란 서로 연역적으로 관련된 법칙들의 체계를 말한다. 연역적으로 관련되어 있다는 것은 이론을 구성하는 법칙들이 서로 설명하고 설명되는 관계에 있다는 것을 말한다. 설명하는 법칙을 '공리(axiom)'라 하고, 설명되는 법칙을 '정리(theorem)'라 한다. 따라서 이론은 적어도 하나 이상의 공리와 여러 개의 정리로 구성되어 있다. 어떤 이론을 더 근본적인 이론으로 설명하는 것을 '환원(reduction)'이라 하는데, 예를 들면 교육학 이론을 심리학 이론으로 설명하고, 심리학 이론을 생리학 이론으로 설명하는 경우가 이에 해당된다.

어떤 이론이 좋은 이론인지 아닌지를 평가하는 기준으로서 베일리(Bailey, 1978)는 검증 가능성, 간단명료성, 절약성을 들고 있다(이종승, 2009 재인용). 검증 가능성이란 이론의 타당성을 경험적으로 검증할 수 있어야 함을 뜻하고, 간단명료성은 이론을 구성하는 법칙들이 간단하고 명료해야 함을 뜻하며, 절약성은 적은 수의 법칙을 통해서 많은 현상을 설명할 수 있어야 함을 의미한다.

이에 대하여 브로드벡(Brodbeck, 1963)은 완전한 이론과 불완전한 이론을 구분하는 기준으로서 자폐성(closureness)과 망라성(completeness)을 들고 있다(이종승, 2009 재인용). 자폐성이란 이론에서 사용되는 개념이 이론 내에서 서로 상호작용하는 정도, 즉 이론 밖의 개념이 개입하지 않는 정도를 뜻한다. 망라성이란 어떤 현상에 영향을 미치는 변인들이 이론 내에서 모두 고려되는 정도를 뜻한다. 브로드벡에 따르면, 사회과학은 자연과학에 비하여 자폐성과 망라성이 결여되어 있기 때문에 완전하지 못하다는 평가를 받고 있다.

이론과 밀접하게 관련된 것으로 모형(model)이 있는데, 이는 세 가지 의미로 사용된다. 첫째는 확인되지 않은 이론을 뜻한다. 이론은 진으로 밝혀진 법칙들로 구성되어 있으나 모형은 아직 진으로 확인되지 않은 가설로 구성되어 있다. 둘째는 동형적 이론을 말한다. 어떤 이론을 유사한 형태의 잘 발달된 이론으로 설명하고자 할 때, 설명의 근거가 되는 발달된 이론은 덜 발달된 이론의 모형이 된다. 예를 들면, 소문이 퍼지는 현상을 전염병이 퍼지는 현상으로 설명하는 경우에 전염병에 관한 이론은 소문에 관한 이론의 모형이 된다. 셋째는 모형이 수학적 공식으로 나타나는 경우로서, '수학적 모형'이라고 한다. 수학적 모형은 어떤 사실과 사실의 관계가 함수적인 관계로 나타나는 것을 말한다.

3) 연구의 절차

연구의 절차는 연구의 유형에 따라 다소 다르지만 일반적인 절차를 양적 연구를 중심으로 살펴보면, [그림 3-1]에서 보는 바와 같이 계획 단계, 실천 단계, 정리 단계를 거치는 것으로 약술할 수 있다. 각 단계별로 연구를 수행하는 방법을 구체적으로 살펴보자.

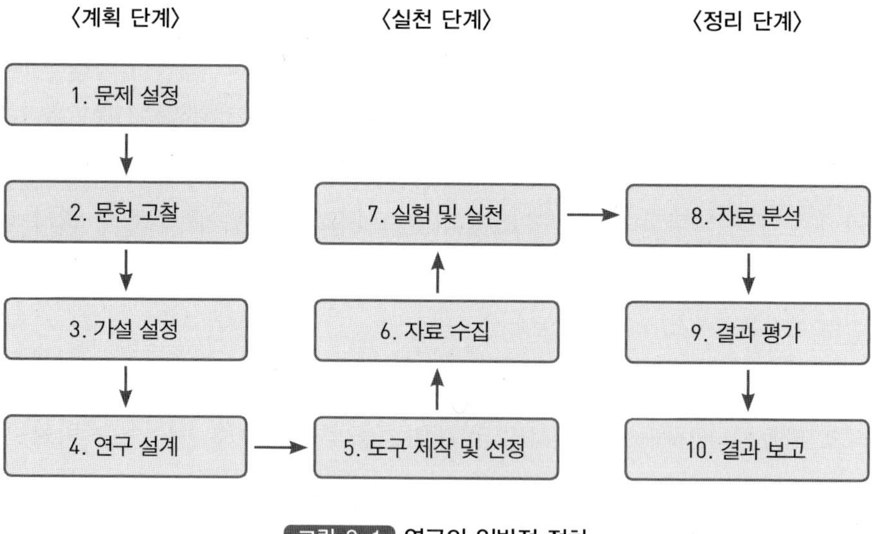

그림 3-1 연구의 일반적 절차

(1) 계획 단계

연구를 수행하는 첫 번째 큰 단계는 연구를 계획하는 단계인데, 여기에는 연구 문제를 설정하고, 문헌을 고찰하며, 가설을 설정하고, 연구를 설계하여 연구 계획서를 작성하는 단계 등이 포함된다.

연구 문제의 설정 단계에는 연구 문제를 발견하고, 선택하며, 진술하는 과정이 포함된다. 연구 문제를 발견하는 방법으로는 관심 있는 분야에 대한 주의 깊은 관찰과, 관심 분야에 대한 최근의 정보 그리고 비판적인 독서와 다양한 분석 등이 요구된다. 연구 문제를 선택하는 기준에 대해서는 특정한 연구 주제가 새로운 연구인지, 중요한 연구인지, 가능한 연구인지, 흥미 있는 연구인지 등의 관점에서 검토해 보아야 한다. 연구 문제를 진술하는 방법으로는 하위 문제로 나누어 구체적으로 진술할 것과 연구 문제를 설정하게 된 의의와 배경에 관하여 진술할 것 등을 유념해야 한다.

문헌을 고찰하는 단계에서는 문헌 고찰의 목적을 분명히 해야 한다. 문헌을 고찰하는 목적은 연구 현황을 파악하고, 접근방법을 탐색하며, 연구의 이론적 기초를 모색하고, 가설 설정의 근거를 탐색하는 데 있다. 문헌 고찰에서 사용되는 자료는 서적, 저널, 요약집, 논문 등이 있는데, 이들은 뒤로 갈수록 최근의 정보가 담겨 있는 자료이며, 앞으로 갈수록 신뢰할 수 있는 정리된 지식이 담겨 있는 자료다. 따라서 최근의 정보를 얻기 위해서는 논문이나 요약집이 좋으며, 잘 정리된 지식을 얻기 위해서는 서적이나 저널이 바람직하다. 문헌을 고찰하는 방법으로는 고찰하고자 하는 문헌 자료의 목록을 작성하여 자료를 수집하고, 독서 시 내용을 요약하여 기록하며, 독서를 통해 획득된 지식을 분석하고 종합하여 정리하는 과정을 거치는 것이 바람직하다.

다음은 가설을 설정하는 단계다. 가설이란 연구 문제에 대한 잠정적인 해답으로서, 변인 간의 관계로 진술되어야 하며, 검증 가능한 진술문으로 작성되어야 한다. 가설은 현상의 관찰이나 이론적인 연역 또는 유사한 사태를 유추하여 발견되는 것이 보통이며, 때로는 우연히 혹은 선행 가설의 부정을 통하여 발견되기도 한다. 가설을 평가하는 기준으로는 검증 가능성, 일반화의 정도, 일관성, 단순성 등이 고려되며, 기각된 가설에 대해서는 이를 인정하는 입장과 인정하지 않는 입장이 있다.

그다음은 연구를 설계하는 단계인데, 이는 연구 대상, 연구 도구, 실험 처치, 자료 수집 및 분석 등의 연구방법을 정하는 단계다. 연구 대상을 정하는 데 있어서 중요한 것은 표집에 대한 계획인데, 표집이란 연구의 대상이 되는 전집으로부터 일부를 선택하는 것을 말한다. 표집은 전집이 지니고 있는 제 특성을 잘 대표할 수 있어야 하기 때문에 무선표집이 바람직하다. 무선표집에는 단순 무선표집, 체계적 무선표집, 유층 무선표집, 단계적 무선표집 등이 있으며, 비무선표집에는 임의적 표집, 목적적 표집, 할당표집 등이 있다. 표집의 수는 연구에 따라 다르나 집단별로 실험연구에서는 20명 이상, 상관연구에서는 30명 이상, 조사연구에서는 50명 이상이 되어야 한다. 그러나 변인 통제가 어려운 경우나 효과의 크기가 작은 경우, 전집이 이질적인 경우에는 이보다 큰 대표집이 요구되며, 신뢰도가 낮은 경우나 높은 수준의 통계적 유의도가 필요한 경우에도 대표집이 요구된다.

연구를 설계하는 단계에서는 연구 대상 외에 연구 도구, 실험 처치, 자료 수집 및 분석 방법에 대한 계획도 포함되는데, 이들에 대해서는 다음 단계에서 기술하고자 한다. 이와 같이 연구 문제를 설정하는 단계부터 연구를 설계하는 단계까지의 작업이 끝나면 연구 계획서를 작성한다. 연구 계획서에는 문제 제기, 이론적 배경, 가설 설정, 연구방법, 기대 효과, 시간 계획 등이 포함되어야 하며, 참고문헌과 실험도구 및 측정도구 등의 연구 도구가 부록에 제시되어야 한다.

(2) 실천 단계

연구를 수행하는 두 번째 큰 단계는 연구를 실천하는 단계인데, 여기에는 측정도구의 제작 및 선정, 실험 및 실천, 자료 수집 등의 단계가 포함된다.

측정도구를 제작하거나 선정하는 데 있어서는 타당도, 신뢰도, 객관도, 실용도 등이 고려되어야 한다. 타당도(validity)는 측정도구의 고정적 오차와 관련된 개념이다. 측정도구가 본래 측정하고자 하는 것을 측정하지 못하고 다른 것을 측정하면 고정적 오차는 크게 작용하며, 따라서 타당도는 낮을 수밖에 없다. 타당도를 추정하는 방법에는 내용 타당도, 준거 타당도, 구인 타당도 등이 있다.

신뢰도(reliability)는 변산적 오차와 관련된 개념이다. 측정도구는 측정을 할 때마다 학생들의 상태나 환경 조건 등에 의해 점수가 다르게 나타나는데, 이렇게 변화가 심하면 특정한 측정에서 얻어진 점수를 신뢰하기 어렵다. 신뢰도를 추정하는 방법에는 재검사 신뢰도, 동형검사 신뢰도, 반분 신뢰도, 내적 합치도 등이 있다.

객관도(objectivity)는 채점에 주관이 개입되지 않는 정도를 말한다. 객관식 검사는 채점에 주관이 개입되지 않으나, 주관식 검사는 주관이 개입되므로 객관도가 문제가 된다. 객관도를 높이기 위해서는 채점 기준이 명확해야 하고, 채점하는 사람의 전문적인 지식과 이성적인 태도가 요구되며, 두 명 이상의 채점 결과를 종합하는 방법 등이 요구된다.

실용도(utility)는 측정도구가 사용하기에 적합한가 하는 정도를 말한다. 측정도구는 학생의 인지적 수준에 맞아야 하고, 검사의 실시와 채점이 용이해야 하며, 시간이나 노력, 경제성 등이 고려되어야 한다.

다음 단계는 실험 및 실천 단계다. 실천연구는 현장 실험연구이므로 실험 및 실천 연구 모두 실험연구의 맥락에서 살펴볼 수 있다. 실험연구에서 실험을 설계하는 방법에는 진실험 설계와 준실험 설계가 있다. 진실험 설계(true-experimental design)의 유형에는 여러 가지가 있지만, 기본적으로 통제집단을 두어 실험집단의 실험 효과를 비교할 수 있어야 하고, 실험집단과 통제집단의 여러 가지 조건이 동일하도록 통제해야 하며, 사전검사와 사후

검사를 실시하는 등의 요구 사항을 갖추어야 한다. 이러한 요구 사항이 충족되지 않은 것을 준실험 설계(quasi-experimental design)라 한다. 실험을 설계할 때는 실험의 내적 타당도와 외적 타당도가 고려되어야 한다. 실험의 내적 타당도는 실험의 결과가 실험 처치에 의해 초래된 것이라고 말할 수 있는 정도를 말하는데, 이를 위협하는 요소에는 역사, 성숙, 검사 사용, 도구의 변화, 통계적 회귀, 피험자 선발, 피험자 탈락, 선발에 따른 성숙의 차이 등이 있다. 외적 타당도는 실험의 결과를 현장에 적용할 수 있는 정도를 말하는데, 이를 위협하는 요소에는 실험 상황에서의 사전검사 실시, 피험자 선발의 공정성, 실험 상황의 반동 효과, 중다 처치 간섭 효과 등이 있다.

다음은 자료를 수집하는 단계인데, 자료 수집 방법으로는 관찰법, 면접법, 검사법 등이 있다. 관찰법(observation)은 가장 오래된 자료 수집의 방법으로서, 이는 자연적 관찰과 통제적 관찰, 참여적 관찰과 비참여적 관찰 등으로 구분된다. 그리고 관찰 결과를 기록하는 방법으로는 일화기록법과 표본기록법이 있는데, 일화기록법은 관찰된 것을 모두 기술하는 것이고, 표본기록법은 특정한 시간이나 사건, 인물에 한정해서 기술하는 것이다.

면접법은 구조적 면접과 비구조적 면접, 강제형과 자유반응형 등으로 구분되는데, 면접을 실시할 때는 대상과의 친밀한 관계, 선입견 배제, 비밀 보장, 질문의 명료화, 내부 세계에 대한 통찰, 기록한 후의 해석, 정서적 반응의 해석 등을 고려해야 한다.

검사법(testing)은 가장 객관적으로 일시에 많은 사람을 대상으로 자료를 수집할 수 있기 때문에 양적 연구에서 가장 많이 사용되는 방법이다. 검사법은 무엇을 측정하느냐에 따라 구분되는데, 능력을 재는 것을 검사(test), 특성을 재는 것을 검사 목록(inventory), 상태를 알아보는 것을 질문지(questionnaire), 의견을 물어보는 것을 설문지(opinionnaire)라 한다.

(3) 정리 단계

연구를 수행하는 세 번째 큰 단계는 연구를 정리하는 단계인데, 여기에는 자료 분석 단계, 결과 평가 단계, 결과 보고 단계 등이 포함된다.

자료 분석 단계에서는 우선 자료를 정리해야 하는데, 수집된 자료를 집단별 · 변인별로 구분하고 코딩한 후에 반응을 검토하여 자료를 정리한다. 그리고 변인별 신뢰도를 구하는데, 일반적으로 반분 신뢰도나 문항 내적 합치도를 산출한다. 자료를 분석하는 단계는 기술통계 과정과 추리통계 과정을 거치는데, 기술통계에서는 기본적으로 집단별 평균과 표준편차를 산출하고, 필요한 경우에는 상관계수를 산출한다. 추리통계에서는 가설을 검증하는데, 이는 설정된 가설의 변인 수준에 따라 다음과 같은 분석방법을 사용한다. 질적 변인과 질적 변인의 관계는 교차분석을 사용하고, 질적 변인과 양적 변인의 관계는 변량분석을 사용하며, 양적 변인과 양적 변인의 관계는 회귀분석을 사용한다. 필요한 경우에는 요인분석을 실시하는데, 특히 사용된 측정도구의 구인 타당도를 알아보기 위해서 시행된다.

결과를 평가하는 단계에서는 연구 결과를 일반화하는 것과 관련된 논의를 해야 한다. 연구 결과를 일반화하기 위한 논의에서는 다른 연구 결과와 비교하여 연구 결과가 일치하는지 아닌지, 왜 그런 결과가 나왔는지를 논의하고, 연구 내에서 설정한 가설들 간의 결과를 비교하여 결론을 이끌어 내는 일이 요구된다. 결과를 논의하는 단계에서 특히 중요한 것은 가설이 부정된 것에 관하여 논의하는 일이다. 부정된 가설의 논의에는 가설이 근거하고 있는 이론에 문제가 있는지, 가설을 연역하는 과정에 문제가 있는지, 가설을 검증하는 연구방법상의 문제, 즉 표집, 실험 처치, 측정도구, 검증방법상에 문제가 있는지를 논의해야 한다. 그러고 나서 연구 결과 및 연구 과정상의 여러 가지 문제점을 논의하고, 이를 보완하여 어떠한 연구가 후속되어야 하는지를 논의해야 한다.

끝으로 결과를 보고하는 단계에서는 연구 보고서를 작성하는데, 보고서는 앞부분, 본문 부분, 뒷부분으로 나누어 볼 수 있다. 앞부분에서는 연구의 제목과 연구자 및 소속 기관, 목차 등을 제시한다. 본문 부분은 문제 제기, 이론적 배경, 가설, 연구방법, 연구 결과, 논의 및 결론의 순으로 구성된다. 문제 제기 부분에서는 연구의 필요성과 목적, 연구 문제, 용어의 정의, 연구의 한계 등을 기술한다. 이론적 배경 부분에서는 연구 문제에서 설정한 변인에 대한 이론과 가설 설정의 근거가 되는 이론 및 선행연구를 기술한다. 가설 부분은 가설 설정의 근거를 약술하고, 설정된 가설을 논리적 순서에 따라 구체적으로 기술한다. 연구방법 부분에서는 연구의 대상, 측정도구, 실험 처치, 자료 수집 및 분석방법 등을 구체적으로 기술한다. 연구 결과 부분에서는 설정된 가설의 순으로 통계적 분석 결과를 제시하면서 가설이 긍정 또는 부정되는지를 기술하고, 필요한 경우에는 결과를 해석한다. 논의 부분에서는 지금까지의 연구 과정과 결과를 약술하고, 다른 연구 결과는 물론 연구 내에서의 결과들을 비교하여 결론 및 후속되어야 할 연구를 제시한다. 뒷부분에서는 참고문헌과 측정도구 및 실험도구를 부록에 제시한다.

2. 연구 패러다임

연구의 유형은 크게 양적 연구와 질적 연구로 나누어 살펴볼 수 있는데, 이를 구분하는 근거를 연구 패러다임에서 찾아볼 필요가 있다. 패러다임이란, 일반적으로 '어떤 시대의 사람들의 사고나 인식을 근본적으로 규정하는 이론적인 틀이나 체계'를 의미한다. 과학에서는 보다 한정적인 의미로, '과학의 작용 방식을 규정하는 근본적인 틀이나 체계'를 말한다. 여기서 과학의 작용 방식이란, 초이론적 기본 가정, 이론과 법칙, 개념, 연구방법, 은유적 성질 등을 말한다(Burrell & Morgan, 1979).

패러다임이라는 말을 상정한 쿤(Kuhn, 1970)에 따르면, 과학사의 특정한 시기에 전체 과학자 집단에 의해 공식적으로 인정된 전형적인 틀이 있는데, 이것이 바로 패러다임이다. 쿤은 자연과학을 중심으로 패러다임의 이동을 설명하였는데, 그에 따르면 하나의 지배적인 패러다임이 나타나서 정상 과학의 상태에 있다가, 이 패러다임으로 설명되지 않는 이상 현상이 발견되면서 위기 상태에 빠지고, 경쟁적인 새로운 패러다임이 나타나서 이중 패러다임 상태에 있다가, 과학혁명에 의해 지금까지 지배하던 패러다임은 사라지고 경쟁 관계에 있던 새로운 패러다임이 과학계를 지배하게 된다. 간단히 말하면, 자연과학에서는 패러다임의 이동이 직선적이다.

자연과학과 달리 사회과학에서는 패러다임의 이동이 이중적으로 복잡하다. 버렐과 모건(Burrell & Morgan, 1979)에 따르면, 사회과학은 다중 패러다임을 허용하기 때문에 한 시대에 몇 개의 패러다임이 공존한다. 사회과학에서의 패러다임 이동은 자연과학처럼 선명하지 않다. 다만 과학자들의 선호도에 따라 사회과학의 패러다임은 복선적으로 서서히 이동한다.

연구 패러다임은 일반적으로 연구자에게 연구를 위한 맥락을 설정해 주는데, 사회과학의 연구 패러다임에는 어떠한 것들이 있는지 알아보자. 그리고 이러한 연구 패러다임의 과학철학적 특징과, 이에 근거하여 양적 연구와 질적 연구의 특징을 살펴보자.

1) 사회과학 연구 패러다임

앞서 말한 바와 같이 연구 패러다임은 연구자에게 연구를 위한 맥락을 설정해 준다. 연구자는 그들의 연구를 개념화하고 분류하는 데 각기 다른 패러다임적 도식을 받아들인다. 연구를 안내하는 데 사용되는 패러다임으로서, 여기서는 폰테로토(Ponterotto, 2005)가 제시한 연구 패러다임, 즉 실증주의, 후기 실증주의, 구성주의(해석주의) 그리고 이념주의(비판주의)에 관하여 살펴보고자 한다.

(1) 실증주의

실증주의(Positivism)는 과거 150년 동안 과학에서 지배적인 세력이었고, 실제로 사회과학에서 받아들여지고 채택된다는 점에서, 종종 '수용된 관점'으로 인정되어 왔다. 실증주의는 영어명에서 볼 수 있듯이 긍정하는 입장으로서, 하나의 옳은 실재가 있다는 것과 이를 과학적 방법으로 밝힐 수 있다는 것을 주장한다. 실증주의에서는 연구자와 참여자가 서로 독립적이고, 연구는 연구자의 편견이 배제된 상태에서 수행되어야 하며, 연구자의 가치관이 개입되어서는 안 되기 때문에 표준화된 조사방법을 사용하려 한다. 또한 연구에서 사용되는 언어가 정확하고 객관적인 방식으로 제시되어야 하며, 엄격한 과학적 방법과 절차에 따라 변인이 통제되고 조작되어야 한다.

실증주의는 가설-연역적 방법에 결부된 철학적 실재론의 한 형태다. 가설-연역적 방법은 기존의 이론에서 가설이 연역되어 도출되며, 현상에 대한 체계적인 관찰과 통제된 실험을 통하여 가설을 검증한다. 가설-연역적 방법에 의해서 실증주의는 사전의 가설을 밝히려는 노력에 초점을 두고 있는데, 가설은 대부분 기능적 관계를 나타내는 양적 명제로 진술된다. 실증주의적 탐구의 일차적인 목적은 현상에 대한 설명이며, 이는 현상에 대한 예언이나 통제로 이어진다.

(2) 후기 실증주의

후기 실증주의(Postpositivism)는 실증주의적 입장의 어떤 면에 대한 불만으로부터 비롯되었다. 실증주의자들은 객관적으로 파악될 수 있는 실재를 인정하였다. 그러나 후기 실증주의자들은 객관적인 실재는 있지만, 이는 불완전하게 파악될 뿐이고, 연구자와 참여자의 독립이 중요하지만 연구자가 참여자에게 어느 정도 영향을 미칠 수 있으며, 연구자의 가치관이 개입되어서는 안 된다는 것을 주장했다. 후기 실증주의는 실증주의에서와 마찬가지로 연구에서 사용되는 언어가 정확하고 객관적인 방식으로 제시되어야 하며, 조심스럽게 엄격한 과학적 방법과 절차를 따라야 한다는 것을 중시한다.

실증주의와 후기 실증주의 관점의 핵심적인 차이는 전자가 '이론의 사실 입증'을 강조하고, 후자가 '이론의 허위 입증'을 강조하는 것이다(Lincoln & Guba, 2000). 현대 철학자 포퍼(Popper, 1968)는 백만 마리의 하얀 백조를 관찰해도 '모든 백조는 희다.'는 명제를 입증하지 못하지만, 한 마리의 검은 백조를 관찰하면 그 명제가 허위라는 것을 입증할 수 있다고 강조했다. 실증주의와 후기 실증주의에는 몇 가지 중요한 차이가 있지만, 이 둘의 관점은 많은 것을 공유하고 있다(Lincoln & Guba, 2000). 이 둘의 목적은 현상을 설명하는 것이며, 이는 예측과 통제로 이어진다. 이 둘의 관점은 현상의 인과관계를 연구하고, 발견하며, 일반화하는 데 초점을 둔다. 이들 패러다임은 법칙 정립적이고, 문화 보편적인 것으로부터 작용한다. 실증주의와 후기 실증주의는 대체로 양적 연구의 일차적인 근거로서의 역할을 한다.

(3) 구성주의 또는 해석주의

구성주의(Constructivism) 또는 해석주의(Interpretivism) 패러다임은 실증주의 패러다임에 대한 대안으로서, 실증주의가 하나의 객관적인 실재를 인정하는 것과 달리, 여러 개의 타당한 실재가 있다는 상대주의자들의 입장을 신봉하고 있다. 구성주의자들은 사람들에게 개인의 경험과 사회 환경의 영향을 받아 주관적으로 구성된 여러 가지 실재가 있으며, 연구자와 참여자의 역동적 상호작용이 참여자의 경험 세계를 파악하는 데 필요하고, 연구자의 가치는 인정되지만 괄호가 쳐져야 한다고 주장한다. 또한 구성주의자들은 연구에서 사용되는 언어가 주관적이고 개인화되어 제시되어야 하며, 연구자와 참여자의 상호작용이 중요하기 때문에 참여자의 세계에 들어가야 하는 자연주의적 설계를 중시하고 있다.

구성주의 또는 해석주의의 원천은 칸트(Kant, 1881/1966)로 거슬러 올라가는데, 그는 "자연에 대한 인간의 주장이 주체의 머릿속에 있는 과정으로부터 독립적일 수 없다."(Ponterotto, 2005 재인용)라고 주장하였다. 다시 말하면, 실재는 행위자에 의해 구성된다. 구성주의 발달에 있어 중요한 영향을 미친 또 다른 사람은 딜타이(Dilthey, 1894/1977)인데, 그는 칸트의 이론에 영향을 받아 실증주의와 구성주의를 구별하기 위해서 자연과학과 정신과학을 구분하면서, 자연과학의 목적은 '과학적 설명'이며, 정신과학의 목적은 사회적 상황에 관한 '의미의 이해'라고 하였다(Ponterotto, 2005 재인용). 구성주의 또는 해석주의 신봉자들은 '삶의 경험'을 이해하는 것을 중시하며, 이러한 삶의 경험이 개인의 의식 세계에서 의미를 갖게 된다고 주장한다.

(4) 이념주의 또는 비판주의

구성주의자들과 마찬가지로 비판주의자들은 실재가 사회적 · 역사적 상황에서 구성된다고 주장하지만, 이들은 구성주의자들 이상으로 권력관계 안에서 실재와 사상을 개념화하고, 억압받는 집단의 해방을 돕는 데 그들의 연구를 사용한다. 비판주의자들은 실재가 윤리적 · 문화적 · 성적 · 사회정치적 가치에 의해 형성되고, 사회적 · 역사적 권력관계에 의해 중재된다고 본다. 연구자와 참여자는 호혜적이며 대화적인 관계로서, 압제로부터의 해방과 임파워먼트(empowerment)의 실현을 참여자에게 자극하기 위해 연구자의 가치관이 연구에 적극적으로 영향을 미쳐야 한다고 주장한다. 또한 이들은 연구에서 사용되는 언어가 주관적이고 개인적일 뿐 아니라 연구자의 경험, 기대, 가치가 구체적으로 제시되고, 연구자와 참여자의 상호작용을 중시하며, 참여자의 세계에 적극적으로 들어갈 것을 주장한다.

비판적(critical) 또는 이념적(ideological) 패러다임의 원천은 1920년대 프랑크푸르트(Frankfurt) 대학교의 사회연구소로 거슬러 올라간다. 프랑크푸르트학파의 개척자적인 인물들은 '불공정과 종속이 삶의 세계를 형성한다.'는 관점을 지니고 있다. 비판적 또는 이념적 패러다임에는 유일한 이론이 있는 것이 아니라 다양한 비판적 이론이 있기 때문에 비판적 이론을 총체적으로 해석하는 데 주의해야 한다. 그러나 여러 가지 비판적 이론의 변체들 중에는 어떤 공통점이 있고, 이러한 초월적인 양상은 이 패러다임을 규정하는 데 도움을 준다. 비판적 또는 이념적 패러다임의 기본 신념은 인간의 삶이 사회적 · 역사적 상황 속에서 권력관계에 의해 구성되고 중재된다는 것과, 압제로부터의 해방 그리고 보다 평등한 민주적 사회질서로 이끄는 변증법적 상호작용을 강조하는 데 있다.

지금까지 양적 연구 및 질적 연구의 근거가 되는 사회과학의 패러다임으로서, 실증주의, 후기 실증주의, 구성주의 또는 해석주의, 비판주의 또는 이념주의를 살펴보았다. 이를 과학철학의 입장, 즉 존재론적 차원, 인식론적 차원, 가치론적 차원, 수사학적 차원, 방법론적 차원에서 분석한 것을 정리하면 〈표 3-1〉과 같다.

표 3-1 네 가지 패러다임에 대한 과학철학적 분석

분석 차원	실증주의	후기 실증주의	구성주의 – 해석주의	비판주의 – 이념주의
존재론적 차원	객관적 실재가 있음. 과학적 방법으로 가능함	객관적 실재가 있음. 과학적 방법으로는 미흡함	실재는 경험에 의해 주관적으로 구성됨. 과학적 방법으로는 불완전함	실재는 역사적 · 사회적 권력관계로 구성됨. 과학적 방법을 거부함
인식론적 차원	연구자와 참여자를 엄격히 분리함	독립은 중요하나 영향을 미칠 수 있음	연구자와 참여자의 상호작용을 중시함	연구자가 참여자에게 적극적으로 영향을 줌
가치론적 차원	연구자의 가치관을 철저히 배제함	연구자의 가치관이 개입되지 않도록 조심함	연구자의 가치를 인정하나 자유로워야 함	연구자의 가치에 따른 임파워먼트를 중시함
수사학적 차원	언어가 정확하고 객관적으로 제시됨	언어가 정확하고 객관적으로 제시됨	언어가 개인화되고 주관적으로 제시됨	언어가 개인화되고 주관적으로 제시됨
방법론적 차원	과학적 방법과 절차를 따름	과학적 방법과 절차를 따르려고 노력함	참여자의 세계를 이해하기 위한 심층적 연구방법	참여자의 세계를 이해하기 위한 심층적 연구방법

이러한 패러다임 간의 관련성을 실증주의를 중심으로 간략하게 살펴보면, 실증주의는 과학 분야에서 오랜 기간에 걸쳐 수용되어 온 패러다임이고, 후기 실증주의는 실증주의의 문제점을 보완하고자 하는 입장이며, 구성주의 또는 해석주의는 실증주의와 병행하면서 대안을 제시하고자 하는 입장이고, 비판주의 또는 이념주의는 실증주의를 정면으로 부정하면서 대안을 제시하는 입장이라고 할 수 있다.

2) 양적 연구와 질적 연구

양적 연구와 질적 연구의 근본적인 차이점을 알아보기 위하여 인식의 방법으로서 질과 양에 대하여 먼저 살펴보자. 질은 비교하기 이전의 내재적 속성으로서 개별적 사물의 고유한 속성을 말하고, 양은 비교를 위한 관계적 속성으로서 효율적인 의사소통을 위해 이차적으로 부가된 속성을 말한다. 예를 들면, 어떤 버섯이 지니고 있는 속성에 대하여, '이 버섯은 작지만 아담하고 싱싱하며 탐스러워 보인다.'는 진술은 버섯의 질에 대하여 기술하는 것이다. 이에 대하여 '이 버섯은 크기가 얼마이고, 무게가 얼마이며, 수분 함량은 얼마이고, 영양가는 어느 정도다.'라는 진술은 버섯의 양에 대하여 기술하는 것이다.

질적 인식에서는 사물을 '있는 그대로' 보려 하기 때문에 작다, 아담하다, 싱싱하다, 탐스러워 보인다 등의 자연언어에 주로 의존한다. 이에 비하여 양적 인식에서는 크기, 무게, 수분 함량, 영양가 등의 이차적으로 부가된 인공언어에 의존하며, 이처럼 이차적으로 부가된 속성의 차원에서 버섯들을 비교한다.

양적 연구와 질적 연구의 구분은 연구 기법상의 차이가 아니라 연구 논리상의 차이일 뿐이다. 왜냐하면, 양적 연구는 어느 정도 질적 분석을 포함하고, 질적 연구도 어느 정도 양적 분석을 포함하기 때문이다. 양적 연구와 질적 연구의 논리적인 차이점은 연구의 기초가 되는 패러다임이 무엇이냐에 달려 있는 바, 앞서 살펴본 바와 같이 양적 연구는 실증주의 및 후기 실증주의 패러다임에 기반을 두고 있고, 질적 연구는 실증주의에 대한 대안으로 제시된 구성주의(해석주의)와 비판주의(이념주의) 패러다임에 기반을 두고 있다. 양적 연구와 질적 연구의 차이점을 살펴보면 다음과 같다(조용환, 2000).

(1) 연구의 맥락

연구의 대상이 되는 현상은 근본적으로 복잡성을 지니고 있는데, 이를 단순화하고 한계를 설정하는 정도가 다르다. 양적 연구에서는 현상을 맥락으로부터 분리하여 조작적으로 단순화하고 한계를 설정하려 한다. 예를 들면, 부부간의 사랑을 양적으로 나타내기 위해서 함께 있는 시간, 외식의 빈도, 대화의 빈도, 키스의 횟수 등의 차원을 설정하고, 각각의 차원에 한정하여 비교하려 한다. 이에 대하여 질적 연구에서는 현상의 복잡성을 있는 그대로의 맥락 속에서 파악하려 하므로 이러한 단순화와 한계 설정을 최소화하려고 한다.

또한 양적 접근에서는 현상을 요소로 나누어 연구자가 관심 있는 부분에 한하여 연구하고, 질적 접근에서는 현상을 전체로서 이해하고자 노력한다. 따라서 양적 연구에서는 연구자가 선택한 변인 이외의 다른 변인을 배제하려 하고, 질적 연구에서는 모든 변인을 최대한 포착하려 한다.

(2) 연구자와 연구 대상의 관계

양적 연구에서는 객관적 지식을 찾기 위해서 주관을 배제하고 질적 연구에서는 연구자와 참여자의 주관을 존중하고 이를 융합하려 하기 때문에, 양적 연구에서는 연구 대상과 되도록 떨어질 것(원거리)을 강조하고, 질적 연구에서는 연구 대상과 되도록 가까이 접근할 것(근거리)을 강조한다. 그리고 양적 연구에서는 연구자가 사람이 아닌 기계로 전락하여 인간소외 현상이 나타나고, 질적 연구에서는 연구자와 참여자의 부단한 상호작용과 대화 과정을 거쳐 연구가 진행된다. 또한 양적 연구에서는 연구 대상을 사람으로서 존중하지 않기 때문에 피험자, 응답자라는 용어로 표현하고, 질적 연구에서는 사람으로서 존중하기 때문에 참여자, 제보자, 현지인 등의 용어를 사용한다.

(3) 주관성과 객관성

양적 연구는 객관적이고, 질적 연구는 주관적이다. 여기서 객관적 또는 주관적이라 함은 객관적 지식이나 주관적 지식을 말하는 것이 아니라, 지식을 찾는 방법이 객관적이냐 주관적이냐를 말한다.

객관적 방법은 '누가 보아도 그렇게 볼 수밖에 없다.'는 실증주의에 기반을 둔 방법이고, 주관적 방법은 '누가 어떻게 보든 상관없이 나는 그렇게 본다.'는 구성주의에 기반을 둔 방법이다. 여기서 과학적 연구는 객관적이어야 하므로 질적 연구는 과학적 연구로서 적합하지 않다는 통념이 존재하는데, 이에 대해서는 재고할 필요가 있다. 이는 객관성에 기인하는 문제로서, 그렇게 보지 않는 사람이 있을 수 있고, 객관성을 강조하다 보니 의미 없는 개념이 출현할 수도 있기 때문이다. 따라서 질적 연구에서는 주관에 기초를 두되, 주관을 종합하는 방법으로 주관의 객관성, 상호 주관성 등을 중시하게 된다.

(4) 일반화의 문제

질적 연구는 소수 사례에 대한 심층적 연구로 진행되는 것이 보통이므로, 연구 결과를 일반화하는 데 문제가 있다. 이를 해결하기 위한 방법으로는 다음과 같은 세 가지가 있다. 첫째는 질적 연구의 결점을 인정하고 장점을 살리는 것으로서 연구의 폭보다는 깊이를 중시하는 입장이다. 둘째는 양적 연구에서의 표집 방법과 달리 질적 연구에서는 준거적 선택을 함으로써 소수의 표집이 전집의 특성을 대표하는 방법이다. 이러한 준거적 선택에는 네트워크 선택, 극단적 사례를 표집하는 방법, 전형적 사례를 표집하는 방법, 대조적 사례를 표집하는 방법 등이 있다. 셋째는 일반화의 의미를 달리 해석하는 방법으로서, 질적 연구는 맥락적 상황에서 하는 것이므로 외적 타당도가 보장된다고 보는 것이다.

그러나 일반성을 중시하고 특수성을 무시하는 양적 연구와는 달리 특수성을 중시하는 것은 분명 질적 연구의 장점이다. 또한 양적 연구에서는 예기치 않은 현상을 회피하려 하고, 질적 연구에서는 예기치 않은 현상을 수용하려 한다. 특히, 질적 연구에서는 주변부 세계를 이해하는 데 중심부 이론이 부적합하다는 것을 지적해 오고 있다.

(5) 가설과 이론

양적 연구에서는 검증할 가설을 세우고, 질적 연구에서는 가설을 세우지 않는 것이 보통이다. 질적 연구에서는 아프리카 오지의 낯선 세계를 연구하는 경우와 같이, 무지의 상태에서 현상을 관찰하기 때문에 가설을 세울 수가 없다. 그러나 연구 대상에 대한 선지식이 있는 경우에는 어느 정도의 가설을 세울 수 있다. 양적 연구에서는 이론을 뒷받침하는 자료를 수집하여 이론을 확인하는 것이 목적이다. 이처럼 양적 연구는 이론에 기반을 둔 연구로서 연구의 진행 과정이 위에서 아래로(top-down process) 향하며, 연역적 논리를 바탕으로 이루어진다. 이에 대하여 질적 연구에서는 자료에 맞는 이론을 모색함으로써 이론을 발견하는 것이 목적이다. 이처럼 질적 연구는 자료에 기반을 둔 연구로서 연구의 진행 과정이 아래에서 위로(bottom-up process) 향하며, 귀납적 논리를 바탕으로 이루어진다.

이상에서 우리는 양적 연구와 질적 연구의 차이점을 연구의 맥락, 연구자와 연구 대상의 관계, 객관성과 주관성의 문제, 일반화의 문제, 가설 및 이론과의 관계라는 관점에서 살펴보았다. 이와 관련하여 이종승(2009)은 양적 연구와 질적 연구의 차이점으로 이상에서 제시한 것을 포함하여 〈표 3-2〉

표 3-2 양적 연구와 질적 연구의 비교

비교 기준	양적 연구	질적 연구
철학적 배경	• 경험주의, 실증주의	• 현상학, 해석학
연구 목적	• 일반적인 법칙의 발견 • 이론 검증 • 설명과 예측	• 개별적인 현상의 이해 • 이론 발견 • 의미와 해석
연구의 기본 논리	• 연역적	• 귀납적
기본 가정	• 객관적 실체 • 자연현상의 규칙성	• 지각된 실체 • 사회현상의 유연성과 역동성
연구 유형	• 실험연구 • 조사연구 • 상관연구 • 인과비교연구	• 민족지학 • 내용분석연구 • 사례연구 • 역사연구
연구 설계	• 구체적이고 고정적 • 사전에 결정	• 일반적이고 융통적 • 점차적으로 결정
연구 대상	• 주로 대규모, 무선표집 • 대표성 강조 • 통제된 상황	• 주로 소규모, 목적표집 • 독특성 강조 • 자연적 상황
연구 대상과 연구자의 관계	• 원거리 유지 • 객관적 관찰	• 근거리 참여 • 공감적 이해
연구 자료	• 양적 자료	• 질적 자료
자료 수집	• 다양한 측정도구의 사용 • 질문지, 검사지 사용	• 연구자가 중시하는 연구 도구 사용 • 참여관찰, 심층면접
자료 분석	• 분석적 · 통계적 분석	• 총체적 · 질적 분석
자료 해석	• 외부자 관점	• 내부자 관점
결과 보고	• 결과 중심의 객관적 기술 • 신뢰성 중시 • 요점식 수량적 보고서	• 과정 중심의 주관적 해석 • 타당성 중시 • 서술식 이야기체 보고서
일반화 여부	• 일반화 가능	• 일반화 불가

출처: 이종승(2009). p. 410.

와 같은 여타의 차이점을 구체적으로 제시하고 있다. 이는 양적 연구와 질적 연구의 특징을 비교하기 위하여 의도적으로 양극화하여 대비한 것으로, 실제에서는 이분법적으로 구별되기보다는 정도의 차이로 이해해야 할 것이다.

3. 양적 연구의 유형

양적 연구는 앞서 제시한 바와 같이 실증주의 패러다임에 기초를 두고 있으며, 그 유형은 여러 가지 차원에서 분류될 수 있다. 여기서는 양적 연구가 일반적으로 어떤 유형으로 분류되는지, 그리고 이러한 일반적 유형에 해당되지 않는 특수한 유형에는 어떤 것들이 있는지에 관하여 살펴보고자 한다.

1) 일반적 유형

양적 연구는 일반적으로 연구의 목적이 무엇이냐에 따라 다음과 같이 세 가지 유형으로 나누어 볼 수 있다. 첫째는 현상 속에 존재하는 구체적인 사실을 발견하기 위해서 연구를 수행하는데, 이를 조사연구(survey research)라 한다. 둘째는 현상 속에 존재하는 사상 간의 관계를 발견하기 위해서 연구를 수행하는데, 이를 상관연구(correlational study)라 한다. 셋째는 실천 방안을 직접 찾아내기 위해서 연구를 수행하는데, 이를 실험연구(experimental study)라 한다. 이러한 실험연구는 실험실 실험연구와 현장 실험연구로 나누어 볼 수 있는데, 특히 현장 실험연구를 실천연구라고 한다.

이제 이러한 조사연구, 상관연구, 실험(실천)연구를 형식적 측면에서 살펴보자. 양적 연구는 새로운 지식, 즉 법칙을 정립하기 위해서 수행되는데, 법칙의 논리적 형식은 'A이면, B다(If A, then B).'로서, 이는 A라는 개념(변인)

과 B라는 개념(변인)의 규칙적인 관계를 말한다. 여기서 A라는 변인이 어떤 수준의 변인이냐에 따라 양적 연구는 조사연구, 상관연구, 실험연구로 구분되는 것이다.

조사연구는 A 변인이 일반적으로 사회적 변인(성별, 지역별, 인종별, 종교별 등)인 경우를 말한다. 예를 들면, 성별 간에 어휘력의 차이를 밝히거나, 지역별 의견 차이를 밝히는 것이 조사연구에 해당된다.

상관연구는 A 변인이 이론 내에 있는 자연 상태의 변인인 경우다. 이론 내에 있는 변인이라는 것은 일반적인 사회적 변인이 아니라 그 이론 안에서 중시되는 변인을 말하고, 자연 상태의 변인이라는 것은 연구자에 의해서 조작된 변인이 아니라 있는 그대로의 변인이라는 의미다. 예를 들면, 지능과 성적의 관계를 밝히거나, 성격 유형과 스트레스 대처 능력의 관계를 밝히는 것이 상관연구에 해당된다.

실험연구는 A 변인이 이론 내에 있으면서 연구자에 의해서 조작된 변인을 말한다. 예를 들면, 지능 향상 프로그램이 성적에 미치는 영향이나, 스트레스 대처 훈련이 학교 적응에 미치는 영향을 밝히는 것이 실험연구에 해당된다. 이들에 관하여 좀 더 자세히 살펴보자.

(1) 조사연구

조사연구는 사실을 발견하기 위해서 수행되는데, 연구의 목적에 따라 몇 가지로 나누어 볼 수 있다. 첫째로, 사실 발견을 목적으로 하는 조사연구인데, 이는 어떤 집단의 특성이나 어떤 현상에 관하여 있는 그대로의 사실을 알아보기 위해서 하는 연구다. 예를 들면, 취학 전 유아들에게 한글을 가르치는 것에 대하여 유치원 교사나 학부모, 교육 전문가들이 각각 어떤 의견을 가지는지를 조사하는 것이 여기에 해당된다.

둘째로, 가설 검증을 위한 조사연구인데, 이는 사회적 변인에 따라 연구 변인에 차이가 있을 것이라는 가설을 미리 세워 놓고 설정된 가설을 검증하는 연구다. 예를 들면, 앞의 예에서 취학 전 아동에게 한글을 가르치는 것에 대하여 학부모와 교육 전문가 간에 의견 차이가 있을 것이라는 가설을 세우고 이를 검증하는 것이 여기에 해당된다.

셋째로, 규준 작성을 위한 조사연구인데, 이는 어떤 조건이나 상태 등을 결정할 목적으로 조사하는 연구다. 예를 들면, 우리나라 아동들의 연령별 신장이나 체중과 같은 신체적 발달의 규준을 작성하기 위해서 조사하는 것이 여기에 속한다.

조사연구는 조사방법에 따라 질문지 조사, 면접 조사, 전화 조사, 우편 조사 등이 있으며, 근래에는 인터넷 조사도 많이 활용되고 있다. 특히, 인터넷 조사는 앞으로 더욱 활성화될 것으로 예상된다. 인터넷 조사는 비용과 시간이 절약되고, 신속하게 이루어지며, 다양한 질문을 할 수 있다는 장점이 있으나, 보안장치의 미흡으로 개인의 정보가 유출될 수 있다는 우려와 절차상의 번거로움으로 응답하기를 꺼리며, 따라서 회수율이 낮다는 단점도 있다.

조사연구를 수행하는 경우에는 정보의 질보다 양에 비중을 두는 경향이 있다. 일반적으로 조사연구는 일시에 많은 양의 정보를 수집할 수 있으며, 다른 연구방법에 비하여 비교적 쉽게 연구를 수행할 수 있다는 장점이 있다. 그러나 자칫하면 피상적인 정보를 얻게 되기 쉽고, 표집에 따른 오차가 크다는 단점이 있다.

(2) 상관연구

상관연구는 현상 속에 존재하는 사상 간의 관계를 발견하기 위한 것이 연구의 목적이며, 'A이면, B다.'라는 법칙의 형식에서 A에 해당하는 변인이 이론 내에 있는 자연 상태의 변인인 경우를 말한다. 상관연구는 통계적으로 상관계수로 나타내는데, 상관계수는 -1 ~ +1의 값을 가진다. 상관계수의 부호는 상관의 방향을 나타내는데, 양수(+)로 나타나는 것을 정적 상관, 음수(-)로 나타나는 것을 부적 상관이라고 한다. 부호와 상관없이 절대값의 크기를 상관의 정도라고 하는데, 1에 가까우면 상관이 높은 것이고, 0에 가까우면 상관이 낮은 것이다.

상관계수의 종류에는 적률상관계수, 등위상관계수, 양분 또는 양류 상관계수, 유관계수 또는 파이계수, 상관비 등이 있는데, 이들의 기초가 되는 것은 적률상관계수다. 상관계수의 제곱의 값을 결정계수라 하며, 이는 하나의 변인이 다른 변인을 설명 또는 예언하는 변량의 비를 의미한다. 예를 들면, 지능과 성적의 상관이 상관계수로 r=.80이라 했을 때, 이를 제곱하면 결정계수로 r^2=.64가 되는데, 이러한 결정계수에 의해 성적의 64%를 지능이 설명(예언)한다고 말할 수 있는 것이다.

상관연구에서는 나타난 상관관계를 어떻게 해석하느냐가 매우 중요한데, 연구 결과로 나타난 상관관계는 다음과 같이 세 가지 유형으로 해석할 수 있다. 첫째는 인과관계로 해석하는 것으로, 이를 인과 비교 연구 또는 소급연구(ex post facto research)라 한다. 상관관계를 인과관계로 해석할 수 있는 경우는 강우량과 산출량의 관계에서 보는 것처럼 논리적으로 인과관계가 분명한 경우, 학기 초 성적과 학기 말 성적의 관계에서 보는 것처럼 시간적으로 먼저 있는 것이 나중에 있는 것의 원인이 된다고 할 수 있는 경우, 그리고 실험 처치와 이에 영향을 받은 어떤 특성의 변화와 같은 실험연구의 경우 등이 있다.

둘째는 상호 관계로 해석하는 것으로, 이는 상호 간에 영향을 미치는 관계를 말한다. 예를 들면, 실내의 온도를 일정하게 유지하도록 하는 자동온도 조절장치에서 전기기구 장치와 실내 온도 사이에는 상호 관계가 존재한다. 아동들의 자아개념과 학업성취 사이에도, 자아개념이 긍정적이면 학업성취가 높고, 학업성취가 높으면 자아개념이 긍정적으로 형성되는데, 이는 상호 관계로 해석해야 한다.

셋째는 대칭 관계로 해석하는 것으로, 이는 두 변인이 서로 영향을 주지도 않고 받지도 않지만, 상관관계가 있는 것처럼 나타나는 것이다. 예를 들면,

왼팔의 길이와 오른팔의 길이는 상관이 높은 것으로 나타나는데, 그렇다고 해서 하나가 다른 것의 원인이 되는 것은 아니다. 이런 경우는 제3의 변인의 영향, 즉 신체적 유전의 영향을 받아 상관이 있는 것으로 나타나는 것이다. 초등학생들을 대상으로 몸무게와 수학 실력의 상관을 산출하면 상관계수가 높게 나타나는데, 이는 몸무게나 수학 실력이 제3의 변인, 즉 나이의 영향을 받아서 둘 사이에 상관이 있는 것처럼 나타나는 것이다.

양적 연구는 법칙을 발견하는 것이고, 법칙의 주요 기능은 설명이기 때문에 양적 연구에서는 되도록 인과관계를 찾아야 한다. 그러나 상관연구에서 사용되는 분석방법은 상관관계에 불과하므로 이를 인과관계로 해석할 수 있는 방안을 찾아야 한다. 이러한 방안에는 연구자의 논리나 연구 설계에 의한 방법이 있다. 상관연구에서 특히 유념해야 하는 것은 두 변인의 관계가 가짜 관계인지를 규명하는 것이다. 이는 두 변인의 관계가 앞에 제시한 것과 같이 제3의 변인의 영향으로 마치 관계가 있는 것처럼 나타나는 경우인데, 이러한 가짜 관계를 찾아내는 것이 중요하다.

(3) 실험연구

실험연구는 실천 방안을 직접 찾아내는 것이 연구의 목적이며, 'A이면 B다.'라는 법칙의 형식에서 A에 해당하는 변인이 이론 내에 있는 조작된 변인인 경우를 말한다. 실험연구에서는 실험집단에서 나타난 변화를 비교하기 위해서 통제집단을 설정하는데, 실험집단은 연구자가 관심을 갖고 있는 실험 처치를 투입한 집단이고, 통제집단은 처치를 받지 않거나 표준적인 처치를 받은 집단이다. 실험의 효과를 알아보기 위해서는 사전검사와 사후검사를 실시하는 것이 보통이다. 실험연구에서는 변인을 통제하는 일이 실험의 타당성을 보장하는 데 매우 중요하다. 변인을 통제하는 방법은 실험변인을 극대화하고, 오차변인을 극소화하며, 외부변인을 통제하는 것이다. 실험변인을 극대화한다는 것은 실험집단의 실험 처치와 통제집단의 표준 처치 간의 간극이 되도록 커야 함을 말하고, 오차변인을 극소화한다는 것은 실험집단 또는 통제집단 내에 있는 사람들의 개인차가 되도록 작아야 함을 말하며, 외부변인을 통제한다는 것은 외부변인(실험변인 이외에 종속변인에 영향을 미칠 가능성이 있는 변인)이 실험집단과 통제집단에서 같아야 함을 의미한다.

실험연구에서는 외부변인(extraneous variable)을 통제하는 일이 특히 중요하다. 외부변인을 통제하지 않으면 종속변인의 변화가 실험변인의 효과인지 외부변인의 효과인지 알 수 없기 때문이다. 외부변인을 통제하는 방법에는 무선화, 짝짓기, 평형화, 은폐 등이 있다. 무선화는 무선적으로 표집하고 배치함으로써 두 집단이 같은 조건에 있게 하는 방법이고, 짝짓기는 서로 비슷한 피험자를 짝을 지어 실험집단과 통제집단에 한 명씩 배치함으로써 두 집단이 같은 조건에 있게 하는 방법이며, 평형화는 실험집단과 통제집단이 동일한 조건에 있다는 것을 나타내는 통계치(평균과 표준편차)가 같다는 것을 제시하는 방법이고, 은폐는 피험자에게 실험과 관련된 정보를 알지 못하게 숨기는 것이다.

실험연구에서 실험을 설계하는 방법에는 진실험 설계와 준실험 설계가 있다. 진실험 설계(true-experimental design)에는 여러 가지 유형이 있지만 근본적으로 통제집단을 두어 실험집단의 실험 효과를 비교할 수 있어야 하고, 실험변인을 제외한 실험집단과 통제집단의 모든 조건이 동일하도록 통제되어야 하며, 사전검사와 사후검사를 실시하는 것 등이 요구된다. 이러한 요구사항이 충족되지 않은 것을 준실험 설계(quasi-experimental design)라 한다. 실험을 설계할 때는 실험의 내적 타당도와 외적 타당도를 고려해야 한다. 실험의 내적 타당도는 실험의 결과가 실험 처치에 의해 초래된 것이라고 할 수 있는 정도를 말하는데, 이를 방해하는 요소로는 역사, 성숙, 검사 사용, 도구의 변화, 통계적 회귀, 피험자 선발, 피험자 탈락, 선발에 따른 성숙의 차이 등이 있다. 외적 타당도는 실험의 결과를 현장에 적용할 수 있는 정도를 말하는데, 이를 방해하는 요소로는 실험 상황에서의 사전검사 실시, 피험자 선발의 공정성, 실험 상황의 반동 효과, 중다 처치 간섭 효과 등이 있다.

(4) 조사연구, 상관연구, 실험연구의 비교

양적 연구의 유형 중에서 조사연구는 B 변인만 측정하면 되기 때문에 연구를 수행하기가 용이하다. 그러나 상관연구는 A 변인과 B 변인을 모두 측정해야 하므로 연구를 수행하는 데 노력이 비교적 많이 든다. 그리고 실험연구는 A 변인을 장기간 실험 처치하고, 그 효과를 확인해야 하므로 연구를 수행하는 데 노력이 많이 든다.

양적 연구방법을 비교함에 있어서 또 하나의 기준은, 이러한 양적 연구의 결과가 교육 현상을 개선하는 데 얼마나 직접적으로 활용될 수 있는가의 문제다. 조사연구는 연구 결과를 교육 현상의 개선에 활용하는 데 별로 기여하지 않는다. 예를 들면, 조사연구의 결과로 도시 학생들이 농촌 학생들보다 읽기를 잘한다고 하자. 이러한 이러한 연구 결과는 학생들의 읽기 능력을 향상시키기 위해 어떻게 하자는 방안을 (적어도 교육학이나 심리학 내에서) 제시하지 못한다.

상관연구는 연구 결과를 교육 현상의 개선에 활용하는 것에 간접적으로 기여한다. 예를 들어, 상관연구의 결과로 지능이 높은 학생들이 지능이 낮은 학생들보다 읽기를 잘한다고 하자. 이러한 연구 결과는 읽기를 향상시키기 위해 어떻게 하자는 방안, 즉 지능을 발달시키면 된다는 방안을 제시하지만 이는 지능을 향상시키는 방안에 대한 별도의 연구를 필요로 한다.

한편 실험연구는 연구 결과를 교육 현상의 개선에 활용하는 것에 직접 기여한다. 예를 들면, 실험연구의 결과로 어떤 프로그램이 학생들의 읽기 능력을 향상시킨다고 하자. 이러한 연구의 결과는 읽기 능력을 향상시키기 위해 학생들을 그 프로그램에 참여시키면 되므로 읽기 능력 향상 방안을 직접적으로 제시한다.

간단히 말하면, 조사연구는 연구 결과가 교육 현상의 개선에 별로 기여하지 못하며, 상관연구는 간접적으로 기여하고, 실험연구는 교육 현상 개선에 직접적으로 기여한다.

이러한 양적 연구를 개인이 수행하지 않고 연구기관에서 수행하는 경우에는 연구가 체계적으로 수행되는 것이 보통이다. 이와 같이 연구가 체계적으로 수행되는 경우에는 먼저 조사연구를 하고, 그다음에 상관연구를 하며, 이에 기초를 두고 어떤 실험도구의 효과를 확인하는 실험연구의 순으로 진행되는 것이 보통이다. 조사연구를 통하여 연구 변인의 전체적인 상태가 어떠한지를 파악하고, 상관연구를 통하여 연구 변인에 영향을 미칠 것으로 기대되는 독립변인을 발견하며, 실험연구를 통하여 독립변인을 구체적으로 조작하고 실험변인을 투입하여 연구 변인에 미치는 효과를 알아보는 것이다.

2) 특수한 유형

양적 연구의 특수한 유형은 앞서 살펴본 일반적 유형에 위치시킬 수 없는 특수하게 전개되는 연구를 말하는 것으로, 여기에는 많은 유형들이 있으나 대표적인 것으로 발달 연구, 내용분석 연구, 메타분석 연구 등에 관하여 살펴보자.

(1) 발달 연구

발달 연구는 성장 연구와 추세 연구로 나누어 볼 수 있다(이종승, 2009). 성장 연구는 시간의 변화에 따른 유기체의 변화에 관심을 두는 연구로서, 발달의 경향과 속도, 발달의 유형, 발달에 영향을 미치는 요인 등을 탐구하는 것이다. 이에 대하여 추세 연구는 사회적 자료를 수집해서 사회 변화의 경향을 파악하고, 미래에 일어날 가능성이 있는 현상을 예측하는 연구다.

발달 연구, 특히 성장 연구의 접근방법은 횡단적 접근과 종단적 접근으로 나누어 볼 수 있다. 횡단적 접근은 여러 연령층의 대상을 동시에 조사하여 발달상의 특징을 파악하는 방법이고, 종단적 접근은 비교적 소수의 동일 대상을 오랜 기간 계속 추적하면서 관찰하여 발달상의 특징을 파악하는 방법이다.

예를 들어, 3~6세의 언어 능력의 발달 양상을 파악하기 위해서 연구를 수행한다고 하자. 횡단적 접근에서는 각 연령별로 일정한 수를 표집하여 언어 능력을 측정하고, 연령별로 평균을 산출하여 연령에 따라 언어 능력이 어떻게 변하는지를 파악한다. 이에 비하여 종단적 연구에서는 우선 3세 아동을 표집하여 관찰하고, 이들을 4세, 5세, 6세가 될 때까지 계속 추적하여 관찰하면서, 연령이 증가함에 따라 언어 능력이 어떻게 발달하는지를 파악한다. 간단히 말하면, 횡단적 연구는 다수의 아동을 단기간에 걸쳐 동시에 관찰하는 방법이고, 종단적 연구는 소수의 아동을 장기간에 걸쳐 계속적으로 관찰하는 방법이다.

두 가지 접근의 근본적인 차이점은 연구 대상인 연령별 아동들이 같은 아동인지, 다른 아동인지의 구분이다. 횡단적 연구에서는 연령별 아동들이 다른 아동들이고, 종단적 연구에서는 연령별 아동들이 같은 아동들이다. 횡단적 접근에서는 연령별 평균에 의한 발달 양상을 알 수 있으나, 발달의 개인차를 알 수 없고, 연령별 변화 과정에 대한 구체적인 정보를 얻기 어려우며, 발달에 영향을 미치는 요인을 파악하기 어렵다는 제한점이 있다. 이에 비하여 종단적 접근에서는 횡단적 접근의 제한점이 해결되지만, 연구가 오랜 기간에 걸쳐 진행되므로 많은 노력이 요구되고, 장기간 추적하기 어려우며, 측정도구의 변화에 탄력적으로 대응할 수 없다는 문제가 있다. 이러한 문제점을 보완하기 위해서 횡단 연속적 설계와 종단 연속적 설계가 등장하였는데, 이들은 여러 연령층의 비교적 다수의 아동들을 비교적 장기간에 걸쳐 관찰하는 것이다. 이들의 중요한 차이점은 여러 연령층의 아동들이 다른 아동들이면 횡단 연속적 설계이고, 같은 아동들이면 종단 연속적 설계라는 점이다.

(2) 내용분석 연구

내용분석 연구는 말이나 글로 표현된 의사소통 내용을 객관적, 체계적, 수량적으로 기술하는 연구방법이다. 이 방법은 매스컴의 의사소통 내용을 분석하는 기법에서 출발한 것이지만, 그 효용 가치가 인정되면서 사회과학의 다른 분야에서도 점차 활용하게 되었으며, 특히 문헌 연구에서 주로 사용되는 방법이다. 의사소통의 자료로는 교과서, 정기간행물, 신문 사설, 뉴스 보도, 교장의 훈화, 설교 내용 등이 사용될 수 있다.

내용분석을 하기 전에 연구 문제를 설정하여 내용분석의 취지를 밝혀야 한다. 연구 문제를 설정한 다음에는 다음과 같은 절차에 따라 내용분석이 진행된다. 첫째는 분석 대상의 전집을 규정하는 일인데, 이를테면 교과서를 분석하는 경우에 어떤 과목이고, 몇 학년 교과서인지를 규정해야 한다.

둘째는 분석 자료의 표본을 추출하는 일인데, 이는 전집으로부터 어떤 자료를 추출하여 분석할 것인지를 결정하는 일이다. 만약 교과서를 분석하는 경우에는 어떤 출판사에서 언제 출판된 것인지를 명확히 밝혀야 한다.

셋째는 분석 내용을 범주화하는 일로서, 이는 어떤 내용을 분석하고, 어떻게 범주화할 것인지를 설정하는 일이다. 예를 들면, 시간 차원이라는 내용을 설정하고, 이를 과거지향적 · 현재지향적 · 미래지향적 내용으로 범주화하는 것이다.

넷째는 분석 단위를 규정하는 일인데, 이를테면 교과서의 내용을 분석할 때 단어, 주제, 인물, 항목 또는 기타의 시간적 · 공간적으로 차지한 양 등이 분석 단위로 설정될 수 있다.

마지막은 자료 분석을 수량화하는 일인데, 예를 들면 시간적 차원에서 과거를 중시하는 주제가 몇 건이고, 현재를 중시하는 주제가 몇 건이며, 미래를 중시하는 주제가 몇 건인지 수량화함으로써, 어떤 시간적 차원을 중시하는지를 밝히는 것이다. 다시 말해, 수량화 방법은 빈도, 강도 또는 시간적 · 공간적으로 차지하고 있는 양처럼 자료를 수량화하는 것이다.

내용분석 연구의 장점으로는 소급 조사가 가능하고, 연구의 오류가 있어도 나중에 이를 보완할 수 있으며, 연구 대상자의 반작용이 없다는 점 등이다. 이 연구방법의 제한점으로는 의사 전달 자료만 취급해야 하고, 분류 범주의 타당성을 확인하는 방법이 미흡하며, 표본의 추출에서 대표적 표집임을 확인하기 어렵다는 것이다.

(3) 메타분석 연구

메타분석(meta-analysis)이란 글자 그대로 분석의 분석으로서, 특정한 연구 주제에 관한 기존의 연구 결과들을 종합하여 일반적인 결론을 이끌어 낼 목적으로, 이에 해당하는 개별 연구들의 결과를 수집하여 통계적으로 재분석하는 방법을 말한다. 이러한 메타분석의 특징은 수량적 접근을 한다는 점, 특정한 연구 분야에서 수행된 연구들을 종합하여 요약한다는 점, 특정 연구 분야의 모든 연구들을 대상으로 한다는 점, 분석방법이 체계적이고 반복이 가능하다는 점 등이다.

메타분석 방법으로는 투표식 방법과 통계식 방법이 있다. 투표식 방법은 개별 연구들의 연구 결과가 어느 범주에 속하는지를 판단하고, 각 범주에 해당하는 연구 결과의 숫자를 헤아려 가장 많은 수를 확보한 범주를 기초로 일반적인 결론을 내리는 방식이다. 통계식 방법에는 여러 가지가 있으나 가장 기본적인 것을 소개하면 효과의 크기를 제시하는 방법이다. 효과의 크기란 두 집단, 예컨대 실험집단과 통제집단의 평균 차이를 통제집단의 표준편차(또는 통합한 집단의 표준편차)로 나눈 값을 말한다. 이때 효과의 크기가 .80 이상이면 실험 처치의 효과가 크고 .20 이하면 효과가 작다고 할 수 있다(이종승, 2009). 이러한 방법으로 효과의 크기를 판단하고, 이를 종합하여 일반적인 결론을 이끌어 낸다. 또한 개별 연구에서 분석된 효과의 크기를 종합하여 평균 효과 크기를 산출함으로써 일반적인 결론을 이끌어 낼 수도 있다. 메타분석 연구는 이와 같이 평균의 차이를 종합하는 것 외에 검증 통계치를 종합하거나 유의도를 종합하는 방법 등이 있다.

메타분석 연구의 장점으로는 전통적인 서술 방식에 비하여 좀 더 객관적으로 정확하게 결론에 이를 수 있으며, 반복 연구가 가능하고, 모수치에 대한 좀 더 신뢰할 만한 추정치를 얻을 수 있으며, 더 큰 표본으로 검증하기 때문에 통계적 검증력을 높일 수 있다는 것이다.

그러나 메타분석 연구의 제한점으로는 동일한 연구에서 여러 개의 효과크기가 있는 경우에 분석 단위를 어떻게 잡느냐 하는 문제, 비교할 수 없는 다른 성질의 연구 결과들을 종합한다는 문제, 종합하려는 연구물의 표집에 관한 문제, 우수한 연구와 미흡한 연구를 가리지 않고 종합한 결론이 신뢰할 만한가 하는 문제 등이 있다.

4. 질적 연구의 유형

질적 연구를 이해하는 데 있어서 가장 어려운 문제는 현존하는 질적 연구의 접근이 매우 다양하다는 점이다. 이러한 질적 연구의 다양한 접근들을 정확하게 파악하기 위해서는 특정한 질적 연구의 접근이 어떠한 패러다임에 기초를 두고 있는지를 밝혀야 한다.

또한 질적 연구를 평가함에 있어서도 그 연구가 기초하고 있는 패러다임의 요구 사항을 잘 반영하고 있는가의 관점에서 평가해야 한다. 따라서 질적 연구의 유형을 이해하고 평가하는 기준을 설정하는 데 패러다임적 접근이 요구된다. 그러나 질적 연구의 다양한 접근들을 각각의 패러다임에 관련시키는 데는 다소 무리가 따른다. 왜냐하면 특정한 질적 접근을 과학철학적으로 분석해 보면, 존재론적 입장이나 인식론적 입장 또는 가치론적 입장에서 관련되는 패러다임이 각기 다를 수 있기 때문이다(Ponterotto, 2005). 다시 말하면, 질적 연구의 여러 유형들을 하나의 패러다임에 위치시키는 것은 무리다. 질적 연구의 여러 유형들은 그것이 걸쳐 있는 둘 이상의 패러다임적 요구 사항을 충족시켜야 한다.

앞서 양적 연구와 질적 연구를 구분하는 패러다임적 기초로서, 실증주의, 후기 실증주의, 구성주의(해석주의), 비판주의(이념주의)를 제시하면서, 양적 연구는 실증주의 및 후기 실증주의 패러다임에 기초를 두고 있다고 하였다. 그러나 후기 실증주의도 실증주의에 대한 대안이라는 관점에서 보면, 질적 연구는 후기 실증주의, 구성주의, 비판주의에 기초를 두고 있다고 할 수 있다. 후기 실증주의에 기초를 두고 있는 질적 연구는 양적 연구의 문제점을 보완하려는 입장으로, 자료 수집과 기술이 정밀한가 하는 기술적 타당성을 중시한다. 구성주의에 기초를 두고 있는 질적 연구는 양적 연구를 인정하면서도 대안을 제시하려는 입장으로, 참여자의 내면에 존재하는 의미를 정확하게 묘사하느냐 하는 해석적 타당성을 중시한다. 이에 대하여 비판주의에 기초를 두고 있는 질적 연구는 양적 연구를 거부하면서 새로운 대안을 제시하려는 입장으로, 생성된 개념이 역사적 상황에 비추어 볼 때 타당한가 하는 이론적 타당성을 중시한다(나장함, 2006).

질적 연구는 대체로 근거이론, 합의적 질적 연구, 현상학적 연구, 민족지학적 연구, 담화론적 접근, 참여적 실천연구로 나누어 살펴볼 수 있다. 이러한 질적 연구방법을 이해하기 위해서 각 연구방법의 기본 성격이 어떠하고, 연구가 진행되는 과정에 따른 절차적 지식이 어떠하며, 각각의 연구방법의 장단점과 연구를 평가하는 기준이 어떠한지에 관하여 살펴보고자 한다. 특히, 각각의 질적 연구방법을 패러다임과 관련시키는 일은 각 연구방법의 기본적 성격을 이해하고, 연구방법을 평가하는 데 있어서 매우 중요하다.

1) 근거이론

양적 연구가 가설-연역적 방법에 의하여 이론으로부터 가설을 연역한다는 특징을 지니는 것에 대해서, 근거이론은 경험적 자료에 근거해서 이론이 생성되어야 한다는 데 초점을 두고 있다. 근거이론(Ground Theory)은 본래 글레이저와 스트라우스(Glaser & Strauss, 1967)의 협동 연구에서 생성되었는데, 이들은 상징적 상호작용론에 기초하여 사람들이 의미를 소통하기 위하여 공유된 상징(단어, 의복, 몸짓 등)을 사용하는 사회적 상호작용을 통하여 실재를 구성한다고 가정한다. 근거이론에서는 이론이 자료 수집, 부호화, 개념화, 이론화의 반복적인 과정을 거쳐 귀납적으로 생성되어야 한다는 점을 중시한다. 이러한 근거이론을 패러다임상에서 분석해 보면, 구성주의 패러다임을 중심으로 후기 실증주의부터 비판주의에 이르기까지 폭넓게 뿌리내리고 있는 질적 연구방법이다(Fassinger, 2005).

근거이론은 연구의 개념화, 표집, 자료 수집, 자료 코딩, 이론 형성 그리고 메모하기와 감수하기 등의 여섯 단계를 거쳐서 연구가 수행된다. 첫 번째는 연구의 개념화 단계인데, 이는 수행하고자 하는 연구가 근거이론의 여러 가지 변체 중에서 어떤 유형인지, 어떤 조건을 충족시키고, 어떤 점을 유념해야 하는지를 설정하는 것이다.

두 번째는 표집 단계인데, 이는 의도적 표집에서 시작하여 이론적 표집으로 발전시키는 것이 보통이다. 의도적 표집(purposeful sampling)은 정보가 풍부한 참여자를 의도적으로 선정해서 일차적으로 자료를 수집하는 것이고, 이론적 표집(theoretical sampling)은 자료 분석을 통한 이론화를 진행하면서 이론의 생성 및 수정에 필요한 새로운 자료를 추가적으로 표집하는 것을 말한다.

세 번째는 자료 수집 단계인데, 자료에는 인터뷰를 기록한 담화 내용이나 관찰을 기록한 자료 및 기타 기록물 등이 포함된다. 인터뷰는 구조적인 인터뷰 스케줄을 사용해서 개방적인 질문에 답하는 형식을 취하는 것이 보통이며, 일반적으로 폭넓은 질문에서 특수한 질문으로 이동하는 깔때기 접근(funnellike approach)을 사용하는 것이 바람직하다.

네 번째는 자료 코딩(coding) 단계인데, 코딩이란 연구 중인 현상을 이론화하기 위하여, 일치성 비교를 통하여 자료를 의미 단위로 묶고, 개념화하며, 명칭을 부여하는 것을 말한다. 코딩에는 개방 코딩, 축 코딩, 선택적 코딩이 있는데, 개방 코딩(open coding)은 기록된 자료를 의미 단위로 분할하고 개념화하며 명명하는 절차이고, 축 코딩(axial coding)은 개념 범주 간의 관계를 조직하여 보다 포괄적인 범주를 발견하여 개념화하는 절차이며, 선택적 코딩(selective coding)은 핵심 범주를 선택하여 이를 중심으로 다른 범주들을 설명적 전체로 통합하는 절차를 말한다.

다섯 번째는 이론 형성 단계로서, 연구자는 개념 간의 관련성을 제시하고, 그 관계를 설명해 주어야 한다.

여섯 번째는 메모하기와 감수하기 단계로서, 메모하기(memo writing)에는 연구자가 개별적으로 노트에 기록하는 것과 팀 미팅에서 논의되고 결정된 것을 기록하는 것이 포함된다. 감수하기(auditing)는 동료 보고와 심문 감사로 구성되는데, 동료 보고는 내부자가 연구 과정을 자세히 검토하는 것이고, 심문 감사는 외부자가 용인되는 절차에 따라 연구가 수행되는지를 심문하는 것이다.

근거이론에 기초한 연구의 질을 평가하기 위해서는 신임성(trustworthness)이 기준이 되는데, 이는 연구 과정의 적합성을 규정하고 연구의 경험적 기반을 보증하는 것이다. 근거이론적 접근의 몇 가지 장점과 제한점은 대체로 다음과 같다. 근거이론적 접근의 장점으로는 이론을 세우는 방법으로서 적합하고, 치밀성을 포착하는 방법이 능률적이며, 비교적 선 개념 없이 신선하고 창의적으로 현상을 본다는 점 등을 들 수 있다. 반면에 근거이론적 접근의 제한점으로는 방법론이 상당히 힘들고, 연구자의 개념적 서술에 크게 의존하며, 연구자의 편견이 개입되고, 대부분 인터뷰를 통한 담화에 의존하기 때문에 간결하게 보고하기가 어렵다는 점 등을 지적할 수 있다.

2) 합의적 질적 연구

질적 연구에 있어서는 연구자의 편견이 개입될 소지가 많기 때문에, 이를 보완하기 위하여 연구진의 합의 과정을 중시할 필요가 있는데, 합의적 질적 연구(consensual qualitative research)는 바로 이러한 합의 과정을 중시하는 질적 연구방법이다. 한마디로 합의적 질적 연구는 주관을 객관화하려는 연구방법으로 후기 실증주의와 구성주의 패러다임에서 요구하는 속성이 공존하고 있다(Ponterotto, 2005). 합의적 질적 연구의 핵심적 요소인 합의에서는 상호 존중, 평등한 관여 및 권한의 배분을 중시한다. 합의 과정은 공동의 견해나 소수자의 의견을 고려함으로써 결정의 질을 향상시킨다. 이를 통해서 자료에 대한 공동의 이해를 추구하면서도, 다양한 관점을 견지하기 위하여 연구팀 각 구성원의 권리가 보호된다.

합의적 질적 연구는 다음과 같은 단계를 거쳐서 연구가 진행된다. 첫 번째 단계는 연구팀을 구성하는 단계인데, 연구팀은 비교적 숙련된 대학원생 또는 박사후 과정생으로 구성하는 것이 보통이다. 연구팀을 구성하는 데 한 가지 고려할 사항은 대인 간의 권력관계인데, 적어도 연구가 진행되는 동안에는 권력이 평등하게 작용해야 한다.

두 번째 단계는 자료를 수집하는 단계인데, 우선 참여자를 선발해야 한다. 참여자 수는 8~15명이 적절하며, 이들은 조사하려는 현상에 관하여 잘 알고 있는 참여자 전집에서 무선적으로 선발되어야 한다. 연구자는 참여자들과 전화나 면 대 면 인터뷰를 통해 자료를 수집하는데, 이때 녹음기를 사용하는 것이 보통이다.

세 번째 단계는 자료를 분석하는 단계인데, 우선 자료 분석을 위한 영역을 설정하고, 영역별로 연구팀원들은 핵심 아이디어를 추출하여, 이를 상호 간에 교차분석해야 한다. 교차분석을 할 때는 핵심 아이디어가 참여자 대부분의 의견(일반적 범주)인지, 절반 이상의 의견(전형적 범주)인지, 소수의 의견

(변형적 범주)인지를 구분하여 제시해야 한다.

네 번째 단계는 감수 단계인데, 이는 해당 분야의 전문가로 하여금 원자료가 정확한 영역으로 구분되는지, 핵심 아이디어가 충실하게 표현되었는지, 그리고 교차분석이 자료를 명확하고 충실하게 나타내는지를 검토하도록 하는 것이다. 영역 설정이나 핵심 아이디어를 찾는 데는 내부 또는 외부 감수자가 괜찮으나, 교차분석을 감수하는 데는 적어도 일인의 외부 감수자가 있어야 한다.

마지막 단계는 연구를 정리하는 단계인데, 이 단계에서는 연구의 안전성을 점검하고, 연구 결과를 제시하며, 선행연구와 비교하여 일반적인 결론을 도출하고, 참여자에게 인터뷰 복사물을 제공하여 검토할 기회를 준다. 결과를 제시할 때는 참여자의 말을 인용하거나 핵심 아이디어를 사용하며, 그림이나 기타 시각적 표현으로 나타내는 것이 좋다.

합의적 질적 연구방법을 사용한 연구들을 살펴보면, 이 연구방법이 실현 가능한 질적 연구임을 알 수 있다. 합의적 질적 연구를 사용할지 말지를 결정함에 있어서, 이 연구방법이 지니는 몇 가지 장점과 제한점을 고려해야 한다. 합의적 질적 연구는 개인의 내적 경험에 대한 심층적인 연구를 수행하는 이상적인 연구방법으로, 이는 숨겨져 있는, 빈번하지 않은, 불규칙하게 발생하는, 이전에 연구된 바가 없는, 그리고 측정도구가 아직 개발되지 않은 사상을 연구하는 데 적합하다. 합의적 질적 연구는 몇 명의 연구자가 자료를 검토하고, 자료의 의미에 대해 합의를 거치며, 한 명의 연구자가 자료를 분석할 때 생길 수 있는 편견을 줄여 주기 때문에 이상적인 방법이다. 합의적 질적 연구가 지니는 제한점으로는 일부 과제의 반복성, 일부 단계의 정확한 지침의 결여 그리고 연구 결과를 종합하는 데 있어서의 어려움 등이 포함된다.

3) 현상학적 연구

현상학은 철학자 후설(Edmund Husserl)에 의해 발전된 질적 연구방법이다. 그는 철학하는 방법으로 현상학의 기본 원리를 정립하였는데, 이러한 원리는 인간의 경험과 행동을 연구하는 인문학이나 사회과학의 연구방법으로 확대 · 발전되었다.

후설이 제시한 현상학적 방법의 기본 원리에는 에포케, 본질적 환원, 초험적 환원, 지향성 및 생활 세계 등이 포함된다. 에포케(epoche)는 '판단 중지'라고도 하는데, 이는 연구자가 과학적 이론, 설명, 개념화 등을 선불리 받아들이는 것을 삼가고, 사물을 있는 그대로 보려는 태도를 말한다.

본질적 환원(eidetic reduction)은 연구자가 연구 대상의 피상적인 측면을 보지 말고 보다 본질적인 측면으로 눈을 돌리라는 것을 의미한다.

초험적 환원(transcendental reduction)은 우리의 경험을 감정이나 편견, 이해관계 등에 의해서 왜곡하여 이해하기 쉬우므로 이러한 경험을 넘어서서 순수한 의식으로 돌아가야 함을 의미한다. 이는 에포케의 한 유형으로 간주되는데, 이를 '급진적 에포케'라고 한다.

지향성(intentionality)은 인간의 의식이 의미를 지향하는 속성이 있기 때문에, 의식의 주체와 객체가 대상을 형성하여 직관이 이루어짐을 의미한다.

생활 세계(life world)는 사회적으로 배분된 구조적 전체로서, 공간적 주변과 시간적 주변을 포함하는 세계이며, 이러한 인식은 현상학으로 하여금 인간의 정신생활을 맥락적 · 생태학적 입장에서 연구하게 해 준다.

현상학적 연구(phenomenological research)는 연구 문제의 발견, 자료 구성, 자료 분석, 연구 결과 제시 등의 과정을 통해 연구가 진행된다. 첫 번째는 연구 문제의 발견 단계인데, 연구자는 기존의 지식을 검토하고, 그의 한계, 즉 질적 지식을 필요로 하는 현실과 지식 간의 격차를 비판적으로 찾아낸다.

두 번째는 자료 구성 단계다. 이 단계에서 연구자는 참여자를 선정하고, 연구 상황을 설정하며, 기술에 들어간다. 참여자는 관심 분야에 대하여 충분하게 경험하고, 진정으로 증명하며, 접근을 가능하게 하는 사람이라는 관점에서 선정되어야 한다. 연구 상황의 설정은 연구를 통해 생성된 지식을 한정하기 때문에 매우 중요하다. 기술은 자신의 입장, 타인의 입장 그리고 양자의 입장으로부터 산출되며, 이는 동시적으로 또는 회고적으로 제시될 수 있다.

세 번째는 자료 분석 단계다. 연구자는 분석을 위한 예비 작업으로서 연구 주제를 마음에 두지 않고, 개방된 채로 참여자의 세계에 충분히 들어가려고 노력하면서 의미 단위로 묶는다. 개별적 기술을 분석할 때는 명백한 의미를 포착하기 위해서 내용을 남겨 놓지 않으며, 행간을 반성적으로 읽는다. 그러면서 조심스럽게 에포케를 포기하고, 이전에 정립된 개념과 이론의 관점에서 상황을 탐구하면서 일반적 구조의 파악하기로 들어간다. 연구자는 일반적 구조를 파악하기 위해 전형적인 사례를 탐구하거나, 일반성에 대한 경험적 범주를 확대하기 위해 이론적 표집을 하면서 탐구한다.

네 번째는 연구 결과를 제시하는 단계다. 이 단계에서 연구자는 참여자의 삶의 경험을 직접적으로 표현하는 내용을 축어적 진술의 형태로 제시하는 것이 일반적인 관례다. 보고서에는 참여자의 선발, 연구 상황의 선택, 자료 수집 과정, 자료 조직 및 분석 방법 등을 구체적으로 해설해야 한다.

현상학적 연구를 평가하는 기준으로 충실성 또는 구체성을 들 수 있다(Wertz, 2005). 이들은 서로 유사한 개념이지만, 충실성(fidelity)은 과학 이전의 삶의 세계에 현존하는 현상으로, 있는 그대로 제시하는 것을 말하고, 구체성(concreteness)은 현상에 대한 가정이나 설명, 추론, 일반화에 의한 설명보다는 삶의 상황을 자세히 기술하는 것을 말한다. 이러한 현상학적 접근의 제한점은 연구자의 주관에 기초하여 지식이 산출된다는 점이다. 이러한 문제는 전술한 합의적 질적 연구나 근거이론적 접근에서도 야기되는 것이지만, 이러한 연구들에는 주관을 객관화하는 장치가 연구방법에 장착되어 있다.

현상학적 접근에서는 이러한 장치가 미흡하지만 초험적 환원, 즉 개인의 감정이나 편견, 이해관계를 넘어서 순수한 의식에 도달하려는 태도를 중시하는데, 이와 같이 초험적으로 환원된 의식이 상호 주관적인 것이기 때문에 현상학적 접근에서의 주관성 문제는 극복할 수 있는 것이라고 본다.

4) 민족지학적 연구

민족지학(ethnography)은 본래 일군의 종족 및 그들의 삶의 방식에 대한 기술을 의미한다. 전통적 민족지학은 15~16세기에 서양 사람이 다른 민족을 이해하기 위해서 생겨났지만, 현대적 민족지학은 19세기에 나타났다. 전통적 민족지학은 전체 사회를 검토하는 데 초점을 두는 데 반해 현대적 민족지학은 특수한 문제와 상황에 대한 소규모 주제에 초점을 두는 것이 보통이다.

민족지학에서는 맥락적 정보를 통합하여 집단의 문화 현상을 정확하게 이해하려 하므로 참여관찰, 현장연구, 장기간의 관여가 중요시된다. 또한 민족지학에서는 연구자와 공동체의 특수한 관계를 중시하는데, 전통적으로 연구자는 세련된 거리를 유지해야 한다는 것이 강조되어 왔지만, 근래에는 장기간의 접촉과 신뢰를 형성하기 위해서 긴밀한 관계를 유지하는 것이 중시되고 있다.

민족지학은 공동체에 기초한 연구(community-based research: CBR)라는 용어와 상호 교환적으로 사용되기도 하지만, CBR은 반드시 문화 현상과 관련되지 않으며, 양적인 자료를 많이 활용한다는 점에서 다르다. 민족지학의 유형에는 생활사, 회고록, 담화적 민족지학, 자서전적 민족지학, 응용 민족지학, 여행담, 연대기 등이 포함된다.

민족지학적 연구(ethnographical research)를 수행하는 절차는 주제의 선정, 이론적 · 개념적 모형 설정, 연구자의 자세, 참여관찰 및 현장연구, 자료의 종합과 공유 등의 다섯 단계를 거친다. 첫 번째 단계는 연구 주제를 선정하는 단계인데, 연구 주제는 연구자가 사전에 정한 관심사나 공동체 구성원들과의 협동적인 대화로부터 설정된다. 주제를 선정할 때는 주제 선정의 이유, 연구로부터 얻어지는 이득, 현재의 시점에서 연구해야 하는 이유 등이 검토되어야 한다. 연구 문제를 진술할 때는 연구하고자 하는 문화에 대한 정의를 분명히 하고, 문화집단의 구성원의 범위를 분명히 규정해야 한다. 연구자가 문화를 연구할 때는 문화적 경험의 세 가지 양상—문화적 행동, 문화적 언어, 문화적 인공물—에 주의를 기울여야 한다.

두 번째 단계는 이론적 · 개념적 모형을 설정하는 단계인데, 이는 민족지학적 연구가 착수되는 중요한 이론적 기초를 밝히는 일이다. 이와 관련하여 근거이론에서는 이론에 의존하는 것을 거부하거나 최소화함으로써 경험을 순수하게 반영하는 이론을 생성할 수 있다고 주장하는데, 민족지학적 연구에는 이론적 기반이 필요한 연구와 개방적 탐색이 필요한 연구가 있다는 탄력적인 입장을 취한다. 개념 모형은 연구되는 주요 개념(변인)의 관계를 도형이나 문장의 형식으로 나타내는 것으로, 이는 연구에 깔려 있는 기본 가정을 명백히 해 준다. 연구 문제가 설정되면, 용어를 정의하고 조작화해야 한다.

세 번째 단계는 연구자의 자세를 확립하는 단계다. 연구자는 자신의 사회적 정체성을 인식하고, 이것이 탐구 과정에 미칠 영향을 고려해야 한다. 연구자와 참여자 간의 권력관계의 역동성을 미리 염두에 두고, 권력의 불평등이 연구에 미칠 영향을 고려해서 계획을 세워야 한다. 민족지학에서는 연구자가 내부자의 입장에서 접근할 것인지, 외부자의 입장에서 접근할 것인지에 대한 논쟁이 있어 왔다. 전통적으로 민족지학에서는 외부자의 입장에서 참여자와 거리를 두는 것을 중시하였다. 그러나 현재의 민족지학에서는 외부자 입장에서 접근하는 것은 연구자가 권위자 또는 전문가로 인식되어서 사회적 역동성에 문제를 일으킨다고 보고, 내부자 입장에서 접근할 것을 권장한다. 내부자 입장에 서는 것이 공동체에 보다 쉽게 접근하게 할 수 있고, 공동체의 언어 및 관습에 친숙해질 수 있기 때문에 건실한 연구 결과를 산출할 수 있다고 본다.

네 번째 단계는 참여관찰 및 현장연구 단계다. 참여관찰이란 공동체의 삶에 장기간 참여하면서 문화 현상을 관찰하는 것이다. 참여관찰을 하기 위해서는 공동체의 유력한 인물과 라포를 형성하고, 정보 제공자들과 친밀한 관계를 유지해야 한다. 참여관찰은 인터뷰, 기록물, 관찰 등 다양한 자료에 의존하는데, 연구자는 관찰 및 해석 과정에 영향을 미치는 상황 요인을 비판적으로 고려해야 한다.

민족지학적 연구를 효과적으로 수행하기 위해서는 연구의 협력자들—면접자, 정보 제공자, 해석자 등—을 훈련시켜야 한다. 이들은 연구자와 고용관계에 있으면서도, 연구팀의 팀원으로서 동등하게 경험하고, 공헌하며, 공동체의 이익을 보호하는 전문가로 여겨야 한다. 또한 이러한 협력자들의 사회적 정체성이 연구에 영향을 미칠 것을 유념해야 한다.

연구자는 포화 상태(saturation)에 도달하기 위하여 면접 또는 관찰에 필요한 사람의 수를 분명히 해야 한다. 민족지학적 연구에서 자료 수집은 공동체 속에 들어가 관찰을 통해 구성원으로부터 담화 자료를 수집하는 상황 청취(situated listening)로 시작된다.

인터뷰를 할 때는 처음에는 자연스러운 대화를 하다가 점차 관심 있는 주제로 전환하고, 보다 정확한 정보를 얻기 위해서 초점을 맞춰 질문해 나가는 것이 바람직하다. 연구자는 인터뷰를 하면서 우선 필기를 하는데, 이는 잊히기 쉽기 때문에 되도록 곧바로 정리해야 한다.

마지막 단계는 민족지학적 자료를 종합하고 공유하는 단계다. 민족지학자는 연구의 범위를 재확인하면서 어떻게 결론을 이끌어 냈는지를 분명하고 체계적으로 제시해야 한다. 연구자는 자신의 지위나 기본 가정이 연구 과정이나 결과에 미치는 방식을 검토하고, 공동체가 어떤 역할을 했는지 판단해야 한다. 또한 자신의 의견과 공동체의 의견이 어떻게 균형을 이룰 수 있는지 탐구해야 한다. 연구가 끝날 즈음에 공동체 및 참여자와 결과를 공유하는 방법을 결정하고, 연구 결과를 공동체에 어떻게 피드백할 것인지를 고려하도록 한다.

민족지학적 연구가 잘 수행되었는지를 평가하기 위해서 타당도를 검증하는데, 여기에는 풍부한 자료, 모순된 증거의 탐색, 삼각화, 의사 통계적 방법이 포함된다. 풍부한 자료는 연구되는 현상을 충분히 나타낼 수 있을 만큼의 많은 자료를 사용했는지의 문제이고, 모순된 증거의 탐색은 위력 있는 자료 해석에 대하여 불일치를 나타내는 자료를 검토했느냐의 문제이며, 삼각화(triangulation)는 다른 원천을 통해 자료를 수집하고 다른 방법으로도 분석했느냐의 문제이고, 의사 통계적 방법(quasi-statistics)은 지지하는 증거와 모순된 증거를 동시에 단순하게 분석하는 수리적 결과를 활용했느냐의 문제다. 이 밖에 참여자의 진술을 잘못 해석하지 않았다는 것을 보증하기 위해서 참여자로부터 체계적으로 피드백을 받는 구성원 검토는 민족지학적 연구의 타당성을 높이는 데 필요하다.

5) 담화론적 접근

담화학(narratology)은 담화 속에 담겨 있는 의미와 담화의 작동 원리를 탐구함으로써 텍스트에 담긴 이야기 구조의 보편적 질서를 규명하려는 학문이다. 담화학 이론은 포스트모더니즘의 영향을 받아 구조적 모형에서 기능적인 모형으로 발전되었는데, 구조적 모형에서는 텍스트에 담긴 의식의 구조, 이를 더욱 확장하면 세계의 구조를 나타내는 표상적 관점에 초점을 두는 데 반하여, 기능적 모형에서는 이러한 표상적 관점보다는 화자와 청자 간의 상호작용을 중시하는 교섭적 관점, 즉 담화의 사회심리학적 기능에 초점을 두고 있다. 담화이론은 본래 문학이나 예술 분야에서 텍스트를 분석하는 방법으로 나타났지만, 해석주의 패러다임의 등장과 더불어 인문학과 사회과학의 연구방법으로 발전하게 되었다.

담화론적 연구는 담화 자료에 따라 세 가지 유형으로 나누어 볼 수 있다. 첫 번째는 자서전과 같이 자기 해설을 담화의 형태로 기술한 보고서이고, 두 번째는 인터뷰와 같이 대화식으로 산출된 담화를 기술한 보고서이며, 세 번째는 구어적 · 문어적 보고서뿐 아니라, 관찰과 유물로부터 구성된 해설 등이다. 대부분의 질적 연구가 인터뷰 기록물, 전기, 자서전 및 기타 구어적 · 문어적 자료 등의 담화 자료를 수집하고 분석하는 절차를 포함한다는 측면에서 보면, 담화론적 접근은 질적 연구의 한 유형이라기보다 이러한 질적 연구를 수행하는 데 필수적인 절차적 방법을 규정하는 역할을 한다. 왜냐하면 다른 질적 연구에서도 담화 자료를 사용하지만, 담화 자체를 연구하지는 않기 때문이다. 따라서 담화론적 접근을 이해하기 위해서는 연구가 수행되는 과정에 따른 절차적 지식을 살피는 것보다, 담화론적 접근의 몇 가지 요건을 밝히는 것이 바람직하다.

첫째로, 담화 분석에서는 담화 자료에 언급된 인간의 경험을 탐구한다. 따라서 담화 자료는 그것이 함축하는 인간의 경험이 무엇이고, 이를 해석하는 방법이 어떠한지의 관점에서 검토되어야 한다.

둘째로, 담화 분석은 담화 자료가 표상하는 의미가 무엇인지를 파악하는 구조적 기준과 더불어 담화를 통하여 상호작용하는 양상을 파악하는 기능적 기준에 의해 이루어져야 한다.

셋째로, 담화의 탐구는 철학적 및 방법론적 의사결정을 포함하고 있다. 누구의 담화적 진에 우선권이 있고, 담화 다듬기는 대화에서 어떤 의미를 구성하며, 주관성이 어떻게 전경이 되는지 등은 절차적으로 결정해야 한다.

넷째로, 담화 분석에서는 분석 및 해석의 형판(analysis and interpretive template)을 사용하는 것이 바람직하다. 이러한 형판은 계열성의 원리에 의해서 선택해야 하는데, 계열성으로는 담화의 흐름상 적합한지, 부분에서 전체로의 방향이 유지되고 있는지 등이 고려되어야 한다.

끝으로, 삶의 경험을 상술함에 있어서 총명성(intelligibility)이 요구된다.

담화론적 접근의 구성 원리는 경험-귀납적 또는 이론-연역적 추론에 기반하는 것보다 수사학적 장치로서 은유(metaphor)에 기반하는 것이 바람직하다.

6) 참여적 실천연구

참여적 실천연구(participatory action research)는 어떤 집단에 참여해서 실천을 통하여 연구하는 것으로서, 참여는 목표를 가지고 집단에 관여함을 뜻하고, 실천은 그 집단의 변화를 추구함을 의미한다. 참여적 실천연구의 기본적 속성은 연구자와 참여자가 공동으로 목표를 설정하고, 함께 자료를 수집하고 분석함으로써, 집단 구성원의 비판적 의식을 향상시키고 삶을 근본적으로 변화시키며, 더 나아가서는 사회적 · 문화적 수준에서 특정한 집단의 해방적 변화를 추구하는 것이다(Reason, 1994).

참여적 실천연구의 특징은 공동체에 유용한 지식과 행위를 산출한다는 점, 의식의 진작을 통해 임파워먼트를 부여하는 데 연구의 목적이 있다는 점, 행위의 양식이 오랜 기간에 걸친 행위와 반성 간의 변증법적 이행을 통해 형성된다는 점, 이 자체가 연구방법이라기보다 지식이 발전되고 변화되는 상황을 창조한다는 점 등이다.

참여적 실천연구는 1960년대에 실증주의에 대한 회의와 더불어 공동체에 이익을 주는 연구의 필요성과 연구자 참여 요청에 부응하여 나타났는데, 최근에는 인간의 주체성 및 기본적 권리에 관한 운동과 인간의 주관성을 중시하는 질적 연구에 대한 강조에 힘입어 사회과학의 질적 연구방법 중 하나로 자리 잡게 되었다. 참여적 실천연구는 비판주의 패러다임에 속하는 전형적인 연구방법이다.

참여적 실천연구는 참여 태도 갖추기, 참여하기, 실천하기, 지식 산출하기 등의 수행 절차를 거친다(Sean & Michael, 2005). 첫 번째는 참여의 태도를 갖추는 단계인데, 여기서는 양심화(conscientization)가 중요시된다. 양심화는 일반적으로 인식론적 책임감을 지니고 있는 상태를 뜻하는데, 참여적 실천연구에서는 연구 과정에서 충분한 민주적 태도를 갖는 것, 즉 참여자를 존중하고, 참여자의 의견에 귀를 기울이며, 참여자에게 자기를 개방하고, 아이디어를 평등하게 나누려는 태도를 말한다.

두 번째는 참여 단계인데, 참여란 여러 단계로 구성된 자기반성적 나선형 구조로서, 여기에는 반성하기, 계획하기, 실천하기, 관찰하기 등이 포함된다. 참여 과정은 우선 포럼을 조직하여 대화를 통해 경험을 공유하며, 위원회를 만들어 정규적인 회합을 통해 실천을 계획하고 이에 착수하는 과정을 따른다. 참여 방식은 연구자와 참여자의 역량 차이에 따라 다양하지만, 순수한 참여의 태도는 통제의 권한을 참여자와 동등하게 나누어 갖는 것이다.

세 번째는 실천 단계인데, 실천이란 참여자 및 이들로 대표되는 집단의 삶을 변화시키려는 행위적 노력을 말한다. 참여자는 문제에 대한 단순한 지식보다는 실천적 지식을 요구한다. 따라서 참여적 실천연구에서는 목적으로서의 지식보다 수단으로서의 지식을 중시한다. 실천은 공동체의 성장을 방해하는 장애물을 제거하려는 협동적 노력이라 할 수 있으며, 또한 문제를 해결하려는 시도이기 때문에, 참여적 실천연구에서는 연구 문제에 초점을 둔다. 전통적인 과학적 접근에서는 연구방법을 중심으로 연구 문제가 설정되는 데 비하여, 참여적 실천연구에서는 연구 문제를 중심으로 연구방법이 결정된다.

네 번째는 지식을 산출하는 단계인데, 이는 연구자가 창출한 지식과 공동체 사람들이 창출한 지식을 결합하여, 공동체 사람들로 하여금 전에는 위협적이고 극복할 수 없던 것으로 지각된 체제를 개혁하게끔 하는 지식을 창출하는 것이다. 참여적 실천연구에서 창출되는 지식은 의미의 이해에서 나오며, 따라서 질적 연구방법에 해당된다. 그러나 질문지를 사용하는 등의 양적 접근을 완전히 배제하지는 않는다.

이러한 참여적 실천연구는 전통적인 방법으로 접근하기 힘든 상황에 접근할 수 있고, 진정한 참여를 통하여 인간관계를 개선할 수 있으며, 개인과 공동체의 성장을 방해하는 요소를 제거할 수 있다는 강점을 지니고 있다. 그러나 이러한 참여가 위험하다는 관점이 있고, 연구의 실천 과정에서 연구자가 불안과 좌절의 상태에 빠지기 쉬우며, 참여적 실천연구 방법에 관한 지식이 아직 부족한 측면이 많아 경우에 따라서 타당한 연구방법으로 인정받지 못하는 등의 문제점이 있다.

참여적 실천연구를 평가하는 기준으로는 연구자의 반성 수준과 안면 타당도, 구인 타당도, 촉매 타당도 등이 있다. 안면 타당도는 참여자의 의견을 물어봄으로써 평가되는 것이고, 구인 타당도는 삼각 검증이나 전문가 감수 등 다양한 지표를 통합하여 의미를 구성하는 과정이 타당한가의 문제를 따지는 것이며, 촉매 타당도는 연구자의 참여가 공동체의 성장에 얼마나 촉매 작용을 했는가의 정도를 말한다.

2부

외국의 교육복지

4장 | 독일의 교육복지

5장 | 일본의 교육복지

4장

독일의 교육복지

독일에서는 1517년 종교개혁 이후 가톨릭 복지시설이 해체되었다. 이후 제후들이 통치하는 도시와 지방 영주들이 환자나 빈민을 돌보는 일을 대신 담당하게 되면서 아동 · 청소년에 대한 공적 영역에서의 관심이 증가하였다. 특히, 1618~1648년에 걸쳐 계속된 30년간의 전쟁으로 병자, 근로가 불가능한 노동자, 노인 등이 늘어나면서 도시에서 구걸을 금지하는 강제 조치를 취하고, 이들에게 최소한의 생활 유지를 보장하려는 빈민구제제도가 마련되었다. 특히, 도시에서 걸식을 하거나 부랑을 하는 아동 · 청소년을 위해서 교육 기회를 제공해야 한다는 의견이 많아지면서 프랑크(Franck)는 재단을 설립하여 빈민학교와 고아원교사양성소를 지어 아동 · 청소년에게 교육 기회를 제공하였다. 프리드리히 빌헬름 1세는 1722년 포츠담에 2,500명의 빈민, 고아, 부랑아를 위한 학교를 설립하였다. 이후 국가의 복지적 측면에서 청소년에게 보호와 교육을 함께 제공하는 양육시설(Fuersorgeerziehung)이 마련되어 부랑자와 위기 청소년에게 숙식을 제공하는 보호가 이루어졌다. 이후 청소년을 위한 교육복지적 사상이 국가의 책무로 강조되면서 아동 · 청소년 지원정책이 법률로 제정되었다. 산업화가 시작되면서 당시에는 청소년과 아동을 노동력 착취와 고된 노동으로부터 보호하기 위하여 청소년 근로에 관한 규정이 강조되었다.

20세기가 시작되면서 청소년의 복지를 위한 효과적인 지원이 지역 단위에서 강조되면서 1922년에는 「제국청소년복지법(Reichtagsjugendwohlfahrt gesetz: JWG)」이 만들어졌다. 이에 따라 청소년복지위원회 내 민간 청소년복지단체나 청소년 단체 대표는 청소년복지정책에 관한 의사결정권을 소지하게 되었다. 「제국청소년복지법」에는 청소년청(Jugendamt)이 모든 청소년의 문제를 상담 · 지원하며, 이들을 보호하는 기관인 동시에 양육관청의 역할을 담당할 것을 명시하였다. 1991년에는 「제국청소년복지법」을 「아동 · 청소년지원법(Kinder und Jugend Hilfegesetz: KJHG)」으로 바꾸고, 과거와는 달리 국가의 통제와 간섭은 줄이고, 사회적 서비스와 개인의 요구에 기반한 지원 중심의 원칙을 확대시켰다. 또한 청소년 양육과 교육에 대한 부모의 책임을 명시하고, 모든 청소년이 책임감을 지닌 사회의 인적자원이 되는 데 필요한 사회적 지원을 보장하고 있다. 이처럼 교육복지 발달 초기에는 위기 청소년의 지원에 초점을 두었으나, 현재는 위기 청소년으로 전락하지 않도록 아동 · 청소년의 예방과 돌봄에 초점을 두고 있다(박성희, 2010).

1. 교육복지의 목적 및 방향

독일의 아동 · 청소년의 삶은 생활 유형의 다양화, 가족 해체, 정체성의 불안, 자신의 선택에 의하여 삶을 구성해 가는 개인화(individualization), 지식사회로의 변화 속에서 양극화되고 있다. 이에 따라 아동의 빈곤이 문제시되면서 자기계발에 불이익을 받는 교육 소외계층 아동이 증가하고 있어 아동의 양육과 교육 보장에 관한 사회적 책임도 증가하고 있다. 많은 학자들은 교육에서 불이익을 받는 교육 소외의 가장 큰 원인은 아동이 성장하는 사회경제적 배경(social economic status)에 있다고 보는데, 이것은 PISA 연구에서도 명확하게 증명되고 있다(Henschel et al., 2008). 따라서 교육에서 불이익을 받는 아동이 자기계발을 위한 기회를 평등하게 보장받고, 인성을 계발시켜 갈 수 있도록 학교와 청소년복지 지원 제도는 긴밀하게 협력하고 있다. 이러한 교육복지적 지원은 학교에서 지원하는 사회복지적 개념이라는 협의의 개념에서 벗어나, 학교가 지식 전달의 장소가 아니라 삶의 질을 향상시키기 위한 장소가 될 것을 지향하고 있다.

학교에서 아동 · 청소년을 성공적으로 지원하려면 그들이 생활하는 가정과 학교 등을 비롯한 교육기관들이 서로 협력해야 한다. 이때 그들의 성(性)을 고려하여 적절하게 지원하고, 빈곤에 의한 불이익뿐만 아니라 이상행동 및 학교 폭력, 학교 거부 현상 등도 지원 대상에 포함해야 한다.

독일의 교육복지의 특징은 개인의 삶의 환경, 생활 상황 그리고 남녀 학생의 다양한 학습 조건 등을 연구하여 예방적이고 통합적인 방안을 마련하여 이들이 사회에서 배제되지 않도록 지원하는 것이다. 이와 같이 예방에 초점을 둔 교육방법이 지향하는 목적은 아동 · 청소년이 학교에서 역량과 인성을 계발해 나갈 수 있도록 학습과 체험의 공간을 조성해 주는 데 있다. 동시에 이러한 목적을 달성하기 위하여 학교는 학교와 가족이란 두 가지 사회제도가 구조적 · 효과적으로 잘 협력하여 조화를 이루고, 개인적인 역량과 한계를 인식하고 수용하며, 서로를 존중할 것을 강조하고 있다.

사회 구성원으로 성장하고 있는 세대를 위하여 학교 교육과 청소년 지원은 체계적으로 잘 구축되어야 한다. 교육복지정책의 목적은 돌봄학교 등을 설치하여 학교가 학습하는 장소로서의 역할뿐만 아니라, 교육과 양육 그리고 돌봄이 지원되는 총체적인 아동 발달의 장소가 되도록 지원하는 것이다.

이 장에서는 독일의 교육복지를 교육복지 영역, 청소년 지원 네트워크, 학교 교육복지 우선 지원 교육행정 구조, 아동 · 청소년 지원에 관한 한정적 조건, 지방교육자치와 청소년 지원, 공동체 사회와 관민의 협력체제, 청소년 지원 원칙 등을 통해 살펴볼 것이다.

2. 교육복지

1) 교육복지 영역

학교를 포함한 청소년 교육의 목표는 지식 전달 및 자기성찰 능력과 협동 능력, 감정이입, 팀워크, 의사소통 능력과 같은 사회적 역량의 함양에 있다. 대부분 교육기에 있는 청소년을 학교와 협력하여 지원하고 있는 교육복지의 목적은 "사회적으로 불이익을 받고 있는 아동 · 청소년들이 기회 평등을 보장받고, 민주사회 시민으로서 성장하여 공동체 사회 또는 시민사회 창출에 기여하도록 문제해결 능력을 함양"(www.kinder-jugendhilfe.info)시키는 데 있다. 그러나 학교에서 실행되는 학교 교육복지(Schulsozialarbeit)는 협의적 지원으로 학교와 청소년 지원 중에 극히 일부분인 단위 사업으로 이해된다.

학교와 청소년 지원은 다음과 같은 영역에서 여덟 가지가 실천되고 있다.

(1) 아동을 위한 돌봄

유치원을 졸업하고 초등학교에 입학하는 신입생을 특별히 배려하여 돌봄을 지원하며, 유치원과 초등학교와의 협력을 강조한다.

(2) 학교 중심의 아동 · 청소년 지원 사업

학교가 지역사회에 있는 청소년 관련 기관들과 협력하여 공동으로 의미 있는 다양한 프로그램을 개발하고, 교육과 양육을 지원하여 청소년에게 새로운 기회를 제공한다.

학교 중심의 청소년 사업은 프로젝트, 동아리, 학교생활에서 벗어나 청소년 발달을 촉진하는 활동 지원하기, 지역사회에서 청소년 발달에 중요한 기능과 역할을 담당하는 기관 방문하기, 평생교육기관과 협력하여 청소년 발달을 지원하기 등을 포함한다. 이것은 「아동 · 청소년지원법」 제1조 제4항에 명시된 친아동 · 친가족적 환경 조성이란 목적을 달성하고자 함이다.

(3) 학교생활에서 직업 준비 및 직업 지도

학교 교육의 목적은 청소년의 직업 준비 교육 및 취업활동을 지원하는 것이며, 학교는 노동취업청, 「아동 · 청소년지원법」과의 협업을 강화하여 물심양면으로 지원한다.

학교 중심의 청소년사회사업(Jugendsozialarbeit)은 졸업생들이 취업활동을 준비하고, 경제활동을 시작할 수 있도록 다양한 방식으로 지원한다. 특히, 사회적 불이익을 받는 학생들이 사회적 불평등을 극복하고, 일자리를 찾도록 총체적으로 지원하며, 졸업 후 취업까지 전이 과정을 지도할 뿐만 아니라 입학생을 위한 직업 준비 프로젝트를 실시한다.

(4) 아동 · 청소년 보호에 관한 교육[1)]

청소년청(Jugendamt)의 전문가는 아동 · 청소년의 중독 예방, 매체 사용 교육, 성희롱 및 성폭행 예방과 보호, 학교 폭력 예방 등을 위해 청소년 보호에 대한 교육을 담당한다. 이 외에 각종 디지털 매체 및 에이즈, 약물, 알코올 중독 예방을 위해 민간이 운영하는 아동 · 청소년 전문기관과 협동을 강화한다. 또한 사회 변화에 따라 나타나는 새로운 위기에서 아동 · 청소년을 보호하기 위해 학교와 함께 문제를 직시하고, 교육의 중요성을 강조한다 (Deutscher Verein fuer oeffentliche und private Fuersorge, 2001).

---

1) 정서, 개성, 사회적 · 지적 · 실천적 · 신체적 능력을 함양시키기 위한 지원

(5) 특별한 문제를 지닌 아동 · 청소년의 지원

학습 지진아 및 학습 결손이 누적된 아동, 학교생활 이외에서 이상행동을 보이는 지적 발달지체자 및 기타 문제 등을 소지하고 있는 아동 · 청소년들은 학교에서 「아동 · 청소년지원법」에 의하여 신속하게 지원한다. 학교와 청소년 지원 조치에 따라 학부모 지원이 필요한 경우, 학교는 학부모 지원을 위한 합의의 구심점이 된다. 이것은 각 아동의 상황과 환경에 의한 맞춤형 지원이 제공될 때 효과적일 수 있으므로 '개인별 지원'이라는 원칙이 중요하다. 이처럼 각 학생과 부모가 겪고 있는 갈등 상황을 개별적으로 상담하고, 위기에서 벗어나도록 지원하며, 잠재력의 발달 기회를 부여하여 성공적으로 문제를 해결하려는 데 목적이 있다.

(6) 학교 교육복지사업 및 연관 사업

학교 교육복지사업은 특히 성적이 낮은 저소득층의 학생들이 주로 재학하고 있는 하우프트슐레 학생들에게 개인적인 혹은 사회적인 갈등 문제가 일어나지 않도록 조기 예방을 강조하고 개입하며 통합적인 지원을 원칙으로 한다. 학교 교육복지는 학교가 아동 · 청소년을 위해 가장 중요한 삶의 공간이 되도록 지원한다. 이는 교육청의 법적 감독에 구애받지 않아 독립성이 보장된다. 학생과 부모의 적극적인 참여가 사업의 성패를 좌우하는데, 학생과 학부모 지원은 상담과 개별 지원을 원칙으로 교사와의 만남이 이루어지고, 학부모 활동과 거주 지역 중심의 지원이 총체적으로 이루어져 네크워크에 의한 문제해결을 최우선적으로 중시한다. 학교 교육복지사업이 지원하는 일들은 다음과 같다.

- 학생의 일상생활에 관한 상담
- 학교 내에서 사회적 역량의 계발
- 교사와의 상담

- 학생위원회 참여
- 지역사회와의 네트워크
- 지역사회 활동
- 공적 지원 활동
- 프로젝트 학습을 통한 지도
- 학생위원회 활동
- 진로 지도
- 학교 폭력 예방을 위한 또래상담 프로그램
- 학생 창업[2)]

(7) 양육 지원

학교 부적응 학생들이 가정 문제 또는 부모나 양육권자들의 양육방법 때문에 문제를 겪게 될 때는 학교가 중요한 협력기관이 되어 적시에 도움을 제공한다. 이때 학교의 역할은 결손을 최대한 줄이고, 사회적 통합을 지원하는 것이다. 학교는 학부모와 함께 우선적으로 학생이 학교생활에 적응하도록 최대한 지원한다. 「아동 · 청소년지원법」 제36조에 의거하여 담임교사가 문제해결에 관여해야 하고, 문제가 해결될 때까지 문제해결의 파트너가 되어야 하며, 학교는 지역의 청소년청과 청소년 지원 민간단체와 협력

2) 니더작센 주의 성공 사례: 니더작센 주에는 학생들이 운영하는 회사가 400개 정도 있다. 학생회사는 수업 프로젝트로 진행되며, 판매물을 생산하여 이익을 창출하고 있다. 학생들은 사회적 역량을 기르고, 경영에 관한 실제적인 지식과 생태적 연관성에 대한 지식을 습득한다. 이 외에 책임감, 경영자 정신을 배우고, 경영을 통해 학습 의욕을 높이는 성과를 거둔다. 이 프로젝트는 1999년에 연방과 주협회(Bund-Länderkommission: BLK)에서 지속 가능한 성장 · 발전을 위한 교육을 목적으로 15개 주가 참여하면서 시작되었다. 니더작센 주는 생태학과 경제학이란 주제로(www.nasch21.de) 5년간 진행하였고, 이후 네트워크를 통하여 전파되었다. 7개의 동아리가 만들어지고 교사가 지도하면서 2007년에는 200개로 늘어났다. 이후 북부 독일의 협력동맹을 맺기 시작하여 현재 11개가 만들어졌다. 2010년 학생회사는 330개로 늘어났고, 협력동맹은 50개로 늘어났다. 이러한 학생회사에 참여한 경험이 있는 학생들은 직업 경험과 핵심 역량을 함양시키는 것으로 나타났다. 이처럼 학생들이 스스로 회사를 운영하면서 학습하고, 지역사회의 시급한 인력난 해소에 기여하고 있어 학생회

해 야 한다. 지원이 필요한 경우는 대부분 소외계층의 아동 · 청소년이므로, 이들의 교육과 양육에 대해 합의하여 위기를 예방하고, 기회 평등의 원칙에 의한 지원을 최우선으로 중시한다. 양육 지원을 담당하는 청소년청 직원들은 최소한 일 년에 두 번 이상 학교와 협의하며, 책임감을 가지고 적극적인 문제해결에 주력하고 있다(Deutscher Verein fuer oeffentliche und private Fuersorge, 2001).

(8) 양육상담, 청소년상담 및 가족상담

가정에서 성장하는 아동 · 청소년은 가족의 해체로 가족 구성원이 겪게 되는 위기 속에서 다양한 문제, 어려움, 이상행동 및 갈등을 경험한다. 「아동 · 청소년지원법」 제28조에는 양육상담소, 청소년상담소 그리고 가족상담소가 심리 진단을 통한 상담 치료와 문제해결을 위한 협력을 명시하고 있는데, 협력은 다음과 같이 이루어진다.

- 양육상담소와 가족상담소의 전문가가 부모에게 정보를 제공한다.
- 학교상담의 기회 제공을 위해 학부모 상담을 실시한다.
- 학부모들이 교사, 상담교사, 학교상담교사와 상담하도록 안내한다.

사를 지자체가 재정적 · 인적 자원을 동원하여 지원하고 있다. 이 같은 활동은 학생들의 참여, 준비, 책임감을 함양시킨 것으로 나타나, 장기적인 회사 운영 목적은 지식사회에서 학생들이 좋은 직업 경험을 쌓아 지속 성장이 가능한 사회를 만들어 가는 데 창의적인 경영 아이디어를 창출하도록 지원하는 데 있다. 더불어 경제, 사회, 환경의 변화를 위하여 경영 아이디어를 사회 발전에 이용하고자 한다.

학생들은 교내에서 매점이나 카페를 운영하거나 자전거 수리를 배우고, 소풍이나 체험학습 등과 관련된 여행사 등을 운영한다. 태양에너지에서 전기를 얻는 광전변환공학(photovoltaics)과 관련된 사업을 하거나, 재활용된 문구류 및 재활용이 가능한 쇼핑백을 생산하고, 공정무역 가게 운영 등도 한다. 학생 스스로 운영하고 책임지는 학생회사는 직업 경험을 제공하고, 지금까지 경영에서의 문제점을 해결하는 역량을 기르는 장점이 있는 것으로 나타났다. 또한 개인의 역량을 기르고, 동기를 유발하는 데 매우 높은 성과가 있는 것으로 나타났다. 따라서 지속 성장 가능한 사회를 만들어 가는 데 학생이 의식화되도록 지원하며, 학생들은 취업이라는 실제적인 문제를 진지하게 생각하고, 자기 성찰을 통하여 미래를 준비하는 것으로 나타났다.

- 학부모, 아동, 교사, 상담가들이 협력하여 문제를 해결하도록 기회를 제공하고, 지원방법에 대한 합의를 촉진한다.

사회가 점차 저출산 사회로 변화하면서 과거와 비교해 볼 때, 아동의 가치는 상승하였으나 대부분의 아동 · 청소년들이 형제자매 없이 외동으로 성장하며, 많은 시간을 학교나 학원 등 교육기관에서 보내고 있다. 이들은 밖에서 친구들과 여가활동을 즐기기보다는 컴퓨터게임 등 디지털 기계에 중독되고 있으며, 이웃과의 교제 없이 성장하면서 사회성과 정서 발달에 장애를 겪는 경우가 많아 돌봄의 필요성이 증가하고 있다. 여기에 어머니들의 경제활동 참여와 가족 해체가 증가하고, 한부모가정의 출현과 가출 청소년이 급증하며 아동 돌봄에 관한 요구 증가뿐만 아니라, 세대 간 격차 등으로 자녀 양육에 큰 부담을 안고 있는 부모 및 양육 대리자 등을 위한 교육 지원이 매우 시급한 상황이다(박성희, 2012a).

가정의 사회화가 아동 발달에 미치는 영향은 매우 크다(Schneewind, Lukesch & Bastine, 1979). 다양한 가정환경에서 성장하고 있는 모든 아동을 위해 건강 · 교육 · 여가 활동, 표현의 자유, 권리의 보장 및 폭력 없는 양육, 경제적 궁핍과 성폭행 등으로부터 아동을 보호하기 위한 기회 평등은 점차 강화되고 있다.

2) 청소년 지원 네트워크

지방교육자치제도에 따라서 「학교법」을 정하는 것은 주정부의 소관이다. 「학교와 청소년 지원에 관한 법률」은 16개 주의 「학교법」에서 상이하게 규정하고 있다. 니더작센 주의 「청소년 지원에 관한 학교법」 제25조에서는, 첫째 「아동 · 청소년지원법」 제81조에 따라서 청소년 지원은 공적인 청소년 지원과 협동하여 학교가 구심점이 될 것, 둘째 제11조 제2항 3에 따라서 학교와 연관된 청소년 사업을 실행할 것, 셋째 제13조 제1항에 따라 학교 교육복지는 「아동 · 청소년지원법」의 원칙을 준수할 것을 강조하고 있다. 이러한 청소년 지원은 개인의 요구가 없어도 가능하며, 주행정소송 절차법에서는 원칙적으로 청소년 지원과 관련해서는 개인의 소송권을 인정하지 않고, 관 · 민이 협력하여 해결하도록 지원하고 있다. 교육복지는 청소년을 지원하는 한 가지 방법이며, 학교와 청소년 지원에 관한 총체적인 구조는 다음과 같다.

학교와 청소년 지원 네트워크

일상적 협력

「아동 · 청소년지원법」 제81조, 니더작센 주 「학교법」 제25조

「아동 · 청소년지원법」 제4조: 친아동적 · 친가족적 삶의 환경을 조성하는 것

- 학교에 아동을 위한 돌봄 기관 설치(호르트: 방과 후 교실)
- 아동 · 청소년 보호를 위한 양육 지원(청소년 사업)
- 특별한 위기 상황에 처한 아동 · 청소년 지원(Allgemeiner Sozialer Dienst: ASD, 일반적인 사회지원 서비스)
- 양육상담 및 가족상담
- 청소년 지원 계획: 「사회보장법」 제2장[3]과 제7장[4]에 의한 지원
- 약물중독 및 신용 불량자 상담 등

청소년 지원의 일부로서 학교 교육복지(학교사회사업)

아동 · 청소년 지원으로서의 사회사업과 학교 연계 지원

3) 만 15세 이상인 자 또는 그의 가족이 생계유지가 어려운 경우에 실직급여, 기초생활수급비, 교육비 등 사회복지급여를 지급함

4) 생계유지를 위한 「기초생계보장법」에는 생계비 지원, 건강 지원, 장애인 지원, 간호를 위한 지원, 사회적 위기 극복을 위한 지원, 기타 위기 상황에서의 지원과 개별적 상황에 대한 상담과 지원 등 7가지가 명시되어 있음

학교와 연관된 청소년 사업 KJHG 제11조	학교와 연관된 청소년 사회사업 KJHH 제13조 학교 졸업 후 직업으로의 전이 시기 지원

학교의 일부분으로서 사회사업

학교 조직과 운영

- 학교 운영 조직
- 교사협의회(학교 수업과 학사 업무 수행에 필요한 일의 협의)
- 학생협의회
- 수위
- 상담교사
- 학교 구조: 강당, 학생 카페 등

출처: Henschel, Krueger, Schmitt, & Stange(2008).

3) 학교 교육복지 우선 지원 대상

- 모든 학생이 학교 교육복지의 대상이지만, 특별히 사회적으로 소외되고, 개인적으로 특별한 문제를 보이는 학생—약물 및 게임 중독, 학교 불안, 학교 혐오증 등 단기적으로 학교, 직업, 사회적 · 개인적 갈등 등으로 인해 상담이 필요한 학생 및 과잉행동을 보이거나 집중이 어려워 산만한 학생—및 이주 학생
- 학급 또는 조직 등의 집단
- 학생이나 학부모와의 갈등을 해결하는 과정에서 한계에 도달한 교사
- 학교 관리자
- 학교운영위원회: 학생위원회, 학부모위원회, 학교 전체회의

- 연락이 되지 않는 학부모 및 학교와의 연락을 회피하는 학부모를 포함한 모든 학부모
- 지역사회와의 네트워크: 학생들을 접촉하는 사람, 교육기관, 청소년을 지원하는 관 · 민 단체, 각종 전문상담기관, 문화, 체육, 매체, 정치 참여자 및 협회
- 부처, 후원재단, 기업 등과 같은 공공기관 및 단체나 협회
- 대중매체, 언론사, 방송사
- 스폰서

4) 교육행정 구조

교육 관련 입법은 중앙정부의 법제처가 담당한다. 학교위원회는 학교 단위에서 선출된 학부모, 교사, 학생, 재단 대표들로 구성되는데, 독일의 교육행정 구조는 [그림 4-1]과 같다.

① 중앙교육행정

독일 「헌법」에서는 지방 간의 형평성 도모를 위하여 공동으로 협력할 것을 공동 과업으로 명시하고 있다. 즉, 연방정부 및 주교육부는 교육 계획 및 국가적으로 중요한 교육사업을 서로 간에 합의하고 협력할 것을 명시하고 있으며, 이러한 교육과 양육에 관한 연구는 연방-주교육계획연구증진위원회(Bund-Laender Kommission fuer Bildungsplannung und Forschungsfoerderung: BLK)가 담당하고 있다.

② 지방교육행정

「헌법」이 제도적 교육에 관하여 주의 관할권을 명시하고 있으므로, 여러 주들은 주 「헌법」 속에 교육 문제를 관리하는 법 규정을 두고, 교육 목표, 교

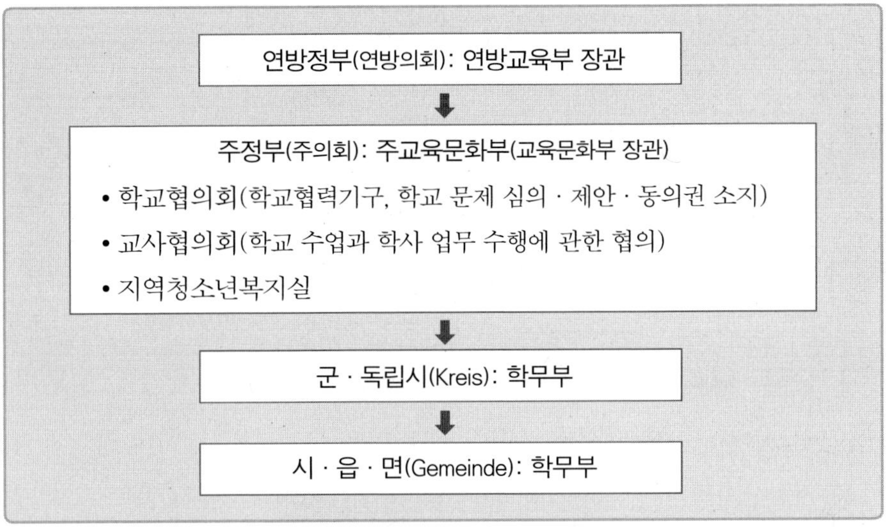

그림 4-1 **독일의 교육행정 구조**

출처: 김남순(1994).

육 구조, 교육 내용, 각 체제의 절차에 관한 특별법을 두고 있다. 각 주의 교육은 주마다 약간의 명칭 차이가 있으며, 문화부가 담당하고 있다. 주교육부는 모든 학교를 감독하며, 연방정부와 공동으로 교육을 계획하고 연구에 협력한다. 학령 전 아동의 교육은 각 주의 부가 관할하며, 지역청소년복지실이 행정적 책임을 맡고 있다. 그러나 학교행정은 각 주의 교육부가 주관하기는 하지만 재량권을 소지하고 단독 책임을 맡고 있다.

◆ 지자체에서의 구조

학교와 아동 · 청소년을 지원하기 위한 협력의 형태는 군 · 독립시, 시 · 읍 · 면 등의 여부에 따라서 상이하다. 독립시에서는 공적 청소년 지원 기관과 학교가 학교 교육복지의 주체가 된다. 그러나 군에서는 공적 청소년 지원 기관이, 광역시와 시 · 읍 · 면에서는 학교가 주무 기관이 되어 협력하며, 네트워크화되어 있다. 협력 시 다음의 12가지가 원칙이 된다(Deutscher Verein fuer oeffentliche und private Fuersorge, 2001).

① 신뢰 관계 구축

학교와 아동 · 청소년 지원 시 협력 관계로, 관련자들은 결정된 사항을 문서화하며, 상담의 구조를 구축하기 위해 책임과 의무를 다하며, 각각의 업무에 대하여 책임감을 갖고 신뢰 관계를 쌓아 가야 한다.

② 학교와 청소년 지원을 위한 지역의 TFT 팀

지역사회에서는 업무 전담 부서인 TFT 팀을 구성하지만, 이미 지역에 구성된 지역사회협의체(Stadtteilkonferenz)와 협동하여 문제해결을 도모할 수 있다.

③ 지역사회의 네트워크화

지역사회의 모든 청소년 기관이 네트워크화되어 청소년 지원에 관한 상황 분석, 지역 특성에 기반한 문제해결 전략 개발, 스포츠 분야, 지역사회의 교육문화단체들과의 협력을 총체적으로 강화한다.

④ 정규적인 업무 논의 및 문제해결을 위한 협업

아동 · 청소년 지원에 참여하는 교사협의회와 학생협의회뿐만 아니라 교장 및 교사는 정기적인 업무회의 때 청소년 지원에 관하여 논의해야 한다. 학교사회복지사뿐만 아니라 아동 · 청소년 지원 단체들도 모두 참여해야 하며, 특별한 문제의 해결 방안 모색, 학교생활 상담, 지역사회에의 적응, 학교 이외의 돌봄은 물론, 약물 및 다양한 중독 상담과 예방 및 조기진단 시스템 구축 등을 위해 협업하여 수행해 나간다.

⑤ 협업을 위한 상시적 회의 진행

학교와 청소년청의 업무 담당자들은 최소한 한 학기에 한 번씩 정기적으로 만나서 협업을 논의하고 있다.

⑥ 학교 및 지역 청소년 지원 계획에의 참여(KJHG 제80조)

청소년을 지원할 때는 청소년 여가 선용을 위한 공동의 요구에 대하여 합의한 후, 계획을 세우고 실행하며, 지역 청소년 지원에 관하여 돌봄과 기회 제공에 합의한다. 학교가 지역사회를 네트워크화하여 청소년의 일상생활을 지원하고, 청소년과 가족의 요구를 고려하여 이들이 평등한 자기 계발 기회를 갖도록 지원한다.

학교의 과업은 부모교육, 학부모 활동, 양육상담, 돌봄, 청소년 교육복지, 정서 지원 및 사회적 소외 아동을 위한 맞춤형 지원과 촉진 등이다.

⑦ 청소년지원위원회와 지역 학교위원회의 참여

학교 대표와 학교 관리자는 청소년지원위원회의 구성원이 된다. 청소년지원위원회는 최소한 일 년에 한 번 정규 모임을 열고, 학교와 청소년 지원을 위해 협업하여 지역의 학교위원회 대표자로서 의사결정을 행사한다.

⑧ 학교 발전 계획에 관한 협동

학교는 청소년 지원을 위한 주체가 된다. 지방자치단체는 학교위원회와 협력적인 파트너가 되어 지역성에 기반하여 청소년을 지원한다.

⑨ 동아리 활용(KJHG 제78조)

아동 · 청소년 지원단체는 문제해결을 위해 협업해야 할 뿐만 아니라 상담자 역할을 담당하고, 문제해결을 위한 시스템과 전달 체계를 구축해 가야 한다. 학교 교사는 문제해결에 관한 책임감을 갖고, 공공의 이익을 위한 프로

 젝트 진행 과정에서 중요한 협조자가 되어야 한다.

⑩ 협력에 의한 연수 및 홍보

학교와 아동 · 청소년을 지원하는 청소년청 그리고 지방자치단체의 담당자를 위해 전문 인력의 양성을 지원하고, 주정부 차원에서도 연수 등을 통하여 아동 · 청소년에 대한 이해를 위해 정기적으로 협력해 나가야 한다.

⑪ 정보와 자료의 공유

학교와 아동 · 청소년 지원을 위한 과제를 설정하고 행동 지침을 만들려면 학교와 청소년 지원 기관자, 시설운영자, 예비교사, 학생, 청소년청 연수자, 사회복지사, 학교상담교사 등 관련자들이 정보와 자료를 공유하여 표준적인 지침과 방향을 세워 나가야 한다.

⑫ 지역이 아동 지원의 주체가 되는 원리와 구조

청소년 지원을 위해 학교장은 정규 모임을 열고, 특수장애아와의 통합, 아동 돌봄을 위하여 공동으로 동아리 활동에 참여시키고, 범죄 예방을 위한 전략을 개발하고 있다. 학생들도 프로젝트 참여를 통해 돌봄을 학습해 나가야 한다. 교육청과 협력하여 경험과 동기 그리고 전문 지식을 교류하고, 교육청이 발의할 수 있는 기능을 수행하고 있다. 학교, 직업교육, 직업상담, 취업 중개, 청소년 사회사업은 청소년의 취업 지원을 위하여 협업하고 있다.

5) 아동 · 청소년 지원에 관한 한정적 조건

민주주의는 시민이 스스로 결정할 수 있는 참정권(Mitwirkungsrecht)을 행사하고, 시민운동이나 발의 그룹(Brügerinitiative) 등을 구성하여 실천할 때 이루어진다. 독일에서는 아동 · 청소년 지원을 위한 주민 참여를 다음과 같이 보장하고 있다. 인간의 기본권이 언급된 「독일연방기본법」 제1장 제1조에는 인간의 존엄성 수호와 보호가 국가의 의무로 명시되어 있다. 특히, 기본권은 자유권, 법 앞에서의 평등, 신앙의 자유, 의사의 자유, 연합의 자유, 부모의 양육권까지 포함하고 있어, 부모가 양육권을 제대로 행사하지 못하는 경우에는 국가가 이를 대신하도록 명시하였다.

「헌법」에는 인간의 존엄성과 민주사회의 시민참여권이 보장되어 사회보장과 사회적 분배의 실현 및 사회 평등을 위한 아동 · 청소년사업이 지방자치의 의무로 명시되어 있다. 개인이 출생 계급에 의해 소외되지 않을 권리(제3조), 청소년 보호(제5조), 아동의 양육과 교육에 대한 부모의 자연적 권리와 부모 양육권에 대한 국가의 감독권, 공동체의 보호와 돌봄을 요구할 수 있는 어머니의 양육 권리(제6조), 국가의 교육감독권(제7조) 등이 명시되어 있다. 또한 사회민주화를 지향하는 지방분권제도를 「헌법」에서 보장하여, 제20조 제2항에는 모든 국가 권력은 시민으로부터 나옴을 명시하고, 시민은 투표뿐만 아니라 입법에 관한 임무를 수행하며, 영향력을 행사하도록 하였다. 제28조 제1항에는 모든 주가 연방, 민주, 사회 법치주의의 원칙에 따라 국가 조치에 의한 사회보장과 사회적 균형을 실천하도록 구조와 범위를 명시하고, 사회민주주의 국가의 이념인 기회 평등을 사회적 급부를 통하여 실현하고 있다.

청소년 지원에 관한 법체계는 다양한 청소년 관련 법에 근거하는데, 아동의 불이익을 보상해 주어 모든 아동에게 기회 평등을 제공하고, 위기 아동을 지원하는 교육복지사업의 실행 근거는 「아동 · 청소년지원법」이다. 이 법에서 아동은 14세 미만인 자이며, 청소년이란 14세 이상 18세 미만인 자, 27세 미만의 초기 성년을 지칭한다. 1991년에 개정된 「아동 · 청소년지원법」이 과거의 「제국청소년복지법」과 구별되는 점은 수혜 대상이 '취약한 아동 · 청소년'에서 '모든 아동 · 청소년'으로 확대된 것이며, 그 부모와 가족을 위한 재정적 지원과 과업을 명시하고, 공공 · 민간 기관이 파트너십을 구성하여 지

 원하는 점이다(Rolf & Zimmermann, 2008).

「아동 · 청소년지원법」의 목표는 모든 청소년이 자신의 발달을 촉진하고, 자기주도성과 책임감을 길러 공동체의 일원으로 잘 살아가도록 인격 형성을 도모하는 것이다. 「아동 · 청소년지원법」 제1조 기본 원칙에는 아동 · 청소년의 학습권 보장, 부모에 의한 양육의 책임과 청소년 지원이 명시되어 있다. 모든 학생들이 자신의 발달을 촉진하고, 책임감과 공동체 구성원으로서 능력을 함양하며 인성을 발달시킬 수 있는 교육 권리(제1조 제1항)와 부모의 권리 수행에 관한 국가 감독권(Staatliches Wächteramt)(제1조 제2항)도 명시하였다. 제1조 제3항에는 아동의 개인적 · 사회적 발달의 촉진과, 특히 사전 위기 예방을 통한 위험 감소, 부모와 기타 양육자의 자녀교육을 위한 상담과 지원, 위기로부터 보호하고 아동이 쾌적한 환경에서 성장하도록 부모의 별거 및 이혼 문제 상담 제공 등(제17조)을 명시하여 아동 및 가족 친화적인 환경 보존과 조성을 위한 아동 · 청소년의 권리 실현을 명시하였다. 이 같은 청소년 지원은, 첫째 청소년의 개인적 · 사회적 발전의 촉진과 그들의 소외를 예방하고 줄이는 것, 둘째 부모 및 기타 양육자를 위해 양육 관련 상담을 제공하는 것, 셋째 아동 · 청소년을 행복의 위협으로부터 보호하고, 가족과 잘 살아갈 수 있는 쾌적한 삶의 조건을 만들어 가는 데 기여한다. 이 외에 오스트리아도 2008년에 「아동지원법」을 제정하여 12세 미만 아동의 돌봄을 국가가 보장해 주어 여성이 일과 자녀 양육을 양립하도록 지원하고 있다.

6) 지방교육자치와 청소년 지원

(1) 공동사무

지방자치단체의 결정이 가능한 자치 사무는 운영이 자유로운 임의적 자치 사무와 집행의 의무가 있는 의무적 자치 사무로 구분되는데, 청소년 지원과 사회복지 등은 집행 의무가 있는 의무적 자치 사무에 속하며, 이들 고유 사무에 대한 감독은 법적 감독(Rechtaufsicht)에 국한된다. 그러나 독일 사무 배분에는 국가와 지방자치단체가 의무를 공유하는 공동 사무(Gemeinschaftsaufgabe) 원칙에 따라, 청소년복지는 실제로 민간단체가 담당하고 있다. 지방 권한인 일정한 사무에 대해서는 국가가 이를 장려할 목적으로 지방자치단체와 공동으로 계획을 수립하고, 계획 집행에 국가보조금을 지원하여 지방자치단체와 협업하고 있다. 따라서 공동으로 재정을 조정하는 재정 연방주의의 원칙하에 연방은 연방세를 거두지만, 일부 연방세를 지방세로 전환하기도 한다. 주정부의 재정은 주에서 거두는 세금이 대부분을 차지하지만, 연방이 주는 보조세, 주 세제균형법에 의해 지원을 받는 세금 그리고 연방세 중에서 주에 할당된 세금으로 구성된다(심익섭, 2010). 「아동 · 청소년 지원법」 제42조에 의하여 아동 · 청소년 보호 조치는 지역청소년청이 주관하여 비용을 부담하며, 각 지역 및 주의 청소년복지와 제반 청소년사업은 해당 청소년청이 지원한다.

아동 · 청소년 지원을 촉진하기 위하여 연방은 4년마다 '아동 · 청소년 보고서'를 발간하고, 청소년 전문가로 구성된 '연방청소년자문위원회(Bundesjugendkuratorium)'를 꾸려 청소년 지원에 관한 근본적인 문제를 자문을 통하여 개선해 나간다. 주정부는 아동 · 청소년을 지원하기 위해 각 주의 시행령을 만들고, 청소년 지원 주체(Jugendhilfetraeger)를 활성화하며, 청소년 지원 체계를 구축하여 상담 및 연수를 통하여 이들을 지원한다. 지방자치단체는 지역청소년청을 설립하고, 지자체의 청소년 지원을 위한 자치행정을 주관하는데, 이와 관련된 연방정부, 지자체의 주무 기관, 근거, 수단 그리고 업무는 〈표 4-1〉과 같다.

표 4-1 청소년청의 조직 체계

	연방정부	주 또는 광역시	지방자치단체
주무 기관	중앙의 가족, 노인, 여성, 청소년부(BMFSFJ)	주청소년청(Landesjugendamt)의 주장관	지자체 지역청소년청(Oertliche Jugendamt)
근거	아동 · 청소년지원법(KJHG)	KJHG 시행령에 근거	중기 · 단기로 청소년 지원
수단	독일 전역을 촉진하고 후원함	공공 · 민간 청소년사업을 후원하고 촉진함	지역의 주민자치 행정을 위한 계획을 설립하고 촉진함
업무	아동 · 청소년 계획, 아동 · 청소년 보고서 발간	주 청소년 계획, 아동 · 청소년 보고서 작성	지역의 공공 · 민간 청소년단체 지원 및 후원

(2) 민간단체인 청소년 연대의 협업 체계

청소년 연대로 불리는 유겐트링에(Jugendringe)는 법적 권한을 소지한 협회로 다양한 청소년 단체를 대표하는 연합체다. 청소년사업은 대부분 자원봉사자들의 참여로 이루어진다. 지역 청소년 연대는 「아동 · 청소년지원법」에 따라 청소년청과 협력하여 사업을 진행하며, 청소년 연대의 이사는 주정부의 청소년 지원 정책에 대해 전체 청소년 단체를 대표하여 의견을 제시할 수 있다. 각 청소년 단체의 이사진은 일 년에 두 번 열리는 총회에서 투표를 통해 선출한다. 주 청소년 연대는 사회 구성원의 인식 개선을 위해 로비 및 계몽을 담당한다. 주 차원의 청소년 연대 활동이 가능하도록 행정과 정치가 연계하여 청소년 활동을 위한 한정적 조건을 보강하며, 시민의 요구에 기반한 정책 구현에 힘쓴다.

연방 청소년 연대 업무 중 70%는 각 청소년 단체의 활동을 지원하는 일이다. 주 청소년 연대는 지역 청소년 연대와 협업하여 여가활동에 관한 프로그램을 개발하고, 청소년지도사의 양성을 담당하지만, 주마다 다양한 사업을 전개하며 여러 명칭으로 불린다. 비영리 단체가 지원하는 청소년 지원은 연방, 주, 지방자치단체 영역에서 〈표 4-2〉와 같은 조직 체계로 운영되고 있다.

표 4-2 청소년 연대의 조직 체계

	연 방	주 또는 광역시	지방자치단체
주무 기관	연방 청소년 연대 (Bundesjugendring)	주 청소년 연대 (Landesjugendringe)	지역 청소년 연대 (Oertliche Jugendringe)
근거	연방 차원의 청소년 단체	주 차원의 청소년 단체	지역 청소년 조직과 그룹
수단	민간 사회복지 연방협의체	민간 사회복지 주 협의체	시와 군 영역에서 사회복지 단체의 연합
업무	사회복지 및 단체연합중앙회	사회복지 및 단체연합중앙회	사회복지연합지방협의회, 발의 기관 및 기타 활동

7) 공동체 사회와 관민의 협력 체계 및 자원봉사

청소년 지원을 담당하는 곳은 지역청소년청이다. 공적인 청소년 지원은 민간단체와 협동하여 지원하는 것이 원칙이지만, 민간단체를 우선 지원하는 '보조의 원칙'에 따라 민간단체가 청소년을 지원하는 경우가 많다. 따라서 공공기관은 민간단체의 청소년 지원을 재정적으로 지원할 의무가 있다. 유치원 운영을 예로 들면, 주정부는 공공 또는 민간 단체가 운영하는 유치원 모두를 동일하게 지원한다. 공적 운영기관은 재정의 65%를 지원받지만, 민간 법인은 대부분 재정의 10%를 부담하며, 지방자치단체가 55%를 부담하고 있다. 재정이 열악한 면 단위 지역은 「세제균형법」 제13조에 따라 균등한 지원금을 받는다. 부모 부담금은 기관이 정하는데, 이 부담금은 자녀 수와 부모의 경제적 수입을 고려하여 차등 지급하고 있다. 바덴뷰텐베륵 주에서는 유치원을 운영하는 종교기관과 지방자치단체 협회가 함께 부담금을 결정하는데, 대개 13%의 운영비만 부모가 부담하며 나머지는 후원금 등으로 충당한다.

취약계층의 아동 · 청소년 지원은 「아동 · 청소년지원법」에 근거하여 기독교 단체인 디아코니(Diakonie), 가톨릭 단체인 카리타스(Caritas), 적십자(DRK), 노동자 복지단체인 AWO 그리고 SOS 어린이마을(SOS Kinder-dörfer) 등의 민간단체가 담당하고 있다. 2006년에는 전국에 8만 개의 아동·청소년기관에 61만 8,500명이 종사하는 것으로 나타났다(BMFSFJ, 2009). 자녀의 양육과 관련된 부모교육은 청소년청이 수혜 가족을 선정하는 것이 아니라, 교육복지를 요구하는 가족에 기반하여 지원한다(박성희, 2010). 아동 양육권자인 부모의 요구에 따라서 담당자는 지원 방안을 제안하는데(KJHG 제2조 제5항), 가족 지원 방법은 청소년청 전담팀이 결정권을 가진다.

독일에서는 아동·청소년 관련 자원봉사 인력이 약 60만 명으로 조사되었다(BMFSFJ, 2009). 자원봉사자들은 개인적으로 청소년 단체나 조직에서 활동하기도 하며, 공적인 청소년 활동, 돌봄활동, 후견인 활동을 하기도 한다. 봉사활동 단체 등으로 발의 그룹(Initiativ)을 만들거나 전문 그레미엄에 참여하여 정책 결정 등에 영향력을 행사한다. 뿐만 아니라, 가족 봉사에 참여하는 가족 약 6만 명은 후견인 부모(Pflegeeltern)가 되어 봉사하는데, 양육권자가 없는 아동을 위해 양부모 역할을 담당하면서 중·단기적으로 봉사하고 있다(BMFSFJ, 2009). 「아동·청소년지원법」 제1조에서는 청소년 사업의 최고의 목적은 인성과 사회성 발달을 통해 책임감을 갖고, 협동적인 사회행위 능력을 소지한 인간 양성으로 명시하고 있다. 이러한 목적 달성을 위해 청소년들이 사회적인 공익활동(Soziale Dienst)에 참여하는데, 일 년에 공익요원(Zivildienst) 3만 5,000명, '사회자원봉사자'[5] 2만 5,000명이 참여한다.

---

5) 만 18~27세 미만 독일 청소년이 각종 학교를 졸업한 후에 직업을 선택하기 전에 자신의 적성을 알아보고 공동체의 일원으로 자원봉사하기 위해서 참여하는 '사회자원봉사제도(Freiwillige soziales Jahr)'는 가톨릭과 기독교의 봉사 전통에서 유래했다. 초기에는 18세 이상의 여성들이 보호가 필요한 자 및 환자들을 간병하면서 용돈을 받는 것에서 시작하였으나, 현대에는 공동체를 살아가는 시민의 역량 함양 목적이 포함되어 있다. 1964년에 이것이 법제화되면서 남녀 청소년 모두가 유치원, 양로원, 병원, 사회복지재단 등 공익 관련 단체에 봉사하는 것이 가능해지면서, 독일의 청소년들은 개인적인 삶의 의미와 직업을 선택할 수 있는 사회봉사를 통하여 새로운 삶의 방향을 모색하고 민주시민으로서의 자질을 향상시키는 기회를 보장받고 있다.

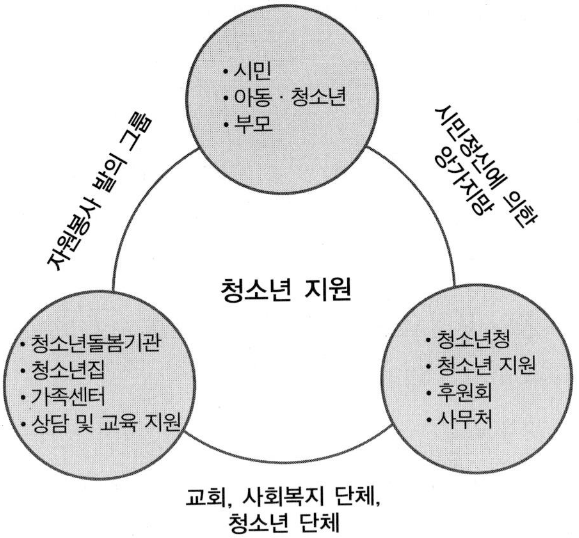

그림 4-2 **청소년 지원 협업 체계**

감독청이 청소년청 및 교육청과 협력하여 유치원 및 아동돌봄기관의 요구를 계획할 때는 교육시설 개관 시기와 재정 문제 등을 협의하는데, 교육시설 운영자는 책임감을 잃지 말아야 한다. 과거에 청소년 단체는 각 단위 기관을 중심으로 일괄적으로 지원하였으나, 최근에는 학생 중심 지원으로 바뀌어 돌봄이나 지원이 많이 요구되는 장애아나 특수아는 상향 지원하고 있다. 청소년 지원은 교육의 질을 중시하여 기관 간의 형평성이 유지되도록 다양한 프로그램 개발에 필요한 예산을 지원하고, 관민과 각 기관 간의 협동을 통하여 기획하고 있다. 즉, 청소년 지원은 다음 [그림 4-2]와 같이 아동 · 청소년, 부모, 시민 등이 앙가지망을 기반으로 한 시민정신을 가지고 함께 참여하며, 위기 아동 등은 청소년청이 신속하게 지원하고, 교회, 사회복지 단체, 청소년 단체 등 민간단체가 주축이 되어 청소년 돌봄 시설을 운영하고 있다. 또한 시민은 다양한 청소년 지원 단체에서 자원봉사하며, 문제해결을 스스로 모색하는 발의 그룹 등을 통하여 새로운 문제해결에 적극적으로 참여하고 있다.

8) 청소년 지원의 원칙: 예방, 중재 전략

예방이 원칙인 청소년 지원은, 첫째 아동 · 청소년 가족을 위한 돌봄 및 자녀 양육에 부담이 많은 가족을 지원한다. 또한 부모가 자녀 양육이나 사회화 과제를 잘 수행해 나가도록 정보를 제공하고 부모교육을 지원한다.

둘째, 상담을 통하여 문제해결을 지원한다. 부모 및 양육권자 스스로 아동 · 청소년의 행복이 보장되지 않는다고 판단되면, 가족복지적 지원을 요구할 수 있는 교육과 복지의 권리를 갖고 있다.

셋째, 위기에 놓여 있는 아동 · 청소년 가족은 가족이 문제를 해결해 나가도록 가족상담, 아동과 가족의 결손 지원 및 보호를 위하여 이혼, 별거 등의 상담을 제공한다.

넷째, 위기 아동 · 청소년에 대한 조치는 청소년상담소, 아동보호 전화, 청소년 위기 서비스, 응급보호소, 청소년보호소 또는 직접 해당 지역의 청소년청을 통해 위기 보호를 요구할 수 있으며, 해당 아동 · 청소년을 보호하는 의무를 지닌다. 아동 · 청소년이 방임, 학대, 자살 위험, 성적 학대, 가족 위기, 중독 등으로 위기 상황에 처하면, 청소년청이 개입하여 보호할 수 있다.

아동 · 청소년의 위기 보호를 요청하는 경로는 34%가 위기 아동 · 청소년 스스로가 청소년청에 구조를 요청한 것으로 나타났다. 26%는 경찰 등 감독기관, 23%는 사회복지기관이나 청소년청, 9%는 보모나 부모의 요구, 나머지 8%는 교사, 의사, 이웃, 친척 등 제삼자가 위기 보호를 요청하고 있다(연방통계청, 2000; 김문섭, 2003 재인용). 아동 · 청소년이 보호를 요구하면 청소년청은 위기 아동을 돌봐야 하는 의무도 있지만, 보호권자나 양육권자에게 즉시 보호 조치에 대하여 알려야 한다. 만일 보호권자나 양육권자가 보호 조치에 반대하는 경우에는 지체 없이 아동 · 청소년을 보호권자나 양육권자에게 돌려보내야 한다. 국가는 단지 미성년후견제도(Vormundschaftsgericht)에 따라 아동 · 청소년의 행복을 위하여 정당한 조치로 판결받은 이후에 보호할 수 있다.

다섯째, 위험으로부터 아동 · 청소년을 보호하기 위하여 재판을 통해 부모의 권리 등을 제한하고 영향력을 행사할 수 있다.

여섯째, 위기 아동 · 청소년 중재에 관한 업무 수행을 위하여 재판을 통하여 아동 양육권을 얻고 후견인이 될 수도 있다. 이러한 관계는 [그림 4-3]과 같이 나타내 볼 수 있다.

부모의 양육권은 기본적으로 「아동 · 청소년지원법」 제1조와 제2조에 의거하며, 가족의 의무와 과제로 명시하였다. 「아동 · 청소년지원법」 제2조 제4항에서는 아동 · 청소년 보호의 업무로 교육 지원을 강조하고, 동법 제27조 제1항에는 "아동과 청소년의 교육을 담당하는 양육자에 대한 교육 요구권, 즉 학습권을 명시하여 적절한 교육 지원이 불가능한 경우에는 국가가 기초적이며 적절한 지원"(Moeller & Nix, 1991)을 해야 함을 명시하고 있다. 즉,

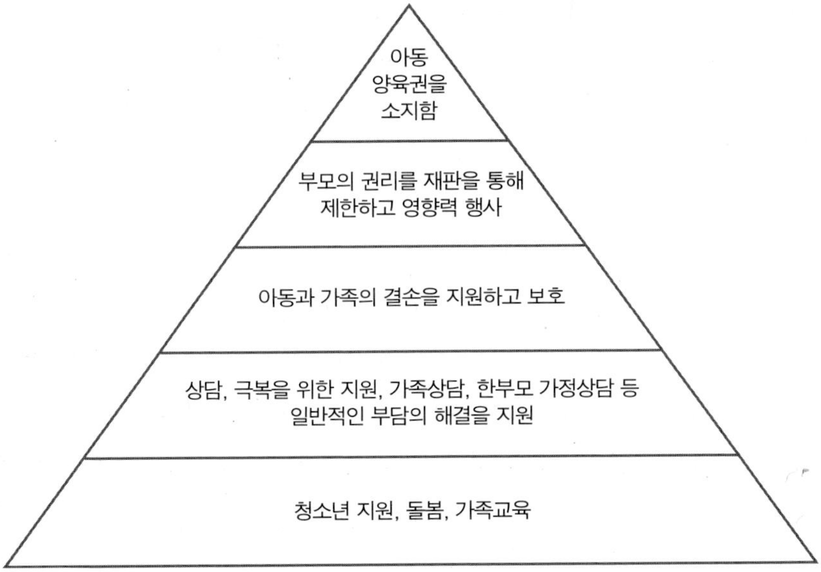

그림 4-3 청소년 지원: 예방 및 중재 전략

「아동 · 청소년지원법」 제16조에서는 부모교육을 명시하고, 부모 및 양육권자의 자녀교육에 대한 책임감을 분명히 인지하도록 하며, 가족을 위한 교육과 컨설팅 제공을 명시하고, 가족 휴가 및 여가를 위한 프로그램을 제공하고, 필요한 경우에는 아동 양육을 지원하고 있다. 제21조에 의해 부모의 빈곤으로 자녀의 의무교육을 지원할 수 없는 경우에는 21세까지 상담과 지원 및 아동의 숙식 제공, 생계비와 의료 지원을 하도록 명시하였다.

부모의 양육 능력 지원은 부부가 별거 · 이혼하는 경우에 아동에 관한 문제뿐만 아니라 친권, 양육권 합의, 아동면접교섭권과 관련된 상담과 문제해결을 위한 실제적인 해결 방안까지 대상으로 하고 있다.

이 외에 탁아소, 유아원, 방과 후 아동돌봄센터도 아동 보호를 지원하고 있다. 양육상담, 전일제 간호, 교육복지적 가족지원제도(sozialpaedagogische Familienhilfe: SPFH)(박성희, 2010), 아동 · 청소년 양육보호시설 및 기관 등은 아동의 행복권이 저해되거나 적절한 양육이 곤란한 상황에서 부모의 양육 능력을 지원하고 있다. 청소년 보호와 관련해서는 아동이 보호시설이 아닌 가정에서 성장하도록 하는 데 최선을 다하고 있다.

3. 시사점

독일의 교육복지가 우리나라의 교육복지 발달에 시사하는 점은 다음과 같다. 첫째, 교육복지 사업이 지방교육자치제도에 따라서 중앙정부와 자치단체의 협력을 통하여 실행된다는 것이다. 교육복지 사업으로 위기 아동 · 청소년을 지원할 뿐만 아니라, 부모교육 및 상담을 전담하는 청소년청이 있어 자치단체가 실제적으로 아동 · 청소년을 지원하고 있다.

둘째, 우리나라는 교육복지 사업을 교육부가 주관하고 있으나, 독일에서는 여성가족부가 담당하고 있다. 여성가족부가 교육복지 사업을 주관하는 것은 아동 · 청소년 문제가 가족의 사회경제적 배경 및 부모의 양육 태도 등과 밀접하게 연관되어 있으므로, 가정 배경과 같은 귀속적 요인에 의한 불평등을 완화하기 위해 보상교육 및 돌봄 등을 통하여 지원하고, 여성의 일과 가사의 양립을 지원하는 데 목적을 두기 때문이다. 이에 각 가정의 아동 및 양육 지원은 교육복지적 가족지원제도(박성희, 2010)를 통해 각 가정의 형편과 상황에 맞는 맞춤별 지원이 요구된다.

셋째, 우리나라에서는 공공 및 민간기관 간 협력체제가 미비하여 실효성 있는 교육복지 서비스가 제공되지 못하고 있다. 그러나 주민의 인적 · 경제적 · 사회적 참여를 이끌어 내려면 지역 주민이 의사결정 과정에 참여할 수 있는 참여권이 보장되어야 한다. 주민 참여란 투표권 행사에 국한되는 것이 아니라, 교육정책의 계획, 결정 과정 그리고 집행까지 그 정책으로 인해 영향을 받게 되는 주민들이 의사결정의 전 과정에 참여할 수 있는 권리가 주어져야 한다. 이러한 주민 참여는 예산, 프로그램 실행, 교육 내용의 계획 등에 책임을 지고 있는 독일의 주청소년청과 지역청소년청이 주민이 중요한 결정의 주체로 참여할 수 있도록 기회를 제공하고, 아동 · 청소년, 학부모, 공공 · 민간 사회복지 단체 대표 등이 참여하는 아동복지지원위원회 등을 구성해 사업의 방향을 결정하며, 계획부터 실행까지 지역 주민의 참여권을 보장하여 민간단체의 참여를 이끌어 내야 할 것이다.

넷째, 우리나라에서는 민간 자원의 동원 및 수혜자 중심의 충분한 교육복지 서비스 제공이 어렵다. 따라서 독일처럼 민간이 소지하고 있는 인적 · 경제적 · 사회적 자본을 청소년 지원을 위해 네트워크화해 나가야 할 것이다. 청소년 지원은 공공기관과 민간기관이 협업하여 실행해 나가는데, 지역 청소년 연대는 30% 정도만 주정부 예산을 지원받고, 나머지는 자체 프로그램, 기부금, 특별 수입, 회비, 기관의 후원금 등을 통하여 재정을 충당하고 있다(Ministerium fuer Familie, Kinder, Jugend, Kultur und Sport des Landes Nordrhein Westfalen, 2011). 또한 사회자원봉사제도(FSJ) 등을 제도화하여 자신의 삶의 의미와 직업 방향 등을 결정하기 전에 청소년들이 공익단체에서 체험할 수 있는 기회를 제공하여 진로 방향을 설정하는 데 도움을 받도록 한다.

다섯째, 교육복지 사업을 추진해 나갈 수 있는 기본법이 존재하지 않으므로, 미래의 아동 · 청소년이 안정된 가정에서 기회 평등과 행복 추구를 보호받을 수 있도록 제도를 시급히 마련해 나가야 한다.

우리나라에서는 교육복지 개념에 대한 충분한 논의가 이루어지지 못한 채, 정책 중심의 교육복지 사업이 시작되었다. 이에 학교에 재학 중이지 않은 자 또는 가출 청소년 등은 사각지대에 놓여 교육복지의 혜택에서 배제되어 있으므로, 교육복지 대상을 모든 아동 · 청소년으로 확대해야 한다. 또한 경제적 빈곤 및 다양한 이유로 사회문화적으로 소외된 아동 · 청소년이 사회계층에 구애받지 않고 자신의 잠재력과 인성을 계발하며, 자율적인 삶의 주체자로 성장하도록 지원하고, 자녀 양육 능력이 부족한 부모들을 대상으로 부모상담 및 교육을 속히 제공해야 한다.

교육복지의 개념은 위기 아동 · 청소년의 교육 기회 보장에서 학습권 보장, 부모 양육 책임권 지원 그리고 위기 예방으로 심화되어 모든 아동 · 청소년을 위한 행복 보호의 개념으로 전환되어야 할 것이다. 독일의 교육복지정책은 국가의 사회복지정책 틀 안에서 학교와 공동사회 또는 공동선(公通善), 국가라는 큰 체계 안에서 이해되므로(최종인, 2004), 모든 아동 · 청소년의 인성계발을 위한 개인적 지원, 학교와 가족 지원, 지역사회의 아동 · 청소년 유관단체의 지원 및 부모의 양육권이 남용되지 않도록 계몽하고, 양육이 어려운 경우 국가의 감독을 통하여 양육이 지원될 수 있는 정책 등을 마련해야 할 것이다. 이러한 내용을 생태학적 체계를 이용해 도식화하면 [그림 4-4]와 같다.

청소년 지원이 학교에서 잘 진행되도록 하려면 학교와 가정과 같이 관련 체계 간의 협력이 요구된다. 독일의 교육복지는 최근에 생태학적 체계에 의한 연구를 통하여 아동 · 청소년이 겪게 되는 빈곤에 의한 불평등을 거시적, 메조, 미시적으로 연구하여 이들이 자율적인 인간으로 성장하도록 지원하는 데 역점을 두고 있다.

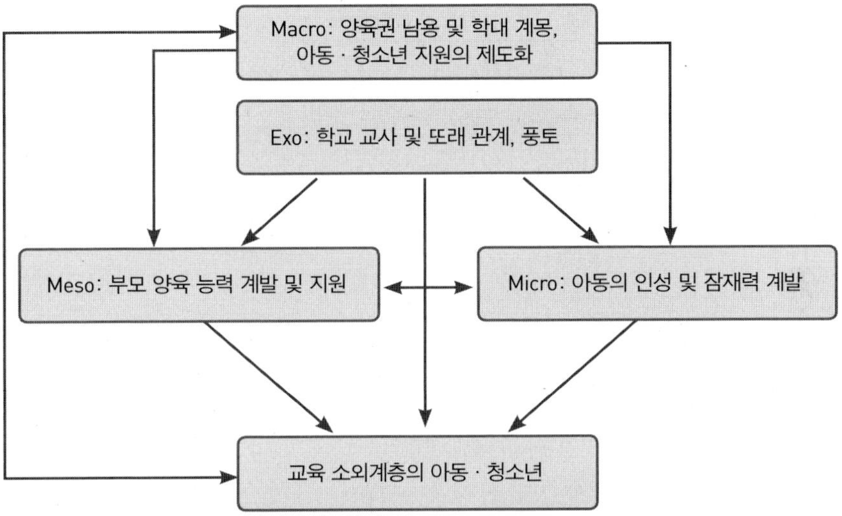

그림 4-4 **교육 소외 아동·청소년 지원을 위한 생태학적 체계**

5장

일본의 교육복지

1. 서 론

일본에서 교육복지라는 용어가 적극적으로 사용되기 시작한 것은 비교적 최근의 일이다. 다카하시와 마사노리(小川利夫, 高橋正教, 2001)는 교육복지를 이제까지 사회복지 혹은 아동복지 서비스 속에 애매모호한 상태로 방치해 온 아동 · 청소년 및 성인의 학습과 교육권을 보장하고 체계화하기 위한 것이라고 정의하고 있다. 최근에는 교육복지가 학제 연구의 전문용어로 도입되기 시작하여 사법복지, 노동복지, 의료복지 등과 함께 사회복지의 주요 영역으로 자리매김하고 있을 뿐만 아니라, 교육과 복지의 실천, 대학에서의 새로운 학과와 학부 설립에 있어서도 주요 개념으로 등장하기 시작했다.

일본의 교육복지 역사는 제1차 세계대전 후, 사회행정의 생성기까지 거슬러 올라간다. 교육과 복지를 둘러싼 여러 문제들은 그것이 아동의 생존과 성장에 관련된 것일수록 국민에게 있어 더욱 절실한 문제이며 국가적 과제다. 일본에서는 제1차 및 제2차 세계대전 후 고도성장기와 침체기 등을 거치면서 교육복지가 국민적 · 국가적 관심사가 되었으며, 1960년대 후반부터 1970년대 전반에 걸친 제2차 고도성장기에 들어서면서 교육복지가 적극적으로 논의되기 시작했다.

교육복지의 중심 대상인 아동을 어떻게 인식하고 취급하느냐의 문제인 아동관(兒童觀)은 교육 및 복지 정책을 수립하고 집행하는 데 있어 기본적인 전제가 된다. 관할 행정부처에 따라 각기 다른 아동관이 행정의 기저에 자리잡고 있는데, 문부성(文部省, 우리나라의 교육부)의 문정형(文政型) 아동관, 후생성(厚生省, 보건복지부)의 구휼형(救恤型) 아동관, 사법성(司法省, 법무부)의 집행형(執行型) 아동관이 그것이다.

문정형 아동관은 아동을 교육으로 이끌어야 할 대상으로, 구휼형은 아동을 복지서비스를 지원해야 할 대상으로 바라보고, 집행형은 아동을 법적 처벌 또는 교정으로 이끌어야 할 대상으로 보는 관점이다. 문부행정의 아동관이 정상적인 아동을 더욱 뛰어난 아동으로 성장시키는 데 있다고 한다면, 후생행정 및 법무행정의 기저에 있는 아동관은 빈곤, 심신의 이상 또는 비행과 같은 문제 상황에 처한 아동을 주대상으로 하여 문제의 원인과는 별개로 그들을 숙명적으로 결핍된 아동으로 취급하고 낙인찍는다는 점에 문제가 있다.

이러한 일본 사회의 아동관도 역사적인 변화와 발전을 거치게 되는데, 최근에는 정상적인 아동만을 대상으로 삼았던 것에서 문제 상황에 처한 아동까지 대상을 확대하고 있으며, 학령기 아동에서 어린 영 · 유아와 어머니로, 마지막으로 청년기까지 확대되었다.

오가와 토시오(小川利夫, 1985)는 교육복지에 대하여 다음과 같이 말하고 있다.

> 본래 아동들을 온전하게 보살피는 것은 아동들의 인권으로서 복지와 교육의 권리를 지키는 것인데, 실제로는 복지라는 이름하에 아동들의 학

습과 교육의 권리가 경시되고, 교육이라는 이름하에 복지가 망각되어 왔다. 즉, 아동의 교육과 복지의 권리가 통일되지 않고, 사회복지, 특히 아동복지 서비스의 대상으로만 취급해 온 것이 현실이었다. 그러나 아동의 문제는 어른의 문제라는 인식을 바탕으로, 아동의 복지뿐만 아니라 부모를 위시한 어른의 복지와 교육, 즉 사회교육의 권리를 실현하고 보장하는 것이 필요하다.

이 장에서는 일본의 교육복지에 대한 기본적인 관점에 대하여 개괄하고, 아동 · 청소년복지를 중심으로 하는 교육복지 정책 및 전달 체계에 대하여 살펴보도록 하겠다. 그리고 마지막으로 일본의 교육복지로부터 우리가 얻을 수 있는 시사점에 대하여 논하고자 한다.

1) 교육과 복지의 관계

(1) 교육복지론의 원형

일본의 교육복지에 관한 두 가지 관점으로, 복지국가론적인 교육복지론과 이에 대한 비판적 인식론을 들 수 있다. 복지국가론적 교육복지론에서는 교육, 특히 의무교육과 사회복지와의 관계를, ① 교육이 일반적으로 무시한 자선사업적 단계, ② 빈곤 아동의 교육이 특별 취급되는 차별적인 사회사업적 단계, ③ 교육제도 중 사회복지적 기능을 도입하는 세 단계로 제시하고 있다.

오늘날 교육 현실은 새로운 차별과 소외를 불러오고 있는데, 경제적 빈곤과 인격적 차별, 발달장애와 같은 차별 문제가 더욱 심각해지고 있다. 다카하시와 마사노리(小川利夫, 高橋正教, 2001)는 이런 상황에서 교육복지를 실천하기 위해서는 인간의 해방과 자립이 필요하고, 여기에 발달과 연대에 대한 교육적 요구가 잠재해 있다는 점에 주목해야 한다고 지적하고 있다.

이러한 문제 상황과 인식은 오늘날 사회교육과 사회복지와의 관계에 있어

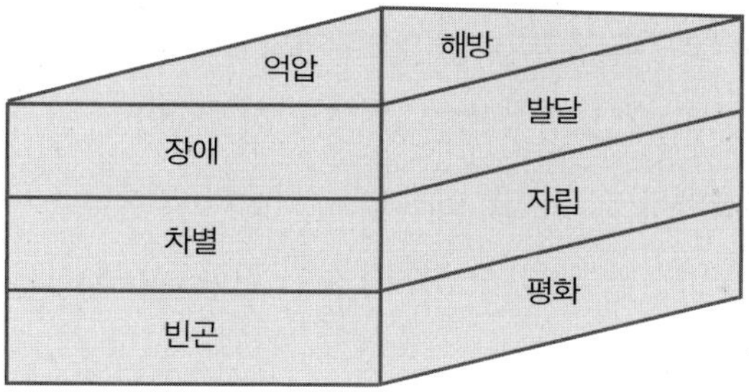

그림 5-1 현대 교육복지 문제의 기본 구조

출처: 小川利夫, 高橋正教(2001). p. 7.

한층 중요한 의미를 가진다. 역사적으로는 사회교육이 본래 사회문제에 대한 교육이며, 교화(教化)는 감화(感化)를 선행하는 것으로 인식되어 왔다. 또한 국가주의적인 입장에서 구빈(救貧) 문제를 사회교육으로 대신한다는 인식과 정책이 있었다. 한편으로는 교육적 사회사업 안에 아동과 학부모의 교육복지 문제를 통합하여 취급하고, 그것을 총칭하여 사회교육이라고 규정하는 입장도 있었다. 이러한 두 가지 입장이 오늘날 일본 교육복지론의 두 가지 원형을 낳았다. 여기서 현대의 사회교육과 사회복지의 중요한 관점과 과제가 대두되는데, 현대의 교육복지 문제의 구조와 과제를 도식화하면 [그림 5-1]과 같다.

현대사회의 교육복지를 둘러싼 여러 가지 문제는 어떤 것이든 현대를 살아가는 사람들의 결핍과 소외 그리고 그것으로부터의 해방에 관련된 문제다. 구체적으로는 빈곤, 차별, 장애라고 하는 세 가지 주요한 문제로 구분할 수 있다. 그중 빈곤은 경제적 차별, 차별은 인격적 차별, 장애는 심신의 발달 장애를 의미하는데, 현실에서는 이 세 가지가 상호 깊은 관련을 맺고 있다. 예를 들어, 개발도상국의 빈곤 문제는 평화의 문제와 불가분의 관계이며, 차별 문제는 계층, 성, 지역, 민족 등을 넘어선 인간의 인격적 자립과 자유의 문제로 다루어져야 한다. 더욱이 장애의 문제는 장애인뿐만 아니라 모든 인간의 인간적 발달과 보장의 문제임을 분명히 인식해야 한다.

(2) 교육과 복지의 갈등 상황

일본에서는 1970년대 이후 교육과 복지의 관련에 관한 논의가 다양한 입장에서 전개되어 왔는데, 그 배경에는 일본의 교육과 복지의 현실적 모순이 상존해 있다. 아동복지를 시작으로 하는 사회복지에 대한 국민적 요구가 높아지고 있음에도 현실에서는 교육 기회 확충과 보장에 필요한 조건 정비에 있어 발전과 모순이 공존하고 있는 것이 사실이다.

오가와 토시오(小川利夫, 1985) 등은 교육복지 문제를 교육과 복지 사이에 존재하는 깊은 골이자, 역사적 · 사회적으로 단절되고 외면받아 왔던 문제로 인식하고, 사회복지, 아동복지의 대상인 아동들이 교육받을 권리로서 학습권 보장을 주장하였다.

일본에서는 고도성장기에 들어서면서 경제성장 정책에 따른 핵가족화와 여성의 사회 진출 확대에 따라 이를 지원하기 위한 집단 보육을 확충하는 것이 대다수 국민의 문제가 되었다. 이는 아동복지에서 영 · 유아 보육의 확충과 수익자 부담, 조건 정비의 미비함 등의 문제로 이어지고, 다수의 보육소 시설과 시설 직원을 만들어 냄과 동시에 문부성 관할의 유치원과 후생성 관할의 보육소로 구분되어 있던 영 · 유아 보육기관의 유보 일원화(유치원과 보육소의 일원화)와 보육 일원화에 대한 강한 요구를 불러왔다.

또한 취학 아동 보육의 확대와 광범위한 제도화에 대한 요구의 배경에는 부모의 노동 욕구가 있다. 실질적으로는 아동의 방과 후 생활의 기반을 확보함으로써 아동의 인격을 보다 풍요롭게 하고, 발달을 충실히 해 가기 위한 것이기도 하다. 이것이 바로 복지와 교육의 요구가 중첩되어 존재하는 지점이다. 단, 아동의 방과 후 생활을 풍요롭게 하기 위해서는 맞벌이 가정의 아동뿐만 아니라 모든 아동을 대상으로 해야 한다. 즉, 학교 밖 교육과의 관련을 여러 각도에서 검토할 필요가 있다.

국민의 교육 요구가 증대하여 교육 기회를 확충하고, 조건을 정비해 감에 따라 발생하는 모순의 하나로 장애아의 취학과 학습권 보장의 문제가 있다. 일본은 1979년 특수학교 의무제 실시에 따라 기본적으로는 장애아의 취학권이 보장되었다. 그러나 현실에서는 교육행정을 포함한 교육 현장에서 많은 문제가 상존하고 있다.

구체적으로 교육위원회의 취학 지도 문제, 방문교육의 문제, 발달에 맞는 교육을 보장하는 실천의 문제, 복지시설과의 연대 문제 등과 더불어 교육 실천의 토대로서 장애아의 건강과 생활 보장의 문제도 있다. 이는 학교에서의 양호활동과 생활 지도만으로는 불충분하며, 의료와 복지 전문기관과의 연대가 필요한 부분이다. 장애아 교육 기회의 확충 요구는 의무교육뿐만 아니라 고등교육과 사회교육 분야에서도 교육과 복지, 의료 등이 함께 연대해야만 하는 상황을 부각할 수밖에 없다.

이 밖에 국민적 관심이 높아지고 있는 문제로 고령자 문제가 있다. 사회보장이 불충분한 일본에서 급속한 고령화 사회로의 진입과 노후 불안은 국민들을 무겁게 짓누르고 있다. 이는 고령자 자신의 생활 문제일 뿐만 아니라 그 가족의 생활 문제로서 국민적 과제로 부상하고 있다. 고령자 문제는 여성 문제라고도 할 수 있는데, 여성은 결혼하여 육아가 끝나면 시부모의 노후를 책임져야 하고, 부부의 노령화에 따라 남편의 노후를 돌봐야 하며, 그 후 자신의 노후를 고독하게 보내야만 하는 상황에 처하게 된다. 또 독거노인의 문제도 심각한 상황이다.

이렇게 불안한 노후를 살아가야 하는 노인 문제는 일본 사회 전체의 커다란 문제다. 노년기에 의욕적인 생활을 하기 위해서는 새로운 관계를 적극적으로 만들어 나가는 것이 반드시 필요하며, 인간은 죽을 때까지 성장한다는 인식하에 구체적으로 어디에서 어떤 방법으로 실현할 것인가에 대한 기회 보장과 실천이 선행되어야 한다.

교육과 복지는 국민들의 생활에서 무엇보다 절실하고 밀접한 것이기에 양자의 관련성에 대해서는 비교적 쉽게 논의가 이루어졌다. 양자의 관련성에 대한 관심은 교육과 복지 각각에 대한 실천적이고도 이론적인 발전의 발현이라고 볼 수 있다. 그러나 여기에 선행되어야 할 것은 교육과 복지 각각에 대한 본질적인 이해와 종합적인 보장이다.

2) 교육과 복지의 관련성

교육과 복지, 양자의 관계에 대해서는 교육의 복지적 기능과 과제, 복지의 교육적 기능과 과제, 교육과 복지의 통합이라는 세 가지 측면에서 살펴볼 수 있다.

(1) 교육의 복지적 기능과 과제

현대사회는 아동의 인격이 형성되는 가정과 가족 및 지역사회가 점차 사라져 가는 가운데 가정 및 지역사회가 본래 가지고 있는 복지적 기능을 학교 교육에서 혹은 학교 교육을 거점으로 풍요롭게 할 것을 요구하고 있다. 인간 형성의 기반으로서 복지의 기능에 대한 인식을 새롭게 다지고, 아동들의 생활과 인격을 풍요롭게 하는 것을 자신들의 과제로 자각하는 것이 오늘날 학교 교육에서 필요하다.

교육의 복지적 기능에 대한 관점은 장애아 교육의 확대로 지금까지 취학유예, 면제 등의 형태로 학교 교육을 받지 못했던 중증장애 아동의 취학을 가능하게 하였다. 학교 현장에서 식사 보조뿐만 아니라 화장실 이용까지 교사가 도움을 주어야만 하는 중증장애 아동의 취학은 교육활동에 관한 기존의 관념을 무너뜨리지 않으면 안 되었다. 한편 학교 교육을 받게 된 장애아동이 교사의 도움과 친구들과의 관계를 통해 살아갈 힘을 얻는 것을 보면서 교육을 받는 것이 생존권의 보장과 연결되어 있음을 실감하는 부모가 많아지고 있다고 한다.

따라서 복지적 기능을 교육 실천에 도입함과 동시에 교육을 받을 권리, 즉 학습권의 보장이 생존권 보장에 있어 핵심적인 위치를 차지한다는 인권 보장에 대한 기본적인 인식을 다지는 것이 필요하다.

학교 교육과 평생교육이 그 안에 내재된 복지적 기능을 자각하여 실생활과 교육과의 실천적 결합에 보다 현실적으로 접근함으로써 교육의 본래 역할에 대한 이해를 심화시켜 가는 것이 중요하다.

(2) 복지의 교육적 기능과 과제

일본에서는 중증장애아의 경우, 보호시설 입소의 전제 조건으로 취학을 유예 · 면제함으로써 이들을 학교 교육으로부터 격리시켜 복지의 대상으로만 취급해 왔었다. 그런데 1970년대에 들어서 양호(특수)학교 의무제 실시로, 이들에게 학교 교육을 받을 권리를 보장함으로써 본래 이들이 누려야 했던 권리를 되찾게 한 것은 획기적인 일이었다. 이는 교육과 복지가 각각의 기능을 명확히 하면서도 양자의 관련에 대한 검토를 진전시켜 새로운 단계를 맞이하게 되었다는 점에서 중요하다.

복지의 역할과 기능은 우선 복지의 대상이자 권리를 가진 주체의 생존권을 보장하는 것이다. 그 중심에는 경제적 · 물질적 · 물리적 생활 조건의 보장이 있다. 그러나 물리적 · 경제적 보장만으로는 인간의 생존권을 보장한다고 할 수 없다. 그것은 장애아의 경우 명백하게 나타나는데, 이들의 인간다운 생존을 위한 성장과 발달의 동기를 이끌어 내는 것이 중요하다. 개인이 건강하고 문화적인 생활을 영위하기 위해서는 의식적으로 생활을 바람직한 방향으로 이끌어 나가려는 노력이 필요하다. 여기에 교육의 역할이 있다.

복지사업은 이러한 노력을 원조하는 기능, 즉 국민이 자신의 생활을 보다 건강하고 문화적인 것으로 이끌기 위한 역량을 축적하고 극대화하게 된다. 복지 업무는 바람직한 인간 형성에 의도적으로 관여하는 기능을 해야 한다. 이것이 복지 업무가 본래 지니는 교육적 기능이며, 사회복지와 관련된 모든 업무와 활동에서 의식적으로 추구해야만 하는 것이다.

또한 일본의 사회복지 분야에서는 전문적인 업무를 상당 부분 자원봉사자가 담당하고 있다. 자원봉사 활동은 정책적으로도 국민의 관심을 받고 있으며, 자원봉사자 양성과 자원봉사센터의 설치 등이 진전되고 있다. 자원봉사 활동은 타인과 연대함으로써 사회적인 시야를 넓히고, 사회에서 자신의 존재 가치에 대한 의식을 높이며, 인간적으로 풍부한 역량을 기르는 것을 목표로 하는 자기교육 역할을 한다. 따라서 복지와 관련된 자원봉사 활동이 인간 형성, 인간적 연대의 의식적 추구라는 교육적 기능을 한다고 할 수 있다.

(3) 교육과 복지의 통합

교육이란 바람직한 인간 형성이라는 목적을 향해 가는 의도적인 활동이며, 복지는 건강하고 문화적인 생활을 영위하기 위한 사회적 조건과 기반을 구축해 가는 활동이다. 교육이 인간 형성에 지대한 영향력을 미치지만, 인간 형성에 영향을 미치는 것이 교육만은 아니다. 천부적인 소질 역시 중요하며, 태어나고 자란 환경도 무시할 수 없다. 그러나 현대사회에서는 무엇보다도 사회 환경이 지닌 영향력이 절대적이다. 특히, 인간은 외부 환경과의 적극적인 관계를 통해 자신의 내면에 인간으로서의 역량을 축적해 나간다. 따라서 인간 형성에서 보다 중요한 것은 한 인간이 자신을 둘러싼 사회와 어떻게 관계를 맺는가, 즉 어떤 사회적 생활을 영위해 나가느냐 하는 것이다.

바람직한 인간 형성에 커다란 영향력을 미치는 교육 행위는 기반이 되는 여러 조건, 즉 사회 환경과 그것과의 관련성, 가정을 포함하여 어떠한 사회적 생활을 영위하도록 보장해야 하는가를 고심해야 한다. 학교 교육에서 실생활과 교육의 결합을 추구하고, 사회 교육에서도 실생활에 접한 문화적 교양을 쌓아 가는 환경을 조성하려는 노력은 교육의 입장에서는 당연한 것이다. 여기서 교육은 필연적으로 복지와 관련을 맺지 않을 수 없다.

교육과 복지는 양자 내부에 상호 중첩되는 기능을 갖고 있지만, 기본적으로는 독자적 영역과 사회적 역할을 가지고 있음을 명하고 있다. 일본「헌법」에서 교육과 복지는 각각의 체계와 기능을 갖고 있음을 명시하고 있다. 교육은「교육기본법」「학교교육법」「사회교육법」등을 기반으로 문부성과 교육위원회에서 조건 정비를 하고 있으며, 학교, 사회교육시설과 관련된 사업을 담당한다. 복지는「생활보호법」「아동복지법」「신체장애인복지법」등에 따라 후생성, 지방자치체 담당 행정이 사업을 실시하고 있다.

교육과 복지가 각각의 본래적인 기능을 더욱 발전시킴으로써 교육은 복지적 기능을, 복지는 교육적 기능을 보다 풍요롭게 할 수 있다. 교육과 복지는 각각의 내부에 서로의 기능을 가지면서도 제도로서는 독자적인 역할을 담당하며 발전해 왔다. 따라서 교육과 복지가 각각 본연의 가치를 발전시키면서 양자를 통일적으로 보장하기 위한 존재 방식을 실천적, 제도적으로 명확하게 하는 것이 필요하다.

2. 아동 · 청소년 복지정책[1]

1) 아동복지법

일본 정부는 1989년 출산율이 1.57을 기록함에 따라 저출산 요인을 분석하고, 아동이 건강하게 자랄 수 있는 사회, 마음 놓고 자녀를 양육할 수 있는 사회에 대한 필요성을 인식하게 되었다. 정부는 자녀 양육이 부모와 가정만의 일이 아닌 국가와 지방정부, 기업과 지역사회의 역할이기도 하다는 관점에서 자녀 양육 지원에 대한 사회적 구축을 위한 대책을 수립하기 시작했다.

이러한 배경에서 1994년 12월 문부성, 후생성, 노동성, 건설성이 합의하여

1) 이 글은 김경준 등(2005)과 이혜원(2006)을 참고로 재구성하였음.

'향후 자녀 양육 지원 시책의 기본 방향에 관하여'(이하 '엔젤플랜'이라 칭함)를 책정하였다. 이는 출산과 양육을 안심하고 할 수 있는 환경을 구축하고, 아동의 권익을 최대한 존중할 수 있도록 하는 것이다. 중점적인 추진 사업은, ① 자녀 양육과 사회생활의 양립 지원(육아휴업제도의 충실, 보육체계의 다양화), ② 지역 내 자녀 양육 지원(지역사회 모자보건 의료체계, 양육지원센터 확충), ③ 자녀 양육을 위한 주택 공급 등 인생 주기에 따른 생활환경의 정비, ④ 자녀 양육 경비 및 가계 부담 경감이다.

1994년에는 당면한 긴급 보육 대책 등을 추진하기 위한 5개년 사업을 수립하여 이를 기초로 영 · 유아 보육을 시행하였다. 그러나 아동과 가정을 둘러싼 환경의 변화, 가정과 지역사회의 양육 기능의 저하로 인한 아동 학대와 등교 거부, 학업 중단 등 아동을 둘러싼 다양한 문제가 급증하면서 기존의 엔젤플랜과 같은 정책만으로는 한계를 느낀 일본 정부는 1997년 50년 만에 「아동복지법」을 대폭 개정하였다. 개정된 주요 내용은 ① 보육소(어린이집)를 보호자가 희망하는 곳으로 선택할 수 있는 시스템 도입, ② 시설 입소 아동의 개별적 자립을 지원하기 위한 입소시설의 기능과 명칭의 변경, ③ 모자가정의 자립 지원을 위한 고용정책 확충, ④ 2006년 「아동수당법」을 개정하여 지급 대상 아동을 취학 전 아동까지 확대하는 것 등이다.

2) 아동 · 청소년 복지 서비스 전달체계

(1) 중앙정부(이하 '국가')와 지방정부

일본의 「아동복지법」 제2조는 국가 및 지방자치단체가 아동의 보호자와 함께 아동을 건강하게 양육할 책임이 있다고 명시하고 있다. 이는 아동복지에 대한 책임이 보호자에게만 있는 것이 아니라, 국가와 지방자치단체에도 있음을 의미한다. 즉, 보호자가 아동을 건강하게 양육할 책임을 다하는 것이 어려울 경우, 국가 및 지방자치단체가 필요한 자원을 제공하거나 보호자를 대신하여 직접 아동을 보호하고 양육하여야 한다.

국가는 아동과 가정의 복지행정 전반에 관한 기획, 조정, 감사, 예산 등을 담당하는 행정기구인 후생노동성에 아동복지를 담당하는 아동가정국을 두어 국가의 고용 균등과 아동복지에 관한 업무를 분장하고 있다.

도도부현은 시정촌(시 · 군 · 구)을 포함하는 광역 지방 공공단체로서 광역에 걸친 사업, 전국적으로 통일된 사업과 행정, 시정촌에 대한 연락과 조정을 담당하는 기관이다. 아동복지 사업으로는 도도부현 내의 아동복지 사업의 기획, 예산 배정, 아동복지시설 인가 및 지도감독, 아동상담소, 사회복지사무소, 보건소의 설치 · 운영, 시정촌에 대한 원조 등을 실시하고 있다.

시정촌은 기초지방자치단체로서 지역사회 주민에 밀착된 행정 업무를 수행하고 있으며, 아동복지 관련 업무로는 어린이집 등 아동복지시설의 설치와 보육, 영 · 유아의 정기 건강검진, 아동복지에 관한 실태 파악과 정보 제공, 상담 업무 등을 실시하고 있다. 일본에서는 2003년 「아동복지법」 개정에 따라 각종 자녀 양육 지원 사업이 시정촌의 업무로 법제화되고, 2004년 동법이 개정됨에 따라 시정촌이 지역사회 아동에 대한 상담의 기본 창구로서 그 역할이 부각되었다.

(2) 심의 기관

일본의 「아동복지법」 제8조에서는 도도부현, 지정도시가 아동복지정책에 관한 지역사회의 의견을 수렴하기 위해 도도부현, 지정도시 심의회를 설치할 것을 의무화하고 있다. 또한 시정촌도 시정촌 아동복지심의회를 설치할 수 있고, 도도부현 지사, 지정도시의 장, 시정촌장이 각각 심의회를 관리하며, 아동 및 임산부 복지에 관한 자문 등의 역할을 수행한다.

중앙정부 차원에서는 기존의 중앙아동복지심의회가 2001년 1월부터 사회보장심의회에 통합되어 아동복지를 포함한 사회보장 전체의 주요 사항에 대해 심의하고 있다. 특히, 중앙아동복지심의회는 필요한 경우 사회보장심의회와 협력하고, 자료를 공유하는 등 긴밀한 관계를 맺고 있다. 아동복지심의회는 특별한 사항을 조사 및 심의할 필요가 있을 때 위원 외에 임시위원을 둘 수 있으며, 도도부현 지사 혹은 시정촌장이 임명한다.

(3) 아동상담소

아동상담소는 「아동복지법」에 기초한 행정기관으로서 각 도도부현 및 지정도시에 설치를 의무화하고 있으며, 가정으로부터 상담을 의뢰받아 전문적으로 개입함으로써 아동의 복지와 권리를 보장하는 것을 목적으로 한다. 아동상담소의 운영은 2000년 「아동학대 방지 등에 관한 법률」(「아동학대방지법」)에 근거한 아동상담소 운영 지침을 따르고 있다.

주요 업무는 아동 문제 상담, 조사 및 의료적 · 심리적 · 교육적 · 사회적 · 정신보건적 판정, 아동의 일시 보호, 시설 입소 등의 조치, 지자체에 대한 조언 등이다. 상담 업무는, ① 상담의 접수, ② 조사 · 진단과 판정, ③ 개입 절차를 통해 이루어진다. 아동상담소에서 실시하는 상담의 유형은 크게 요보호 아동의 시설 입소, 가정위탁 상담, 보건 문제 상담, 장애 관련 상담, 비행 문제 상담, 양육 관련 상담 등이다.

(4) 기초자치단체(시정촌)

일본에서는 지역사회의 붕괴와 저출산 현상으로 가정과 지역사회의 자녀 양육 기능이 약화됨에 따라 지역사회 내 네트워크를 기반으로 하는 자녀 양육 지원체제의 구축이 중요한 과제가 되고 있다. 이에 따라 2003년 「차세대 육성지원대책추진법」이 제정되고, 「아동복지법」이 개정되면서 지역사회의 양육지원센터 사업과 양육 지원을 위한 지역사회 조직, 방과 후 아동건전육성 사업, 자녀양육 단기지원 사업, 일시보육 사업, 특수보육 사업 등 다양한 자녀 양육 지원사업이 시정촌(우리나라의 시 · 군 · 구에 해당)의 업무로 법제화되었다. 이에 따라 시정촌은 자녀 양육을 지원하는 종합 코디네이터로서

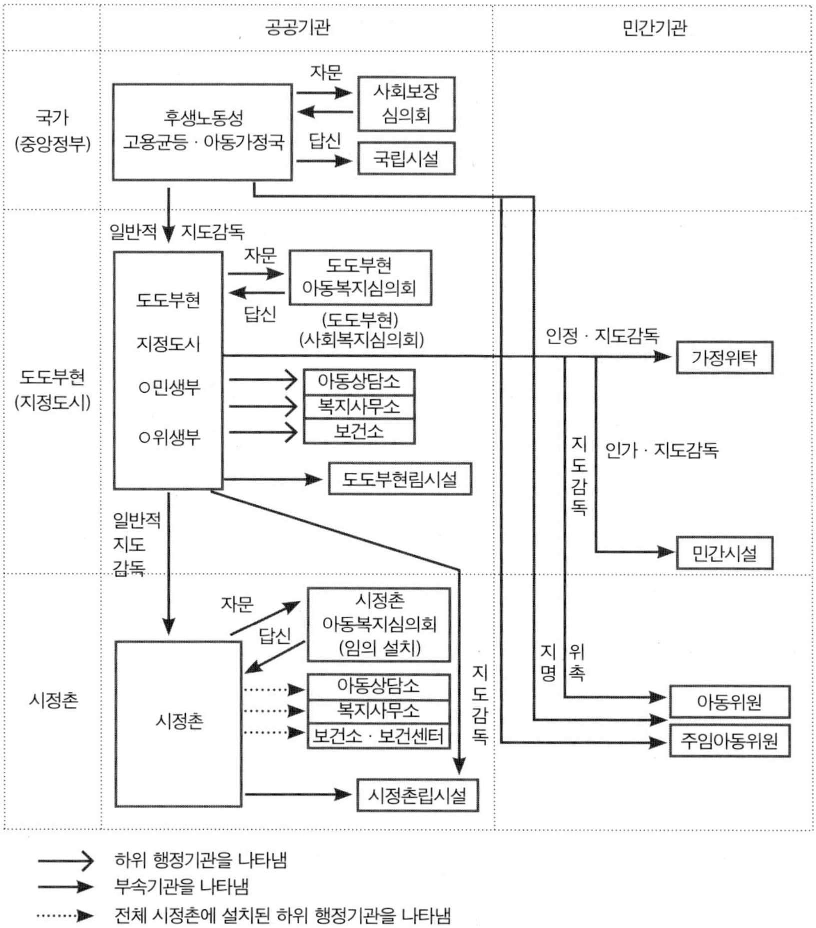

그림 5-2 일본의 아동복지 서비스 전달체계

출처: 新社會福祉學習叢書編纂委員會編(2000). p. 53 일부 수정; 이혜원(2006). p. 488 재인용.

보호자에 대한 각종 상담과 자녀 양육 지원 서비스의 알선 · 조정, 자녀 양육 지원사업자에 대한 감독을 하게 되었다.

2004년 「아동복지법」의 개정에 따라 기존의 아동상담소 전담 업무였던 아동상담 업무가 개편되었다. 이에 따라 시정촌이 일차적 상담 창구로서의 역할을 담당하고, 아동상담소는 전문적인 개입과 사법적 대응이 필요한 사례를 전담하도록 업무를 분담하였다.

(5) 아동위원과 주임아동위원

아동위원은 시정촌 구역 내 아동 · 가정복지를 담당하는 민간 자원봉사자로서 후생노동성에서 위촉한다. 「아동복지법」 제12조에서 규정하고 있는 아동위원의 직무는 ① 아동 · 임산부의 생활 실태와 환경을 파악하고, ② 복지서비스에 관한 정보와 원조 제공, ③ 아동 · 임산부의 복지 사업과 활동 지원, ④ 아동복지사 · 사회교육주사에 대한 협력 등이며, 이러한 활동을 통해 지역사회복지에 기여하고 있다.

또한 저출산화에 따라 안심하고 자녀를 낳아 기를 수 있는 환경 만들기가 사회적 과제로 대두되면서 지역사회의 자녀 양육 지원활동에 대한 기대에 부응하기 위해 1994년부터 주임아동위원을 새롭게 배치하였다. 주임아동위원은 아동위원 중 구역을 담당하지 않고 아동복지에 관한 사항을 전문적으로 담당하는 아동위원으로서 종래 구역을 담당하는 아동위원과 협력하여 활동을 전개하고 있다.

3) 아동 · 청소년 복지정책 및 프로그램의 특성

근대 초기에 일본은 서유럽의 영향을 받아 아동 · 청소년 복지정책의 토대를 마련했는데, 초기에는 빈곤, 장애, 불량 청소년 등 선별적인 대상에 대한 보호, 구제, 감화(感化) 사업, 의료 지원 등의 정책을 시행하였다. 그러나 점차 이러한 소극적인 단계를 넘어 일반 청소년을 대상으로 하여 복지를 확대해 오고 있다.

최근 급증하는 집단 따돌림이나 은둔형 외톨이와 같은 학교 부적응 문제 등에도 적극적으로 대응하는 움직임을 보이고 있다. 어려운 상황에 처한 청소년들에 대해서는 문제의 예방과 조기 파악에 관심을 기울이고 있으며, 부모들의 취업 지원 등 가정에까지 영역을 확대하여 적극적으로 대처하고 있다. 또한 정부 주도의 복지정책에서 탈피하여 민간단체와의 연계 · 협력을 강화해 복지 문제를 국민운동 차원으로 확산시키는 움직임을 보이고 있다.

일본의 청소년 복지정책 대상을 일반 청소년, 빈곤 청소년, 비행 청소년, 학교 부적응 청소년, 장애 청소년으로 구분하여 각 복지정책의 특징을 살펴보면 다음과 같다

일반 청소년 복지정책은 청소년의 건전 육성을 목표로 내각부가 중심이 되어 여러 행정기관이 연계하고 있으며, 청소년 보호와 비행 방지 차원을 강조한다. 또한 최근의 저출산 경향에 대한 원인 분석과 대응에 관한 '청소년 · 육아 응원 플랜'과 유엔 아동권리조약의 이행을 위한 청소년 인권보호 프로그램도 활발하게 전개하고 있다.

빈곤 청소년 대책으로는 생활보호 대상자, 요보호 대상자, 한부모가정 청소년 등을 대상으로 하는 생활 지원, 취학 지원, 보호시설의 제공 및 상담활동 지원 등이 있다. 최근에는 보호자들의 취업 지원, 고등학교 중퇴자를 위한 취업 지원 등 자립 지원 프로그램을 확대함으로써 복지정책이 보호 차원에 그치지 않고 자립으로 이어질 수 있도록 영역을 확대해 가는 경향이다.

비행 청소년에 대해서는 청소년 범죄가 점차 심각해지고, 범죄 연령이 하향화 추세를 보임에 따라 법무성을 중심으로 엄중히 대처하고 있다. 법무성은 민간단체와 연계하여 비행 청소년의 갱생보호, 상담, 자립 지원 등의 프로그램을 마련하고, 비행 방지 및 청소년의 인권 보호와 건전 육성에 저해되는 사안에 대한 집중 단속을 실시하고 있다.

학교 부적응 청소년 문제가 심각해짐에 따라 일본 정부는 청소년 복지정책 차원에서 대책을 마련하고 있다. 특히, 집단 따돌림, 교내 폭력을 조기에 파악하고 방지하는 정책에 비중을 두고 있으며, 피해 학생에 대해서는 상담활동 등의 대응책을 마련하였다. 등교 거부, 은둔형 외톨이와 같은 학생들에

게는 '적응지원교실' 등의 프로그램을 통해 학교로의 복귀와 사회적 자립을 지원하고 있다.

장애 청소년의 경우 후생노동성과 문부과학성이 연계하여 시설 지원, 의료 지원, 상담 지원과 같은 특별 지원 교육을 제공하고, 장애 청소년들이 일반 청소년들과 함께하는 공동학습 프로그램도 진행하고 있다. 또한 장애 청소년들을 위한 복지 서비스의 일환으로 재택 서비스를 이용할 수 있는 정책도 강구하고 있다.

3. 아동 · 청소년 복지 사업 현황

일본의 아동 · 청소년 복지 사업 현황을 대상별로 구분하여 일반 청소년, 빈곤 청소년, 비행 청소년, 학교 부적응 청소년, 장애 청소년의 다섯 가지 영역에서 살펴보면 다음과 같다.

1) 일반 청소년

(1) 청소년육성추진본부 설치

일본 정부의 내각부, 문부과학성, 후생노동성, 법무성은 2003년 6월 내각 총리대신을 본부장으로 하고, 각 각료를 구성 원로로 하는 '청소년육성추진본부'를 설치하였으며, 청소년 육성 및 저출산 대책을 담당하는 내각부 특명 담당장관을 두었다. 이렇게 설치된 청소년육성추진본부의 주도로 청소년을 건전하게 육성하고자 가정, 학교, 직장, 지역 등 청소년을 둘러싼 생활 영역 전반에 걸쳐 보건, 복지, 교육, 노동, 비행 대책 등을 수립 및 집행하고 있다. 2003년 12월에는 '청소년 육성시책 대강'을 마련하고, 이에 근거하여 청소년 육성책을 추진하고 있다. 또한 지방에서는 청소년육성행정구역민의회가 주체가 되어 청소년육성국민운동을 추진하고, 청소년육성국민운동 추진 지도원의 양성, 추진원의 설치, 강연 · 발표 · 토론 등을 통한 청소년 육성 지방대회, 각종 이벤트 개최, 계몽 · 홍보 자료의 작성 등 각 지역 실정에 맞는 사업을 실시하고 있다.

한편 내각부에서는 지방공공단체와 민간단체와의 협력을 통해 청소년과 함께하는 청소년육성정책을 마련하고 있는데, 그 일환으로 2002년 4월부터 '청소년 전자모니터'를 모집하고 있다. 이는 청소년에게 정보를 공개하고, 그들의 의견과 요구 등을 청취하는 통로를 마련함으로써 청소년 정책에 당사자들의 의견을 적극 수렴하고자 하는 취지를 반영하는 것이다.

(2) 청소년 · 육아 응원 플랜 수립

일본 정부는 저출산화에 따른 문제점을 해결하기 위해 2004년 6월 '저출산 사회 대책 대강'을 각의 결정하고, 그 중점 시책을 구체적으로 실현하기 위하여 '청소년 · 육아 응원 플랜'을 계획하였다. 이 플랜은 ① 청년의 자립과 건강한 청소년의 육성, ② 일과 가정의 양립을 위한 지원, ③ 생명의 소중함과 가정의 역할에 대한 이해, ④ 육아에 대한 새로운 지원과 연계라는 네 가지 중점 과제를 추진하고 있다.

(3) 아동권리에 관한 조약 실시

일본은 '유엔 아동권리에 관한 조약'의 체약국으로서 조약의 이행을 위해 노력하고 있다. 이 조약의 체약국은 조약의 실시 상황에 대해 정기적으로 보고할 의무가 있으며, 전문가로 구성된 아동권리위원회가 체약국이 제출한 보고를 심사하고 있다. 일본 정부는 2001년 11월 제2회 정부 보고서를 제출하고, 2004년 국제연합(UN)의 심사를 거쳐 최종 견해가 채택된 이후 내각부, 외무서 및 각 부처가 연계하며, 시민사회의 의견을 수렴하는 등 다양한 노력을 기울이고 있다. 또한 '아동권리에 관한 조약'을 보완한 '무력 분쟁에서 아동권리에 관한 조약의 선택의정서' 및 '아동 매매, 아동 매춘 및 아동 포르노에 관한 아동권리 조약의 선택의정서'를 체결하였다

2) 빈곤 청소년

(1) 생활보호 대상 청소년

일본은 후생노동성과 문부과학성이 중심이 되어 생활보호 대상 청소년의 생활 지원과 취학 지원을 실시하고 있다. 생활보호제도는 경제적으로 곤란한 사람들이 최저한도의 문화적인 생활을 건강하게 영위할 수 있도록 보장함과 동시에 자립을 지원하는 것을 목적으로 한다. 이에 따라 2005년 4월부터 고등학교 취학 비용의 보조금을 지급하기 시작했으며, 시 · 군 · 읍 단위에서는 초 · 중등학교 취학연령 청소년의 보호자들에게 학용품 등을 지급하

표 5-1 일본의 생활보호 대상자 가정의 교육부조(초 · 중등학교)

단위: 엔

항 목	시 기	소학교(초등학교)	중학교	비 고
기준액	매월	2,150	4,180	
학급비 등	매월	600	770	
교재 구입비		(상당액)	(상당액)	일반적으로 우선 보호자가 부담하고, 추후 지급
학교 급식비	매월	(상당액)	(상당액)	요코하마의 경우, 급식은 소학교만 지급, 월 4,000
체험활동 참가비		(상당액)	(상당액)	일반적으로 우선 보호자가 부담하고, 추후 지급
통학 교통비		(상당액)	(상당액)	
학습 지원비	매월	2,560	4,330	
입학 준비 지원금		39,500 이내	46,100 이내	
소학교 4년생 피복비		12,700 이내		

출처: 일본「생활보호법」(2012) 제13조.

표 5-2 일본의 생활보호 대상자 가정의 교육부조(고등학교) 단위: 엔

항 목	시 기	고등학교	비 고
기준액	매월	5,300	
학급비 등	매월	1,700	
교재 구입비		(상당액)	
수업료	매월	공립학교 수업료 상당액	현재 일본은 모든 공립 고등학교 수업료가 면제됨
입학금	입학 시	공립학교는 면제	전일제 5,650, 현립정시제 2,100, 시립정시제 1,200
입학고사 전형료	수험 전	공립학교는 면제	전일제 2,200, 현립정시제 950, 시립정시제 650
통학 교통비		(상당액)	
학습 지원비	매월	5,010	
입학 준비금		61,400 이내	

출처: 일본 「생활보호법」(2012) 제17조.

고, 진학을 희망하는 청소년에 대한 장학금 지원 혜택도 마련하고 있다.

(2) 요보호 청소년

일본 정부는 보호자가 없거나 적절한 보호를 받을 수 없는 청소년이 건강하게 성장할 수 있도록 다음과 같은 정책적 지원, 즉 ① 청소년 보호를 위한 지원 단위의 소규모화를 추진하고, ② 보호시설인 '아동 양호시설' 등의 시설 개선과 처우 개선, ③ 양부모제도에 대한 지원체제 강화와 보급 등을 통해 가정적인 환경에서 청소년이 양육될 수 있도록 지원활동을 전개하고 있다.

(3) 한부모가정 청소년

2003년 개정된 「모자(母子) 및 과부 복지법」과 「한부모가정 모의 취업지원에 관한 특별조치법」에 근거하여 모자 가정을 지원하고 있다. 그 내용으로는, ① 육아 단기 지원 사업, 육아와 생활 지원, ② 한부모가정 등의 취업 · 자립 지원센터 사업, 한부모가정 자립 지원 급부금 등의 취업 지원, ③ 양육비의 확보, ④ 아동부양수당 지급, 대부금 확충 등의 경제적 지원을 제공하는 등 종합적인 대책을 수립하고 있다. 이 밖에 공적연금제도는 가장이 사망하게 되면 가족에게 유족연금을 지급함으로써 생계를 이어 가도록 보조하고 있다.

3) 비행 청소년

(1) 정부 차원의 비행 청소년 대책

일본 정부는 나날이 심각해져 가는 청소년 비행 문제에 대처하기 위해 청소년육성추진본부에 '청소년 비행 대책 과장회의'를 설치하고, 관계 행정기관과 연계하여 청소년 비행 대책을 마련하고 있다. 법무성은 '청소년 육성시책 대강'에 입각하여 청소년 비행에 대처하기 위한 소년법 등의 일부를 개정한 법률안을 국회에 제출하였다. 이 법률안은 ① 촉법 소년 및 우범 청소년에 관계된 사건에 관하여 조사 절차를 정비하고, ② 14세 미만의 청소년에 대하여 가정법원이 필요하다고 인정한 경우에 한하여 소년원 송치 처분을 받을 수 있으며, ③ 보호관찰에 처분된 자가 준수 사항을 지키지 않을 경우 등에 관한 규정을 정비함과 동시에 소년원 및 보호관찰소의 장이 보호처분 중의 소년의 보호자에 대하여 지도 및 조언을 할 수 있으며, ④ 법원의 판단에 의한 국선 참석자를 추가하는 제도를 신설할 것을 내용으로 하고 있다. 이는 날로 심각한 양상을 보이는 청소년 비행과 범죄 연령의 하향화에 따라 법무성이 좀 더 적극적이고 엄정하게 대처하기 위한 조치라고 할 수 있다.

법률적인 방안 외에도 지역사회에서는 지역사회 실정에 맞는 비행 방지 활동으로 비행 방지 교실이나 약물남용 방지 교실 운영, 가두선도 활동의 강화, 서포트팀 조성과 추진 등의 활동을 전개하고 있다. 이는 비행 방지 대책 추진에 가정, 학교, 지역사회가 더욱 긴밀한 연계를 맺어야 한다는 인식에서 출발한 것이다. 이 밖에도 관계 행정기관에서는 청소년 비행 종합방안을 수립하기 위해 선진 사례를 조사 · 연구하며, 정보를 제공하고 있다.

(2) 민간 자원봉사 단체와의 연계

비행 청소년의 갱생을 위해서는 청소년을 둘러싼 지역사회의 전반적인 이해와 협력이 필요하다는 인식하에 정부의 각 분야와 지역의 봉사 단체가 협력하고 있다. 법무성은 '사회를 밝게 하는 운동'을 주도하여 국민 개개인의 이해와 협력을 촉구하고 있으며, 비행 청소년의 갱생보호와 관련된 자원봉사 단체로는 보호사(1950년에 보호사법에 의거하여 법무장관으로부터 위촉된 비상근 · 무급의 국가공무원. 보호관찰, 환경 조정, 지역사회의 비행 방지 활동을 하는 사람으로 지역사회에서 신망이 두터운 사람으로 법무장관이 정한 보호구마다 배속되어 지역 사정에 맞는 활동을 전개함) 갱생보호시설, 갱생보호여성회, BBS(Big Brothers and Sisters movement, 비행 청소년이나 비행의 우려가 있는 청소년의 친구가 되어 갱생을 격려할 수 있도록 하는 '좋은 친구' 활동을 하고 있으며, 비행 방지를 위한 다양한 활동에 종사하는 청년 봉사 단체), 협력 고용주 등이 있다. 법무성에서는 이러한 민간단체의 활동을 지원함과 동시에 연수를 통해 활동의 내실화를 도모하고 있다.

(3) 청소년 인권 침해와 관련한 범죄 대책

① 인신매매 대책

청소년을 대상으로 하는 성매매나 장기 매매를 목적으로 하는 인신매매는 심각한 육체적 · 정신적 위해를 미치는 강력한 인권 침해로 간주하고, 신속 · 정확한 대처를 위해 다양한 정책을 마련하였다. 일본 정부는 2004년 4월 '인신매매 대책에 관한 관계 성 · 청 연락회의'를 내각에 설치하였고, 12월 동 회의에서 인신매매 방지 및 박멸, 피해자 보호 대책으로 '인신거래 대책 행동계획'을 마련하였다.

또한 '인신거래 대책 행동계획'을 전 각료를 구성원으로 한 '범죄 대책 각료회의'에 보고하여 행동계획에 포함된 시책을 정부 차원에서 꾸준히 추진할 것을 확인하였다.

② 아동 매춘 · 아동 포르노법 위반 대책

1999년 제정된 「아동 매춘 · 아동 포르노법」 위반이나 「아동복지법」 위반 등은 청소년의 심신에 유해한 영향을 미치고, 건전 육성을 저해하는 심각한 범죄로 간주하고, 적극적인 단속과 피해 청소년 보호에 노력하고 있다.

또한 최근 급증하고 있는 인터넷 이성 만남 주선 사업으로 인한 범죄로부터 청소년을 보호하기 위해 「청소년의 인터넷 이성 만남을 방지하기 위한 조치 등을 정한 법률」(2003)을 제정하여 시행하고 있다. 이같이 일본 정부는 「아동복지법」 위반, 「아동 매춘 · 아동 포르노법」 위반 등 청소년의 복지를 저해하는 범죄에 대해 적극적이고 엄중한 처벌로 대처하고 있다.

③ 피해 상담 및 지원

인권 침해 피해 청소년에 대한 후속 조치로서 상담 또는 보호를 위한 지원 대책도 함께 실시하고 있다. 아동상담소에서는 아동의 심신 상태, 가정환경, 생활환경 등을 종합적으로 조사 · 판정하여, ① 계속적 카운슬링 실시, ② 필요한 경우 일시적 보호 실시, ③ 종합적 판정에 따른 아동양호시설, 정서치료시설, 아동자립지원시설 등의 입소 조치, ④ 의료기관 알선 등의 조치를 취한다. 이처럼 아동상담소는 상담활동을 통해 피해 청소년의 회복과 정상적인 생활로의 복귀를 돕고 있다.

4) 학교 부적응 청소년

(1) 집단 따돌림 · 교내 폭력

학교생활을 둘러싼 집단 따돌림과 폭력 행위 등이 점차 수위를 높여 감에 따라 일본 정부에서는 학교에서의 생활 지도와 상담체제를 충실히 하는 것과 더불어 초 · 중등학교의 출석정지제도를 적절히 운영하고 있다. 동시에 문제 청소년에 대해서는 학교와 관계 기관이 연계하여 서포트팀을 구성하는 등 지역에서의 지원체제 구축을 적극 추진 중이다.

한편 경찰은 소년상담 활동이나 학교와의 정보 교환 등을 통해 집단 따돌림을 조기에 파악하여 적극적이고도 정확한 사안 처리를 위해 노력하고 있다. 또한 피해자나 가해자 등 관련자들의 사생활을 보호하고 배려하면서 원인과 실태 등의 정보를 관련자에게 제공하는 등 집단 따돌림의 해결 및 재발 방지를 도모하고 있다. 교내 폭력 사건에 대해서는 학교와의 연계를 강화하여 조기에 사건을 파악하고, 심각한 사안에 대해서는 엄정하게 대처하고 있다.

일본 정부는 구체적인 학생복지정책의 일환으로 집단 따돌림이나 폭력에 대한 강한 의식교육과 같은 사전 예방교육을 강조한다. 문부과학성은 교육위원회를 통해 집단 따돌림의 가해 학생을 엄격하게 지도하고, 피해 학생에 대해서는 밀착된 상담과 지도를 실시하고 있다. 구체적으로 학생들의 윤리의식 제고, 가정 · 학교 · 지역의 연계 추진, 즐거운 학교 분위기 조성, 교사의 자질과 능력 향상, 교육상담 체제의 충실화와 같은 대처 방안을 마련하고 있다. 특별히 피해 학생에 대해서는 성격, 환경, 사건의 원인, 피해의 정도, 보호자의 감호 능력 등을 판단하여 소년서포트센터와 연계하면서 계속적인 카운슬링을 실시한다.

법무성의 인권옹호기관은 집단 따돌림을 인권 침해 사건으로 취급하고, 집단 따돌림이 일어난 경우 교직원이나 학교를 대상으로 인권 의식을 제고하여 재발 방지를 도모하는 등 피해자 구제를 위해 노력한다. 청소년인권전문위원을 중심으로 법무국 · 지방 법무국의 직원이나 인권옹호위원이 지역의 학교를 방문하는 등 집단 따돌림 문제해결을 위해 다양한 계몽활동을 펼치고 있다.

(2) 등교 거부, 은둔형 외톨이, 섭식장애 등

등교 거부, 은둔형 외톨이, 섭식장애 등 심리적 문제를 겪고 있는 청소년들을 위해 정신보건복지센터, 보건소, 아동상담소 등에서 의사, 보건사, 정신보건복지사 등이 상담을 실시하고 있다. 보건소 등에서는 임신 · 출산 등에 관한 고민에 처한 청소년을 대상으로 개별적인 의학적 · 정신적 · 사회적 상담을 지원하는 장소를 마련하는 방안도 모색하고 있다.

'앞으로의 등교 거부 대응책의 위상에 관하여'에서는 등교 거부 대처 방안에 대한 조기 대응의 중요성과 연계 또는 네트워크의 구축 등의 제언을 하고, 국립교육정책연구소에서는 구체적인 지도 방법이나 사례 등을 소개하는 자료를 만들어 학교에 배포하고 있다.

문부과학성은 등교 거부 대책에 대한 중심 기능을 수행하기 위해 학교 · 가정 · 기관이 연계하는 서포트 시스템을 정비한 '스쿨링 · 서포트 · 네트워크 정비사업'을 지속적으로 추진하고 있다. 또한 등교 거부 학생에 대한 다양한 지원책의 하나로 2005년부터 NPO, 민간시설, 공적 시설에 대하여 등교 거부 학생의 실태에 따른 효과적인 학습 교육과정, 활동 프로그램 등의 개발을 위탁하였다.

은둔형 외톨이 문제의 해결 방안으로는 외부 세계와 관계를 잘 맺지 못하는 청소년들이 미래의 목표를 설정하고, 사회에서 자립할 수 있도록 '복지 작업소' 등의 사회체험 프로그램에 참가하는 것을 적극적으로 추진하고 있다. 이와 더불어 자연체험이나 생활체험 등의 체험활동에 몰두할 수 있는 기회를 제공하고 있다. 체험활동 외에도 지역에서는 정신보건복지 업무의 하나로 은둔형 외톨이 본인과 가족에 대한 상담을 지원하고 있는데, 보다 효율적인 상담활동을 위해 대응 가이드라인을 작성하여 관계 기관에 배포하는 등 업무의 충실성을 기하고 있다.

5) 장애 청소년

(1) 장애 청소년에 대한 지원

① 특별교육 지원

일본의 후생노동성은 2002년 12월 '중점시책 실시 5개년 계획'(신 장애인 플랜)에 근거하여 장애 청소년에 대한 서비스를 제공하고 있다. 장애의 조기 발견과 조기 교육을 추진하면서 장애가 있는 청소년이 지역에서 안심하고 생활할 수 있도록 재택 서비스를 충실하게 제공하는 것을 기본 방향으로 한다.

장애 청소년에 대한 특별지원 교육은 문부과학성을 중심으로 장애 청소년이 자신의 능력과 가능성을 향상시켜 사회에 참여하고 자립할 수 있도록 지원하는 것이다. 맹 · 농 · 양호학교나 초 · 중등학교의 특수학급 또는 일반 학급에서의 특별 교육과정, 특수 제작 교과서, 전문 교직원, 장애를 고려한 시설 · 설비 등을 정비하여 제공하고 있다.

또한 최근에는 중증 · 중복장애 청소년과 학습장애(LD), 주의력 결핍 및 과잉행동장애(ADHD), 고도 자폐증 등의 증상을 보이는 청소년들이 증가함에 따라 적절한 지도와 지원에 대한 요구가 증가하고 있다. 이에 따라 일본 정부는 2004년 문부과학성 중앙교육심의회의 특별지원 교육 특별위원회를 설치하여 다음과 같은 대책을 마련하였다.

- 장애가 있는 청소년들의 사회 참여와 자립을 위한 주체적인 노력을 지원

한다는 기본 관점에서 개개인의 교육적 요구와 필요에 따라 지도한다.

- 중증 · 중복장애에 대한 대응을 매우 중요한 과제로 인식하고, 현재 맹 · 농 · 양호학교 등 장애의 종류로 구분된 학교제도를 장애의 종류를 통합한 특별지원 학교(가칭)로 바꾼다.
- 학습장애, 주의력 결핍 및 과잉행동장애, 고도 자폐증 등을 가진 청소년이 일반 학급에서 함께 생활하면서 필요에 따라 지도를 받는 특별지원 교실(가칭) 시스템을 마련하는 것으로 제도를 바꾸도록 제안한다.

문부과학성은 맹 · 농 · 양호학교에 재학 중인 청소년들 중 대다수가 중증 · 중복장애로 진행함에 따라 이에 대한 대응책으로 자립활동과 개별 지도를 할 수 있도록 지원 방향을 수정하였다. 장애의 중증 · 중복화에 대응하기 위해 양호 · 훈련에 관한 목표와 내용을 개선하고, 명칭도 '자립활동'으로 변경하였다. 또한 통학이 어려운 장애 청소년에 대해서는 양호학교 등의 교사가 가정이나 의료기관을 직접 방문하여 교육하도록 하고 있다. 문부과학성은 1998년부터 후생노동성과 연계하여 일상적인 의료케어가 필요한 학생들을 대상으로 간호사의 도움을 지원하고 있다.

그 밖에 국가 및 지방 공공단체는 특수학교에 재학 중인 장애 청소년 가정의 경제적 부담을 덜어 주기 위해 보호자의 능력에 따라 취학장려금을 지급하고 있다. 또한 사립 특수학교 등에서 장애 교육에 필요한 설비를 정비하는 경우 그 일부를 국가가 보조하고 있다.

② 상담활동, 교류 및 공동학습 추진

문부과학성은 장애 청소년에 대한 특별지원이 유 · 소아기로부터 학교 졸업 후까지 교육, 복지, 의료, 노동 등을 통합적으로 추진하고, 장애 청소년과 보호자에 대한 상담과 지원을 위한 일관된 체제를 정비하는 것이 필요하다고 인식하여 2001년부터 2003년에 걸쳐 장애 청소년에 대한 '교육상담 체계화 추진사업'을 실시하였다. 이 사업의 성과에 따라 후생노동성과 연계하여 각 지역마다 일관되고 효과적인 상담 지원체제를 구축하기 위한 가이드라인을 책정하고 있다.

또한 국립특수교육종합연구소는 초·중등학교 교장을 대상으로 하는 '교류 및 공동학습 추진 지도자 강습회'를 개최하고, 구체적인 방안에 대한 전달과 보급을 담당하고 있다. 장애를 가진 청소년과 일반 청소년들이 함께 생활하면서 서로에 대한 이해를 넓히고, 풍부한 경험을 하면서 사회성과 인격을 형성하는 것이 중요하므로, 지역 주민들이 장애 청소년들과의 교류 및 공동학습을 충실히 하고자 노력하고 있다.

(2) 자폐증, 학습장애, 주의력 결핍 및 과잉행동장애 등의 지원

일본 정부는 2004년부터 「발달장애아지원법」을 시행하여 자폐증, 학습장애, 주의력 결핍 및 과잉행동장애 등에 대한 정부·지방 공공단체의 책무와 지원, 국민의 이해를 촉진하고 있다.

후생노동성에서는 유·소아 건강진단검사를 통해 이와 같은 증상의 조기 발견을 유도하고 있으며, 이 외에도 보건지도, 안내서의 보급 등을 통해 상담과 지도를 실시한다. 또한 지역에서는 자폐 증상이 있는 청소년을 대상으로 상담·발달·취업 지원 등을 실시하는 발달장애아지원센터를 운영하고 있다.

2003년 재택서비스지원비제도의 시행 이후 장애 청소년의 재택 서비스 이용이 급속히 증가함에 따라 이후 장애 청소년을 대상으로 하는 서비스의 안정적인 제공과 지역에서의 지지기반 정비를 위하여 장애아 자립지원 법안을 추진하고 있다. 이 법안은 기존의 18세를 기준으로 구분하던 재택 서비스 이용 구조를 일원화하고, 시설 서비스를 계약에 따라 이용할 수 있도록 하는 것을 포함하고 있다.

이 밖에도 문부과학성은 초·중등학교의 일반 학급에 통학하고 있는 학습

장애, 주의력 결핍 및 과잉행동장애, 고도 자폐 청소년에 대한 종합적인 교육 지원체제를 정비하는 것을 목표로 2003년부터 '특별지원 교육추진체제 모델사업'을 47개 행정구역에 위촉하여 실시하고 있다.

독립법인인 국립특수교육종합연구소에서는 각 행정구역 단위로 고도 자폐증, 학습장애, 주의력 결핍 및 과잉행동장애를 가진 청소년 교육을 담당하고 있으며, 교사 등에 대한 연수도 실시하고 있다. 2004년 1월에는 각 교육위원회와 학교에서 활용할 수 있는 '초 · 중등학교에서 LD · ADHD · 고도 자폐 등의 발달장애를 가진 학생 교육 지원체제의 정비를 위한 가이드라인'을 작성하여 모든 교육위원회와 학교에 배포하였다.

「발달장애인지원법」이 2005년 4월부터 시행되어 발달장애 청소년들이 학교 교육을 통해 적절한 교육을 지원받게 되었으며, 지원체제 정비 등에 관한 규정도 마련되었다. 이 밖에도 문부과학성은 후생노동성과 연계하여 종합적인 지원체제를 정비하기 위한 다양한 방안을 모색하고 있다.

4. 시사점

지금까지 일본의 교육복지 논의에 대한 역사적 흐름과 개념, 실질적인 아동 · 청소년 복지정책에 대하여 살펴보았다. 여기서 우리는 교육복지에 있어 비교적 짧은 역사를 갖고 있는 일본과 우리나라의 경우에서 몇 가지 차이점을 발견할 수 있다. 우선 교육복지에 대한 인식의 차이를 들 수 있다. 우리나라는 지금까지 교육복지를 소외와 격차 해소 그리고 평등을 실현하는 관점에서 주로 학령기 아동 · 청소년을 중심으로 접근해 왔다. 반면 일본은 인간이 마땅히 누려야 할 인권으로서 교육과 복지를 인식하고, 모든 인간의 인간적 발달과 보장이라는 문제로서 보다 광범위하고 보편적인 교육복지를 논하고 있음을 알 수 있다. 특히, 평생학습 시대와 고령화 사회 진입이라는 시대적 흐름에 따라 노인의 교육복지를 논하기 시작한 점 그리고 아동 · 청소년 뿐만 아니라 그들의 양육자인 부모의 복지를 통해 교육복지를 실현하고자 하는 점 등은 일본과 사회적 흐름을 같이하고 있는 우리에게 있어 시사하는 바가 크다. 우리나라처럼 교육복지의 대상을 일부 계층이나 집단만으로 한정하는 경우 낙인 효과로 인해 그들을 또다시 소외시키고, 오히려 일반 학생들을 역차별하는 상황을 연출하는 등의 부작용이 나타나고 있다.

그리고 추진 체계에 있어 일본에서는 내각부(우리의 행정안전부)가 중심이 되고, 각 부처가 협력하여 복지정책을 수립하고 사업을 추진하는 체제로 중앙정부로부터 기초자치단체인 시정촌에 이르기까지 일관된 시스템을 갖추고 있다. 그런데 우리나라는 각 부처 간 협력이나 연계 없이 독자적으로 정책과 계획을 수립하고 사업을 실시하고 있어 예산의 낭비와 사업의 중복 등 비효율성 문제가 제기되고 있다. 또한 교육복지에 대한 근본적인 논의나 합의보다 정책과 사업이 선행됨으로써 각 주체들 간의 혼란을 가중시켜 교육현장에서는 오히려 교육복지 사업에 대한 부정적 인식을 확산시키고 있다. 따라서 이제라도 성급하게 내디딘 발걸음을 잠시 멈추고, 교육과 복지라는 거대 담론 속에서 교육복지가 어떻게 자리매김해야 하는지에 대한 깊은 성찰이 우선되어야 할 때다.

3부

정부의 교육복지 사업

6장 | 교육복지우선지원사업

7장 | 농산어촌 연중돌봄학교 육성사업

6장

교육복지우선지원사업[1)]

1. 사업의 개요

1) 추진 배경

교육복지우선지원사업이 시작된 추진 배경은 크게 세 가지로 나누어진다.

첫째, 소득분배 구조가 악화되어 취약계층이 확대되는 경향이 있기 때문이다. 1990년 중반 이후 소득 불평등 정도가 악화되어 중산층이 감소하고 빈곤층이 증가하고 있으며, 국제결혼가정 및 새터민가정이 증가하면서 다문화가정의 학생, 북한이탈주민 학생 등 신취약계층도 확대되고 있다.

둘째, 지역별, 학교별로 계층이 분화되면서 교육적 성취에 대한 가정의 경제적 배경에 의한 계층별 영향력이 증가하고 있기 때문이다. 즉, 소득과 학력에 따라 지역 내 거주지 분화 현상이 발생하고, 같은 지역 내에서도 특정

1) 2003년부터 교육인적자원부에 의해 시작된 '교육복지투자우선지역 지원사업'은 2011년부터 교육과학기술부에 의해 '교육복지우선지원사업'으로 명칭이 변경되었다.

학교에 취약계층이 밀집하는 학교별 계층 분화 현상이 발생하고 있다. 여기에 학생의 지적 · 정의적 성취에 대한 가정 배경의 영향력이 증가하고 있다.

셋째, 교육 기회 불평등 문제를 개선하고, 취약계층의 교육적 성장을 지원할 수 있는 정책이 요구되기 때문이다. 이것은 계층 간 소득 격차가 심화되고 가정 기능이 약화되면서 나타나는 다양한 교육 격차 문제를 학교와 지역사회가 적극적으로 대처해야 할 필요성이 대두되었기 때문이다. 즉, 가정 배경에 관계없이 누구나 자신에게 의미 있는 교육적 경험을 쌓아 자신의 잠재력을 발휘하도록 공적 지원의 필요성이 증가하였기 때문이다(교육과학기술부, 한국교육개발원, 2010).

이에 2003년부터 교육인적자원부는 취약계층이 갈수록 확대되어 사회적 양극화가 사회 통합을 저해하는 사회문제로 대두되자, 이들이 특정 지역과 학교에 밀집하는 상황에 대처하기 위한 교육복지정책의 일환으로 교육복지우선지원사업을 시작하였다(김정원 외, 2009).

즉, 교육적 · 문화적 조건이 상대적으로 열악한 도시 저소득층 밀집 지역에 위치해 있는 빈곤 지역 학교를 중심으로 빈곤한 아동 · 청소년들에게 교육 · 문화 · 복지 등 총체적 지원을 통해 교육 격차 완화와 교육적 성취를 제고하고자 교육복지우선지원사업이 시작되었다.

교육복지우선지원사업은 영국의 노동당이 입안하고 실행한 교육 지원지역(Education Action Zone: EAZ), 프랑스의 교육우선지역(Zones d'Education Prioritaires: ZEP) 그리고 미국 부시 행정부의 「아무도 뒤처지지 않는다(No Child Left Behind)」 법의 핵심 과제 중 하나로 1994년 클린턴 행정부에서 시작한 21세기 지역사회학습센터(21st Century Community Learning Centers: CLC) 사례를 참고하고, 우리나라의 교육운동 단체 및 지역사회 단체들의 활동 경험을 중심으로 기획된 사업이다. 교육복지우선지원사업은 초기에는 도시형 사업과 농산어촌형 사업으로 구분되어 도시에서는 교육복지우선지원사업이, 농산어촌에서는 돌봄학교 및 전원학교 사업이 운영되었다.

빈곤의 재생산을 완화하기 위한 교육복지 사업은 2010년 12월 27일에 「초 · 중등교육법」 시행령 제54조 제3항을 "교육과학기술부 장관 및 교육감은 제1항에 따른 학생이 밀집한 학교에 대하여 교육, 복지, 문화 프로그램 등을 제공하는 지원사업을 실시할 것"으로 개정하면서 사업의 법적 근거를 마련하였다.

이러한 법적 근거가 마련되고 사업 대상이 전국으로 확대되면서 교육과학기술부는 2011년부터 사업의 명칭을 '교육복지투자우선지역 지원사업'에서 '교육복지우선지원사업'으로 변경하였다. 또한 교육청의 '프로젝트 조정자'와 학교의 '지역사회 교육전문가'의 명칭을 '교육복지사'로 변경하여 시 · 도 교육청과 지역교육청에 배치하였고, 전국 초 · 중 · 고등학교 교육청에 '교육복지사'를 1,500여 명 정도 배치하였다(전재일 외, 2011).

이에 따라 2011년부터 사업비는 보통교부금 교부 기준에 반영하여 안정적으로 지원하게 되었으며, 기존의 지역(Zone) 단위는 전국으로 확대하였으며, 교육 지원청과 단위 학교 내 관련 사업과 연계 운영을 강화하여 관련 사업의 운영 및 재정 집행 시 학교의 여건과 실상에 맞추어 유연하게 운영 · 관리할 수 있도록 권장하였다.

2) 정 의

교육복지우선지원사업은 교육 취약 아동 · 청소년의 교육 기회, 과정, 결과에서 나타나는 주요 취약성을 최대한 보완하기 위해 교육 · 문화 · 복지 등을 총체적으로 지원하고, 학교와 지역사회가 네트워크를 통하여 통합적인 지원체제를 구축하는 사업으로 정의할 수 있다. 따라서 이 사업의 가장 주요한 목적은 교육 취약 아동 · 청소년의 교육적 성장을 도모하는 것이다. 이를 위해 학교는 가정 및 지역사회와 협업하여 가정 · 학교 · 지역사회가 함께하는 지역 교육공동체를 구축해 나가기 위하여 학습, 문화, 체험, 심리 · 정서, 보건

등 학생들의 삶의 질을 향상시키기 위한 전반적인 지원을 하고자 노력하고 있다.

2. 사업의 목표 및 전략

1) 목 표

(1) 초기 사업 정책의 목표

교육복지우선지원사업은 초기에는 지역 교육공동체 구축을 위한 취약계층의 삶의 질 제고가 비전으로 설정되었으며, 정책의 목표는 다음과 같이 세 가지로 구분되었다.

첫째, 저소득층 영·유아 및 초·중등 학생의 학습 결손 예방 및 치유를 통한 학력 증진에 기여한다. 즉, 학습에 대한 흥미와 학업성취가 낮은 학생들에게 개별·소집단·학급 단위의 학습 지도를 적절하게 제공하여 학습에 대한 흥미를 갖게 하고, 스스로 공부하는 힘을 기르도록 지원한다.

둘째, 저소득층 아동·청소년의 건강한 신체 및 정서 발달과 다양한 문화적 욕구 충족의 기회를 제공한다. 가정환경이 취약한 학생들에게 급식 및 의료 지원을 통해 건강한 신체 발달을 도모한다. 문화 활동 및 체험의 기회가 부족한 학생들에게 다양한 문화활동 프로그램을 제공하여 특기를 신장시키고, 자신의 잠재력을 계발할 수 있는 기회를 제공한다. 정서·행동 발달상의 문제를 극복할 수 있는 심리·심성 계발 프로그램을 제공하고, 전문적인 진단과 치료 프로그램을 제공함으로써 정신건강을 증진하고, 안정적인 정서 발달을 도모하는 데 그 목적이 있다.

셋째, 교육·문화·복지 수준의 제고를 위해 가정·학교·지역사회가 연계된 지원망을 구축하여 교육 격차를 해소하는 데 기여한다.

(2) 후기 사업 정책의 목표

교육복지투자우선 지역사업이 점차 확대되면서 단기 목표로 교육 취약 집단의 교육적 성취 제고를 위한 교육 · 문화 · 복지의 통합지원망 구축에 기반이 되는 통합 지원체제의 구축이 중시되었고, 장기 목표로 능동적 시민 양성을 통한 사회 통합이 중시되었다(김정원 외, 2009).

① 교육 취약 집단의 교육적 성취 제고

교육복지는 교육에서의 형평성(equity) 추구를 위한 공적 지원이므로, 후기에 들어와서는 사업 목표로 교육적 성취의 제고가 매우 강조되었다. 이러한 측면에서 이 사업은 저소득층에 대한 일반적인 복지활동이 아니라, 저소득층을 비롯한 국제결혼가정 자녀, 학교 부적응 학생 등 다양한 조건에 의해 교육적으로 취약한 상태에 있거나 혹은 다른 집단에 비해 상대적으로 취약할 수 있는 교육 취약 집단을 발굴하여 이들을 지원하는 시스템을 구축하여 교육적 성취를 제고하는 것이 목표다(김정원 외, 2009).

교육적 성취란, OECD에서 주장하는 핵심 능력의 개념을 수용하여 "자신의 삶을 계획적으로 구성하고, 실행하는 능력, 함께하는 집단과 적극적인 관계를 형성하며, 협동하고, 갈등을 관리하는 능력, 문제 상황 해결을 위해 지식, 정보, 언어, 기술 등을 활용하는 능력"(김정원 외, 2009)으로 규정하였다. 따라서 후기 교육복지우선지원사업의 목표는 가정, 학교, 지역사회를 연결하는 통합 지원체제 구축을 위한 학교의 핵심적 역할이 강조되었다.

교육적 성취의 달성을 위한 학습이 가정, 학교, 지역사회 등 학습자 삶의 전 영역에서 이루어지면서 학교의 관심은 학습자 삶의 전 영역으로 확대되어 후기 사업의 목표는 기존의 교육 취약 집단을 지원하는 초기 사업과 구분되었다. 저소득층 자녀와 그 밖의 취약 집단 자녀에 대한 공적 부조의 차원에서 이루어지는 학교 급식비 지원, 학비 지원, PC 지원 등 다양한 형태의 경비 지원 사업이나, 장애자 교육 지원이나 병원학교 등 일반 제도교육 차원에서 교육 기회를 갖기 어려운 취약 집단 지원 프로그램과 교육복지우선지원사업이 구분되는 것은 가정, 학교, 지역사회가 함께하는 통합 지원체제의 구축을 위하여 지원해야 할 대상자를 발굴하고 이들의 요구를 파악하여, 각종 지원 프로그램을 연결해 주거나 직접 프로그램을 개발 · 운영하여 교육적 성취를 도모하는 데 있다.

② 장기 비전: 능동적 시민 양성을 통한 사회 통합

개인이 핵심 역량을 획득해 나간다는 것은 한 사회에서 능동적으로 살아갈 수 있는 건강한 시민으로 성장하는 것을 의미한다. 이 사업은 다양한 이유로 인해 교육적으로 취약한 상황에 있는 학생들이 스스로 만족할 수 있는 직업을 획득하고, 다양한 집단과 조화로운 관계를 형성하면서 자신의 삶을 스스로 개척하는 시민으로 성장하도록 지원하여 궁극적으로는 사회 통합을 지향한다는 점을 [그림 6-1]과 같이 장기 비전으로 설정하고 있다(김정원 외, 2009).

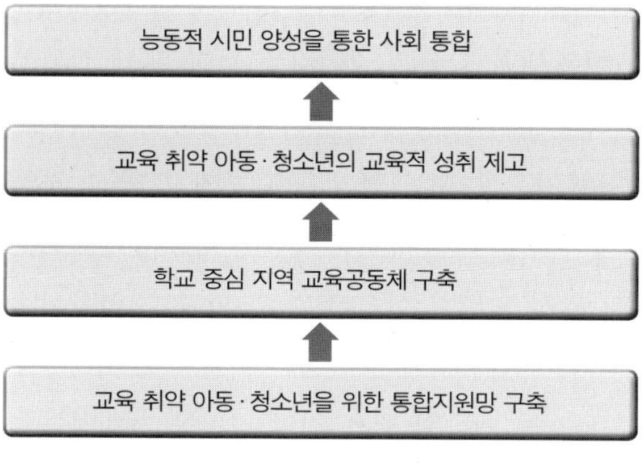

그림 6-1 교육복지우선지원사업의 장기 비전

출처: 교육과학기술부, 한국교육개발원(2010).

2) 전 략

교육복지우선지원사업은 저소득층 학생의 학습 결손 예방과 치유를 통한 학력 증진, 건강한 신체 및 정서 발달과 다양한 문화적 욕구 충족 그리고 교육 · 문화 · 복지 수준의 제고를 위해 가정 – 학교 – 지역사회가 연계된 지원망의 구축이라는 정책 목표 달성을 위하여 다음과 같은 전략을 사용하고 있다.

(1) 단계적 추진

교육복지우선지원사업은 시범 사업으로 시작하여 사업의 성과를 점검한 후에 학생, 학부모, 교사, 행정가들의 만족도가 높은 경우에 단계적으로 사업 대상 지역을 확대해 나갔다. 사업이 시작된 2003~2004년까지 2년간을 시범 사업기관으로 정하고, 1차 연도에는 서울 6개 지역(강서구 2, 노원구 2, 강북구 1, 관악구 1개 지역)을 선정하고, 부산은 2개 지역(북구 1, 해운대구 1개 지역)에서 사업을 시작하였다. 서울특별시, 부산광역시의 동을 대상으로 국민기초생활보장수급자 수, 가구주 교육 수준, 기초자치단체별 일인당 지방세 납부액 등의 경제적 · 사회적 여건을 반영하여 하위 10~20%에 해당하는 후보 지역을 선정하였고, 후보 지역을 대상으로 기초학력 수준, 학업 중단자, 장기 결석자, 비행자 수 등 교육지표를 종합적으로 검토하여 최종 시범 지역을 선정하였다.

시범 학교의 급간은 기존의 학교사회복지가 시작되었던 중 · 고등학교를 제외하고 주로 유치원과 초등학교에 주력하였고, 중학교는 초등학교의 50% 정도를 선정하였다. 이는 학생들의 교육 격차가 지역적으로 혹은 유치원 시기부터 발생하는 것을 예방하고자 본 사업의 투자 대상을 유치원과 초등학교에 주력하였으나 교육인적자원부의 여력이 유아교육에는 미치지 못하는 현실 속에서 대부분 초 · 중등학교에 주력하였다.

사업 초기에는 정부 지원을 통해 지역의 사업 역량을 지원한 후, 점진적으로 지역의 역할을 증대시켜 나가는 전략을 펼쳐 나갔다. 또한 공모를 통해 국가와 지방자치단체와의 공동 사업으로 추진하여 지방자치단체 등이 이 사업에 예산을 투자하도록 유도하였다. 교육복지우선지원사업은 사업의 안정적인 추진을 위하여 교육 취약 집단의 개별 학생을 직접 지원하기보다는 이들을 지원할 수 있는 학교와 지역의 역량을 키우고 제도화하는 데 초점을 두었다(김정원 외, 2009). 학교에 일정한 사업비와 인력을 투입하고, 학교 내에 관련 시스템을 갖추어 다양한 상황과 조건에서 발생할 수 있는 교육 취약 집단을 발굴하여 총체적인 요구를 파악하고 대응하도록 하였다. 따라서 학교는 학생의 교육적 성취 제고라는 목표에 맞추어 지역의 다양한 자원을 활용하고, 학교와 지역사회가 공동의 목적을 갖고 네트워킹하여 집중 관리 학생을 효과적으로 지원할 수 있는 프로그램을 강화 · 운영해 나가도록, 다음 [그림 6-2]와 같이 추진 전략을 실행하고 있다.

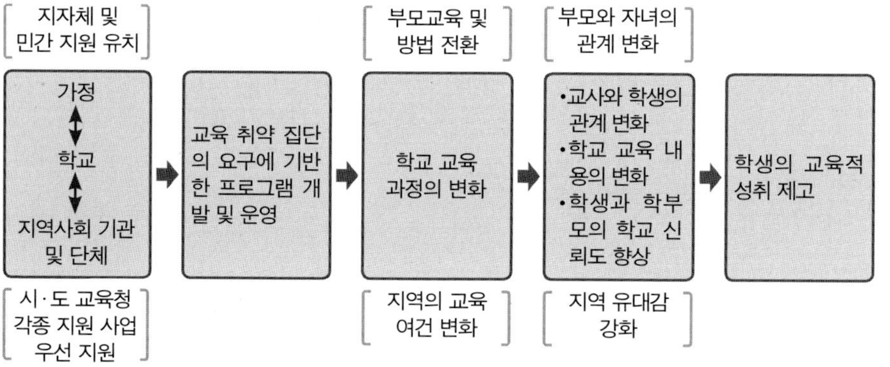

그림 6-2 교육복지우선지원사업 추진 전략

출처: 김정원 외(2009).

(2) 학교를 중심으로 한 지역 교육공동체 구축

교육복지우선지역 지원사업은 학교를 중심으로 한 지역 교육공동체 구축을 전략으로 삼고 있는데, 이것은 이 사업이 지역사회와의 연계가 필요하고, 지역사회와의 연계를 통한 통합 서비스가 제공되어야 취약계층의 삶의 질 제고가 가능해지기 때문이다. 따라서 지역 교육공동체의 구축을 위하여 학교의 역할과 학교와 지역사회 간의 연계가 강조되었다.

① 학교의 역할 확대

지식은 학교 교육뿐만 아니라 일상생활에서도 다양하게 습득이 가능하므로, 학교의 전체적인 역할 변화가 요구되었다. 이 사업은 삶에 기초한 교육을 지향하고 있으므로, 학생의 일상생활 전반에 관심을 가지고 그들의 요구에 따른 프로그램을 개발하여 교육적 성취를 기대하고자 한다. 이러한 학교의 역할을 통하여 궁극적으로는 집중 관리 학생에게 프로그램을 지원하는 교실 중심의 교육활동을 넘어서 학교 교육을 재구조화하려는 사업이다. 따라서 취약 집단이 적극적으로 참여할 수 있는 교육과정을 개발하고, 집중 관리 학생과 적극적으로 관계를 맺는 교사, 지역사회와 연계한 학교의 교육력 확대 등 학교 교육의 역할 확대가 강조되었다.

② 학교와 지역사회와의 연계 강조

교육복지우선지원사업을 추진하는 학교에서는 지역사회의 자원을 사업을 위해 활용하는 도구가 아니라 교육공동체의 실현을 위한 공동의 파트너로 이해하고, 학교와 지역사회의 상호 이해를 강화해 나가야 한다. 교육복지우선지원사업을 위해 투입된 지역사회 교육전문가는 단위 학교와 지역사회와의 협력을 매개하고 조정하는 역할을 수행해 나가야 하며, 프로젝트 조정자는 개별 학교들이 산발적으로 추진하는 사업보다는 학교 간에 사업을 통합·조정하는 기능을 수행해야 한다. 궁극적으로 학교와 지역사회와의 연계

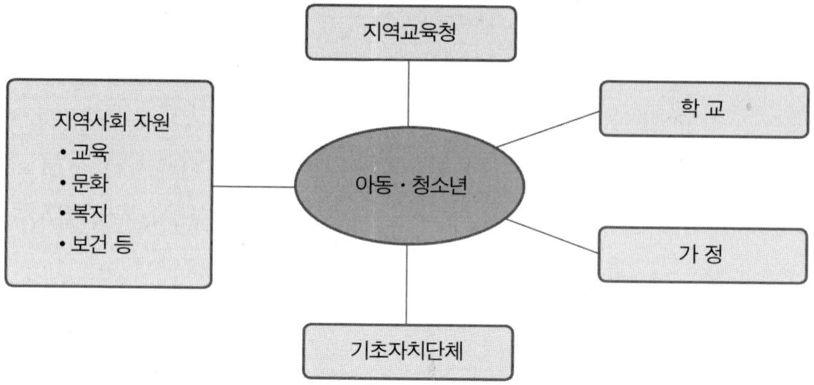

그림 6-3 학교와 지역사회의 연계 체제

를 위하여 가정, 학교, 지역사회가 함께하는 상호 협력 체제가 [그림 6-3]과 같이 구축되어야 한다.

3. 사업의 내용 및 기본 방향

교육복지우선지원사업의 내용은 교육 취약 아동 · 청소년의 학습 능력 증진, 다양한 문화적 욕구 충족 기회 제공을 위해 문화 · 체험 활동 지원, 긍정적 자아개념 및 건강한 사회성 함양을 위한 심리 · 정서 발달 지원, 복지 프로그램의 활성화, 교사와 학부모 지원, 영 · 유아 교육 · 보육의 활성화 지원 등 크게 여섯 가지로 구분되는데, 기본 방향은 다음과 같다.

1) 학생의 학습 능력 증진

첫째, 교육 취약 아동 · 청소년의 학습 결손 방지를 위한 학습 동기 유발을 지원한다. 학생들의 학습 동기 유발을 위해 교사들은 공동으로 노력하며, 교육 취약 아동 · 청소년의 자기주도적 학습 능력을 계발하는 데 주력한다. 둘째, 지역사회의 자원 활용이란 방과 후 및 방학 중에도 학생들의 학습을 도와줄 수 있는 지역사회 자원을 다차원적으로 활용하여 적절한 연계를 통해 사업의 효과를 제고하는 것이다.

2) 문화 · 체험 활동 지원

교육 취약 아동 · 청소년의 다양한 문화적 경험의 제공을 위해 학교와 지역사회가 함께 노력함을 말한다. 교육 취약 아동 · 청소년뿐만 아니라, 지역의 모든 아동과 청소년을 대상으로 하여 지역 전체의 문화 활성화에 기여할 수 있도록 노력하며, 또한 지방자치단체와의 연계를 통해 문화 · 체험을 활성화할 수 있는 기반 시설을 확충해 가야 한다.

3) 심리 · 정서 발달 지원

교육 취약 아동 · 청소년을 포함하여 성장 과정에서 방임, 방치 등의 경험으로 인하여 심리적 문제로 학교생활이나 일상생활에 적응하기 어려운 학생들을 치유하기 위해 건강한 심리 · 정서를 함양시키는 프로그램을 개발 · 지원하도록 한다. 또한 교육 취약 아동 · 청소년을 포함하여 지역의 아동 · 청소년들이 긍정적인 자아개념과 건강한 사회성을 기를 수 있도록 적절한 자원을 제공하도록 한다.

4) 복지 프로그램의 활성화

건강한 신체 발달을 위해 필수적인 복지 서비스를 제공함으로써 정상적인 생활을 영위할 수 있도록 지원하는 것을 말한다. 즉, 인근 보건소, 민간

의료기관 등과의 협력을 통하여 의료 서비스 및 건강 교육을 지원함을 말한다. 이 외에 부모나 학교의 돌봄이나 보호 없이 학교 밖에서 많은 시간을 보내는 아동과 청소년들에 대한 학교와 지역사회 공동의 지원체제를 구축하기 위하여 지역 내에서 운영 중인 지역아동센터, 민간 공부방 등과 연계하여 협업을 강화해 나가도록 한다.

5) 교사와 학부모 지원

교육 취약 아동 · 청소년의 특성 분석 및 이해, 교수–학습 자료 개발, 교사 동호회 및 연구활동 등을 지원하여 교사의 사업 추진 역량을 높인다. 또한 학부모의 학교 및 자녀와의 관계 개선을 위한 연수활동을 지원한다.

6) 영 · 유아 교육 · 보육 지원의 활성화

교육복지투자우선지역 내 영 · 유아 교육 · 보육 프로그램에 대한 실질적인 접근 기회 보장을 위한 지원을 확대해 나간다. 교육복지투자우선지역의 영 · 유아에게 보다 좋은 프로그램을 제공하기 위하여 유아교육기관과 보육기관 간의 협의체제를 구축하도록 한다. 이러한 협의체제의 구축을 위해 영 · 유아 교육 · 보육 기관 간 상호 협력을 활성화해 나가야 하는데, 교육 여건 개선, 문화 프로그램의 활성화, 교사 연수 및 프로그램, 장학 지원 등을 위한 교육청과 자치단체 간 협력 강화도 포함된다.

4. 사업의 추진 및 지원 체제

1) 사업 추진체제

교육복지우선지원사업의 추진체제는 교육부, 시 · 도 교육청, 지역교육청과 학교다. 국가시책사업은 교육부가 전액을 부담하는 사업과 교육부와 시 · 도 교육청이 공동으로 부담하는 사업으로 나누어진다. 교육부 전액 부담 사업은 국고 보조의 성격이 있으며, 교육부 및 시 · 도 교육청 공동 부담 사업은 시 · 도 교육청의 대응 투자를 유도하려는 사업이다. 시 · 도 교육청이 지원하는 사업에는 보통교부금으로 전환된 사업이나 자체 재정사업 등이 속한다.

(1) 교육부

전담 부서의 구성은 담당 국장, 담당 과장, 실무 담당관 등으로 구성한다. 이들은 사업의 기본 계획의 수립을 지원하며, 사업비를 확보하는 역할을 담당한다. 사업 지역을 최종 심의 및 확정하고, 타 부처와의 공조체계를 구축하며, 사업을 총괄 관리하고, 사업의 장기 전망 및 계획을 제시한다.

(2) 시·도 교육청

전담부서는 담당 팀장, 장학사, 담당 공무원으로 구성되지만, 필요한 경우 프로젝트 조정자의 채용이 가능하다. 이들은 광역 단위 사업 계획의 수립을 지원하고 추진하며, 광역교육복지정책협의회와 시도연구지원센터를 구성 및 운영하며, 지방자치단체와의 연계 및 협력을 모색한다. 또한 시 · 도 교육청 및 광역지자체의 관련 사업을 연계 · 조정하며, 사업학교의 교육 여건 개선 및 사업 운영을 지원한다. 이 외에 시도 간 및 시도 내 사업 지역 간 네트워크 구축을 담당한다.

(3) 지역교육청

지역교육청은 교육장, 구청장, 관련 단체·기관 대표, 학부모 대표로 구성된 교육복지우선지원사업운영협의회를 운영한다. 지역교육청은 사업에 대한 연도별 세부 지원을 계획·심의하고, 기관 간 연계 방안을 수립해야 한다. 이 외에 사업을 총괄 지원할 사업전담팀을 설치하고 운영해야 한다. 사업전담팀은 교육복지사업전담팀장(과장급), 담당 공무원, 프로젝트 조정자, 지역사회 교육전문가로 구성된다. 사업전담팀은 지역교육청 단위의 교육복지 사업을 기획하고 추진해야 하며, 단위 학교 사업 추진을 지원한다.

교육청 소속의 프로젝트 조정자와 학교의 지역사회 교육전문가는 본 사업의 성패를 좌우할 만큼 수행에 있어 중요한 전문가지만 이들의 역할은 제한되어 있다. 이들은 교육청이나 학교에 소속되어 있으며, 타 기관·단체와의 네트워크를 추진하는 담당임에도 그 지위는 저평가되어 왔다.

2011년부터 '교육복지사'로 불리는 지역사회 교육전문가의 역할은 교육복지우선지원사업을 지원하는 것인데, 구체적으로 다음과 같다.

- 사업 계획의 수립, 운영, 평가, 환류 지원
- 지역사회 자원 발굴 및 네트워크 구축
- 집중 지원 대상 학생의 발굴, 지원, 관리
- 학교와 가정의 연계 도모
- 부적응 학생 및 선도 요구 학생의 상담 및 지도 지원
- 집중 관리 학생의 가정방문과 사례관리
- 교육복지추진협의회의 간사 업무 지원

(4) 학 교

학교에서 교육복지 사업은 담당 부장, 담당 교사, 지역사회 교육전문가 등이 담당한다. 학교는 학교 및 지역 특성을 반영한 학교 단위 사업을 총괄 추진하고, 학교 내 타 부서와 상호 공조체제를 구축하여 업무를 조정하며, 지역사회와 연계하여 학교와 지역사회 간 연계망을 구축한다.

2) 사업 지원체제

(1) 사업지원협의회

사업지원협의회는 중앙 및 광역 교육복지정책협의회, 지역 교육복지우선지원사업운영협의회, 지역사회 기관협의체, 학교 단위 교육복지위원회로 구분된다. 첫째, 중앙 교육복지정책협의회는 교육부, 문화체육관광부, 보건복지부 등 관계 부처 국장급 공무원과 교육 · 문화 · 복지 분야별 민간 전문가로 구성된다. 둘째, 광역 교육복지정책협의회는 교육청(부교육감), 시청(담당 국장), 분야별 민간 전문가 등으로 구성되며, 사업에 대한 연도별 지원 계획 및 기관 간 연계 방안을 수립하도록 지원한다. 셋째, 지역 교육복지우선지원사업운영협의회는 교육장, (부)구청장, 유관 단체, 학부모 대표 등으로 구성한다. 지역 단위 사업 내용 및 예산을 심의 · 조정하며, 지역 단위 사업 지원체제를 모색하며, 사업 추진을 위한 민간 실무 인력 선발 등의 사항을 심의한다. 넷째, 지역사회 기관협의체는 사업학교의 교장(실무자) 및 지역사회 기관의 기관장(실무자)으로 구성된다. 이들은 학교와 지역사회 기관을 연계 · 협력하는 일을 추진하고, 공동 사업의 추진을 위해 노력해야 한다. 다섯째, 학교 단위 교육복지위원회는 교장, 교감, 행정실장, 담당부장, 단위 사업 담당부장, 학년부장, 지역사회 교육전문가 등 총 12~15명 내외로 구성된다. 이들은 학교 단위사업을 심의, 조정 및 협의하는 역할을 담당한다. 사업계획서를 토대로 사업 내용을 심의, 조정할 수 있으며, 집중 지원 학생에 대한 선정 기준을 마련하고, 선정을 심의한다. 또한 사업 추진 현황을 점검하고 평가하며, 예산 변경을 심의할 수 있으며, 문제가 발생할 경우 다양한 교내 의견을 수렴하여 개선 방안을 협의한다.

(2) 연구지원센터

연구지원센터는 중앙 연구지원센터와 시 · 도연구지원센터로 구성된다. 중앙 연구지원센터는 국가 수준에서 교육복지우선지원사업의 운영 효과를 높이기 위하여 필요한 지원을 제공해야 한다. 즉, 사업의 기본 방향 및 운영 모델을 제시하고, 국가 수준의 사업 평가 및 연수, 컨설팅, 사업 관련 기초연구 등을 전개하기 위하여 구성되었다. 또한 운영에 관한 전문적 연구를 실시하고 지원하며, 시도지원센터 간 네트워크 구축을 지원한다. 이러한 일은 한국교육개발원 교육복지연구실이 '중앙 연구지원센터'가 되어 운영한다.

시 · 도연구지원센터는 대학의 부설기관, 연구소, 단체 등을 연구지원센터로 지정하거나 교육, 청소년, 문화, 복지 등 관련 분야 전문가로 지원팀을 구성한다. 시 · 도연구지원센터를 설립한 목적은 시도 수준에서 교육복지우선지원사업의 운영 효과를 높이기 위해 필요한 지원을 제공하는 것에 있다. 시 · 도 교육청에서는 대학의 부설기관, 연구소, 단체 등을 연구 · 지원센터로 지정하거나 관련 분야의 전문가로 지원팀을 구성하여 운영한다. 시 · 도 연구지원센터의 역할은 시도 수준에서 사업의 운영 효과를 높이기 위하여 지원하기, 사업 추진을 위해 모니터링을 담당하고 현장 컨설팅하기, 시도 수준 사업의 네트워크 구축을 위해 지원하기, 시도 수준의 사업을 평가하기, 사업 담당자 연수 지원하기 등이 있다. 교육복지 사업 조직을 도식으로 나타내면 다음 [그림 6-4]와 같다.

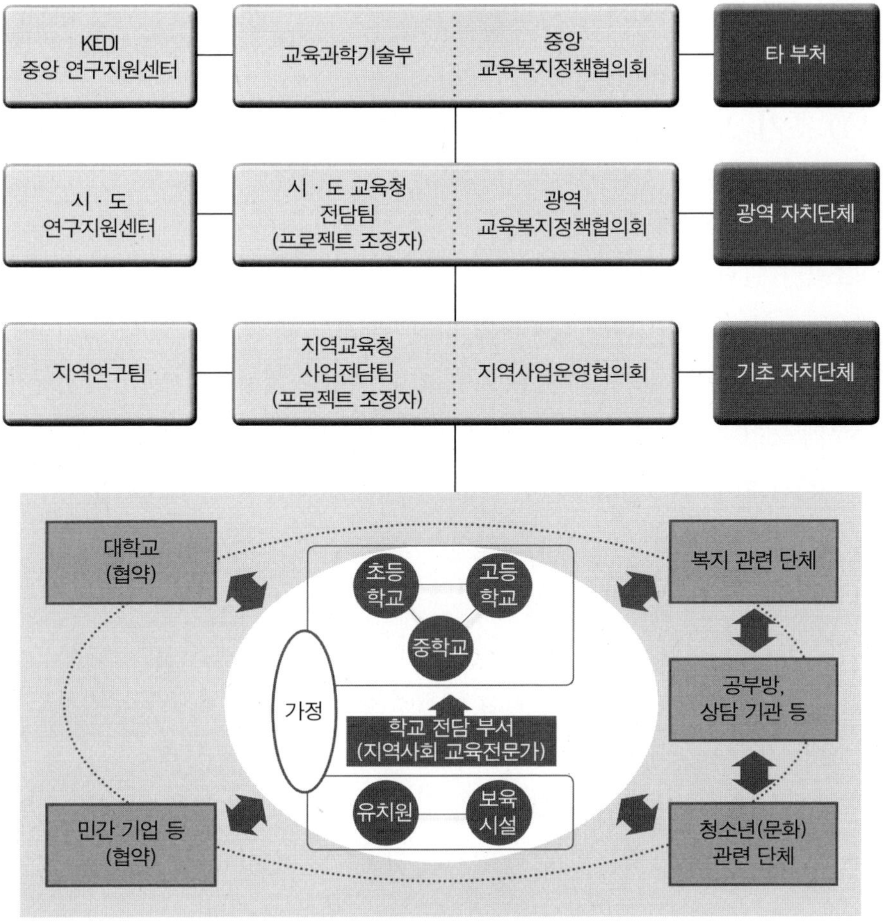

그림 6-4 교육복지우선지원사업 추진 및 지원 체제

출처: 김정원 외(2008).

5. 사업의 단계별 발달 현황

교육복지우선지원사업의 발달 과정을 3단계로 구분해 보면 다음과 같다.

1) 초기: 도시 저소득층 밀집 지역의 지원

교육복지우선지원사업은 초기에는 교육적 · 문화적 조건이 열악한 도시 저소득층 밀집 지역의 교육적 · 문화적 불평등 기회의 완화를 위해 시작되었다. 초기에는 취약 지역을 강조하여 지원하였으므로, 사업 지역 선정 기준은 지역의 기초생활수급자, 가구주 교육 수준, 기초자치단체별 일인당 지방세 납부액 등이 지역지표로 중시되었다(이혜영 외, 2005).

2005년 이후에는 사업 대상 지역을 확대하였으며, 공모제를 도입하여 계획서를 심사한 후에 7개 지역을 선정하였다. 즉, 2005년까지는 '행정구역상 인접해 있는 2개 이상의 동(洞)'이 하나의 사업 지역이 되었다. 이 중에서 초등학교와 중학교의 학생 수가 3천 명 이상이 되도록 하여(초 · 중등학교 각 1개 이상) 취약 아동 · 청소년 밀집 지역에 대한 지원의 취지가 구현되도록 하였다.

이 외에 영 · 유아 교육 · 보육 기관이 3개 이상으로 연계되도록 하였으며, 인근의 개별 학교도 필요한 경우 연계된 형식으로 참여하도록 하였다.

2) 2006년 이후: 저소득층 밀집 학교군의 지원

2006년 이후에는 학교 내 취약 아동 · 청소년의 밀집 정도가 중요한 사업 지역 선정 기준이 되었다(교육인적자원부, 2007). 그러나 2006년부터는 교육복지우선지원사업에서 지역은 취약 아동 · 청소년이 밀집해 있는 학교군의 의미로 변화되었다.

사업 지역은 2개 이상의 행정구역상의 동(洞)으로 구성되는 사업 지역뿐만 아니라 지역교육청 관할 구역 내 여건이 가장 어려운 지역의 행정구역상 2개 이상의 동(洞)으로 사업 지역 구성이 가능하도록 하였다. 또한 대상 지역 인근에 위치한 실업계 고등학교도 포함시켰으며, 중소 도시에서 사업이 주로 진행되는 점을 고려하여, 지원 대상 학교 기준을 학생 수 2천 명 이상의 학교로 하향 조정하여 확대하였다(교육인적자원부, 2006).

2007년에는 「한부모가정지원법」에 의해 대상이 되는 학생을 지원하기 시작하였으며, 2007년 말까지는 지역과 학교의 국민기초생활보장수급권자 수와 비율을 평가지표로서 주로 이용하였다. 참여 학교의 기초생활수급자 가정 학생 수의 평균을 70명 이상으로 하여 취약 아동 · 청소년이 일정 규모 이상 밀집한 학교의 대부분을 사업 대상에 포함시켰다(교육인적자원부, 2007). 이런 의미에서 지역이란 지리적인 구분 및 도시 저소득층과 같은 경제적 구분에 의한 개념이 아니라, 사회에서 소외된 집단과 같은 공간적 개념으로 이해되었다.

3) 2008년 이후

2008년도가 시작되면서 교육복지 사업은 20대 주요 국정 과제 중 하나가 되면서 보통교부금 교부 기준에 따라 재정이 안정적으로 지원되었다. 이에 사업 학교의 선정 방식을 보완하여 기존 지역 단위의 지원을 학교 단위로 바꾸고, 전국으로 대상을 확대하여 2008년도 말에는 전국 시를 대상으로 100개 지역을 선정하였다. 교육복지우선지원사업의 지원 대상이 저소득층의 개념보다 교육 취약 집단으로 확대 · 적용되면서 사회에서 불이익을 받으며 소외되어 있는 집단을 선정 기준에 반영하였다.

2008년에는 「다문화가정지원법」에 의해 지원받는 다문화가정 학생, 「북한이탈주민의 보호 및 정착지원에 관한 법률」에 따른 북한 이탈 학생 수, 중식 지원자 수, 그 외에 시 · 도 교육청이 정하는 교육 취약 집단 학생 수를 평가지표에 포함하여 교육복지우선지원사업은 모든 교육 취약 집단을 위한 통합 지원 사업이 되었다(교육과학기술부, 2008).

2011년부터는 다양한 교육 취약 집단을 학교에서 그들의 필요에 따라 집중 지원하도록 하였는데, 이러한 집중 지원 학생에는 기초생활수급자, 중식 지원자, 기타 담임 추천 저소득층과 다문화가정의 학생, 학업 중단 위기 학생, 기초학력 미달 학생 등이 포함되며, 집중 지원 학생 발굴 시에는 저소득층을 우선 지원하고 있다.

6. 사업의 추진 현황 및 과정

1) 추진 현황

교육복지우선지원사업은 2002년 중앙준비기획단이 구성되고, 여기에 문화관광부, 보건복지부 등 7개 부처가 참여하여 교육, 문화, 복지가 연계된 도시 저소득 지역에 대한 교육복지 대책을 수립하였다(신익현, 2003).

2) 추진 과정

서울과 부산 8개 지역에서 시작된 시범 사업은 서울 6개 지역(강서구 2, 동작구 1, 노원구 2, 강북구 1)과 부산 2개 지역(해운대구 1, 북구 1)에 있는 초 · 중등학교 45개, 유치원 34개 등 총 79개 학교가 포함되었다. 2004년 말 시범 사업에 대한 평가는 긍정적으로 나타나 2005년에는 인구 50만 이상 광역시로 사업을 확대하여 7개 지역을 추가 선정하여 총 15개 지역에서 사업을 운영하게 되었다. 사업 지역으로 부산 1(영도구), 광주 2(광산구, 북구), 인천 1(연수구), 대구 2(수성구, 달서구), 대전 1(동구)개 지역이 추가되었다.

2006년에는 인구 25만 이상 중소 도시로 사업 지역이 확대되고, 15개 지역이 새로 선정되어 총 30개 지역, 2007년에는 60개, 2008년에는 100개 지역으로 확대되었다. 또한 2006년 사업을 선정할 때는 서울을 제외한 15개 시 · 도 교육청별로 각 1개 사업 지역을 선정하여 전국 16개 시 · 도 교육청이 모두 사업에 참여하도록 하였다. 사업 기간을 종래 3년에서 5년으로 확대하여, 이미 2003년부터 사업을 시행한 지역에 대해서는 2년간 사업 기간을 연장해 주었다. 2007년부터는 인구 25만 명 이상의 도시를 대상으로 사업 기준을 확대하였지만, 동시에 1개 지역 내 학교별 기초생활수급자 학생 수가 평균 70명 이상이 되는 지역을 선정 기준으로 추가하여 주로 광역시를 중심으로 사업 지역을 확대하였다.

2007년까지는 인구 35만 기준이 적용되어 도 단위 사업을 확대되지 못하였으므로, 강원도와 충청남도에서는 1개 지역에서만 사업을 운영할 수 있었다. 이처럼 매년 지원 대상 학교를 늘려가, 2009년에는 총 100개 지역, 538개 초 · 중 · 고등학교에서 사업을 진행하였다. 정부는 2009년에는 기존의 사업 지역에서 222.5억 원과 신규 가입 지역 281억 원을 포함하여 총 503.5억 원을 지방교육재정특별교부금으로 지원하였다.

7. 사업의 효과성 및 의의

1) 효과성

2004년도에 수행된 교육복지우선지원사업의 효과에 대한 한국교육개발원의 조사(이혜영 외, 2004)에서는 조사 대상 학부모의 80% 이상이 다양한 교육 기회의 제공, 학교와 교사에 대한 신뢰도 제고, 자녀의 긍정적 태도 형성, 자녀의 학교생활 만족도 증가 등을 사업의 가장 큰 효과로 평가하였다. 이어서 학부모의 75% 이상이 학교시설과 분위기 개선을 그 효과로 평가하였으나, 교육비 부담 경감과 학업 성취도 향상이라는 항목에서는 69.5%, 60.7%로 나타나 다른 효과에 비해 낮게 평가되었다.

교사와 행정가 등을 대상으로 한 같은 연구에서는 대체로 학생들에게 사업이 긍정적인 영향을 미쳤다고 평가하는 경향이 높았다. 학생의 정서적 안정과 자신감 및 적극성이 가장 높게 향상되었으며, 경제적 부담의 감소, 학습 능력 및 기초학력 신장, 학습 결손 방지 등이 그 뒤를 이었다.

이후 계속하여 추진된 교육복지우선지원사업은 추진 학교 교사들에게 부여하는 가산점과 같은 인센티브가 없음에도, 학교 현장에서 교사들의 참여가 매우 높게 나타났다. 사업 추진 과정에서 교사들의 업무 부담이 증가하는 문제와 학교의 역할과 기능에 대한 논란이 있었음에도, 교사들은 교육복지우선지원사업의 의의를 높이 평가하는 것으로 나타났다.

2010년에 발간된 교육복지우선지원사업 평가보고서(류방란 외, 2010)는 대부분의 학교에서 집중 지원 학생들의 기초학력 미달 비율이 대체로 감소하였으며, 집중 지원 학생들의 학업 능력이 향상된 사례가 다수이므로 사업을 긍정적으로 평가하였다. 또한 학교에서 운영되는 수업과 방과 후 프로그램에 92.8%가 만족하며, 각종 교육복지 프로그램에는 97.7%, 학교에 대한 신뢰 및 자녀에 대한 학교의 지원은 95.1%, 학교 운영 수준과 리더십에 대한 사업 학교 교사의 만족도는 98.5%로 매우 높게 나타났다.

이 같은 내용을 종합해 보면 교육복지 차원에서 실행되는 프로그램 만족도는 매우 높으나, 학업 중단 학생 지원에 관한 만족도가 가장 낮고, 그다음으로 기초학력 미달 학생 지원으로 나타나 향후 학업 중단 학생 지원에 중점을 두어야 할 것으로 나타났다. 또한 연구자들(류방란 외, 2010)은 교육복지우선지원사업이 교육적으로 불리한 학생의 특성과 요구를 고려하여 맞춤형 통합 지원 사업으로 변경되어야 하며, 교사도 교육복지에 대한 인식을 제고하고 협력에 동참하여 조정을 이끌어 내야 한다고 지적하였다. 이 사업은 학습과 학교생활에서 소외되어 있는 학생을 발굴하는 시스템이므로 사업 목적의 달성을 위한 시스템화가 요구되며, 학습자 개개인의 맞춤형 교육 프로그램을 운영하기 위해서 전체 교직원이 참여하여 공동으로 기획 · 운영될 것이 요구되었다.

2) 성공 사례와 의의

◆ 지역 네트워크 성공 사례

① 노원 아동 · 청소년 네트워크

'노원 아동 · 청소년 네트워크'에는 18개 기관 및 활동가가 참여하여 지역의 교육복지 활동 전반에 대한 방향을 논의하며 사업을 추진하고 있다. 이로써 다양한 주체들 간의 의사소통 구조가 생기고, 대상층을 만날 통로가 마련되었다. 동사무소 및 정신보건센터 등은 사각지대에 놓인 아동 · 청소년을 연계하기 어려웠으나 네트워크가 형성되면서 학교가 먼저 대상 아동을 파악하여 지역기관과 연계하고, 연계할 지역 자원을 발굴하는 과정에서 의사소통 구조가 생기면서 함께 보호 방안을 마련하게 되었다.

이에 학교와 지역사회 간 상호 이해 수준이 높아졌고, 연계도 활발해졌다. 사전 신뢰 관계를 제대로 맺지 못한 채 교육복지우선지원사업이 진행되어 초기에는 어려움이 많았지만, 점차 학교와 지역사회가 유기적으로 연계해야만 사업을 원활하게 수행할 수 있다는 측면에서 서로 간에 신뢰가 구축되었다. 부분적이기는 하지만 야간보호 프로그램, 진로 박람회 및 직업체험 여행, 개별 사례관리 등 학교가 믿고 신뢰하는 기관의 프로그램이 생겨났으며, 기관에서도 학교의 기본적인 특성을 점차 이해하고, 이를 기반으로 한 연계활동을 벌이려는 노력이 증가되었다. 이에 학교 일정에 맞춘 프로그램 운영 및 학교의 요구에 근거한 맞춤 프로그램도 진행되고 있다.

더불어 지역단체들의 교육복지 사업이 활발해지고 공동 사업 등 사업 영역이 확대되었다. 기존의 백화점식 프로그램을 지양하고, 교육복지에 초점을 맞춰 학교와 연계한 공동 사업 및 지역단체 간 공동 사업을 진행하고 있다. 또한 지역 인사와 기업들을 설득하여 교육복지 사업을 후원하는 구조를 구축해 가고 있다.

② 부산 반송 네트워크: 희망사다리

부산 해운대 반송동은 1970년대 부산시 재개발로 인한 철거민 집단 이주 지역으로, 가장 낙후된 지역이었던 이 지역의 주민들이 뜻을 모아 '반송을 사랑하는 사람들'이라는 주민 조직을 결성하고, 살기 좋은 마을 만들기를 시작하였다. 이 주민 조직(최근 '희망세상'으로 개칭)이 본 사업에 참여하여 주민과 사업 추진체제를 구축해 네트워크를 활성화하였다.

현재 회원이 100여 명 정도 되는 이 조직은 본 사업 참여 전에 이미 학습 소모임 활동(첫아이 학교 보내기, 영어교육 공론화, 인형극 학습 동아리, 풍물반, 좋은 아버지가 되기 위한 모임 등)으로 출발하여 아름다운 마을 만들기, 매월 마을신문 발행 등을 주 사업으로 하며, 독거노인이나 소년소녀가정을 위한 밑반찬 나누기를 위한 나눔반 등을 운영하는 등 '지역 만들기'의 주체로 활동하고 있다.

2002년 평생학습 도시가 된 후에 주민자치센터에 시민교육 프로그램인 '지역학 강좌'를 개설하고, 이후에 후속 학습 조직으로 '반송, 우리 마을 잘 알기'를 결성하여 교육복지우선지원사업과 연계하여 어머니의 자원봉사로 지역 학교의 특별활동 시간에 교육 프로그램을 운영하여 호응을 얻고 있다. 최근에는 희망의 사다리 운동을 전개하여 지역 네트워크를 체계화하고 있다.

③ 부산 북구: 학교 간 네트워크

부산의 덕천 지역은 지역 네트워크를 구축하기에는 지역사회의 자원이 매우 부족하였으나 투입된 자금을 매개로 지자체의 대응 투자를 유도하고, 지역 외부의 기관을 끌어들여 연계한 점은 주목할 만하다. 또한 지역사회 자원의 부족을 학교 간 공동 사업을 통해 극복하고자 한 점도 의미 있는 시도이자, 타 지역과 차별화되는 점이다.

덕천 지역 네트워크의 가장 큰 특징인 학교 간 연계 사업은 개별 학교별로 사업을 추진함으로써 발생할 수 있는 행정 및 재정의 낭비와 비효율을 극복하려는 의도에서 시작되었다. 지역사회 학교운동의 경험을 가진 중학교 교장이 특수학급에서 분야별 전문가를 활용한 다양한 프로그램을 운영하면서 인근 지역 학교의 특수교육 대상 학생들까지 참여시킨 것이 학교 간 연계 사업을 촉발하는 계기가 되었다.

교육복지우선지원사업의 학교 간 연계 사업을 통해 인근의 일반 학교들 사이에 인적 · 물적 자원 및 정보 교류가 이루어지고 있다. 학교 간의 호혜성이나 네트워크의 지속성은 양호한 편이다. 다만 학교 간 공동 사업에서 핵심 학교의 역할이 소수 학교에 집중되는 것은 호혜성의 증진과 쌍방향 네트워크 구축을 위해 변화되어야 한다. 이 지역은 학교 간 공동 사업과 함께 필요한 지역사회의 자원을 당해 지역에 국한하지 않고, 부산시 전역으로 범위를 넓혀 연계하고 있다. 이 지역의 경우 지역기관의 종류가 매우 다양하여 네트워크를 통해 교류되는 자원이나 정보 등도 무척 다양하고 폭넓다고 할 수 있다.

이와 같은 성공 사례를 통하여 교육복지우선지원사업의 의의는 크게 세 가지로 구분해 볼 수 있다. 첫째, 사업 추진을 위하여 새로운 인력이 투입되고, 다양한 인적 · 물적 자원이 활용된 것에 있다. 학교에서는 지역사회 교육 전문가를 배치하였으며, 도서관 활성화 사업을 하는 학교에서는 사서를 방과 후 교실 운영 학교에서 운영 담당자로 고용하거나, 학생들의 상담을 전문으로 하는 인력으로 채용하기도 하였다. 이 외에 학교에서 상주하는 이들뿐만 아니라 다양한 프로그램의 운영을 위하여 교내외 인력을 활용하였다. 이와 같이 사업에 참여하는 구성원들은 저소득 소외 학생들의 정서적 지지망이 되어 주었고, 교사들은 이들과의 교류를 통하여 학생에 대한 이해를 심화시켜 나갔다. 따라서 교육복지우선지원사업은 공급자 중심의 지원이 아닌 각 지원 대상 학생의 삶의 맥락과 상황에 맞는 맞춤형 지원으로 변화되어야 할 것으로 나타났다.

둘째, 사업비를 시설 투자비로 사용하기보다는 프로그램 운영과 관련된 시설 개선비로만 사용하도록 하여 학생들에게 필요한 프로그램의 운영에 더 많은 관심과 노력을 기울이도록 하였다. 최근에는 학교에서 왕따 문제 및 학교폭력, 자살 등이 증가하고 있으므로, 조기 개입에 따른 출발점 평등의 구현을 통해 학생들에게 실질적인 교육 기회를 보장해야 한다. 이러한 측면에서 아동의 발달단계에 따른 기본적 욕구를 해결하고, 문제행동을 예방하며, 학생의 학력 신장, 정서 발달, 심성 계발, 건강 증진, 방과 후 보육 서비스 제고 등 다양하고 통합적인 교육복지 서비스 제공에 기여하고 있다.

셋째, 기존의 학교 내에서 가용이 가능한 인적 · 물적 자원만을 이용하여 저소득층 학생이 소지한 문제를 해결하기는 매우 어렵다. 방과 후 가정에서의 지원이 제대로 이루어지지 않을 경우, 그것을 보완하려는 노력을 전적으로 학교 혼자서 감당해 내는 데는 한계가 있으므로, 학교가 폐쇄성을 극복하고 다른 학교 및 지역사회 기관과의 연계를 통하여 서로 협력하면서 도움을 얻도록 하였다. 즉, 학교를 중심으로 하여 지역사회에서 교육공동체를 구축하여, 저소득층 아동 · 청소년의 실질적인 교육 기회 보장을 위하여 지역사회 차원에서 교육 · 문화 · 복지를 통합한 서비스망을 구축하는 데 의의가 있다.

7장 농산어촌 연중돌봄학교 육성사업[1)]

1. 사업의 개요

1) 사업의 추진 배경 및 경과

우리나라에서 교육복지라는 용어가 등장한 시점은 1990년대 이후이며, 1995년 5 · 31 교육개혁의 비전으로 교육복지국가(Edutopia)를 천명함으로써 명시적으로 활용되었다. 그러나 교육복지에 대한 관심이 고조된 것은 1997년 외환 위기 이후의 일이다(이혜영 외, 2006). 교육부는 1996년 12월에 최초로 교육복지종합대책(1997~2001)을 수립하였다. 당시 종합 대책에는 특수교육 발전 방안, 학교 중도탈락자 예방 종합 대책, 학습부진아 교육 지원 대책, 귀국 학생 교육 대책 등이 포함되었다(안병영, 김인희, 2009). 그러나

---

1) 임연기(2012). 농산어촌 연중돌봄학교 육성사업의 추진 내용과 성과 분석. 교육행정학연구, 30(2), 153-177. 수정 · 보완.

여기에 직접적인 농촌교육 대책은 제시되지 않았다.

주지하다시피 농산어촌 학교는 학생 수의 감소, 학습 여건의 악화, 학생의 학업성취도 저하 등의 복합적인 위기를 맞고 있다. 따라서 어떻게 하면 농산어촌 학생의 학력을 향상시켜 도시와 농산어촌 간의 교육 격차를 완화하고, 농산어촌 학교의 학생 수를 유지하며, 지속 가능한 발전을 도모하는 기틀을 마련할 수 있을지에 대한 관심이 지대할 수밖에 없었다.

이에 교육인적자원부는 2004년 10월 참여복지 5개년 계획(교육복지 부문)을 수립하여, 국민 기초교육 수준 보장, 교육 부적응 해소, 교육 여건 불평등 해소, 복지 친화적 교육 환경 조성, 교육복지정책 추진체제 구축 등의 정책 목표를 제시하였는데, 농산어촌 교육에 관한 내용은 교육 여건 불평등 해소 차원에서 다루어졌다. 농산어촌 지역의 교육 여건 개선을 위하여 지역 실정에 맞는 다양한 작은 학교 운영, 농산어촌 학교 운영의 자율성 확대, 농산어촌 학생의 기초학력 보장, 농산어촌 학생의 대학 진학 기회 확대, 교원 초빙제 확대, 향토 교사 적극 육성, 농산어촌 교원의 근무 여건 개선 등을 제시하였다.

이어서 이명박 정부는 2008년 12월 교육복지 대책을 마련하고, 이 가운데 농산어촌 학생의 교육 격차 완화를 위한 '연중돌봄학교 육성사업'을 포함시켜 3년간 사업을 추진하게 되었다. 연중돌봄학교 육성사업은 전국 면 단위 소재 초등학교와 중학교를 중심으로 2009년에는 378개교, 2010년에는 383개교, 2011년에는 382개교에 총 805억 원(대응투자 180억 원 포함)을 지원하였다. 이 사업에 총 9만 6천여 명의 학생과 1만 2천여 명의 교원이 참여하였다.

연중돌봄학교 육성사업의 특징은 농산어촌 교육 지원사업의 일환으로 운영되었다는 점이다. 여기서 농산어촌이라는 용어는 2004년 제정된 「농림어업인 삶의 질 향상 및 농산어촌지역 개발 촉진에 관한 특별법」에 근거하여 농업과 임업과 어업에 대칭하여 사용되어 왔다. 그런데 동 법률은 2010년에 「농어업인 삶의 질 향상 및 농어촌지역 개발 촉진에 관한 특별법」으로 개정되었다. '농산어촌'을 '농어촌'으로 변경한 취지는 보다 쉬운 법률용어의 사용과 문장의 간결화에 있다고 볼 수 있다. 우리나라 특성상 농촌과 산촌의 구분이 명확하지 않은 점도 고려되었다고 판단된다. 법률 개정 이후 행정적으로 '농산어촌'을 '농어촌'으로 변경하여 사용하고 있다. 그러나 이 책에서는 연중돌봄학교 사업 초기에 사용한 농산어촌이라는 용어를 가급적 그대로 사용했고, 인용 글의 원전에 충실하기 위해 농촌, 농어촌, 농산어촌이라는 용어를 혼용하였다.

농산어촌 지역은 인구 규모, 인구 밀집 도시와의 거리, 주요 산업 형태, 행정구역 등에 따라 도시 지역과 구분하여 사용된 개념이지만 전 세계적으로 통일된 기준이 적용되고 있지 못하다. 이러한 가운데 우리나라에서는 현행 법률상 행정구역의 읍 지역과 면 지역을 통칭하여 농(산)어촌 지역으로 분류해 오고 있다. 「농어업 · 농어촌 및 식품산업 기본법」 제3조 제5호에 따르면, 농(산)어촌은 행정구역상 읍 · 면 전 지역과 읍 · 면 지역 이외의 지역 중에서 산업, 생활 여건, 인구 규모를 고려하여 농림수산식품부 장관이 고시한 지역을 말한다.

정부의 농산어촌 지원사업 역시 읍 · 면 지역에 소재한 학교를 중심으로 추진되어 왔다. 그러나 연중돌봄학교 육성사업은 최초로 농산어촌 지역 중에서도 면 지역 소재 학교를 지원 대상으로 제한하였다. 동일한 농산어촌 지역에서 면 지역의 교육 여건이 극도로 취약해지고 있음을 고려한 조치다. 우선 면 지역 학생의 읍 지역으로의 이탈로 읍 지역 학교는 과밀화, 면 지역 학교는 소규모화되어 양극화 현상이 나타나고 있다. 아울러 면 지역 학생의 높은 전학 희망으로 면 지역 학교의 소규모화 및 황폐화가 심화될 가능성이 크다. 초등학교의 경우 1999년 대비 2007년 학생 수가 전국적으로 2.7% 감소한 가운데 읍 지역은 13% 증가하고, 면 · 도서 벽지는 23% 감소하는 특이한 현상이 벌어지고 있다. 초등학교당 학생 수 역시 동일 기간에 전국적으로 6.3% 감소한 가운데 읍 지역은 4.9% 증가하였고, 면 · 도서 벽지 지역은

7.4% 감소하였다. 학생의 전학 희망 정도는 '면 〉 읍 〉 시 · 자치구(동) 〉 특별 · 광역시' 순으로 나타났다(교육과학기술부, 2008; 임연기 외, 2008).

연중돌봄학교 육성사업의 두 번째 특징은 '교육복지' 관점에서 농산어촌의 교육 문제에 접근했다는 점이다. 이 사업은 '교육을 위한 수단으로서의 복지' 차원에서 농산어촌 교육의 육성을 추구하는 사업이다. 교육을 위한 수단으로서 복지란, 좋은 교육을 실현하기 위한 조건으로서 복지적 접근을 강조하는 의미를 가진다. 농산어촌 학생의 가정 결손이 심화되고 있고, 가정 요인이 도시와 농촌 간 교육 격차의 핵심 요인으로 작용한다는 점에 주목한 것이다. 도 · 농 간의 교육 격차 메타분석을 통해 가정, 학교, 학생 요인 가운데 가정 요인이, 가정 요인 가운데 가정의 사회경제적 요인이 격차를 나타내는 효과 크기가 가장 큰 것으로 보고된 바 있다(임연기 외, 2007b). 연중돌봄학교 육성사업은 학교의 교육적 기능을 강화시키는 것만으로는 농산어촌 교육의 발전에 한계가 있음을 인식하고, 학생을 위한 복지 지원을 중시하였다.

요컨대, 연중돌봄학교 육성사업의 추진 배경으로 농산어촌 지역의 인구 감소 및 경제적 취약성, 도 · 농 간 교육 격차 심화 등을 지적할 수 있다. 다만 특징적인 점은, 첫째 그동안 동일한 농산어촌 지역으로 간주하여 왔던 읍 지역과 면 지역의 교육 상황을 분리하여 보고, 특히 면 지역 교육의 열악성을 직시하면서 면 지역 소재 학교를 지원 대상으로 하였다는 점이고, 둘째 농산어촌 지역 가정 결손의 심각성을 고려하여 교육복지적 접근을 추구하였다는 점을 들 수 있다. 아울러 농어촌 구조 개선 특별회계 지원예산이 2005년 500억 원에서 매년 증가하다가 2008년에 전액 삭감되었다는 점도 면 지역 소재 학교를 대상으로 교육복지를 강조한 재정지원사업이 당해 연도 11월에 추진될 수 있는 중요한 계기가 되었다고 평가할 수 있다.

농산어촌 교육 지원사업으로서 연중돌봄학교 육성사업의 추진 경과에서 빼놓을 수 없는 일은 전원학교 지원사업이 교육과학기술부의 '농산어촌 전원학교 추진계획'(2009. 6.)에 근거하여 연중돌봄학교 육성사업과는 6개월의 간격을 두고 추진되었다는 점이다. 연중돌봄학교 육성사업은 전원학교 지원사업 착수 당시에 사업의 존속 여부가 심각하게 검토된 바 있으나 사업의 독자성을 기반으로 1차 존폐 위기를 넘겼다. 사실 1차 연도에 선정된 378개 학교 중에서 11개 학교는 전원학교로 전환되어 연중돌봄학교 사업 지정이 해제되기도 하였다. 이때 16개교가 추가로 지정되어 2차 연도에는 참여 학교 수가 5개교 증가하였고, 3차 연도에는 1개교가 폐교되어 382개교로 줄어들었다.

연중돌봄학교 육성사업은 거의 동시에 추진된 전원학교사업과 여러 측면에서 비교되었다. 연중돌봄학교는 학생 수 60명 이하 소규모 학교의 경우도 인근 학교와의 연계 운영을 통해 참여가 가능했지만, 전원학교는 61명 이상 200명 미만의 상대적으로 큰 규모의 학교들로 제한되었다. 연중돌봄학교는 프로그램 지원에 한정되었으나, 전원학교는 유형별로 차이가 있기는 하지만 학교당 평균 10억 원 수준의 시설투자가 이루어졌다. 그럼에도 연중돌봄학교는 교육과학기술부(2010. 11.)의 '2010년 국가수준 학업성취도 평가 결과'에 따르면, 전국 학교와 전원학교에 비해 기초학력 미달 비율이 낮고, 기초학력 미달 비율 감소 폭은 높은 것으로 나타났다(교육과학기술부 12월 1일 보도자료).

2011년에는 정부의 농산어촌 학교 재정지원사업을 통합 · 운영해야 할 필요성이 제기되자 연중돌봄학교 육성사업은 전원학교 지원사업에 통합되었다. 그러나 전원학교와 연중돌봄학교 사업 모두 이미 마지막 3차 연도 사업에 이르러 화학적 통합보다는 물리적 통합에 그칠 수밖에 없었다. 연중돌봄학교는 전원학교의 한 유형으로 사업의 독자성이 유지되었으며, 오히려 전원학교 사업에서 복지 프로그램을 강화하는 계기가 되었다.

2) 사업의 비전과 추진 전략

교육복지란, 넓은 의미에서는 개개인의 잠재 역량을 최대한 발현하도록 작용하는 일체의 교육 서비스를 말하고, 좁은 의미에서는 개개인의 사회경제적 지위, 거주 지역에 따른 불이익이나 결손을 완화 또는 해소시키기 위한 일체의 교육 서비스를 말한다. 농산어촌 '통합형' 교육복지는 좁은 의미의 교육복지 구상과 실현에 일차적 관심이 있으며, 궁극적으로 넓은 의미의 교육복지 실현을 추구한다.

그리고 '통합형' 교육복지의 의미를 다음과 같은 세 가지 차원에서 설명하고 있다(임연기 외, 2007a).

- 정부와 지역의 통합적 역할 수행에 의한 농산어촌 교육의 재활을 추진해야 한다.
- 농산어촌 학교, 가정, 지역의 통합적 교육 기능 회생을 추진해야 한다.
- 농산어촌 학생의 다면적 역량 강화를 위한 통합적 서비스를 제공해야 한다.

농산어촌 학생의 학력 향상을 위해서는 그들의 학력 향상과 직접적으로 관련되는 다각적 조치를 강구해야 한다. 이와 같은 전략을 바탕으로 설정한 연중돌봄학교 육성사업의 비전, 목표, 지표, 추진 방향 등은 다음 [그림 7-1]과 같다.

연중돌봄학교 육성사업은 농산어촌 '통합형' 교육복지 모델에서 강조한 바에 따라 학생의 다면적 역량을 증진시키는 데 역점을 두었다. 연중돌봄학교의 비전은 농어촌 학생의 실질적인 교육 기회의 보장을 통해 도 · 농 간 교육 격차를 완화 또는 해소하는 데 있다. 연중돌봄학교 육성사업은 농어촌 학생들이 겪고 있는 거주 지역의 지리적 불이익을 교육복지 차원에서 극복

비 전	• 농산어촌 학생의 실질적 교육 기회 보장을 통한 도 · 농 간 교육 격차 해소
목 표	• 농산어촌 학생의 기본생활안전망 구축 • 농산어촌 학생의 기초학력 신장 • 농산어촌 학생의 특기 · 적성 계발 및 균형적 · 전인적 성장 도모
지 표	• 투입: 추진체제 구축, 타당한 계획 수립, 대응투자 • 과정: 특성화 교육 프로그램 운영, 연계 · 협력 실적 • 산출: 학업성취 수준, 재학생 수, 만족도
추진 방향	• 시 · 도 및 교육 지원청의 자율적 추진 역할 강화 • 지역 · 학교의 특색을 살린 맞춤형 교육 프로그램의 개발 및 운영 • 학교 중심의 지역 교육공동체 구축

그림 7-1 연중돌봄학교 육성사업의 비전과 추진 방향

출처: 임연기 외(2012). p. 6.

할 수 있도록 지원하기 위한 시도다. 농어촌 학생의 복지 증진의 일환으로 기본 생활안전망을 구축하고, 기초학력 증진과 특기 · 적성 계발, 전인적 성장 등 다면적 역량 강화를 도모하도록 하였다.

또한 종적으로 중앙 및 지방 정부 그리고 단위 학교의 통합적 추진체제를 구축하고자 하였다. 중앙정부가 특별교부금으로 재원을 확보하고, 시 · 도 교육청의 자율적 추진 역량 및 지역교육청의 조정 · 지원 기능 강화, 지역 · 학교의 강점을 살린 교육 지원을 통하여 교육의 질을 향상시키고자 하였다. 지역교육청 및 시 · 도 교육청에서 지역의 특성, 지역교육 발전계획 및 관내 학교의 특성과 강점을 고려하여 연중돌봄학교를 추천하고, 지역 · 학교의 여건에 맞게 학교별 특화형, 학교 연계형 등 다양한 연중돌봄학교 육성 모델을 선정 · 지원하는 등 지역 발전을 위한 학교의 기능 및 지역교육청의 역할을 중시하였다. 아울러 횡적으로 학교와 지역과의 연계를 중시하였다. 또한 지역 유관 사업과의 연계를 통한 지역 인적 · 물적 자원의 투자로 학교가 지역 발전의 중심 역할을 하는 계기를 마련하고, 지역교육청이 관련 사업을 총괄 · 조정하여 지역교육청의 학교에 대한 지원 기능을 강화하고자 하였다.

3) 연중돌봄학교 선정 및 절차

사업 대상은 전국 86개 군(郡)의 면 지역 소재 유 · 초 · 중 · 고등학교(본교)다. 지역교육청이 지역 · 학교의 교육 발전 계획을 고려하여 사업 추진 및 협력 의지가 있는 관내 면 소재 학교를 공모 또는 추천을 통해 선정하고, 시 · 도 교육청이 광역 차원의 지역 교육 발전 계획을 고려하여 지역교육청이 선정한 학교에 대해 심사한 후 교과부에 추천 · 지원을 신청하도록 하였다(교육과학기술부, 2008. 11.).

당시 군 · 면 지역 소재 유 · 초 · 중 · 고등학교 현황은 다음과 같다. 유 · 초 · 중 · 고등학교 2,402개교(유 944, 초 875, 중 449, 고 181), 유 · 초 · 중 · 고등학생 204,611명(유 14,704, 초 101,834, 중 45,873, 고 41,150). 1군(郡)당 면 소재 유 · 초 · 중 · 고등학교 27.9개교(유 11, 초 10.2, 중 5.2, 고 2.1), 유 · 초 · 중 · 고등학생 2,379.2명(유 171, 초 1,184, 중 533, 고 478)이다. 단, 고등학교 중 농산어촌 우수고, 기숙형 공립고, 학교 특색 살리기 선도 학교로 지정된 학교는 제외하였다.

사업 지원 신청은 군 지역 내 사업 학교를 포함하여 군 단위로 신청하도록 하였다. 신청 · 지원 유형을 예시하면, 학교별 특화형은 학교별로 특성화된 교육과정 또는 특성화 교육(복지) 프로그램을 운영하며, 역할 분담 등을 통해 연계 가능한 프로그램을 공동 운영하도록 하였다. 학교 연계형은 통학 거리 내의 학교가 연계하여 교육과정, 방과 후 교육, 주말 · 방학 프로그램 등을 공동 운영하도록 하였다.

신청 단위는 면 지역 소재 2개 이상의 학교(초 1개교, 중 1개교 포함, 본교)

로 구성하도록 하였다. 동일 면 소재 학교가 아니어도 무방하며, 면 지역에 중 · 고등학교가 없는 부산 기장군은 예외적으로 초등학교로만 구성하고, 충북 증평군(면 지역 1개) 및 경북 울릉군(면 지역 2개)은 예외적으로 읍 지역 소재 학교(읍 지역 소재 학교 중 여건이 가장 열악한 학교를 선정)를 포함할 수 있도록 하였다. 사업 학교의 총 학생 수 200명(분교장 제외) 이상의 조건을 중시하였는데, 여기서 사업 학교의 총 학생 수는 사업 학교당 학생 수의 총합을 의미한다.

더불어 지역사회와의 협력을 요구하였다. 협의회 구성 및 대학, 민간기관 등 다양한 관련 기관 및 단체와 연계 · 협력을 권장하고, 기초자치단체와의 협약을 필수 요건으로 하였다. 선정 절차는 교과부가 선정 기준을 수립하여 안내하고, 지역교육청이 사업 학교를 공모 또는 추천하며, 시 · 도 교육청이 심사 추천을 하면, 교과부가 최종 확정하도록 하였다. 선정방법은 지역교육청에서 지역 · 학교의 교육 발전 계획을 고려하여 관내 면 소재 학교를 공모 또는 추천을 통해 선정하고, 시 · 도 교육청은 자체 세부 계획을 수립하여 지역교육청이 선정한 학교에 대해 심사한 후 등배수를 교과부에 추천하며, 교과부가 시 · 도 교육청의 지정 사유 및 신청서 등을 검토한 후 사업 학교를 최종 확정하였다.

4) 사업의 내용

연중돌봄학교 육성사업의 핵심 내용은 다음과 같다(교육과학기술부, 2008. 11.). 첫째, 사업 연계를 통해 농산어촌 학생에게 365일 교육복지를 지원한다. 학기 중 일과 전, 일과 중, 일과 후에 학생의 학습 결손 치유를 위한 각종 교육 프로그램 지원 및 학습 · 문화 · 복지 프로그램을 지원한다. 주말 및 방학 동안 자녀를 돌보기 어려운 가정을 대신하여 학교와 지역이 학습 및 생활공간의 역할을 하도록 학습 · 문화 · 보건 · 의료 등을 지원한다. 영어교육 격차 해소 사업, 방과 후 학교 등 유관 사업(프로그램) 등과 연계하고, 사업 학교의 분교장 학생에게도 365일 교육복지 지원 기회를 제공한다.

둘째, 연중돌봄학교의 교육력 향상을 위하여 교육과정의 내실화를 지원한다. 농산어촌 지역 여건 및 소규모 학교의 특성에 맞는 특성화 교육과정 및 기초학력 증진 교육 프로그램을 개발 · 운영하도록 지원한다. 아울러 교육과정 운영을 위한 교구 구입 등 학습 인프라 구축 및 복식 학급 강사 지원, 교사연수 지원 등 교수활동을 지원한다. 그리고 복식 학급 및 상치 과목의 해소를 위한 강사 등을 지원한다.

셋째, 교육 역량 강화를 위하여 학교 간, 학교와 지역 간 연계 운영을 지원한다. 학교 간 시설 공동 활용 및 공동 프로그램 개발 · 운영 지원을 통해 적정 규모의 학생이 교육활동에 참여하도록 함으로써 교육투자의 효율성을 확보한다. 다목적 강당 등 학교 내 시설 및 통학버스 등은 학교 간 공동 사용하고, 통학버스 구입은 지양하되, 임차료 등의 지원을 통해 통학버스 공동 이용이 가능하도록 한다. 사업 학교의 분교장 학생과 연계한 교육 프로그램을 운영하고, 교사, 학부모, 지역 관계자 공동연수 등을 통한 지역 내 주체의 자생적 교육 역량, 연계 기능 및 지역의 교육 지원을 강화한다. 사업 학교에 선

표 7-1 연중돌봄학교의 교육활동 유형

구 분	교육활동 예시
학교별 특화 교육활동	특수아 보육, 저학년 보육, 심화학습 지도, 생태교육, 체험학습, 도 · 농 교류(산촌 유학), 다문화 교실 등
학교별 공동 교육활동	교육과정 내실화, 학습 진단, 상담 · 코칭, 숙제 지도, 독서교육, 방과 후 학교, 급식 지원, 생활 지원 등
지역 공동 교육활동	교사 연수, 영어교육 강화, 체험학습, 프로그램 개발, 주민(부모) 교육, 보건 · 의료 지원, 인성 · 문화 프로그램 지원, 위기 학생 발굴 · 진단 · 치료 등

출처: 교육과학기술부(2008. 11.). p. 9.

정되지 않은 지역 내 학교의 학생, 교사, 학부모도 참여를 권장한다.

넷째, 지역사회의 인적 · 물적 자원 활용을 지원한다. 지역사회 내 유관 기관 등이 참여하는 협의회를 구성 · 운영하고, 일과 후 및 주말 · 방학, 학생 지원을 위한 지역사회 인적 · 물적 자원 활용을 지원한다. 지역사회 내 기관 · 단체, 인근 지역 대학, 사회봉사 요원 등 지역사회 인적자원의 활용 및 문화체육관광부 예술강사 지원사업 등의 우선 활용을 지원한다(시 · 도 및 지역교육청). 그리고 주말 · 방학 중 교육활동 장소로 학교 간 시설, 지역 내 공공시설 및 민간시설 활용을 지원한다. 공부방, 지역아동센터, 종교기관, 마을회관, 주민자치센터 등의 시설 활용을 지원하며, 지역교육청의 지역 내 자원을 파악하고 이를 연계하여 사업 학교에 지원하며, 사업 학교에 적용되는 프로그램의 기획 · 실행 등을 담당하는 전문 인력의 배치를 권장한다.

2. 사업의 추진 실적

연중돌봄학교 육성사업의 추진 실적은 참여 학교 수, 사업비 집행, 프로그램 개발 및 운영 차원에서 분석하였다. 한국농촌교육연구센터가 사업 기간 동안 매년 10월에 실시한 연중돌봄학교 연차 평가의 결과를 종합한 '성과분석 연구 보고서'(임연기 외, 2012)를 활용하였다. 유치원과 고등학교는 각각 24개교와 6개교로 성과 평가 대상에서도 제외되었기 때문에 분석 대상에서 제외하였고, 초등학교 및 중학교와 연계하여 사업을 추진하였다.

1) 사업 참여 학교 규모

연중돌봄학교 육성사업의 참여 지역 수는 2009년 84개 지역에서 2010년 86개 지역으로 확대되었다. 학교 수는 2009년 378개교에서 2010년 383개교로 확대되었다. 2010년 연중돌봄학교로 선정된 11개 학교는 전원학교로 전환되고, 16개교가 추가로 선정되었다. 2011년 1개교가 폐교되고, 12개 시 · 도, 86개 군에서 총 382개교가 선정 · 운영되었으며, 유치원 24개교, 초등학교 225개교, 중학교 127개교, 고등학교 6개교다.

표 7-2 연중돌봄학교 육성사업 참여 지역 수 및 학교 수

* 단위: 개

구 분		부산	대구	인천	울산	경기	강원	충북	충남	전북	전남	경북	경남	계
지역 수	2009년	1	1	2	1	4	11	7	9	8	17	13	10	84
	2010년	1	1	2	1	4	11	9	9	8	17	13	10	86
	2011년	1	1	2	1	4	11	9	9	8	17	13	10	86
학교 수	2009년	10	2	9	2	15	55	45	44	38	47	77	34	378
	2010년	10	2	9	2	15	55	47	44	39	47	77	36	383
	2011년	10	2	9	2	15	55	46	44	39	47	77	36	382

2011년 기준 연중돌봄학교 353개교 중 60명 미만인 학교가 160개교(45.3%)로 가장 많고, 다음은 60명 이상 120명 미만 121개교(34.3%), 120명 이상 72개교(20.4%) 순으로 나타났다. 초등학교는 225개교 중 60명 미만이 98개교(43.6%), 중학교는 128개교 중 60명 미만이 62개교(48.4%)였다.

표 7-3 연중돌봄학교의 규모(2011년)

* 단위: 개(%)

구분	초등학교				중학교				합계
	60명 미만	60~120명	120명 이상	계	60명 미만	60~120명	120명 이상	계	
빈도 (%)	98 (43.6)	81 (36.0)	46 (20.4)	225 (100.0)	62 (48.4)	40 (31.3)	26 (20.3)	128 (100.0)	353 (100.0)

표 7-4 연중돌봄학교 학급당 학생 수

* 단위: 명

구 분	2009년	2010년	2011년
초등학교	14.4	13.8	12.7
중학교	21.3	21.1	20.5
합계	16.1	15.6	14.7

2011년 기준으로 총 학생 수와 총 학급 수를 바탕으로 학급당 학생 수를 조사한 결과, 전체적으로 14.7명이고, 학교급별로는 초등학교 12.7명, 중학교 20.5명으로 나타났다. 연차별로 전반적인 학생 수 감소 추세에 따라 학급당 학생 수가 줄어드는 것으로 나타났다.

2) 사업 참여 학생 수

연중돌봄학교 육성사업 참여 학생 수는 2011년 기준으로 연중돌봄학교 352개교 총 30,585명으로 나타났다. 구체적인 내용은 〈표 7-5〉와 같다.

연중돌봄학교의 초등학교 특별학생으로서 기초생활수급자 가정의 학생 수는 211개교에서 총 1,541명으로 교당 평균 7.3명, 차상위 계층 학생 수는 177개교 학교에 총 1,304명이 재학 중이어서 교당 평균 7.4명이었다. 특수교육 대상 학생은 174개교에 총 565명, 교당 평균 3.3명, 다문화가정 학생 수는 178개교에 총 856명, 교당 평균 4.8명이 재학 중인 것으로 조사되

표 7-5 연중돌봄학교 육성사업 참여 학생 수

* 단위: 명

구 분	2009년	2010년	2011년
초등학교	22,031	21,552	19,945
중학교	11,139	10,943	10,640
합계	33,170	32,495	30,585

었다. 결손가정 중에서 한부모가정 학생은 205개교에 총 1,559명, 교당 평균 7.6명이 재학 중이었다.

중학교 연중돌봄학교의 특별학생으로서 기초생활수급자 가정의 학생 수는 116개교에 총 1,219명으로 교당 평균 10.5명이고, 차상위 계층의 학생 수는 101개교에 총 890명으로 교당 평균 8.8명 수준이었다. 특수교육 대상 학생은 85개교에 총 248명, 교당 평균 2.9명, 다문화가정의 학생 수는 72개교에 총 171명, 교당 평균 2.4명이 재학 중인 것으로 조사되었다. 결손가정 중에서 한부모가정 학생은 118개교에 총 1,010명, 교당 평균 8.6명이 재학 중인 것으로 나타났다.

3) 사업 참여 교원 수 및 특성

2010년 기준으로 연중돌봄학교 육성사업 참여 교원 수는 352개교에 총 4,053명, 교당 평균 11.5명인 것으로 나타났다. 초등학교는 224개교에 총 2,663명, 교당 평균 11.9명, 중학교는 128개교에 총 1,390명, 교당 평균 10.9명의 교원이 참여하였다.

연중돌봄학교 교원들은 농촌 학교에서 근무하는 이유에 대해 2011년도 설문조사에 응한 3,213명의 교사 중 37.5%가 '순환근무제에 의한 배치'라고 응답하였고, 다음은 신규 배치(25.9%), 농촌 학교가 좋아서 지원(15.5%) 순

표 7-6 연중돌봄학교 육성사업 참여 교원 수

* 단위: 명

구 분	2009년		2010년		2011년	
	계	평 균	계	평 균	계	평 균
초등학교	2,716	12.2	2,663	11.9	2,613	11.7
중학교	1,456	11.7	1,390	10.9	1,380	10.9
합계	4,172	12.0	4,053	11.5	4,043	11.5

으로 나타났다. 자의(지원 및 초빙)에 의한 근무의 경우는 32.6%, 타의(배치)에 의한 근무의 경우는 63.4%, 초빙 및 기타의 경우가 4.0%였다. 초등학교 교원은 순환근무제에 의한 배치 32.5%(자의 33.7%, 타의 63.0%, 기타 3.3%), 중학교 교원은 순환근무제에 의한 배치 46.4%(자의 30.6%, 타의 64.4%, 기타 5.0%)였다. '농산어촌 학교가 좋아서 근무하고 있다.'는 교원은 초등학교와 중학교 모두 15% 수준에 불과한 것으로 확인되었다.

표 7-7 연중돌봄학교 교원의 농촌 학교 근무 이유

* 단위: 명(%)

구 분	순환근무	초 빙	농촌 학교가 좋아서	승진 가산점	신규 배치	기 타	계
초등학교	662 (32.5)	40 (2.0)	312 (15.3)	335 (16.4)	622 (30.5)	69 (3.4)	2,040 (100.0)
중학교	544 (46.4)	24 (2.0)	185 (15.8)	150 (12.8)	211 (18.0)	59 (5.0)	1,173 (100.0)
합계	1,206 (37.5)	64 (2.0)	497 (15.5)	485 (15.1)	833 (25.9)	128 (4.0)	3,213 (100.0)

연중돌봄학교 교원에게 현재 근무하는 학교에 계속 근무하고 싶은지를묻는 설문조사(2011년)를 실시한 결과, 설문에 응한 3,214명의 교사 중 58.9%가 그렇다, 41.1%가 아니다로 응답하였다. 초등학교 교원은 그렇다 55.9%, 아니다 44.1%, 중학교 교원은 그렇다 64.1%, 아니다 35.9%였다. 초등학교는 44.1%, 중학교는 35.9%의 교원이 다른 학교로의 전근을 희망하는 것으로 나타났다.

표 7-8 연중돌봄학교 교원의 현재 학교 계속 근무 희망 여부

* 단위: 명(%)

구 분	그렇다	아니다	계
초등학교	1,140(55.9)	899(44.1)	2,039(100.0)
중학교	753(64.1)	422(35.9)	1,175(100.0)
합계	1,893(58.9)	1,321(41.1)	3,214(100.0)

4) 사업비 규모 및 집행 내역

연중돌봄학교 육성을 위한 사업비는 2009년에 298억 원, 2010년에 230억 원, 2011년에 277.4억 원이 투자되었다. 3년간 특별교부금은 626억 원, 지역의 대응투자비는 179.4억 원 등 총 805.4억 원이 투자되었다. 본래 연간 사업 지원 총액은 25,800백만 원으로 1개 군(郡)당 매년 3억 원을 기준으로 하였으며, 3년간 지원하되 2차 연도부터 시 · 도 교육청의 '대응투자 30% 의무화'를 원칙으로 하였다.

아울러 단위 학교당 사업비는 대상 학교의 학생 총수를 기준으로 차등 지원하도록 하였다. 〈표 7-10〉과 같이 학생 수에 연계하여 사업비를 지원하였으며, 연간 일인당 지원액이 백만 원 수준을 유지하도록 하였다.

표 7-9 연중돌봄학교 육성사업비 규모

* 단위: 천 원

구 분	2009년	2010년	2011년	계
국고지원비	29,800,000	14,000,000	18,800,000	62,600,000
대응투자비	-	9,000,000	8,940,000	17,940,000
합계	29,800,000	23,000,000	27,740,000	80,540,000

※ '09년 사업계획 수립 시 '10년부터 298억 원의 30%(90억 원) 대응투자 확보가 의무화됨

표 7-10 사업 학교 학생 총수에 따른 연간 지원액

학생 총수(명)	200~250 미만	250~350 미만	350~450 미만	450 이상
연간 지원액(천 원)	250,000	300,000	350,000	400,000

※ 연간 일인당 지원액을 약 백만 원 수준으로 유지함

전체 연중돌봄학교 가운데 초·중등학교 352개교를 중심으로 집행한 예산을 성질별로 분류하면, 프로그램 개발 운영비가 46.4%로 가장 많고, 다음은 인건비 44.9%, 사업 운영 지원비 8.8%로 나타났다. 연도별로 살펴보면, 2009년에는 프로그램 개발 운영비가 45.7%로 가장 많고, 2010년에는 인건비가 46.2%, 2011년에는 프로그램 개발 운영비가 47.7%로 가장 높은 비율을 보였다. 인건비와 프로그램 개발 운영비가 비슷한 수준으로 집행되었음을 알 수 있다.

표 7-11 연중돌봄학교 사업 성질별 예산 집행 현황

* 단위: %

구 분	인건비	프로그램 개발 운영비	사업 운영 지원비	계
2009년	44.2	45.7	10.1	100
2010년	46.2	45.9	8	100
2011년	44.3	47.7	8	100
합계	44.9	46.4	8.8	100

초·중 연중돌봄학교 352개교에서 집행한 예산을 영역별로 살펴보면, 기초학력 신장이 33.9%로 가장 많고, 다음은 특기·적성 계발 21.7%, 기본생활안전망 구축 17.7% 순으로 높게 나타났다. 연도별로 살펴보면, 2009년, 2010년, 2011년 모두 기초학력 신장이 37.2%, 34.9%, 29.1%를 차지하여 가장 높은 비율을 보였다.

표 7-12 연중돌봄학교 사업 영역별 예산 집행 현황

* 단위: %

구 분	기본생활 안전망 구축	기초학력 신장	심리 · 정서 발달	사회문화 소양 증진	특기 · 적성 계발	사업 운영 지원	합 계
2009년	18.0	37.2	3.4	15.3	18.9	7.2	100
2010년	18.1	34.9	3.5	14.8	21.6	7.2	100
2011년	17.0	29.1	5.1	17.7	24.9	6.2	100
계	17.7	33.9	4.0	15.9	21.7	6.9	100

연중돌봄학교 중에서 유치원과 고등학교를 제외하고 초등학교와 중학교를 중심으로 조사한 바에 따르면, 학생 일인당 평균 지원비는 2009년에 약 942만 원, 2010년에 약 877만 원 그리고 2011년에 약 906만 원 수준이었다. 학생 일인당 평균 지원금 백만 원 수준에서 사업 운영 지원비를 제외하고 순수하게 학생에게 지원된 금액은 90만 원 수준이었음을 알 수 있다. 2010년에 감소하였다가 2011년에 다소 회복하여 90만 원 수준으로 향상되었다.

표 7-13 학생 일인당 평균 지원비

* 단위: 천 원

구 분	2009년	2010년	2011년
초등학교	932.6	870.3	884.8
중학교	961.1	890.5	921.2
전체	942.3	877.1	906.9

※ 2009년 자료는 1차 성과 평가 결과임

※ 2010년 총 학생 수는 각 학교에서 제출한 자체 평가 보고서 내 재학생 수를 기준으로 산출함

※ 초등학교 1개교 무응답

5) 프로그램 개발 및 운영

연중돌봄학교 육성사업 프로그램은 학력 신장 프로그램, 기본생활안전망 구축 프로그램, 심리 · 정서 발달 프로그램, 사회문화적 소양 증진 프로그램,

특기 · 적성 계발 프로그램, 사업 지원 프로그램, 일과 후 돌봄 프로그램, 지역사회 협력 프로그램으로 구분할 수 있다.

학력 신장 프로그램은 기초학력 미달 학생을 최소화하고, 기초학력 우수 학생을 극대화하기 위한 프로그램으로서 기초학력 증진 교실, 맞춤지도 프로그램 등이 운영되었다. 기초생활안전망 구축 프로그램은 학업에 전념할 수 있도록 기초 생활을 보장하고, 학교가 가정의 기능을 보완하여 돌봄 역할을 수행하는 프로그램으로, 급식 지원, 학생 통학 지원, 보건 의료 지원 등이 있다.

심리 · 정서 발달 프로그램은 학생의 정서적 발달 및 심리적 안정을 도모하도록 하여 학교 적응력을 향상시키고, 농산어촌 학생의 균형적 성장과 발달을 도모하기 위한 프로그램이다. 사회문화적 소양 증진 프로그램은 학생의 의사소통 능력 및 다른 사람을 배려하면서 더불어 생활할 수 있는 사회적 능력의 향상을 지원하고, 가정 및 지역사회의 건전한 구성원으로 성장하도록 다양한 문화 · 체험 활동을 지원하는 프로그램이다.

특기 · 적성 계발 프로그램은 학생들의 특기 · 적성을 조기 발굴하고, 학생 개개인의 특기 · 적성을 체계적으로 계발하기 위한 프로그램이다. 사업 지원 프로그램은 연중돌봄학교의 실제적인 운영을 돕기 위한 프로그램으로, 연수, 협의회, 워크숍 및 세미나 등의 활동을 말한다.

일과 후 돌봄 프로그램은 휴업일 및 공휴일, 아침 및 야간 등의 학습활동을 지원하여 학습 보충 지도를 도울 수 있는 프로그램이다. 지역사회 협력 프로그램은 지역 산업과의 연계를 통해 인력 및 예산 지원을 가능하게 하고, 주민의 평생학습 실현과 지역개발사업과의 연계를 추구하는 프로그램이다. 연중돌봄학교의 2011년도 프로그램 개발 및 운영 현황과 참여 인원은 〈표 7-14〉 〈표 7-15〉와 같다.

표 7-14 연중돌봄학교 프로그램 개발 및 운영 현황

* 단위: 프로그램 수(%)

구 분	학력 신장	생활 안전망	심리·정서 발달	사회문화 소양 증진	특기·적성 계발	사업 지원	일과 후 돌봄	지역사회 협력	합 계
초등학교	3,156 (13.6)	4,658 (20)	1,973 (8.5)	3,412 (14.7)	3,497 (15)	1,521 (6.5)	2,715 (11.7)	2,334 (10)	23,266 (100)
중학교	1,812 (15.8)	2,148 (18.7)	1,058 (9.2)	1,420 (12.4)	1,327 (11.5)	1,013 (8.8)	1,600 (13.9)	1,113 (9.7)	11,491 (100)

표 7-15 연중돌봄학교 프로그램 참여 인원

* 단위: 명(%)

구 분	학력 신장	생활 안전망	심리·정서 발달	사회문화 소양 증진	특기·적성 계발	사업 지원	일과 후 돌봄	지역사회 협력	합 계
초등학교	178,624 (13.7)	227,360 (17.5)	138,794 (10.7)	268,186 (20.6)	161,508 (12.4)	55,118 (4.2)	123,402 (9.5)	146,825 (11.3)	1,299,817 (100)
중학교	121,919 (18.2)	100,697 (15)	81,192 (12.1)	110,269 (16.4)	54,627 (8.1)	28,728 (4.3)	93,542 (13.9)	80,252 (12)	671,226 (100)

3. 사업의 주요 성과

1) 학업성취도

연중돌봄학교 육성사업의 가장 중요한 성과 지표는 학생의 학업성취 수준 향상에 있다. 특히, 복지적 차원에서 기초학력 미달 학생의 구제 여부에 주목하였으며, 사업비의 1/3이 기초학력 신장을 위해 투자되기도 하였다. 학업성취도 수준의 변화는 객관성을 담보하기 위하여 연도별 국가 학업성취도 평가 결과를 활용하였다. 초등학교 6학년과 중학교 3학년 전체 학생의 학업성취도 수준의 변화를 분석하였다.

연중돌봄학교의 학업성취도 수준은 연차별로 꾸준히 향상된 것으로 확인되었다. 초등학교의 경우, 교육과학기술부의 2012년 국가 수준 학업성취도 기초학력 미달 학생 비율 달성 목표(0.8%)를 2011년도에 조기 달성하였다. 다만, 2010년 대비 2011년 우수학력 비율이 다소 감소한 것으로 나타났다. 중학교의 경우 우수학력 비율도 연차별로 향상되고, 기초학력 미달 비율은 3년간 4.5%, 2.6%, 2.0% 수준으로 감소하였다.

표 7-16 연중돌봄학교 학생의 학업성취도 수준의 변화

* 단위: %

구분	우수			보통			기초			미달		
	'09	'10	'11	'09	'10	'11	'09	'10	'11	'09	'10	'11
초등학교	39.3	43.8	39.0	41.3	38.2	44.5	17.6	17.0	15.8	1.8	0.9	0.7
중학교	14.1	15.9	17.9	44.1	44.3	48.5	34.4	35.3	29.8	7.4	4.5	2.8
합계	27.1	30.6	26.3	42.7	41.1	46.7	25.8	25.7	25.0	4.5	2.6	2.0

초등학교의 경우, 연차별로 국어, 수학 교과에서 우수학력 비율이 다소 감소하였으나, 영어 교과에서 우수학력 비율이 증가하였으며, 보통학력 비율은 대부분의 교과에서 증가하는 경향을 보였다. 중학교의 경우, 연차별로 국어, 영어 교과에서는 우수학력 비율이 증가하였으나, 과학 교과에서는 우수학력 비율이 감소하였으며, 보통학력 비율은 대부분의 교과에서 증가하는 경향을 보였다. 이러한 가운데 과목별 연중돌봄학교의 기초학력 미달 학생 비율은 전반적으로 감소한 것으로 나타났다. 초 · 중등학교의 경우, 모든 교과에서 기초학력 미달 학생 비율이 감소하였다.

2) 교육 수요자의 학교 만족도

연중돌봄학교 육성사업의 종합적 성과로서 학생과 학부모의 학교 만족도

표 7-17 연도별 연중돌봄학교 학생의 학교 만족도 변화

* 단위: 점

<table>
<tr><th colspan="2" rowspan="2">구 분</th><th rowspan="2">사례 수 (N)</th><th rowspan="2">평 균</th><th rowspan="2">표준 편차</th><th rowspan="2">F</th><th rowspan="2">P</th><th colspan="3">'09 대비 증감</th></tr>
<tr><th>초등 학교</th><th>중학교</th><th>초·중등 전체</th></tr>
<tr><td rowspan="3">초등 학교</td><td>2009년</td><td>10,671</td><td>77.7</td><td>12.746</td><td rowspan="3">1822.982</td><td rowspan="3">2011〉2010
2010〉2009
2011〉2009
(p〈 .001)</td><td rowspan="6">↑10.2</td><td rowspan="6">↑13.5</td><td rowspan="6">↑11.8</td></tr>
<tr><td>2010년</td><td>9,413</td><td>83.4</td><td>10.837</td></tr>
<tr><td>2011년</td><td>8,139</td><td>87.9</td><td>10.801</td></tr>
<tr><td rowspan="3">중학교</td><td>2009년</td><td>10,673</td><td>67.6</td><td>14.317</td><td rowspan="3">1750.697</td><td rowspan="3">2011〉2010
2010〉2009
2011〉2009
(p〈 .001)</td></tr>
<tr><td>2010년</td><td>7,462</td><td>76.8</td><td>11.681</td></tr>
<tr><td>2011년</td><td>6,008</td><td>81.1</td><td>12.438</td></tr>
</table>

향상을 중시하였다. 학교 만족도 조사는 매년 10월경에 한국교육개발원이 2007년 학교 종합평가에서 활용한 조사도구를 수정 · 보완하여 우편 조사로 실시하였다. 모든 초 · 중등 연중돌봄학교, 초등학교 3개 학년(4, 5, 6학년), 중학교 3개 학년(1, 2, 3학년)을 대상으로 조사하였다.

〈표 7-17〉은 연중돌봄학교 학생의 만족도 변화를 분석한 결과다. 연중돌봄학교 학생의 학교 만족도는 3년간 초등학교와 중학교 모두 향상된 것으로 나타났다(p〈 .001). 초 · 중등학생 전체 만족도는 2009년 평균 72.7점에 비해 2010년에는 80.1점, 2011년 84.5점으로 11.8점 향상되었다. 학생의 학교 만족도를 하위 요인별로 살펴보면, 특히 교육활동 및 교육 결과 만족도가 상대적으로 높게 나타났다. 또한 중학생에 비해 초등학생의 만족도가 전반적으로 더 높게 나타났다.

한편 연중돌봄학교 학부모의 학교 만족도 역시 전년 대비 초 · 중등학교 모두 향상된 것으로 나타났다(p〈 .001). 초 · 중 연중돌봄학교의 학부모 만족도는 2010년 77.4점에 비해 2011년 82.8점으로 5.4점의 향상을 보였다. 학부모의 학교 만족도를 하위 요인별로 살펴보면, 특히 자녀의 학교생활 및 교

표 7-18 연도별 연중돌봄학교 학부모의 학교 만족도 변화

* 단위: 점

구 분		사례 수 (N)	평균	표준 편차	t	p	증감		
							초등 학교	중학교	초·중 전체
초등학교	2010년	7,582	79.0	9.418	34.735	p<.001	↑6.2	↑4.6	↑5.4
	2011년	4,202	85.2	11.044					
중학교	2010년	6,121	75.8	10.079	24.220	p<.001			
	2011년	2,566	80.4	11.476					

육 환경에 대한 만족도가 상대적으로 높게 나타났다. 학생과 마찬가지로 학부모 역시 초등학교 학부모의 만족도가 중학교 학부모의 만족도보다 높게 나타났다.

3) 재학생 수

연중돌봄학교의 재학생 수의 유지 또는 감소율 완화 여부가 지속 가능한 농산어촌 교육의 발전 가능성을 타진할 수 있는 중요한 성과 지표로 설정되었다. 농산어촌 학생 수의 전반적인 감소 추세 속에서 재정지원사업을 통해 학생 수의 감소율을 완화할 수 있는지의 여부는 중대한 관심 사항이었다. 〈표 7-19〉는 연도별로 연중돌봄학교의 학생 수 변화를 분석한 결과다.

표에서 알 수 있는 바와 같이 연중돌봄 초등학교 학생 수는 2009년 22,135명, 2010년 21,391명 그리고 2011년에는 19,945명 수준으로 지속적으로 감소하였다. 연중돌봄 중학교 학생 수는 2009년 11,391명, 2010년 10,962명 그리고 2011년 10,640명으로 역시 지속적으로 감소하였다. 3년간 초등학교는 9.89%, 중학교는 6.59% 감소하였다. 그럼에도 면 지역 이하의 전국 학생 수의 감소율보다 그 비율이 큰 폭으로 낮게 나타났다는 점은 고무적이다.

전국의 면 지역 이하 학생 수는 3년간 초등학교의 경우 18.4%, 중학교의 경우 10.2% 감소하였다. 3년간의 감소 비율로는 매우 큰 수준이다. 초등학교에 비해 중학교 학생 수의 감소 폭이 작지만 초등학교의 감소 파고가 점차 중학교에 영향을 미칠 것으로 전망해 볼 때, 중학교 학생 수의 감소 비율이 점차 커질 것으로 예상할 수 있다. 면 지역 이하에 소재하는 농산어촌 학교의 존폐가 위태로운 실정임을 알 수 있다. 재정지원사업만으로는 학생 수의 감소 추세를 전환하기에 한계가 있다는 점을 시사하고 있다.

연중돌봄학교의 학교급별 학생 수 증감 추이를 살펴보면 초등학교의 경우, 2009년도 대비 2011년도 학생 수가 증가한 학교가 24.9%, 감소한 학교가 71.5%로 나타났으며, 중학교의 경우 2009년도 대비 2011년도 학생 수가 증가한 학교가 29.1%, 감소한 학교가 66.2%로 나타났다. 대체로 30% 정도의 학교에서 학생 수가 유지 내지 증가 양상을 보였고, 약 70%의 학교는 학생 수 감소 양상을 나타냈다.

표 7-19 연중돌봄학교 학교급별 학생 수 변화

* 단위: 명

구 분		연중돌봄학교 학생 수	면 지역 이하 학생 수
초등학교	2009년	22,135	265,528
	2010년	21,391	245,370
	2011년	19,945	216,768
	'09 대비 증감률(%)	-9.89	-18.4
중학교	2009년	11,391	121,093
	2010년	10,962	116,844
	2011년	10,640	108,780
	'09 대비 증감률(%)	-6.59	-10.2

표 7-20 연중돌봄학교 3년간 학생 수 증감 추이

* 단위: 개(%)

구 분	증 가	유 지	감 소	계
초등학교	56(24.9)	8(3.6)	161(71.5)	225(100.0)
중학교	37(29.1)	6(4.7)	84(66.2)	127(100.0)
합계	93(26.4)	14(4.0)	245(69.6)	352(100.0)

4. 사업의 한계 및 과제

연중돌봄학교 육성사업의 추진 내용과 성과의 분석 결과를 통해서 볼 때 농산어촌 연중돌봄학교 육성사업은 무엇보다 학생들의 학력 향상과 함께 학생 및 학부모의 만족도 향상에 기여하였음이 확인되었다. 제한적이지만 학생 수 감소를 완화하는 효과도 있음이 밝혀졌다. 이는 교육복지적 접근을 통해 농산어촌 지역에 소재하는 학교의 발전이 가능함을 입증한 셈이다.

하지만 이 사업이 안고 있는 여러 한계점도 드러났다. 우선 연중돌봄학교 육성사업이 일부 학교만을 대상으로 한 시범 운영적 성격을 띠고 실행되었다는 점, 3년이라는 단기적 사업으로 추진되고 사업이 종료된 이후 아무런 후속 지원이 담보되지 않고 있다는 점, 사업 기간 동안 각종 재정지원사업과의 중복 투자가 쟁점화되고 사업 최종 연도에는 전원학교사업과 통합 운영이 불가피하였다는 점, 사업비로 채용된 계약직 전담요원들의 고용 확보가 보장되지 않고, 교사들의 업무 과중에 따른 피로감으로 복지사업의 추진이 위축되며, 성과에도 한계가 있었다는 점 등을 신중히 반성해 볼 필요가 있다.

따라서 이와 관련한 향후 과제를 제시하면 다음과 같다. 첫째, 지리적 불이익을 겪고 있는 농산어촌 학생들을 위한 교육복지 시스템을 구축해야 한다. 학교 수준에서 모든 학생들의 기초학력을 보장하는 장치를 마련하여 학습 진도에 따라 기초학력 수준을 체계적으로 진단하고, 학습 결손이 발견되면 즉시 보충할 수 있는 기회를 제공하며, 학습 결손의 원인을 조기에 발견하여 필요한 경우 특별교육 프로그램을 통해 근원적 치유를 시도하도록 해야 한다. 학습 결손의 누적을 방지하기 위하여 과감하게 과목별 유급제, 무학년제 등의 도입 · 운영을 검토할 필요가 있다. 가정 결손이 심한 경우 가정의 기능을 보완할 수 있는 돌봄 서비스를 향상시켜야 한다. 또한 교육복지 차원에서 농산어촌 학교의 급식, 건강, 교통 등의 서비스를 보장하는 기본생활안전망을 구축할 필요가 있다.

둘째, 농촌 교육복지 전달 체계를 개선해야 한다. 가칭 농촌 교육복지사 제도를 도입하여 농촌 전문 교육복지사를 양성 및 배치할 필요가 있다. 농촌 교육복지사는 교육적 역량과 복지적 역량을 함께 갖추어야 한다. 교육대학과 사범대학에 농촌 교육복지사 양성과정을 설치하여 전문성을 확보하도록 할 필요가 있다. 학교에 학생 개개인의 교육복지적 필요를 점검하고, 이 결과에 따라 맞춤형 특별 프로그램 서비스를 제공하는 인적자원 풀을 구축해야 한다. 아울러 타 부처에서 시행하는 유사 사업과의 연계 추진을 통하여 중복 투자를 방지하고, 시너지 효과를 거두도록 해야 한다. 이를 위하여 시 · 군 · 구 교육 지원청 수준에서 지역의 모든 교육복지 관련 사업을 총괄 관리하고, 사업 예산을 조정할 수 있는 권한을 부여하며, 아울러 기업체, 공공기관 등이 교육복지 사업에 적극 참여할 수 있는 방안을 강구할 필요가 있다.

셋째, '농산어촌 교육 지원 특별법'을 제정해야 한다. 농산어촌이라고 하는 지리적 불이익에 따른 교육적 차별을 해소하고, 농산어촌 지역의 교육 발전을 안정적으로 도모하기 위하여 법적 근거를 마련할 필요가 있다. 해당 법률에는 농촌교육 지원사업의 추진 및 지원 체제, 재원 확보, 대상, 담당자 확보 등을 명시할 필요가 있다. '교육복지 특별법'을 제정하여 핵심 영역의 하나로 농산어촌 교육을 포함시킬 수도 있을 것이다.

4부

농어촌 교육복지 실천연구

8장 | 농촌 지역아동센터

9장 | 농촌 빈곤계층 아동 진로교육

8장 농촌 지역아동센터[1)]

1. 연구의 개요

1) 연구의 필요성 및 목적

아동이 한 사회의 바람직한 구성원으로서 성장과 발달을 시작하는 최초의 생활환경은 가정이다. 아동의 초기 성장 · 발달은 가정환경에서 이루어지며, 부모는 아동이 만나는 최초의 사람일 뿐만 아니라 자녀 양육에 매우 중요한 역할을 담당하게 된다. 이것은 아동이 부모와 지속적인 상호작용을 통하여 생활 규범과 가치관을 습득하여 한 인간으로 사회화되기 때문이다. 아동이 사회적 · 경제적 가정환경 속에서 부모와의 상호작용을 통해 인성을 형성해 가고 발전시키는 과정인 사회화는 아동이 발전하는 데 총체적인 영향을 미

1) 박성희(2012a). 농촌지역아동센터의 아동 행복 위협에 관한 질적 연구 및 부모교육의 필요성. *Andragogy Today, 15*(1), 1-30. 참고.

치는 환경 조건이 된다. 아동의 사회화 과정에서 부모의 역할은 매우 중요하지만, 우리 사회는 부모교육을 지원하기보다는 자녀 양육이라는 역할과 책임만을 강조하여 왔다. 따라서 대부분의 부모들이 부모의 역할이나 자녀 양육에 대하여 부모교육을 받아 본 경험이 부재한 상황에서 자녀를 양육하고 있다.

자녀의 양육은 일차적으로 부모에게 맡겨져 있어 부모는 아동의 양육에 관하여 권리와 의무를 갖게 되는데, 양육권이란 부모의 양육 책임이 원만하게 실현되도록 부모에게 인정된 제도다. 그러나 실제로는 이러한 부모의 권리가 아동의 법적 지위를 보장해 주지 못하여 아동의 기본권을 보호하지 못하는 충돌장애가 끊임없이 일어난다(김상용, 2000; 정혜영, 2008).

아동이란 '유엔 아동의 권리에 관한 협약'과 「아동복지법」에 근거해 18세 미만의 자로 정의되고 있으므로, 이 책에서 말하는 아동이란 유아, 어린이, 청소년 모두를 포함하고 있다. 최근에는 아동의 바람직한 성장과 개발에 관한 기회 보장 등을 강조하는 아동의 행복에 대한 관심이 급속히 증가하고 있다. 이것은 부모 역할에 대한 인식이 낮고 부모 역할을 실천하지 않아 심각한 사회문제가 양산되는 등 악순환이 되풀이되고 있어 적절한 부모교육이 필요하다는 인식이 높아졌기 때문이다. 바람직한 부모교육을 통하여 사회에 만연한 가족 문제를 해소하고, 부모가 올바른 양육관과 양육 태도를 갖추도록 많은 단체 및 기관에서 부모교육을 실시하고 있으며, 그 효과도 검증되고 있다(이병래, 2003).

그러나 부모 역할에 영향을 미치는 요인은 매우 다양하다. 부모가 되기 전에 결혼 동기와 자녀를 갖는 동기, 부모 자신의 유년기 경험 등 부모-자녀 관계가 성립되기 이전의 요인과 부모-자녀 관계가 성립된 이후의 요인이 복잡하게 작용하므로, 부모의 역할을 축약하여 정의할 수도 없으며, 바람직한 부모 역할을 위한 교육과정도 매우 모호한 형편이다.

2) 연구 문제

군(郡) 단위 지역에 소재하고 있는 농촌 지역아동센터는 부모의 교육 및 양육 역량의 부족으로 행복권을 보장받지 못하는 저소득층 아동이 주로 이용하고 있다.

이번 연구에는 초등학교 3~6학년생 7명과 중학교 3학년생 5명 등 총 12명이 참여하였다. 이들의 거주 형태는 조손가정 4명, 부모가 있지만 실질적인 교육과 양육은 할머니가 담당하는 가정 1명, 부모와 거주하는 학생 2명, 한부모가정 2명, 남매끼리만 거주하는 학생 1명과 형제끼리만 거주하는 학생 3명으로 나타났다.

아동의 주거 현황을 보면 실제로 부모가 있는 경우에도 부모들은 인근 도시로 나가 생업에 종사하고 있어 할머니의 돌봄을 받는 조손가정이 두드러지게 많고, 심지어 남매 또는 형제끼리 살고 있는 경우도 있다. 장기간 보호자의 돌봄을 받지 못하고 방임된 아동들은 의생활 및 식생활 그리고 학교생활 같은 일상생활을 스스로 해결해야 하므로, 유년기에 습득해야 하는 자기 위생 관리를 잘하지 못하고, 인지적 · 정서적 · 신체적 발달장애를 보이는 등 바람직한 성장 및 발달 기회를 상실한 것으로 나타났다.

본 연구는 농촌 지역아동센터를 이용하는 아동의 일상생활 맥락을 분석하여 아동의 행복이 위협되는 맥락을 파악하고, 위협의 내용을 분석하여 아동의 행복 보호를 위해 부모교육의 필요성을 밝혀내는 것에 목적이 있다. 연구 목적을 달성하기 위하여 아동의 행복이 보호되지 않는 아동 12명을 표집하여 아동의 행복이 위협되는 맥락을 밝히고, 부모교육의 필요성에 주목하여 부모교육의 내용을 제언하였다.

3) 연구방법

지역아동센터를 이용하는 아동을 연구하여 이들의 삶의 질을 향상시키려면 양적 연구보다는 질적 연구방법을 사용하는 것이 좋다(박성희, 2004, 2011b). 사회의 변화에 따라서 아동의 요구 및 문제의 양상도 변화하기 때문에, 질적 연구를 이용하면 연구 과정에서 아동 · 청소년의 요구를 정확하게 파악할 수 있어, 아동 · 청소년이 위기 아동으로 발달하는 과정을 도출할 수 있기 때문이다. 즉, 위기 아동으로 발달되는 과정을 파악할 수 있으므로 예방적인 조치를 취할 수 있다. 또한 아동의 요구에 기반하여 새로운 프로그램을 개발할 수 있어 교육 프로그램을 효과적으로 운영할 수 있다는 장점이 있다.

지역아동센터의 연구를 위한 자료 수집은 두 가지 방법으로 진행되었다. 첫째, 이론적 표본 추출 방법(theoretical sampling)(Strauss & Corbin, 1996)으로, 소외된 농촌 아동의 행복이 위협받는 내용을 연구하고자 지역아동센터에서 학생을 소개받았다. 지역아동센터 이용 아동의 일상생활, 가정에서의 부모-자녀 관계, 또래 관계와 학교생활을 비롯해 아동 자신의 미래에 관한 정보 수집을 위하여 면 대 면으로 포커스 면담(박성희, 2011b)을 실시하였다.

둘째, 초등학교 학령기 아동은 부모의 결혼 상태 및 경제적 형편 등에 관하여 잘 알지 못하고, 일부는 이야기하는 것을 꺼리기도 한다. 따라서 신뢰성 있는 자료의 수집을 위하여 아동의 발달 상황과 가정 형편에 관하여 '잘 알고 있는'(Schuetz, 1972) 기관의 실무자 및 전문가 면담(Meuser & Nagel, 1991)을 통하여 아동에 관한 상세한 정보를 듣고 현장 노트(Lofland & Lofland, 1984)에 기록하기도 하였다.

연구 참여자의 익명성을 보호하기 위해 수집된 자료는 연구 목적으로만 사용될 것을 센터장과 약속하고 연구를 진행하였다. 또한 녹취하고자 할 때는 참여 아동과 실무자의 동의를 받았다. 자료 분석은 근거이론(박성희, 2004; 박성희, 2011b; Strauss & Corbin, 1996)의 원칙에 따라서 자료를 읽고 해체하여 아동의 행복에 위협이 되는 내용과 맥락을 발견하고자 축코딩에 기반하여 핵심 범주를 도출하였다.

2. 연구의 배경

1) 지역아동센터의 발달 및 설립 목적

(1) 공부방의 시작

1960년대의 급속한 산업화 및 도시화가 시작되면서 농촌인구가 대도시로 대거 이동하면서 도시에는 판자촌이 급증하였고, 도시 빈민들이 모여 사는 집단 거주지가 형성되기 시작하였다. 이들은 대부분 저학력 · 저소득층이었으므로, 공장에서 단순노동직 또는 일용직 막노동자로 종사하거나 노점상, 파출부나 행상을 하면서 생계를 유지하였다. 이러한 집단 거주지에서 생활하는 저소득층 부모들은 생계유지와 자녀 양육을 위하여 맞벌이로 내몰리게 되었다.

당시 영 · 유아를 보호해 주는 양육기관이 전무하였기 때문에 도시 빈민 거주 지역에 방치되는 영 · 유아들은 약 82만 명으로 추산되었다(부스러기사랑나눔회, 2010). 1970년대 초기부터 도시 빈민 지역 주민 조직운동의 일환으로 학령기 이전 아동을 위한 무허가 탁아소 형태의 보육이 교회를 중심으로 시작되었다. 1977년에는 서울 하월곡동에 소재한 교회가 '똘배의 집 탁아소'를 시작하면서 이후 민간 비영리 탁아소가 1978년부터 운영되었다. 1980년대의 공부방은 아동 · 청소년을 보호하고 이들의 학습을 지원하는 것뿐만 아니라, 정부 주도의 도시 개발에 반대하는 철거 투쟁 등도 함께하면서 지역의 문제를 해결하는 데 앞장서기도 하였다. 1985년에는 서울 하월곡동 같은 교회에서 '산돌공부방'이 처음 시작되었고(부스러기사랑나눔회, 2010), 주민운동은 '우리마을 발전 추진위원회(우발추)'를 중심으로 전개되었다(도시빈민연구소, 1991). 1986년 학령기 아동을 위한 공부방이 빈민 거주 지역에서 자생적으로 조직 · 운영되기 시작하였다

도시 빈민층의 아동 · 청소년들은 경제적으로 어려운 가정 형편 속에서 부모의 보호를 제대로 받지 못하였다. 이들은 교육적 · 사회심리적 측면에서도 학습 능력이 저하되고, 정서적으로도 불안하였으며, 자신감의 부족 등으로 인하여 일탈 및 비행 청소년으로 전락하는 경우가 많았다. 이처럼 빈곤으로 인하여 발생하는 사회적 문제를 사전에 예방하고, 위기의 아동 · 청소년들을 지원하기 위하여 종교 및 민간 단체가 빈민 지역으로 들어가 그들과 함께 생활하면서 빈민 지역의 문제를 공유하고, 지역의 아동 · 청소년을 지원하면서 공부방 활동이 시작되었다. 이후 공부방 활동이 계속되면서 일부 빈민운동가와 공부방 교사들은 빈곤 아동의 학대 및 방임 문제가 심각함을 인식하고(박인선, 2004), 빈곤 아동 중심의 공부방 활동은 새로운 전환기를 맞이하게 된다.

(2) 공부방의 확장기

공부방은 집에 공부할 수 있는 방이 없는 아이들을 대상으로 한다는 뜻에서 유래하였다. 공부방은 가정에서 보호받지 못하고 방치된 아동 · 청소년을 위하여 가정을 대신하여 양육을 제공하는 복지적 측면에서 보충적 역할을 하며, 아동이 능력과 잠재력을 계발할 수 있도록 교육적 서비스를 제공하는 것이 목적이다. 아동 · 청소년의 보호와 발달을 지원하는 복지 서비스뿐만 아니라 교육 서비스를 제공하는 공부방은 처음에는 숙제와 학습을 지도하는 수준이었으나, 이후에는 교과목을 분석하고, 교육법 등 다양한 교육 과제에 대해 교사의 전문성을 키우기 위한 노력을 기울였고, 지역복지 활동에 이르

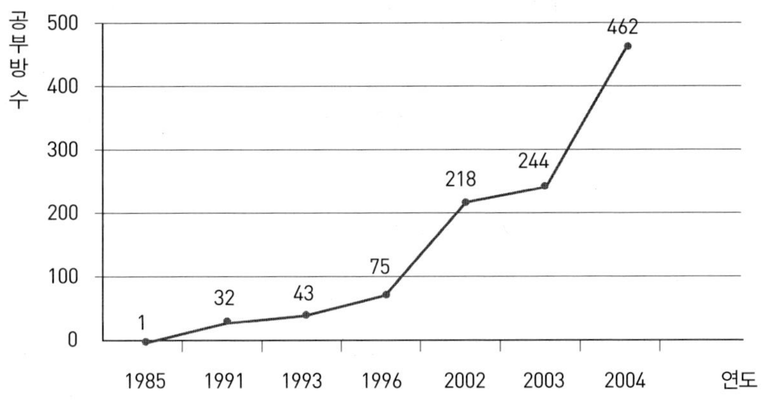

그림 8-1 공부방 수의 변화 추이

출처: 사회복지공동모금회(2004). 지역아동센터 공부방 현황과 과제 공청회 자료집.
부스러기사랑나눔회 편(2010). p. 17 재인용.

기까지 폭넓고 다양한 질적 수준의 지역 활동을 전개하였다(문영근, 1997).

1985년 서울지역공부방연합회(서공연) 소속 공부방은 1개로 집계되었으나, 1991년 32개, 1993년 43개, 1996년 75개, 2002년 218개, 2003년 244개, 2004년 462개로 급속하게 늘어났다(사회복지공동모금회, 2004). 당시에는 정부의 지원 없이 종교기관, 사회단체, 민간에서 빈곤 아동을 위하여 스스로 공부방을 만들어 운영하였기 때문에 정부의 공식적인 통계는 없는 형편이다. 1990년에는 하계수련회에서 공부방 활동을 빈민지역운동의 개념으로 규정하는 데 합의하였다(부스러기사랑나눔회, 2010). 그리고 공부방의 수는 [그림 8-1]과 같이 급속히 증가하였다.

(3) 지역아동센터로의 전환

공부방은 빈곤 지역의 주민운동과 교육운동에서 출발하여 사회복지적 측면에서 통합적인 서비스를 지원하는 지역아동센터로 전환되었다(부스러기사랑나눔회, 2010). 1997년 경제 대란이 시작되자 실직자 및 결식 아동이 증가하면서 공부방은 지역사회에서 통합적인 사회복지를 지원하는 지원체제로 전환되는 계기를 맞이하였다.

이후 2003년 12월 19일에 「아동복지법」이 개정되면서 빈곤 아동 지원을 위하여 자생적으로 생겨난 민간시설인 지역아동센터는 아동복지시설로 법제화되어 2004년부터 월별로 국고를 지원받고 있다.

2) 지역아동센터의 현황

(1) 이용자 및 기관 수

① 이용자

지역아동센터를 이용할 수 있는 아동 · 청소년의 선발 기준은 다음과 같으며, 이용자는 사회복지 전담 공무원, 학교장 및 담임교사, 읍 · 면 · 동장 등의 지역 대표 그리고 지역아동센터 이외의 사회복지시설장의 추천서를 제출해야 한다.

- 국민기초생활보장 수급권자 가정의 아동
- 차상위계층 · 조손 · 다문화 · 장애 · 한부모 가정의 아동
- 기타 지역사회에서 보호와 지원이 필요하다고 판단되는 아동

이용이 가능한 아동 · 청소년은 등록 우선순위에 따라 이용이 가능하며, 돌봄 서비스를 제공하도록 되어 있다. 또한 지방자치단체와 지역아동센터는 지역 내 빈곤 · 학대 · 방임 가정, 한부모 · 조손 · 소년소녀 가정, 맞벌이 · 이혼 가정, 다문화가정의 아동 등 돌봄이 필요한 아동을 적극 발굴 · 보호하여 아동 방임을 예방하도록 하고 있다.

② 지역아동센터의 수

2004년에는 895개의 지역아동센터 중 지원을 받은 곳은 246개소였다. 이후 2005년에는 지역아동센터가 1,709개소, 2008년에는 2,810개소로 [그림 8-2]와 같이 늘어났으며, 지원 대상도 2,088개소로 나타나 대부분의 지역아동센터는 아동복지시설로서 지원을 받고 있는 형편이다. 2007년부터는 사회적 일자리 아동복지 교사 2,700명을 1,912개소의 지역아동센터에 파견하기 시작하였다. 2010년 이후 지역아동센터는 경제적으로 빈곤하고, 가정 해체 등으로 결손가정에서 생활하며, 행복추구권을 누리지 못하고 위기에 처해 있는 아동을 지원하고, 이들이 성장하는 가정을 지원하는 예방적 아동복지시설이 되어 가장 많은 아동이 이용하고 있는 실정이다.

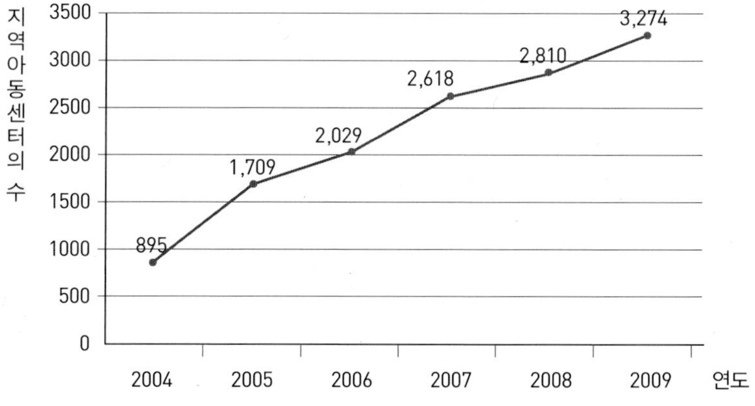

그림 8-2 지역아동센터 수의 변화 추이

출처: 보건복지가족부(2004~2009). 2008년 아동 · 청소년 백서.

(2) 교육 프로그램

2010년 보건복지부의 지역아동센터 운영 지침은 구체적인 사업을 다음과 같이 명시하였다.

- 지역사회 아동 · 청소년의 보호 및 교육 등 아동의 건전한 육성을 위하여 프로그램을 운영하고, 아동 · 청소년을 위한 사업이나 프로그램을 지속적으로 개발하며 운영한다.

정규 운영 프로그램에는 생활 지원 및 보호 프로그램, 이용자 사례관리, 지역사회 자원 연계 프로그램, 학습지원 프로그램, 놀이 및 특별활동 지원 프로그램이 있다. 이것을 자세히 살펴보면 〈표 8-1〉과 같다.

표 8-1 지역아동센터의 정규 운영 프로그램

구 분		상세 내용
사업 운영	생활 지원 및 보호 프로그램	지역사회 내 방임 아동 보호, 일상생활 지원, 건강생활 지도, 위생 지도, 안전 지도, 급식 제공 등
	이용자 사례관리	상담, 부모교육, 가족상담, 결연 · 후원, 아동 사례관리, 가족 지원 등
	지역사회 자원 연계 프로그램	지역 내 인적자원과 물적자원의 확보 및 관리, 관련 기관 연계 프로그램, 홍보 등
활동 프로그램	학습지원 프로그램	학교생활 준비 지원, 학년별 학습 지도, 학습 부진아 지도, 학습 지원 성과 평가, 숙제 지도, 예체능 교육 등
	놀이 및 특별활동 지원	문화 체험, 견학, 캠프, 공동체 활동, 놀이활동 지원, 특기 · 적성 프로그램 지원 등

- 기관 및 지역의 특성을 이용하고, 아동 · 청소년 및 가정의 요구에 따라서 주말, 공휴일, 일요일 프로그램, 가족기능 강화 프로그램, 야간보호 프로그램 및 1318세대 프로그램을 운영한다. 자세한 내용은 〈표 8-2〉와 같다.

표 8-2 기관 및 이용자의 특성을 배려한 교육복지적 프로그램

프로그램 명	내 용
주말 · 공휴일 · 일요일 프로그램	학기 중 시간 부족으로 진행할 수 없었던 프로그램과 아동들이 건강한 미래를 설계할 수 있도록 심리적 · 정서적 지지와 교육문화 프로그램을 제공
가족기능 강화 프로그램	지지 기반이 약한 빈곤 아동의 가정을 위해 가족기능 강화 프로그램을 제공
야간보호 프로그램	부모가 늦은 시간까지 귀가하지 못해 방임되는 아동을 지역아동센터에서 보호
1318세대 프로그램	아동 · 청소년 시기는 신체적인 성장이 활발하고, 자아정체성을 확립하며, 또래와의 관계를 중시하는 시기이므로, 다양한 변화에 적응할 수 있도록 청소년의 요구에 맞는 다양한 프로그램을 제공

- 지역아동센터는 사업을 원활히 수행하기 위하여 지역사회 자원과 연계하여 운영할 것을 강조하고 있다. 지역아동센터에서는 우리 마을의 아동과 청소년은 우리가 키운다는 것이 원칙이다.

(3) 운영 시간

운영 시간은 하루 8시간 이상, 주 5일 이상을 원칙으로 한다.

- 학기 중: 14:00 ~ 19:00
- 방학 및 공휴일: 12:00 ~ 17:00(필수 운영 시간)
- 토요일 및 공휴일에는 지역 여건과 센터의 실정을 고려하여 운영하되, 자원봉사자, 대체 근로 등을 적극 활용하여 아동이 방임되지 않도록 조치를 취하고 있다.

3) 아동의 권리와 지역아동센터

(1) 아동의 권리

우리나라는 1990년에 '유엔 아동의 권리에 관한 협약'에 서명하고, 1991년에 국제연합에 비준서를 기탁하여 가입국이 되었다. 이 협약에서는 다음과 같은 세 가지 사항을 중시하고 있다.

첫째, 경제적 · 사회적 · 문화적 권리에 관한 국제협약에서는 "모든 사람이 도달 가능한 최고 수준의 신체적 · 정신적 권리를 향유할 권리"로 인간다운 생활을 할 행복추구권을 중요하게 명시하고 있다. 즉, 모든 아동이 적당한 식량, 의복 및 주택을 포함하여 적정한 생활수준을 누릴 권리와 생활 조건을 지속적으로 개선할 권리를 가질 것을 천명하였다. 또한 교육권은 인격의 완전한 발달과 인간 존엄성에 대한 인식을 발전시키고, 인권과 기본적 자유의 존중을 강화하는 것이 목적이다.

둘째, 시민적 · 정치적 권리에 관한 국제협약에서는 가정과 아동의 권리를 중요하게 명시하고 있다. 아동의 권리는 '시민적 및 정치적 권리에 관한 국제협약' 제24조에 독립적으로 규정하여 아동이 속한 가정, 사회, 국가가 소수집단이라는 이유로 불이익을 받지 않도록 보호받을 권리를 명시하였다. 즉, 아동의 권리 및 행복추구권과 관련된 국제협약은 아동의 인권 존중, 자아실현, 아동 이익 최우선의 원칙으로 교육권을 강조하고 있다(백혜리, 2007).

셋째, 아동의 존엄과 가치는 유엔 아동의 권리에 관한 협약에서도 중시되고 있다. '유엔 아동의 권리에 관한 협약' 제3조 제1항에서는 "공공 또는 민간 사회복지기관, 법원, 행정당국 또는 입법기관 등에 의하여 실시되는 아동에 관한 모든 활동에 있어서 아동의 이익을 최우선적으로 고려할 것"을 명시하여 아동의 이익이 성인 중심주의, 행정 편의주의 등에 의해 침해되지 않도록 규제함으로써, 아동의 행복추구권을 보장하고 있다.

「헌법」 제10조에는 "모든 국민은 인간으로서의 존엄과 가치를 가지며, 행복을 추구할 권리"와 국가는 "개인이 가지는 불가침의 기본적 인권을 확인하고 이를 보장할 의무"가 명시되어 있다. 「헌법」에 명시된 행복추구권은 인간이 인간답게 살 수 있는 권리로서, 개인의 지속 가능한 발전이 이루어지도록 인본주의적 측면에서 존엄함과 가치를 보장하여 삶의 질을 보장하는 결과로 이어질 것을 명시한 것이다. '유엔 아동의 권리에 관한 협약'은 "아동은 신체적 · 정신적으로 미성숙하므로 출생 이전부터 아동기까지 적절한 법적 보호를 비롯하여 특별 보호와 배려가 필요함"을 강조하고, 실제적인 아동의 권리를 소개하여 아동의 권익이 신장되는 데 기여하였다.

아동 보호에 대한 국제적 요구는 각국에서 「헌법」의 해석을 통하여 아동의 지위를 강화하려는 필요성에 대한 인식으로 확산되고, 아동 관련 헌법 조항 신설 등 아동의 법적 지위 향상을 위한 논의로 이어지고 있다. 이러한 권리 협약이 효력을 발휘하려면 아동의 교육과 양육에 대한 국가의 감독이 이루어져야 한다. 그러나 아직 아동의 자유 및 기본권에 대한 연구는 미미하여(정혜영, 2008), 국가는 '유엔 아동의 권리에 관한 협약'에 명시된 사항을 지키지 못하고 있다.

(2) 지역아동센터 아동의 권리

지역아동센터에서는 아동의 권리를 다음과 같은 측면에서 지원하고 있다.

- 지역사회에서 아동의 보호: 생존의 권리 보장
- 교육: 학습 및 교육의 권리 보장
- 건전한 놀이와 오락의 제공: 문화의 권리 보장
- 보호자와 지역사회 간 연계: 복지의 권리 보장
- 아동의 건전한 육성을 위하여 종합적인 아동복지 서비스 제공: 발달 및 참여의 권리 보장

(3) 아동복지와 지역아동센터

- 빈곤 가정의 위기 아동을 지역사회 내에서 보호: 지역사회 내에서 아동의 권리 보장과 안전한 보호 및 급식의 지원으로 결식 예방
- 교육적 기능 지원: 아동의 학습 능력 제고, 학교 부적응 해소, 일상생활 지도, 학교생활의 유지 및 적응력 강화
- 정서적 지원: 아동의 심리적 · 정서적 안정 및 건강한 신체 발달의 지원
- 문화 서비스 제공: 문화적으로 소외되어 있는 아동에게 다양한 문화 체험 및 경험의 기회 제공
- 지역사회와의 연계: 지역사회 자원 확보, 발굴 및 지원 강화, 지역사회 내 아동 문제에 대한 예방적 기능 및 사후 연계 서비스 제공
- 지역사회 내에서 위기 아동으로 발전하지 않도록 예방적 기능을 수행하는 가정형 아동복지시설로서 아동을 보호하고, 급식을 제공하며, 학습 및 정서적 · 문화적 체험의 기회와 지역사회와의 네트워크를 통하여 통합적으로 아동을 위한 복지 서비스를 제공

4) 아동 · 청소년 교육복지와 지역아동센터 복지 전달 체계

지역아동센터는 「아동복지법」 제16조 제1항 제11호에 근거하여 "지역사회 아동의 보호, 교육, 건전한 놀이와 오락의 제공, 보호자와 지역사회의 연계 등 아동의 건전한 육성을 위하여 종합적인 아동복지 서비스를 제공하는 시설"로 규정되었다. 또한 아동복지시설의 한 유형으로 보건복지부의 아동 · 청소년 정책실에서 사업을 주관하고 있으며, 전달 체계는 [그림 8-3]과 같다.

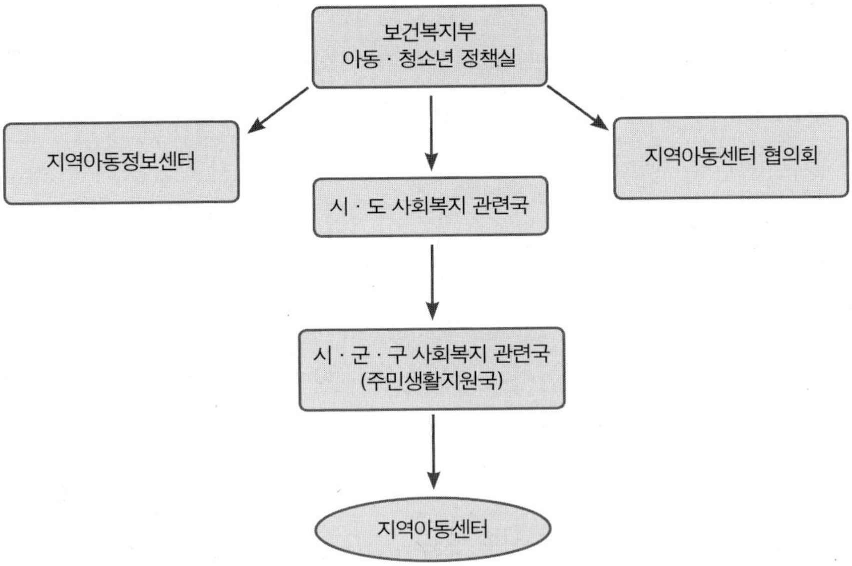

그림 8-3 지역아동센터 전달 체계

3. 연구 결과 및 해석

1) 방 임

(1) 정서적 방임

가정 해체가 급증하면서 가족의 유형은 보통가정, 이혼가정, 한부모가정, 재혼가정, 소년소녀가장가정, 조손가정, 입양가정, 다문화가정 등으로 다양한 형태를 띠고 있다. 이혼한 부모는 공동의 양육권을 소지하고 자녀를 돌보기도 하지만, 부모가 생업에 종사하고 있어 실제 할머니와 함께 거주하는 조손가정이 증가하고 있다. 이들은 한쪽 부모와 할머니의 집을 번갈아 가면서 생활하므로, 학업에 매진할 수 있는 안정된 교육 환경이 마련되지 않고 집중적인 돌봄을 받지 못해 심리적으로도 불안정하다.

아동은 초등학교 시기에 대화를 통하여 자신의 학교생활 및 일상생활에 대해 소통할 수 있는 보호자를 필요로 한다. 최소한 한쪽 부모와 지속적인 신뢰 관계가 형성되어 가족 구성원으로서의 소속감을 가져야 하지만, 이 연구 사례에서는 할머니를 비롯한 아버지가 아동에게 관심과 배려를 보이지 않아 아동은 보호자의 따뜻한 정을 느끼지 못하고 있다. 학교를 다니는 주중에는 할머니가 의식주 등을 제공해 주지만, 숙제나 학업 등을 지원해 주지 못하고, 세대 간의 격차로 인하여 학교생활과 일상생활에 대한 의사소통, 공감 및 유대감이 형성되지 않아, 정서적 안정의 요구가 충족되지 않고 있다.

(2) 학업 결손 등과 같은 인지적 방임

이 연구 사례에서 아동의 학교생활이나 학업 과정 및 결과 등에 관하여 할머니와 부모는 거의 관심을 보이지 않았다. 오랫동안 가정에서 형성된 자신에 대한 인식에 따라 아동은 또래와 비교하면서 자신감을 상실하였다. 아동은 인지 발달이 떨어지고, 오랫동안 학업 결손이 축적되어 학습 동기를 거의 상실하였다. 이와는 달리 어머니와 살고 있는 언니는 안정적으로 집중적인 보호와 돌봄을 받으며 학교생활에 잘 적응하고 있다. 아동은 보호자로부터 계속적인 자기 성장 및 발전과 관련된 교육적 지원을 받지 못하고, 지체된 학업 결손을 보충해 줄 수 있는 지원을 받지 못해 부모로부터 '인지적으로 방임'된 것으로 나타났다.

빈곤 가정과 아동의 낮은 학업성취도와의 상관관계는 매우 높다(구인회, 2003; 이경혜, 김정일, 2009). 빈곤에 따른 낮은 학업성취도는 학교생활의 부적응으로 이어져 학년이 올라갈수록 학업 지체가 누적되는 것으로 나타났다. 지역아동센터의 아동은 초등학교 고학년으로 올라가면서 교과 내용의 어려움과 기초학력의 부족으로 학업을 포기하게 되고, 이러한 낮은 학업성취도는 무기력으로 이어지고 있다. 양육자의 무지에 따른 교육 및 인지적 방임은 아동의 성장에 대한 요구를 저해하므로, 아동의 행복을 위협하게 된다.

이 연구 사례에서 또 다른 아동은 자신의 학습 결손을 해결하려는 의지가 있지만, 실제로 학교 및 가정에서 그리고 지역아동센터에서 이러한 요구에 대해 적절히 지원해 주지 못하여 학습 결손이 누적되고, 아동의 행복이 보장받지 못하고 있다. 또한 보호자는 아동의 연령에 부합한 성장의 요구를 촉진하지 못하고 있어 아동의 발달에 부정적인 영향을 주고 있다. 아동의 성장 요구가 실현되려면 양육자는 아동이 스스로 현재의 상황에서 다양한 문제를 해결하고 과업을 수행해 나가면서 긍정적인 자아감을 형성하고, 자신의 역량을 계발하도록 아동의 각 발달단계에 맞는 과업을 지원해야 한다. 조손가정에서 성장하는 손주를 위해 조부모가 적절한 양육 자원을 소지하지 못하고 있다면 부모 및 양육자를 위한 교육을 지원해야 한다.

(3) 장기간 돌봄 부재 및 신체적 방임

부모에 의하여 장기간 방임되는 아동은 일상의 집안일과 학교생활을 모두 담당하고 있어 학업과 가사에 대한 부담이 매우 크다. 또한 규칙적인 식사를 통해 충분한 영양을 섭취하지 못해 발육이 매우 부진하다. 적절한 양육자 없이 미성숙자인 아동들끼리만 생활하고 있어 생존과 같은 생리적 요구가 만족되지 않으며, 수면, 등교하기, 질병에 대처하기 등을 도와줄 보호자가 부재하여 아동의 행복이 신체적, 정신적, 심리적으로 위협되는 것으로 나타났다.

2) 가정환경적 맥락의 위협: 부모의 양육권 남용

(1) 아버지의 스트레스 및 알코올중독에 의한 자녀 폭력

대부분의 빈곤한 가정의 부모는 교육 수준 및 직업 능력이 떨어져 미숙련 직종에서 저임금으로 일하고 있다. 이 연구 사례 아동의 아버지는 체력 소모가 많은 곳에서 일하고 있어 육체적으로 늘 피로하고, 이러한 스트레스는 자녀 양육에 큰 부담이 되는 것으로 나타났다. 아버지의 스트레스 및 양육 부담은 음주의 접근성을 높이고, 알코올중독은 부정적인 감정을 표출하는 폭력으로 이어져 가족 갈등을 심화시켰다.

아버지가 자녀를 양육하는 방법은 권위적이며 무조건적인 복종을 요구하는 경향이 높았다. 양육자의 권위적인 가치 지향은 아동과의 소통을 통하여 문제를 해결하기보다는 체벌로 이어지고, 칭찬에는 인색하여 양육권이 남용된다고 볼 수 있다. 또한 부모와 자녀의 양육 관계에서 일방적인 의사소통이 이루어질 경우 아동의 자기중심성을 강화하는 것으로 나타났다(Bernstin & Henderson, 1973). 부모의 이러한 권위적인 양육방법은 아동에게 친사회적 행동보다 반사회적 행동을 내면화하여 사회성의 결핍으로 이어졌다.

아동의 행위는 부모의 양육방법에 의하여 상호작용적으로 구성되는데, 아버지가 알코올중독 등으로 건강 문제가 있는 경우 부부의 갈등이 증폭되어 아동의 안전이 위협받는 것으로 나타났다.

「가정폭력 범죄의 처벌 등에 관한 특례법」에서는 가정폭력을 가족 구성원 사이의 신체적, 정신적 또는 재산상 피해를 수반하는 행위로 정의하여 부모에 의한 자녀 폭력 등 가족 구성원 사이의 폭력을 모두 포괄하고 있다. 가정폭력의 범주에는 직접적인 폭행, 상해뿐만 아니라 심한 욕설과 같은 언어적 폭력, 의심과 같은 정신적 폭력도 포함된다. 모든 아동의 행복추구권 보장을 위해 부모가 폭력 등을 사용하여 아동의 행복을 위협하는 경우에는 국가가 합당한 조치를 취해야 한다. 아동이 살아가는 생활환경인 가정은 부모의 교육 수준, 직업 및 소득 수준, 일자리의 안정성, 주거 환경, 여가, 가족의 사회활동 참여 여부 등과 같이 사회계층적 배경 외에도 매우 다양한 조건에 따라서 아동의 행복이 위협받을 수 있다. 아동의 삶의 질과 발달 및 발현의 기회를 가정이 제공해 주지 못하는 경우에는 아동이 학대와 유사한 위기에 지속적으로 노출될 수 있으므로, 양육을 부모에게 맡기기보다는 국가의 급부의무가 적극적으로 요구된다. 국가는 부모의 양육 능력을 지원하는 부모교육 및 상담 등을 제공하고, 장기간의 방임 등이 계속될 때는 제삼자에 의한 돌봄과 보호가 이루어지도록 개입해야 한다.

(2) 아동의 분노 및 우울

이 연구 사례에서 삼 형제끼리만 동거하는 아동들의 경우에 나이가 많은 형이 중간에 있는 아동에게 집안일을 시키고, 막내 동생을 돌보는 역할까지 강요하므로 둘째 아동은 분노에 의한 공격적 행동이 빈번하게 나타났다. 부모가 아동들에게 교육적 지원과 적절한 보호 및 돌봄을 제공하지 않아, 아동들은 인지적 · 사회적 · 정서적 발달의 지연 및 욕구불만, 정서적 불안 등을 보이며, 성격 형성 과정이 왜곡되고 있다.

이들은 부모의 이혼 및 재혼으로 현재 미성년자인 형제들끼리만 생활하고 있어 의식주와 관련한 일상생활에서 어려움을 겪고 있으며, 학업을 수행하는 데 도움과 지지를 받지 못하고, 가정에서 충분한 놀이와 휴식 그리고 학습을 위한 공간을 제공받지 못하고 있다. 또한 이들 형제는 분노가 쌓여서 정서적으로 불안정하며, 사회성이 부족하여 또래로부터 소외되어 있다. 또래와 다양한 접촉을 통해 사회성과 인성을 계발할 수 있는 기회가 부족하고, 보호자와 충분한 애착 관계를 형성하지 못해 욕하기, 책 찢기, 말썽 부리기를 통하여 도움과 지지를 받지 못하고 분노를 표출하고 있다. 또한 이러한 방임이 곧 해결될 가능성이 매우 낮은 것으로 나타났다.

아동의 행복이 보장되지 않는 경우란 친권을 소지한 양육자가 아동을 위하여 합당한 방법과 자원을 이용하여 교육적 지원과 아동의 개성에 기반한 발달을 보장할 수 없는 경우다. 장기간의 돌봄에 의하여 아동의 행복이 보장되지 않는 경우에는 부모를 위한 양육 지원이 이루어져야 한다.

(3) 아동의 요구 무시 및 과도한 돌봄 의무의 부과

생활수준이 낮고 보호자로부터 돌봄을 받지 못하는 가정에서 성장한 자녀들은 부정적이며, 공격적인 상호작용을 함으로써 또래나 집단으로부터 소외된다.

이 연구 사례에서 초등학교 3학년인 아동은 돌봄을 받아야 할 상황이지만, 부모를 대신하여 오히려 장애인 누나를 돌보고 있어 매우 큰 부담을 느낄 뿐만 아니라 자신이 처한 상황에 만족하지 못하고 있다. 보호자는 아동의 양육자 역할을 하지 못하고, 돌봄 및 교육적으로 방임하고 있어 아동은 자신의 문제를 이야기하거나 도움을 청할 곳이 없고, 고민이나 슬픔, 기쁨 등을 함께 나누지 못하는 정서적 소외와 우울감을 지속적으로 경험하는 위기에 놓여 있다.

3) 부모의 무지에 의한 양육 능력의 부재

(1) 부모의 식생활 지도 능력 부재 및 아동의 발육 · 정서적 · 사회적 장애

이 연구 사례에서 양육자인 할머니와 어머니는 아동의 비만을 심각하게 생각하지 않고 있는데, 이러한 무지에 의한 아동 양육의 실패도 양육권의 남용에 포함된다.

지역아동센터 이용 아동의 10%가 비만으로, 저소득층의 자녀일수록 비만이 높게 나타났다(대통령자문 빈부격차 · 차별시정위원회, 2005). 외국의 경우, 7~10세까지 저소득층 자녀의 비만율은 9.8%이나, 중산층에서는 8.3%, 고소득층에서는 3%로 나타났다. 11~13세의 저소득층 비만율은 12%이나, 중산층 5.9%, 고소득층에서는 3.6%이며, 14~17세의 저소득층 비만율은 14%이나 중산층은 7.5%, 고소득층은 5.2%로 나타났다(Warschburger et al., 1999). 욕구불만은 과식으로 이어지고, 이것은 비만의 원인이 되는 것으로 나타났다.

실제로 다양한 체험활동이나 충분한 여가생활을 즐기기 어려운 아동은 폭식을 통하여 욕구를 해소하는 것으로 나타났다. 비만은 일반적으로 스트레스를 많이 받아 정신건강 상태가 좋지 않을 때, 운동이 부족하거나 인스턴트

음식을 많이 섭취할 때, 불규칙한 식사 습관이나 텔레비전을 시청하면서 음식을 먹는 습관 그리고 스트레스 해소를 위하여 폭식하는 잘못된 식사 습관을 가질 때 시작되며, 식사 횟수와 음식의 질과도 상관이 높게 나타났다. 따라서 부모교육 시 아동의 식생활 및 영양 지도에 대한 내용이 포함되어야 할 것이다.

(2) 부모의 실직 및 언어폭력과 아동의 사회성 결핍

이 연구 사례에서 컴퓨터게임 중독자인 아버지는 경멸적이거나 거부적인 언어를 사용하며 감정에 치우친 양육을 하고 있으며, 아동의 언어 습득 능력은 떨어지고, 부모가 아동 발달과 사회성 발달을 방해하고 있다. 아버지의 실직은 어머니와의 갈등 및 게임 중독으로 이어져 양육 의무를 저버림으로써 아동의 존엄성을 훼손하고 있다. 자녀 양육에 대한 부담은 스트레스가 되어 언어폭력 등으로 나타나 아동은 정서적으로 불안정하며 무기력해져서 자기 발전을 위한 동기가 상실되고 있다. 양육자 스스로 정서적으로 불안정하고 자신감이 매우 낮아, 현재 자신의 상황이나 형편 등을 개선해 보려는 자기성찰 노력을 시도하지 않는 것으로 나타났다.

부모가 아동의 행복을 지원할 경제적 자본, 자기 주도적으로 부모의 역할을 습득하고 학습해 나갈 수 있는 문화적 자본, 아동 양육과 관련하여 지역사회에서 도움을 받을 수 있는 전문기관과 협동해 나가는 사회적 자원을 소지하지 못하고 있기 때문에, 아버지는 게임 중독을 치료하여 정신건강을 되찾고, 부모 스스로 자기성찰력을 기르도록 지원해야 할 것이다.

아동의 행복이 위협받는 사례를 근거이론에 의하여 개방코딩하여 도출된 범주는, 첫째 부모의 방임은 정서적 · 인지적 · 신체적 방임으로 나타났다. 둘째, 가정환경적 맥락의 위협은 양육자의 스트레스가 알코올중독으로 이어져 아버지에 의한 자녀 폭력으로 나타났고, 불충분한 아동 보호 및 돌봄은 아동의 분노로 이어지며, 부모의 부족한 돌봄은 아동의 우울 및 정서적 소외를 유발하는 것으로 나타났다. 이와 같은 양육권의 남용으로 아동은 존엄성을 보장받지 못하고, 반사회적 행동을 내면화하여 인격 발달과 자기 계발의 기회를 상실하는 것으로 나타났다. 셋째, 양육을 위한 자원이 결핍된 양육자는 아동의 비만 등을 방치하며, 양육자의 게임 중독은 아동의 행복을 위협하는 언어폭력으로 나타나 교육적 방임으로 이어지는 것으로 나타났다.

이와 같은 개방코딩의 결과, 농촌 지역아동센터를 이용하는 아동 보호자는 양육권을 남용하거나 무지에 의해 아동을 방임하는 것으로 나타나, 축코딩은 '아동의 행복 위협'으로 범주화되었다. 핵심코딩 과정에서는 부모의 장기간의 방임, 양육권의 남용 그리고 부모가 아동의 교육 및 양육을 위한 자원을 소지하지 못한 경우에 아동의 행복이 위협받는 것으로 나타났으며, 이러한 위기를 예방하기 위한 공적 자원이 〈표 8-3〉과 같이 지원되어야 한다.

표 8-3 아동의 행복이 위협받는 과정(연구 사례)

<table>
<tr><td colspan="10">개방코딩</td></tr>
<tr><td rowspan="2">축코딩</td><td rowspan="2">아동 행복의 위협</td><td colspan="3">방임</td><td colspan="3">가정환경적 맥락의 위협: 양육권 남용</td><td colspan="2">부모의 무지</td></tr>
<tr><td>정서적 방임</td><td>인지적 방임</td><td>신체적 방임</td><td>자녀 체벌 및 폭력</td><td>장기간의 방임</td><td>과도한 돌봄의 의무를 아동에게 부과함</td><td>비만 · 발육 및 정서적 · 사회적 장애</td><td>중독으로 인한 교육적 방임</td></tr>
<tr><td colspan="10">↓</td></tr>
<tr><td>핵심코딩</td><td colspan="9">아동의 행복은 부모의 방임, 양육권의 남용 그리고 부모의 무지에 의해서 아동의 교육 및 양육을 위한 자원을 소지하지 못한 경우에 위협받는 것으로 나타났다. 부모의 양육이란 아동의 발달과 개인적 특성에 의한 발현을 지지해 주는 것이지만, 가족적 맥락과 부모 요인에 의해 아동의 행복이 위협받는 것으로 나타났다. 부모의 양육권은 권리이지만 의무로서 지켜져야 한다. 국가는 헌법에 부모의 양육권을 감독할 수 있는 근거를 명시하고, 양육권이 남용되거나 부모가 양육을 위한 자원을 소지하고 있지 않은 경우에는 교육청이 부모의 양육 능력 계발을 위한 부모교육을 지원하여 아동의 행복을 보장해야 한다</td></tr>
</table>

아동이 자신이 태어난 가정의 계층 및 가정환경 같은 귀속적 요인과 맥락에 구애받지 않고 평등한 교육 기회를 보장받아 자신의 능력을 계발하고 계속 발전하도록 지원하려면, 부모의 양육 역량 개발을 위한 부모교육이 지원되어야 한다.

4. 시사점

농촌 지역아동센터를 이용하는 아동의 부모 및 보호자는 아동의 양육을 방임하기도 하고, 양육권을 남용하며, 아동 양육에 무지하여 양육 능력이 부재한 것으로 나타나 아동의 행복을 위협하고 있다.

부모에 의한 방임은 정서적 방임, 인지적 방임 그리고 신체적 방임의 세 가지 형태로 나타났다. 정서적 방임과 같은 위협에 대하여 아동은 자신의 문제를 상담할 수 있는 보호자를 요구하는 것으로 나타나 아동이 최소한 한쪽 부모와 지속적으로 신뢰 관계를 유지하여 애착 관계를 형성하도록 지원해야 한다. 아동이 부모에게 자신의 요구를 표현하고, 부모가 아동의 문제에 대하여 공감하며, 서로 간에 유대감을 형성할 수 있도록 지원해야 할 것이다.

부모가 아동의 인지적 능력 계발을 지원하지 않고 방임하는 경우에는 아동이 학업 결손에서 벗어나 학습 능력을 소지하도록 지원해야 한다. 가정이 처한 사회경제적 환경 속에서 좋은 학습 습관을 소지하도록 아동을 지도하고, 지역사회의 다양한 교육기관과 부모가 연대하여 도움을 받도록 아동가정복지 전문기관에 정보를 제공해야 할 것이다. 뿐만 아니라 누적된 학업 결손을 회복할 수 있도록 학교에서는 이러한 아동을 위해 보상교육을 강화하고 적극 지원해야 한다.

아동의 생존과도 연결되는 신체적 방임과 같은 위협에 대해서는 부모가 규칙적이며 풍부한 영양 섭취와 신체 관리에 관심을 갖도록 지원해야 한다.

이때는 영양 및 연령에 따른 신체 발달에 관한 지식 등을 안내해 주도록 한다. 부모가 장기간 아동을 돌보지 못하는 이유는 대도시에서 생업에 종사하거나 해외 취업을 하기 때문인 것으로 나타났는데, 이러한 경우에는 일시적 또는 장기간 돌봄을 대신해 줄 수 있는 가사조력 서비스, 보육 서비스 등 다양한 돌봄 지원방법에 대해서도 안내해 주도록 한다.

둘째, 양육권의 남용은 의식적으로 아동에게 해를 입히는 것이다. 아동에게 욕설 및 폭력을 행하거나 아동을 돌보지 않거나 요구를 충족시켜 주지 않는 경우다. 부모가 양육권을 남용하는 경우는 자녀에게 욕설, 폭언, 폭력 등을 행하는 것, 자녀와의 여가 및 대화, 면접을 거부하고 식사 등을 제공하지 않는 것, 추위나 더위 등으로부터 자녀를 보호하지 않는 것, 위생 관리를 지도하지 않고 장기간 아동을 방치하는 것 그리고 부모를 대신하여 장애가 있는 누나를 돌보는 역할을 담당하는 것 등이다. 이 외에 아동이 가족의 상황적 맥락에 의하여 매우 우울한 정서적 성향을 나타내고 있음에도, 아동이 보내는 감정적 신호에 신경을 쓰지 않고 과다한 돌봄의 의무를 아동에게 부과하여 아동의 휴식 및 여가를 제한하는 것도 양육권 남용에 해당된다. 이 같은 경우에는 부모가 양육에 책임을 느끼도록 역할 연기 등 다양한 교육방법을 사용하여 자기성찰 능력을 향상시킬 기회를 제공하고, 자녀에 대한 공감 능력을 키워 현재 상황을 극복하도록 동기를 유발해야 할 것이다.

셋째, 부모의 무지에 의한 방임은 부모의 교육 수준이 낮고, 부모 스스로 부모의 역할을 제대로 학습할 기회가 부족하여 이상적인 부모상을 스스로 소지하지 못하며 게임이나 알코올중독 또는 정신이상 등의 문제로 인해 자녀의 양육 능력을 갖추지 못해 일어나는 것으로 밝혀졌다.

이와 같은 분석을 통하여 아동의 행복을 위협하는 요인은 아동의 문제라기보다는 부모 요인과 가족적 맥락이 더 큰 것으로 나타나, 아동이 성장하는 가족은 그 자체가 하나의 체계로 연결되어 있음을 알 수 있다.

이 연구 사례의 경우 부모는 신체적으로 고된 노동에 종사하여 늘 피로하며, 현재의 우울한 삶의 맥락이 알코올의 접근성을 높여 현재의 상황을 극복하려는 동기 및 자녀에 대한 공감 능력을 상실하여 무기력한 것으로 나타났다. 가족적 맥락에서는 낮은 교육 수준과 저소득 혹은 실직 등으로 인해 부부간의 갈등이 증폭되고, 문제를 대화 및 외부의 지원을 통하여 해결하기보다는 폭력으로 해결하려는 경향으로 이어졌다. 또한 이러한 위기 가정을 지원해 주는 농촌의 가족복지 및 아동복지 지원 전문기관의 부재 및 관과 민의 협동에 의한 지원과 같은 사회적 자본이 부족한 것도 가족의 스트레스를 높이는 요인으로 나타나 아동의 행복을 위협했다.

이처럼 농촌의 지역아동센터를 이용하는 아동을 양육 및 보호하는 부모나 보호자는 무거운 양육 부담을 지고 있어 아동의 행복을 위협하는 것으로 나타났다. 따라서 아동의 행복을 보장하려면 국가가 부모의 양육권을 감독하고, 위기 가정을 지원하여 아동의 권리를 보장해야 하는데, 여기에는 부모교육 지원이 필수적으로 포함되어야 한다(박성희, 2012a).

아동은 일차적 사회화가 이루어지는 가정 안에서 부모의 돌봄을 받으며 발달이 촉진된다. 아동의 행복을 보장하려면 부모가 아동의 인성 및 능력을 함양시키도록 부모의 양육 역량 개발을 지원하고, 가족교육과 그 정책을 지속적이며 핵심적인 사업으로 인지하고 국가가 의무적으로 지원해야 할 것이다.

다양한 가정환경에서 성장하는 아동의 행복을 보장하려면, 독일의 경우와 같이 국가가 부모의 양육권을 감독해야 할 것이며, 양육권 남용으로 가정법원이 가족 지원을 명하는 경우에는 교육복지적 가족지원제도(Sozial Paedagogische Familienhilfe: SPFH)(박성희, 2010)에 따라 전문가를 파견하여 가족을 지원해야 한다. 교육복지적 가족지원제도는 부모의 방임, 양육권 남용 또는 무지에 의해 양육 능력이 상실된 부모와 가정을 지원하여 아동이 가출하거나 제삼자에 의한 양육, 즉 보호시설에서 복지의 대상으로 전락되지 않도록 예방하는 것이 가장 큰 목적이다. 가족지원 교육복지제도의 목적은 부모의 결핍된 양육 능력을 일상생활에서 강화하고 지원하여 위기를 넘기고, 총체적인 교육과 상담을 통하여 아동이 가정 안에서 성장하고 사회화되도록 하는 것이다.

9장

농촌 빈곤계층 아동 진로교육

1. 연구의 개요

1) 연구의 필요성 및 목적

현대사회가 급격한 지식정보사회로 변화하면서 모든 분야가 전문화 · 세분화되어 가고 있다. 이러한 현상은 취업 준비 과정에서부터 전문화된 준비가 요구되고, 직업의 선택에서도 학생의 관심에 기반을 둔 합리적이고 체계적인 교육이 요구된다고 할 수 있다. 자신의 진로를 결정하고 선택하는 일은 개인의 삶에서 매우 중요한 일이지만, 진로를 결정한다는 것은 매우 복잡하고 어려운 일이다. 개인에 따라 어떤 사람은 쉽게 자신의 진로를 결정하지만, 또 어떤 사람은 자신의 진로를 결정하는 일에 어려움을 겪으며 도움을 필요로 하기도 한다.

진로교육이란 장래의 불확실한 진로를 개척하기 위하여 치밀한 방법과 계획을 세워 삶의 문제에 대해 현명하게 선택하고 적응할 수 있도록 돕는 방법이다. 다시 말해, 진로가 결정되지 않은 사람들에게 진로를 결정할 수 있는 계기를 마련해 주는 종합적인 교육과정으로서, 진로교육 과정 속에서 참여자가 경험하는 어려움을 극복하도록 안내하는 것이라고 볼 수 있다.

아동의 성장과 진로 성숙에 관한 연구로 잘 알려진 수퍼(Super, 1990)의 연구는 아동의 진로 문제를 다루는 상담자들에게 유용한 정보가 된다. 수퍼는 "일의 세계에서 적절히 융화된 자신의 역할상과 자아상을 발전시키고 수용하여 현실 속에서 자신을 검토해 보고, 검토한 내용 또는 결과 자체를 자신에게 만족스럽고 사회에 이익이 되는 현실로 전환하도록 개인을 도와주는 과정"을 '진로'라고 하였다.

이 장에서는 교육 소외를 경험하고 있는 학생들의 관점에서 진로교육의 필요성에 대해 논의하고자 한다. 현재 많은 진로교육 프로그램이 개발되어 진행되고 있지만, 개인의 관심, 가치관, 성격, 적성, 흥미나 현실의 활용도를 고려한 프로그램이 진행되고 있지 못하는 실정이다. 이에 이 장에서는 교육복지적 접근에서 농촌 지역 빈곤계층 아동의 진로교육의 필요성과 발전 방안을 검토하고자 한다. 이러한 논의는 농촌 지역의 빈곤계층 아동을 이해하고, 그들을 위한 맞춤형 진로교육 프로그램을 개발하는 데 도움이 될 것으로 기대된다.

2) 연구 내용

(1) 진행방법

본 연구자는 2011년 10~12월 매주 금요일 4~7시 충남 소재 ○○ 지역 아동청소년복지센터에서 이곳을 이용하는 아동 · 청소년의 특성에 맞게 재구성한 10회기 진로교육 프로그램을 직접 진행하였다. 집단교육의 형식으로 진행된 이 프로그램에서는 매 회기 프로그램의 목적을 소개하고, 강의, 활동, 소감 나누기와 개인 면담을 실시하였다. 각 프로그램의 내용을 살펴보면

표 9-1 진로교육 프로그램 내용

집단원 맞이하기	강 의 (프로그램 목적)	활 동	소감 나누기 및 개인 면담
프로그램에 참여하면서 어떤 마음으로 왔는지 탐색하고, 1회기 이후 지난 회기부터 본 회기까지 어떤 변화가 있었는지 탐색하면서 집단원을 맞이함	프로그램 실시 전에 회기의 목표를 제시하고, 회기의 목표에 맞는 이론과 활동에 대한 안내를 통해 진로교육에 대한 이해를 도움	매 회기 진로교육에서 제시하는 자기이해, 직업세계 이해, 가치관, 합리적 의사결정, 진로 계획 및 설계와 관련된 활동지를 작성하고, 발표하게 함	진로교육의 전반적인 내용이나 활동에 대한 마무리 시간으로, 매 회기 소감을 나누고, 집단을 통하여 새롭게 알게 된 점이나 느낀 점에 대해 전체적으로 이야기를 나누고 회기를 마무리함. 추가적으로 개인 면담이 필요할 경우 개인 면담을 통해 긍정적인 자아개념이 형성될 수 있도록 도와줌

〈표 9-1〉과 같다.

(2) ○○ 지역 아동복지센터 진로교육

진로교육에 참여한 ○○ 지역 아동복지센터 아동 · 청소년들은 초등학교 고학년과 중학생으로 구성되었다. 초등학교 고학년과 중학교 시기의 진로지도는 직업 선택에 필요한 지식 및 기능의 습득, 일에 대한 기본적인 태도와 긍정적인 직업 가치관 형성에 초점을 둔다. 또한 합리적 의사결정 기술의 증진, 자아개념 교육 및 직업적 목표와 연계하기, 학생의 특성(장점, 단점, 적성, 흥미) 다루기와 직업 탐색을 포함한다.

총 10회기로 진행한 진로교육의 내용은 〈표 9-2〉와 같다.

표 9-2 진로교육 프로그램의 세부 내용

차 시	영 역	진로교육의 목적	진로교육 과정과 학습의 변화
1~2 차시	자기이해	• 자기이해(특성) • 자기이해(장단점, 적성) • 자기이해(흥미) • 자기이해(성격) • 자기이해(가족) • 자기이해(가정환경)	목표: 자신이 소중한 존재임을 인식하기 • 자신이 좋아하는 것과 싫어하는 것을 구별함 • 자신이 잘하는 것(강점)과 못하는 것(약점)을 구별함 • 자신이 속한 학교와 가정환경의 다양성을 이해함 • 자신의 특성을 이해하여 긍정적인 자아개념을 형성 및 유지함 • 주위 환경 속에서 자신의 역할을 이해함
3~4 차시	직업세계 이해	• 직업세계 이해(직업세계의 변화) • 직업세계 이해(미래의 직업세계) • 직업세계 이해(나의 꿈) • 직업세계 이해(직업의 종류) • 직업세계 이해(학력)	목표: 일의 중요성을 인식하기 • 일의 탐색을 통하여 일의 중요성을 인식함 • 일을 통하여 사회 구성원으로서 참여함을 이해함 • 일과 여가생활의 차이를 이해함 • 사회적 · 경제적 환경 변화가 자신의 꿈에 어떤 영향을 미치는지를 이해함 • 다양한 직업세계를 탐색하는 데 많은 정보가 필요함을 인식함 • 좋아하는 것과 관련된 직업에는 어떠한 것이 있는지 알아봄 • 주변 사람들이 어떠한 직업을 가지고 있는지 탐색하고, 일의 장단점을 이해함
5~6 차시	긍정적인 직업 가치관	• 직업 가치(가치관) • 직업 가치(직업과 삶)	목표: 일과 직업을 긍정적으로 대하는 태도 형성하기 • 주어진 일에 최선을 다하는 긍정적인 자세가 직업생활에서 중요함을 이해함 • 성(性)에 따른 직업 구분이 진로 개발의 장애 요소임을 이해함 • 학교생활을 통하여 시간 · 약속 엄수와 사전 준비 자세 등의 습관을 형성하고 실천함 • 가정과 학교에서 주어진 과제에 성실히 임하는 태도를 함양함 • 행복한 삶을 위하여 학습과 일의 관계를 이해하여 학습에 대한 긍정적인 태도를 형성함 • 부모님, 선생님, 친구 등을 돕는 일에 솔선수범함

7~8 차시	합리적 진로 의사결정	• 의사결정(합리적 의사결정) • 의사결정(개인) • 의사결정(집단)	목표: 진로 의사결정의 중요성을 인식하고, 미래에 대한 꿈을 인식하기 • 자신의 꿈을 이루는 데 있어 진로 의사결정이 중요함을 인식함 • 자신이 희망하는 것과 실현 가능한 것이 무엇인지 주변의 정보(자기 정보, 직업 정보, 환경 정보)를 수집함 • 학교와 가정생활에서 실천 가능한 계획표(방학, 학기, 매달, 주간 계획 등)를 수립함 • 상급 학교의 종류를 알아보고, 학교 졸업 이후의 교육에 대한 정보를 탐색함
9~10 차시	진로 계획 및 설계	• 진로 계획(목표 설정) • 진로 계획(생애 무지개)	목표: 자신의 진로를 계획하고, 노력하는 습관과 태도를 지니기 • 직업을 갖기 위한 절차를 알아보고, 스스로에게 동기를 부여함 • 자신이 수립한 계획의 실천 여부를 목록으로 기록하여 정리하는 습관과 태도를 함양함 • 학교, 가정, 지역사회에서 다양한 체험활동(자원봉사, 일 체험 등)을 경험하고, 자신의 진로를 잠정적으로 연결함 • 자신이 수립한 진로 목표를 평가해 보고, 자신의 계획에 대한 주위 사람들의 의견을 들어 봄

3) 연구방법

본 사례연구는 ○○ 지역 아동복지센터의 빈곤 아동 · 청소년들이 진로교육을 통해 진로교육의 다섯 가지 영역, 즉 자기이해, 직업세계 이해, 직업 가치관, 합리적 의사결정, 진로 계획 및 설계 영역에서 어떠한 변화를 보이는지 알아보고자 하였다. 자료 분석법으로 질적 분석방법을 선택하였다.

질적 분석방법은 활동이 얼마나 자주 일어나는가, 또는 그와 같은 활동이 어떻게 평가되는가 하는 문제보다는 활동의 '질'에 대해 더 많은 관심을 가진다. 또한 연구 대상이 지니는 모든 것을 가치 있는 연구 자료로 본다는 점에서 총체적 접근이 가능하다. 질적 분석을 위해 개인별로 관찰된 행동과 태도를 분석하고, 프로그램 평가와 종결 소감문, 개인 면담을 통해 새롭게 알게 된 점을 분석하여 ○○ 지역 아동복지센터의 빈곤 아동 · 청소년들이 진로교육을 통해 어떻게 변화되었는지를 살펴보았다.

(1) 연구 대상

연구 참여자들은 ○○ 지역 아동복지센터를 이용하면서 진로교육에 관심을 보인 학생들이다. 이들의 연령은 12~16세이며, 남학생 8명, 여학생 4명으로 이전에 진로교육을 받아 본 경험이 있는 학생부터 진로교육을 전혀 접해 보지 않은 학생까지 다양하였다.

참여자들에게서 공통적으로 나타나는 특성은 작은 일에도 쉽게 흥분하고, 욕설과 폭력이 잦다는 것이다. 뿐만 아니라 대부분의 참여자들은 편모, 편부, 조부모와 생활하고 있으며, 몇몇 참여자들은 가출한 상태로 친구 집에 얹혀 살고 있었다. 대다수의 참여자들이 흡연을 하며, 일부 참여자들은 인터넷 중독 증상을 보이기도 하였다. 참여자 대부분의 관심사는 '돈'과 관련된 것이었고, 자신의 '꿈'에 대해서 진지하게 생각해 본 적이 없는 것으로 판단되었다.

교육이 진행되는 과정에서도 두 명의 남학생 사이에 갈등이 심화되어 신체적으로 상해를 입혔으며, 그 일로 인해 한 참여자가 교육을 포기하는 일이 발생하였다. 관찰 결과, ○○ 지역 아동복지센터 빈곤 아동 · 청소년들은 취약한 환경 탓인지 겨울인데도 얇은 옷을 입거나 양말을 신지 못한 모습이 눈에 띄었다. 또한 대부분의 부모가 노동자 계층이거나 야간 유흥업소, 식당 일에 종사하고 있어 부모의 지지를 받지 못하는 환경에 처해 있다는 것을 알 수 있었다. 일부 참여자는 가정폭력의 피해자로 자신의 상처를 드러내 보이면서 폭력을 행사한 부모에 대해 분노를 표하였다.

이처럼 ○○ 지역 아동복지센터 빈곤 아동 · 청소년들은 취약한 환경 탓에 자신의 고민에 대해 이야기할 사람이 없고, 경제적 어려움으로 인해 상급 학교 진학에는 크게 관심이 없어 보였다. ○○ 지역 아동복지센터의 관계자들 역시 참여자들을 지지한다거나 그들의 성장보다 정부로부터 지원을 받아 사업을 유지해 나가는 것에 관심이 있어 보였다. 이런 상황에서 참여자들은 가정과 학교 그리고 센터에서조차 지지받을 수 없다는 점이 가장 큰 어려움이라는 것을 알게 되었고, 그것이 참여자들이 자신의 진로와 꿈에 대해 생각해 보지 못하도록 하는 원인으로 작용하고 있음을 알 수 있었다.

표 9-3 연구 대상 인적 사항

번호	이름	연령	성별	특성	가족구조
1	박○○	12	남	작은 일에도 쉽게 흥분하고, 폭언을 함	편모
2	한○○	14	남	누나와 매형과 함께 거주하는데 매형의 폭력으로 가출한 상태이며, 학교에서도 시비가 있어 학교에도 나가지 못함	결혼한 누나와 생활함
3	장○○	16	남	가정폭력의 피해자로, 노래 부르는 것을 좋아하고, 어머니에 대한 그리움이 많음. 집단원들에게 힘을 행사하며 거칠게 대함	편부
4	표○○	16	남	인터넷 중독 증상을 보이고, 잦은 욕설과 틱장애를 보임	가출
5	허○○	15	남	감정의 기복이 심하고, 아버지에 대한 분노가 크지만, 할머니에 대한 애정이 남달라 보임	조손가정
6	최○○	12	여	참여자 중에서 가장 열정적으로 참여하고, 자신의 꿈에 대한 관심이 많으며, 매사에 적극적임	편모
7	김○○	13	남	교육에 열심히 참여하나, 산만하고 말이 많아 진행을 힘들게 하기도 함. 새어머니에게 이른다고 하면 무척 잘 집중하는 모습을 보임	재혼가정
8	천○○	13	여	말이 없고, 수줍음이 많으며, 적극성이 부족함	부모와 함께 생활함

9	황○○	15	남	공부와 자신의 진로에 대한 열정이 많으나 성적이 부진하고, 어떻게 진로를 결정해야 할지에 대해 방향을 잡지 못함. 욕설이 잦고, 산만함	부모와 함께 생활함
10	유○○	15	여	흡연이 심하고, 결벽 증세가 있으며, 잦은 욕설과 폭력이 심함. 춤추는 것을 좋아함	편부
11	한○○	14	남	어쩔 수 없이 참여하는 것처럼 보이나, 축구에 대한 열정이 남달라 보임	조손가정
12	최○○	15	여	애정 표현이 많고, 누가 자신에게 관심을 가져주는 것을 좋아하며, 과장되게 표현함. 남자 친구에게 지나친 관심과 집착을 보임	가출

(2) 연구 절차

진로 결정은 삶의 방향과 질을 결정하는 과정이란 점에서 신중하게, 그리고 합리적으로 이루어져야 한다. ○○ 지역 아동복지센터 빈곤 아동 · 청소년들이 자신들의 특성을 감안하여 스스로 진로를 결정할 수 있도록 조력하기 위해 다음과 같은 절차를 수립하였다.

- 농촌 빈곤 아동 · 청소년에 대한 이해를 돕는 단행본, 학술지, 선행 연구를 검토하고, 진로교육 프로그램의 검토 및 분석을 통해 빈곤 아동 · 청소년이 처해 있는 상황에 대한 이해를 토대로 진로교육의 필요성에 대해 기술하였다.
- 한국고용정보원의 'CDP(career development path)', 전방연 등(2011)의 『진로탐색과 생애설계』, 이규은(2011)의 『자기계발과 직업』에 소개된 프로그램을 참고하여 ○○ 지역 아동복지센터 참여자들의 특성에 맞게 진로교육 프로그램을 구성하였다.
- 프로그램을 실시하여 진로교육의 다섯 영역, 즉 자기이해, 직업세계 이해, 합리적 의사결정, 직업 가치관, 직업 설계 및 계획에 도움을 주고자 하였다.

- 프로그램의 실시 과정에서 관찰된 행동과 태도를 분석하고, 소감문을 바탕으로 진로교육의 필요성과 진로 발전 방안, 교육복지적 접근에 대한 시사점을 도출하였다.

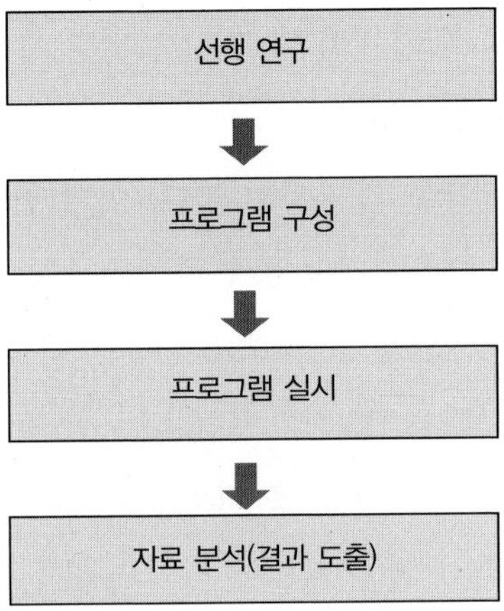

그림 9-1 **진로교육 프로그램 연구 절차**

2. 연구의 배경

1) 농촌의 빈곤 아동 · 청소년

현대사회의 빠른 경제성장과 급변하는 사회구조는 사회적 분배의 불평등과 경제적 양극화를 심화하고 있으며, 빈부 격차와 빈곤의 확대로 인한 문제를 야기하고 있다. 특히, 우리나라 아동 · 청소년의 빈곤율은 2006년 기준 13.4%로, OECD 국가의 평균 11.2%와 비교했을 때 2.2%나 높은 것으로 보고되었다(하대현 외, 2012). 빈곤의 전통적인 개념은 개인 및 가족의 일차적 욕구인 의식주를 제대로 해결하지 못한 상태를 뜻하였으나, 현대적 개념은 개인 및 가족이 일상생활을 유지하는 데 필요한 의식주뿐만 아니라, 교육,

의료, 오락 등 충족시킬 수 없는 자원의 결핍 상태를 뜻한다. 빈곤은 다음의 세 가지 형태, 즉 ① 객관적으로 결정한 절대적 최저한도보다 적게 가지는 것, ② 주어진 사회의 다른 사람들보다 적게 가지는 것, ③ 자신이 충분히 갖고 있지 않다고 느끼는 것으로 구분할 수 있다(조희연, 1993).

빈곤 아동의 가정환경은 경제적 빈곤으로 인해 사용 가능한 자원의 부족, 학업 공간의 부재, 부모의 자녀 학습 지도 미흡, 신체 발육 부진, 질병 등 다방면에서 상대적으로 열악할 가능성이 높다. 이와 같은 정의를 바탕으로 보면, 빈곤 아동·청소년은 빈곤 가정에서 성장하고 있는 아동·청소년으로서 균형 있는 영양 섭취로 건강을 증진하고자 하는 욕구와 학업 능력 향상, 자아존중감 고취, 부모로부터의 정서적 지지, 다양한 자원이 있는 가정환경, 부모와의 원만한 상호작용, 공평한 교육 기회 등의 보장에 대한 욕구와 필요성을 가지고 있는 집단이라고 할 수 있다.

2) 진로 개념의 이해

개인은 직업을 통해 삶의 즐거움을 느끼고 자아를 실현해 간다. 이러한 시대적 요구에 발맞추어 학교를 포함한 사회단체나 상담 전문기관 등에서는 아동·청소년의 진로와 관련된 다양한 활동들이 이루어지고 있다. 하지만 진로와 관련해서 여러 가지 용어들이 혼용되고 있어 아동·청소년의 진로교육에 대한 본격적인 논의를 하기에 앞서 이와 관련된 용어들의 유사성과 차별성에 대한 이해를 돕고자 한다.

(1) 진로

진로(career)는 한 개인이 생애 동안 일과 관련해서 경험하고 거쳐 가는 모든 체험을 의미한다. Career의 어원은 '수레가 다니는 길을 따라간다(to roll along on wheels).'는 뜻의 'carro'에서 유래하였다. Career는 여러 가지

의미로 다양하게 사용되고 있는데, 사전에서는 '한 개인의 생애에 대한 전 과정'이라고 정의하고 있다(이현림, 2009).

(2) 진로지도

진로지도(career guidance)란 사람들이 활동하는 생애 동안 그들의 진로 발달을 자극하고 촉진하기 위해서 전문상담사나 교사 등과 같은 전문인이 다양한 장면에서 수행하는 활동으로서, 진로 계획, 의사결정, 적응 문제 등을 조력하는 것을 의미한다. 따라서 진로지도 방법에는 진로상담을 비롯하여 여러 가지가 존재한다(김봉환 외, 2000).

(3) 진로 발달

진로 발달이란 평생을 통하여 지속되는 과정으로, 일에 대한 가치가 발달하고, 직업적 정체성이 형성되고, 직업 기회를 가지며, 시간제 또는 전일제 직업과 여가 선용을 계획 · 실천해 보는 과정이라고 하였다(Tolbert, 1980). 또한 헤어, 크라머 그리고 나일(Herr, Cramer, & Neiles, 2004)은 진로 발달을 한 개인의 진로를 구체화하는 데 필요한 심리적 · 사회적 · 교육적 · 신체적 · 경제적 · 우연적 요인과 교육 · 직업 · 취미 생활을 하는 데 있어 개인의 선택과 취업 그리고 그것의 진전과 관련되는 개인적 경험의 양상을 가리킨다고 보았다. 따라서 진로 발달은 신체적 · 정신적 발달과 마찬가지로 직업에 대한 지식, 태도 등이 어려서부터 발달하기 시작하여 죽을 때까지 계속된다는 의미를 포함하고 있으므로, 인간의 전 생애 발달로 볼 수 있다(이현림, 2009).

(4) 진로상담

진로상담의 정의에 대하여 수퍼(Super, 1951)는 "일의 세계에서 적절히 융화된 자신의 역할상과 자아상을 발전시키고 수용하여 자신을 현실 속에서 검토해 보고, 검토한 내용 또는 결과 자체를 자신에게 만족스럽고 사회에 이익이 되는 현실로 전환하도록 개인을 도와주는 과정"이라 하였다. 진로상담이란 내담자로 하여금 장래의 불확실한 진로를 개척하기 위하여 치밀한 방법과 계획을 세워 생애 문제에 대처해 나가는 방법을 현명하게 선택하고 적응하는 과정이다. 즉, 자기이해와 자신의 잠재력을 발견할 수 있도록 전문가인 상담자와의 원만한 인간관계 속에서 내담자가 진로 결정을 할 수 있는 계기를 마련해 주는 상담의 종합적인 과정이라 할 수 있다(이현림, 2009).

(5) 진로교육

진로교육(career education)은 개인의 진로 선택, 적응, 발달에 초점을 둔 교육으로, 각 개인이 자기 자신과 일의 세계를 인식 및 탐색하여 자신에게 적합한 일을 선택하고, 선택한 일을 잘 수행할 수 있도록 취학 전부터 시작하여 평생 동안 학교, 가정, 사회에서 가르치고, 지도하며, 도와주는 활동을 총칭한다. 즉, 진로교육은 진로의 교육적 작용이 중시되는 개념이라고 할 수 있다.

3) 진로 선택에 영향을 미치는 요인

톨버트(Tolbert, 1980)는 직업 적성, 직업 흥미, 인성, 성취도, 가족과 가정, 경제적 요인을 제시하면서 이들 요인이 복합적으로 상호작용할 때 진로 선택에 미치는 영향이 더욱 커진다고 하였다. 이현림(2009)은 이를 신체적 요인, 심리적 · 정서적 요인, 환경적 요인, 우연적 요인으로 분류하였다. 농촌 빈곤 아동 · 청소년은 신체적 · 심리적 · 정서적 · 환경적 요인 모두에서 취약계층으로 분류할 수 있으므로, 이현림의 주장에 기초하여 진로 선택에 영향을 미치는 요인에 대해 살펴보고자 하였다.

(1) 신체적 요인

체구, 색맹, 성별, 적성 등이 신체적 요인에 속한다. 체구는 유전에 의한 신체적 구조로 거의 통제할 수 없으며, 진로 선택에 영향을 미칠 수 있다. 화가, 의사, 기사와 같은 직업은 아무리 선천적인 소질이 풍부하더라도 색맹일 경우 선택할 수 없다. 성별은 남녀에 따라 적합한 직업을 선택하려고 하는 경향이 있다. 신체적 요인에서 적성은 손재주 같은 것을 말하는데, 이것은 유전적인 것뿐만 아니라 환경에 의해서도 결정된다. 신체적 요인 그 자체가 진로 선택에 많은 비중을 차지하고 있는 것은 아니지만 신체적 요인과 직업과의 관계는 매우 밀접하므로 진로 선택에 영향을 미치는 요인 중 하나다.

(2) 심리적 · 정서적 요인

흥미, 적성, 욕구, 감정 그리고 가치 등이 심리적 요인에 속한다. 이 요인들은 직접 느끼고 만질 수 있는 것이 아니므로 개인의 행동을 통하여 간접적으로 연구할 수밖에 없다는 한계점을 가진다. 진로 선택에 있어 흥미는 능력보다 더 강하게 작용하며, 이들 요인은 그 형태와 행동이 충동과 욕구를 개인에게 효과적으로 적용할 때 비로소 다양한 직업의 형태를 선택하게 한다. 심리적 · 정서적 요인 또한 진로 선택에 있어 중요한 요인으로 작용한다.

(3) 환경적 요인

사람은 공간 속에서 혼자 존재할 수 없고, 개개인에게 일어나는 모든 현상은 직접적이든 간접적이든 복잡한 환경의 영향을 받기 때문에, 환경은 진로 선택에 있어 중요한 요인이 된다. 이에 가정은 사람이 맨 처음 경험하게 되는 환경으로 개인에게 미치는 영향이 매우 크다. 이를테면, 중 · 상류층의 자녀들은 부모로부터 앞날의 성공에 대한 중요성을 배우면서 자란다. 그러나 빈민층의 자녀들은 생계유지에 급급하여 직장에 나가 생계를 돕도록 강요당할 수 있다. 이런 면에서 볼 때 환경적 요인 또한 진로 선택에 있어 매우 중요하게 작용한다고 할 수 있다.

(4) 우연적 요인

인간의 힘으로 어찌할 수 없는 천재지변, 전쟁, 부모의 사망, 비상사태 등이 우연적 요인에 속한다. 천재지변은 새로운 직업을 찾거나 얻어야 할 경우를 만들 수도 있고, 직업을 구하려는 순간 우연히 빈자리가 생겨서 그 직업을 얻는 경우도 있다. 반대로 직업을 잃는 상황을 만들기도 한다. 이런 측면에서 볼 때 우연적 요인도 진로에서 매우 중요하게 다루어져야 할 부분이다.

4) 진로교육의 영역

수퍼에 따르면, 인간은 자아 이미지와 일치하는 직업을 선택한다고 한다. 자아개념은 유아기부터 형성되어 전환 실천의 과정을 거쳐서 사망에 이르기까지 계속 발달 및 보완되지만, 청년기 이후에는 대개의 경우 큰 변화가 이루어지지 않는다고 하였다. 이와 같은 주장을 바탕으로 했을 때 아동 · 청소년기에 바람직한 자아개념을 형성해 나가도록 돕는 것은 미래를 위한 진로를 결정하고 직업을 선택함에 있어 중요한 영향을 미친다고 할 수 있다.

진로교육은 자기이해, 직업세계 이해, 긍정적 직업 가치관, 합리적 의사결정, 진로 계획 및 설계의 다섯 가지 영역에서 빈곤 아동 · 청소년이 자신에 대한 이해를 확장시켜 긍정적인 자아개념과 직업 가치 및 태도를 형성하고, 합리적인 의사결정으로 진로 계획을 수립해 나가도록 지원하는 것이다. 진로의 다섯 가지 영역에 대해 각각 살펴보면 다음과 같다.

(1) 자기이해

파슨스(Parsons, 1909)가 특성요인 이론을 제안한 이래 올바른 진로 선택을 위한 첫 번째 요체로 상정해 온 것이 자기 자신에 관한 올바른 이해다(김봉환 외, 2000). 여기서 올바른 이해란, 보다 정확한 이해, 즉 자신의 특성, 장단점, 적성, 흥미, 성격, 가족 관계, 가정환경에 대한 탐색을 통해 자신을 객관적으로 이해하는 것이다.

(2) 직업세계의 이해

개인적 측면에서 진로지도의 또 다른 목적은 현대사회의 복잡하고 다양한 일과 직업의 종류 및 본질에 대한 객관적 이해가 절대적으로 필요하다는 점에서 찾아볼 수 있다. 이러한 상황에서 장래성이 있고, 자신에게 맞는 직업을 선택한다는 것을 결코 쉬운 일이 아니다. 일과 직업의 세계에 대한 객관적인 정보와 체계적인 탐구 없이 진로 혹은 직업을 선택할 수 없기에, 다양한 직업세계와 미래 사회가 요구하는 직업인에 대한 이해가 반드시 필요하다.

(3) 긍정적인 직업 가치관

진로지도의 중요한 목표 중의 하나는 학생들로 하여금 일과 직업에 대한 올바른 가치관 및 태도를 갖도록 하는 것이다. 이러한 가치관과 태도는 성장해 오는 동안에 이미 나름대로 형성되어 있지만, 잘못되었거나 왜곡된 내용은 지도와 상담을 통해서 올바르게 수정해야 할 영역이다. 좋은 직업의 조건, 직업과 행복한 삶과의 연관성 등을 살펴보는 활동을 통해 직업에 대한 긍정적인 가치관과 태도를 형성할 수 있다.

(4) 합리적 진로 의사결정

진로지도의 최종 결과는 그것이 크든 작든 간에 어떤 '결정'이라는 형태로 나타난다. 앞서 언급한 자신에 대한 정보, 직업세계에 대한 정보 등을 토대로 최종적으로 진로를 선택하는 의사결정을 하게 된다. 아무리 훌륭한 능력과 정보를 가지고 있어도 이를 적절하게 활용하여 최선의 선택을 할 수 있는 의사결정 기술을 갖추고 있지 않으면 올바른 진로 결정을 하기가 어렵

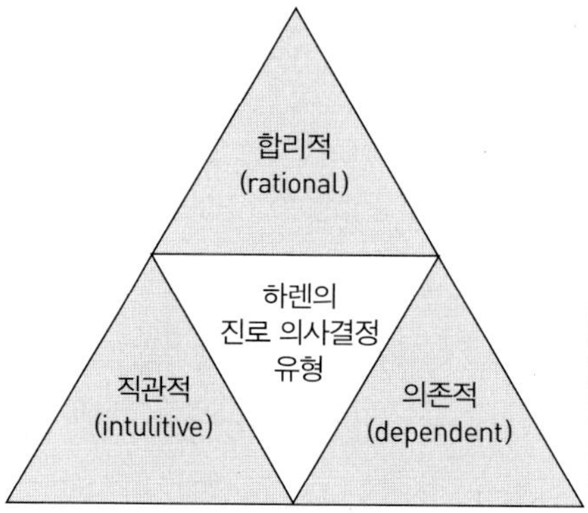

- **합리적 유형:** 의사결정을 할 때 자신의 상황에 대해서 현실적으로 평가하는 유형이다. 자신과 상황에 대하여 정확한 정보를 수집하고, 신중하고 논리적으로 의사결정을 하며, 그 결정에 책임을 진다.
- **직관적 유형:** 의사결정을 할 때 자신과 상황에 대하여 감정적으로 평가하는 유형이다. 의사결정의 기초로서 환상이나 감정, 상상을 이용하며, 즉흥적인 느낌을 중시한다. 합리적 유형과 마찬가지로 자신의 결정에 대한 책임을 진다.
- **의존적 유형:** 의사결정에 대한 개인적 책임을 지지 않으려는 유형으로, 의사결정 과정에서 타인의 영향을 많이 받으며, 수동적이고 순종적이다. 사회적으로 인정받으려고 하며, 자신이 처한 상황이 여러 가지 요인으로 인해 제한받는다고 생각한다.

그림 9-2 **하렌의 진로 의사결정 유형**

다. 진로 의사결정에서 자주 언급되는 하렌(Harren)의 진로 의사결정 유형은 [그림 9-2]와 같다.

(5) 진로 계획 및 설계

자신의 특성에 맞는 직업을 선택할 수 있도록 계획을 세우는 일은 진로 선택에 있어 매우 중요한 과정이다. 자신의 특성에 맞는 직업에 대한 구체적인 탐색을 통하여 자신의 진로 목표에 대해 장기 · 중기 · 단기 · 주간 · 일일 계획표를 세워 보고, 잠정적인 직업을 선택해 보도록 하는 것은 추후 직업 선택 시 도움이 될 수 있다.

3. 연구 결과 및 해석

참여자 개인별로 관찰된 행동과 태도, 프로그램 평가와 종결 소감문을 근거로 프로그램 참여 후의 변화를 분석한 연구 결과를 제시하면 다음과 같다.

1) 자기이해 및 긍정적 자아개념의 형성

프로그램에 참여하기 전에 참여자들은 자신의 특성, 장단점, 흥미, 성격, 가족, 가정환경 등에 대해 구체적으로 생각해 보거나 이해하고 있지 못했다. 하지만 프로그램에 참여하면서 일부 참여자들은 자신에 대해 어느 정도는 알게 되었다고 진술하였다.

> "프로그램에 참여하기 전에는 내가 무엇을 좋아하는지 생각해 본 적이 없었어요. 그런데 프로그램에 참여하면서 내가 정말 좋아하는 것이 무엇인지 알게 되었어요. 저는 축구할 때 가장 행복한데 축구선수가 될 수 있을까요?" (한○○, 남, 14세)

> "프로그램에 참여하기 전에는 이혼하고 집을 나간 엄마를 원망하고, 매일 술만 먹고 때리는 아빠를 없애고 싶다고 생각했어요. 그런 생각 때문인지 작은 일에도 쉽게 흥분하고, 싸우고, 가출도 했어요. 하지만 프로그램에 참여하면서 내 자신을 소중하게 생각해야 다른 사람도 나를 소중하게 생각한다는 것을 알게 되었습니다. 커서 좋은 직업을 가져서 아빠를 행복하게 해 주고 싶어요." (장○○, 남, 16세)

2) 일과 직업세계의 이해

연구 참여자들은 프로그램에 참여하기 전에도 다른 진로교육을 통해 일과 직업세계에 대해서 어느 정도 사전 지식을 가지고 있었다. 이 부분에 대해서는 프로그램 전후의 차이가 크게 나타나지는 않았지만 일과 직업세계에 대한 이해가 조금은 깊어졌음을 진술을 통해 확인할 수 있었다.

3) 긍정적인 직업 가치와 태도의 형성

프로그램에 참여하기 전에 참여자들은 직업윤리와는 상관없이 돈을 많이 벌 수 있는 직업이 좋은 직업이라고 진술하였지만, 프로그램에 참여한 후에는 직업윤리가 중요함을 인식하고, 직업과 삶이 어떻게 연관성을 갖는지 이해할 수 있었다고 진술하였다.

> "저는 돈이 최고라고 생각했어요. 하고 싶은 것도 많고, 먹고 싶은 것도 많고, 사고 싶은 것도 많은데 우리 집에 돈이 없어서 못하고, 못 먹고, 못 사거든요. 그래서 나는 돈을 많이 버는 일이라면 깡패라도 할 수 있다고 생각했습니다. 하지만 다른 사람을 해롭게 하는 일은 직업이 아니라는 것을 알게 되었어요. 커서 직업을 갖게 되면 다른 사람에게도 도움이 되는 일을 하고 싶습니다." (황○○, 남, 15세)

> "돈보다 더 중요한 것이 있다는 것을 알게 되었습니다. 저는 할머니를 행복하게 해 주고 싶습니다. 할머니가 저를 키우시느라 고생이 많으셨는데, 할머니를 걱정하지 않게 하고 행복하게 할 수 있는 일을 하고 싶습니다. 그래도 돈은 많이 벌고 싶은데……." (허○○, 남, 15세)

4) 진로 계획 및 설계

프로그램에 참여하기 전에 참여자들은 진로의 개념에 대해서 명확하게 알고 있지 못했다. 많은 참여자들이 진로가 무엇인지에 대해 물었고, 계획을 세운다는 것은 현실적으로 어려워 보였다. 하지만 매 시간 강의와 활동을 통해 진로에 대해 명확하게 인식하게 되었고, 세부적이지는 않지만 자신의 진로에 대해 밑그림을 그릴 수 있게 되었다고 진술하였다.

"처음에 선생님께서 주신 활동지만 보면 울렁증이 생기고 찢고 싶은 생각이 들어 뒷장에 낙서만 했습니다. 하지만 시간이 지나면서 나 자신의 진로에 대해 진지하게 생각해 보게 되었고, 계획을 세워 보니 내가 정말 무슨 일을 하고 싶은지에 대해 명확하게 알게 되었습니다. 지금부터 꾸준하게 계획대로 실천하여 훌륭한 경찰관이 되고 싶습니다." (최○○, 여, 12세)

"프로그램에 참여하면서 진로 계획을 세우다 보니 대학에 가고 싶어졌습니다. 아버지가 돈을 벌어야 한다며 고등학교도 상고를 가라고 하셔서 저는 대학에 가면 안 되는 놈이라고 생각했습니다. 하지만 열심히 공부해서 대학에 진학하고 싶습니다. 전 의사가 되고 싶습니다." (김○○, 남, 13세)

5) 진로 의사결정 능력의 함양

대부분의 참여자들은 직관적으로 의사결정을 하는 것으로 확인되었다. 합리적인 의사결정 유형 검사를 프로그램 전과 후에 실시하였으나 큰 차이를 보이지 않았다. 이러한 결과는 참여자들을 지지해 주고, 합리적인 판단을 하도록 도움을 줄 수 있는 대상의 부재로 인해 합리적인 진로 의사결정을 돕는 학교 관계자, 센터 관계자 및 진로 전문상담사의 역할이 강조되어야 하는

표 9-4 진로교육의 결과

진로교육 실시 전	진로교육 실시 후
자기이해 부족, 부정적 자아개념	자기이해 및 긍정적 자아개념 형성
일과 직업세계의 이해가 얕음	일과 직업세계의 이해가 깊어짐
직업의 가치를 생계 수단으로만 인식함	긍정적인 직업 가치와 태도의 형성으로 직업윤리의 중요성을 인식함
진로 계획의 필요성에 대한 인식이 부족함	진로에 대한 명확한 인식을 통해 세부적으로 진로 계획을 세울 수 있게 됨
직관적 의사결정의 특성을 보임	합리적인 의사결정을 어려워함(합리적 의사결정을 도울 수 있는 대상의 부재가 원인으로 판단됨)

부분이라고 판단된다. 무엇보다 아동 · 청소년이 속한 학교와 지역기관은 물론, 가족 구성원을 대상으로 하는 진로 의식 전환 교육을 통해 그들을 지지해 줄 수 있는 환경을 구성하는 것이 절실히 요구된다.

진로교육의 결과를 나타내면 〈표 9-4〉와 같다.

4. 시사점

1) 농촌 빈곤 아동 · 청소년 진로교육의 필요성 인식

도시와 농촌의 교육 격차가 점점 심각해지고 있는 가운데 이러한 격차를 줄이려는 노력이 정부, 지자체, 교육기관 등에서 활발하게 이루어지고 있다. 하지만 그러한 인식과 노력에도, 농촌 빈곤 아동 · 청소년이 접할 수 있는 진로교육은 기관을 통해 의뢰된 직업 체험 및 심리검사, 진로 집단상담 등 그 활동이 일회성으로 운영되고 있어 진로교육의 필요성을 충분히 인식하지 못하는 실정이다. 이와 같은 이유는 도시와 농촌의 격차를 줄이기 위한 노력이 주로 학습 지원에 치우쳐 있어 근본적인 문제를 해결해 주지 못하는 잘못된 처방이 이루어지고 있기 때문이다. 이에 진로교육의 필요성을 개인적 측면과 국가적 · 사회적 측면에서 살펴보고자 한다.

(1) 개인적 측면

진로교육은 개개인의 진로 결정에 필요한 정보를 제공하여 합리적으로 직업을 선택하여 성공적인 직업인이 되도록 이끄는 것으로, 일과 직업세계에 관련된 자신의 적성, 능력, 흥미, 소질, 인성, 신체적 특성 등에 대한 자기이해 능력을 길러 주기 위하여 매우 필요한 것으로 인식된다.

하지만 ○○ 지역 아동복지센터의 농촌 빈곤 아동 · 청소년들은 진로교육의 필요성에 대해 인식하지 못하고 있고, 오로지 '돈을 버는 일'이 진로라는 편협한 생각을 가지고 있었다. 이는 자신에 대한 탐색, 즉 자신의 적성, 능력, 흥미, 가치관 등에 대해 충분히 이해할 수 있도록 돕는 진로교육의 부재로 인한 결과로 볼 수 있다. 따라서 자신에 대한 이해를 돕고, 진로에 대한 지속적인 학습을 통하여 취업활동에 자신감을 얻으며, 성공적인 진로 계획을 세울 수 있도록 도와 건전한 자아개념을 형성하고, 미래를 위한 진로 결정과 직업을 선택할 수 있도록 돕는 개인적 측면에서의 진로교육은 반드시 필요하다고 할 수 있다.

(2) 국가적 · 사회적 측면

○○ 지역 아동복지센터의 농촌 빈곤 아동 · 청소년은 직업에 대한 윤리나 봉사 그리고 더불어 사는 사회의 구성원의 개념에 대해 잘 인식하지 못하는 특성을 보인다. 빈곤 아동 · 청소년이 건강한 사회의 구성원으로 성장하도록 돕는 것은 지속적인 성장이 가능한 사회를 만들어 가고, 국가 및 사회의 인력을 적재적소에 배치한다는 의미에서 매우 필요하다. 뿐만 아니라 체계적인 진로교육을 통해 건전한 직업윤리 의식을 확립하고, 국가와 사회에 기여

하는 사회 구성원으로 성장할 수 있다는 믿음을 줌으로써, 문제행동이나 비행행동을 사전에 예방할 수 있다는 측면에서 볼 때 국가적 · 사회적 측면에서도 진로교육은 강조되어야 할 것이다.

2) 농촌 빈곤 아동 · 청소년 진로교육의 방향

개인이 어떤 진로를 선택하느냐에 따라서 개인 생활의 많은 부분이 영향을 받게 된다. 즉, 개인이 어떤 직업과 진로를 선택했느냐에 따라서 개인의 능력 발휘의 기회, 인간관계, 사회경제적 지위, 가치관과 태도, 정신적 · 신체적 건강, 가족 관계, 거주지 등 생활의 모든 측면에 영향을 받게 되고, 생활양식이 결정되며, 궁극적으로 한 인생이 만들어지는 것이다

일찍이 직업교육의 창시자라고 할 수 있는 시드니 멀랜드(Sidney Marland)는 "모든 교육은 진로교육이고, 또 그렇게 되어야 한다."라고 선언한 바 있다. 톨버트(Tolbert, 1980)에 따르면, 진로교육은 성인교육을 포함하는 전체 교육체제를 개혁하는 한 방법이라고 했다. 따라서 진로교육이 바로 교육이고, 또한 교육개혁의 방법이 되는 것이다. 우리가 미래 사회를 대비하는 교육개혁을 설계하고 추진하는 이 시점에서 진로교육이야말로 이러한 교육개혁의 방향이 되고, 내용이 되며, 또한 방법이 된다고 할 수 있다. 교육개혁은 바로 진로교육의 강화와 실천이라고 할 수 있다. 이러한 맥락에서 진로교육이 이해되고 접근되어야 할 것이며, 여기에 기초를 두고 앞으로 우리가 추진해야 할 진로교육의 방향을 제시하면 〈표 9-5〉와 같다.

〈표 9-5〉에서 앞으로 우리가 나아가야 할 진로교육의 방향을 제시하였다. 여기서 제시한 진로교육의 방향을 토대로 농촌 빈곤 아동 · 청소년의 특성을 고려한 맞춤형 진로교육이 필요하다고 판단된다.

진로교육은 모든 학생을 대상으로 현재보다 미래지향적으로 이루어져야 한다. 또한 학생의 발달 수준을 이해하고, 그 수준에 맞게 교육과정을 재구

표 9-5 진로교육의 방향

진로교육의 개선	전문성 강화	인프라 구축
• 직업, 적성, 흥미, 가치관 검사를 실시하여 개인의 특성에 맞는 맞춤형 진로교육 실시(획일화된 진로교육 접근에서 벗어나 개별화와 다양화 추구) • 개인의 진로 정보 접근성 확대 • 개인이 속한 환경에서 진로교육 접근성 용이 • 개인의 특수 상황 고려(생계형 아르바이트생, 학교 밖 청소년 등)	• 진로교육 담당자의 진로교육 핵심 역량 강화 및 진로지도 전문가 연수 • 개인의 특성에 맞는 진로교육 프로그램 개발 • 진로지도 전문가 과정 개설 확대	• 시 · 도 교육청의 진로교육 지원체제 강화 • 지역 진로정보센터 활성화 및 지역 협의체 구축 • 진로교육 전문가 인력 풀 구성

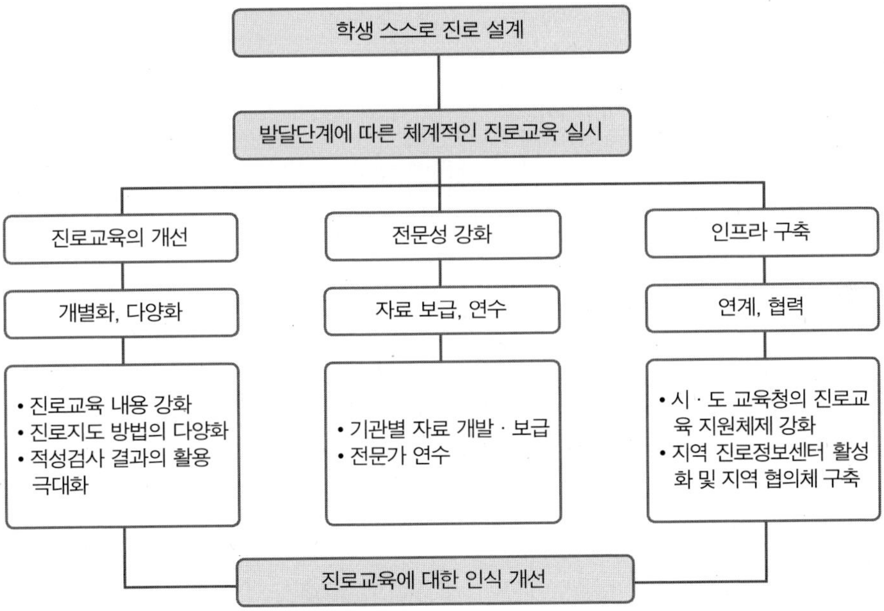

그림 9-3 진로교육 방향 모형

성하여 학생의 입장에서 교육되어야 하며, 무엇보다 중요한 것은 가정, 학교, 지역사회와 연계하여 실시함으로써 농촌 빈곤 아동 · 청소년이 개인적으로 생애 목표를 달성하고, 전인적 발달로 건강한 사회 구성원으로 성장할 수 있도록 도와야 한다는 점이 강조되어야 할 것이다.

교육복지사업의 일환인 교육 서비스 중에서 진로교육은 매우 필요하다. 빈곤 가정의 자녀는 적절한 교육 수준에서 미달되어 있기 때문에 안정된 취업 기회를 현실적으로 제한받고 있다. 이러한 현상은 지적 능력 계발에 필요한 주위 환경으로부터의 자극의 결여, 성취동기의 빈약, 부적합한 학습 환경 등에 기인한다. 특히, 지속적인 교육 제한으로 인하여 사회 부적응은 물론 생활에서 좌절을 경험하면서 비행 청소년으로 발전하는 경우가 증가하고 있다. 대부분의 빈곤 아동 · 청소년들은 일반 아동 · 청소년들과는 달리 상이한 문화적 가치 체계를 가지고 있는데, 자신에 대해 운명적이며, 미래에 대한 희망이 적고 무감각하며, 현재 지향적이고, 계획성이 결여되어 있다는 것이 특징이다. 이러한 현상은 우리에게 시사하는 바가 크다. "개천에서 용난다"는 옛 속담이 있다. 하지만 현대를 사는 우리에게 이 속담은 더 이상 설득력이 없다. 농촌 빈곤 아동 · 청소년이 속한 가정의 사회경제적 배경이나 그들이 속한 환경이 어떠하느냐에 따라 그들의 인생이 많은 부분 좌우되기 때문이다.

우리의 교육은 복지를 이야기하기에 앞서 교육 기회의 보장에 대한 기본 조건을 마련해야 한다. 학생들의 인권을 경시하여 개인의 관심사에 기반하거나 생활환경 속에서 최적의 선택을 할 수 있는 교육 기회가 주어지지 않고, 무조건 입시만 강조하는 교육, 비대한 사교육 중심으로 아동 · 청소년이 진로에 대한 교육 기회를 상실하는 것, 지역 · 성별 · 계층 · 장애에 따른 교육 기회의 불평등으로 인해 빈곤이 대물림되는 현상은 비단 빈곤의 문제만은 아닐 것이다. 이러한 문제는 심각한 사회문제로 발전할 수 있다는 점에서 개별성 및 다양성을 고려한 맞춤형 교육이 우선되어야 하며, 진로교육도 교육의 중요한 영역으로 인식할 때 비로소 교육복지 본연의 영역을 논할 수 있을 것이다.

더불어 진로교육은 장래 진로 선택 가능성을 폭넓게 인식시키고 탐색하여 보다 합리적이고 객관성 있는 진로 계획을 준비해 나가도록 하는, 조직적이고 체계적인 교육활동으로서 기본 원리를 충분히 이해하고 실천할 때 가능한 것임을 명심해야 할 것이다.

5부

여성 및 노인 교육복지 실천연구

10장

마을도서관 운동

대전 지역 마을도서관 운동 사례를 중심으로

1. 연구의 개요

1) 연구의 필요성 및 목적

마을도서관은 '마을'을 단위로 주민들이 주도적으로 설립 · 운영하는 소규모 도서관을 말한다. 보통 20~40평대의 소규모이기 때문에 '작은 도서관'으로 통칭되나, 지역공동체 형성이나 지역문화의 발전, 지식 평등화와 같은 운동적 이념을 담고 있는 공간이 바로 마을도서관이다.

마을에서 소규모 도서관을 설립하는 마을도서관 운동은 1980~1990년대의 '작은 도서관 운동 확산기'와 2000년부터 현재까지의 '작은 도서관 운동 활성기'로 구분할 수 있다.

작은 도서관 운동의 확산기는 당시 민주화 운동과 노동운동의 사회적 분위기 속에서 소규모 도서관이 늘어나기 시작한 시점을 말한다. 1987년 사회운동 이후 시민들의 민주화에 대한 열망이 폭발적으로 분출되면서 대중의 지적 요구는 팽창한 반면, 공공도서관이나 제도권에서는 이러한 시민의 교육적 열망을 수용하기에 한계가 있었다. 이러한 공적 지원의 틈새를 활동 기반으로 삼아 촉발된 것이 바로 '작은 도서관 운동'이라 할 수 있다. 대표적으로 노동계층을 중심으로 마산의 '책사랑', 서울의 '난곡 주민 도서실'과 같은 저소득층 지역에서의 도서관 운동이 있다. 그러나 이들 활동이 주로 전문가나 지식인이 중심이라면, 1990년대 생활권 중심의 작은 도서관 운동은 학부모 세력을 주축으로 하는 어린이도서관 설립 운동을 말한다. 학부모 중심의 마을도서관 운동은 기존의 거대 담론 및 전문가 중심의 시민운동이 생활 중심의 일상적 실천활동으로 전환되기 시작했음을 알리는 것이었다.

현재와 같은 '범시민운동'으로 작은 도서관 운동이 활성화된 시기는 작은 도서관 운동의 운영 주체가 개인과 민간으로 확산되던 운영 주체의 변화 시기와 맞물린다. 개인이 자신의 가정에서 문고를 열어 주변 어린이들에게 공개하는 가정문고의 형태로 시작해 개인적 차원 혹은 지역운동적 차원에서 어린이도서관을 운영하는 경우다. 이러한 민간의 자발적 활동 에너지를 정부가 정책화하면서 작은 도서관 운동은 범시민적 운동으로 확장되기 시작하였다. 2004년 6월 문화관광부가 『문화비전 21: 창의 한국』에서 주민 접근성을 고려한 '1만 개 작은 도서관 운동'을 정책 과제로 제시하였고, 그 후 문화관광부와 국립중앙도서관에 작은 도서관의 활성화를 위한 기획단이 꾸려졌으며, 2006년에는 국립중앙도서관 내에 '작은 도서관 진흥팀'이 신설되어 국가 정책 속에서 작은 도서관의 조성과 지원이 본격화되었다.

또 하나는 지역의 작은 도서관 운동에 지방자치단체의 행정적·재정적 지원이 결합되면서 탄력을 받은 경우다. 이러한 예로 '책 읽는 사회 만들기 국민운동'의 '기적의 도서관 운동'과 창원의 '사회교육센터·마을도서관 운동'(양병찬, 2001, 2007), 부천 지역을 중심으로 전개된 '동네마다 작은 도서관 만들기 운동' 등을 들 수 있다. 이들 사업은 민관 협력 모델로서 다양한 시민단체와 지방자치단체, 일반 시민들의 적극적인 범시민운동으로 연계하여 작은 도서관 운동의 사회적 공감대를 형성한 것에서 그 의의를 찾을 수 있다(이연옥, 2005).

마을도서관 운동은 마을도서관이 아동들의 교육 문제를 해결해 가는 가능성의 공간으로 인식되면서 빠르게 확장되었다. 이러한 과정에는 도서관 활동에 참여하는 주민들의 실천학습의 역동이 스며들어 있고, 특히 도서관 활동에 주도적으로 참여하는 학부모들은 자녀교육뿐만 아니라 '자기학습'의 의미와 가치에 새롭게 눈뜨게 되었다. 이처럼 마을도서관 운동은 주민들이 학습의 주체로 성장하는 과정을 보여 주는 평생교육의 중요한 장(場)임에도 불구하고, 그동안 평생교육 영역에서 제대로 다루어지지 않았다.

따라서 본 연구에서는 마을도서관 운동을 검토함으로써 그것의 교육적 의미를 밝히고, 지역교육의 실제를 이해하는 데 기여하고자 한다. 이를 위해 대전 지역 마을도서관 운동 사례를 선정하였다. 대전 지역의 마을도서관 활동은 개인부터 민간, 민관 협력 모델까지 매우 다양한 형태로 확장되고 있다. 여기서는 마을 단위에서 학부모들에 의해 설립 · 운영되는 민간 주도형 마을도서관 운동을 검토하였다.

구체적인 연구 질문은 다음과 같다. 첫째, 마을 단위에서 도서관 운동이 촉발된 배경은 무엇인가? 둘째, 마을도서관 활동의 특성은 무엇인가? 셋째, 학부모 주도 마을도서관 운동의 교육적 의미는 무엇인가? 특히, 교육적으로 소외된 지역에서 마을도서관 활동이 생활권 교육복지의 문제를 해결하는 대안적 교육 영역이 될 수 있는 가능성에 주목하였다.

2) 연구방법

본 연구는 대전 지역 마을도서관 운동의 교육적 함의를 탐색하고자 하였다. 따라서 대전 지역의 각 마을에서 도서관 활동에 참여하고 있는 주체들의 문제의식과 이를 토대로 전개되는 활동 과정에서의 경험, 이를 둘러싼 마을의 특성까지 고려하였다. 나아가 대전 마을도서관 운동의 맥락 속에서 마을도서관 운동의 교육적 의미를 탐색하고자 했으므로, 현상에 대한 '총체적 접근'이 요구되었다. 이에 따라 특정 현상에 대한 양화된 정보를 분석하는 '양적 접근'보다는 현상에 대한 총체적인 이해를 구하는 '질적 접근'의 패러다임을 차용하였다.

질적 연구 패러다임은 세계를 이미 주어진 것으로 보지 않고, 각 상황 속에 있는 개인들에 의해 구성되는 것으로 이해한다. 그러므로 하나의 상황 혹은 현상에 대해 연구자나 연구 참여자, 독자들의 해석에 따라 다양한 세계가 존재할 수 있다고 본다. 다시 말하면, 질적 연구는 하나의 현상을 떼어 내어 구성 요소들을 검토하는 양적 연구와는 대조적으로 어떻게 그 모든 부분들이 모여 하나의 전체를 이루는지를 이해하는 데 초점을 둔다(Merriam, 1988). 여기서는 대전 지역의 각 마을 단위에서 진행되는 개별 도서관의 활동과 이를 매개로 확산 중인 대전 마을도서관 운동의 주체들 간의 상호 역동을 포함하여 마을도서관 운동을 다각도로 분석해야 하므로, 질적 연구방법이 유용할 것으로 보았다.

연구를 위한 자료 수집은 문헌분석과 심층면담, 참여관찰을 활용하였다. 첫째, 작은 마을도서관 운동을 개관한 문헌 자료와 대전 마을도서관 운동과 관련된 문건을 수집하였다. 또한 관련 학위논문과 학회지, 대전 마을도서관 운동 전개 과정에서 생성된 자료, 대전마을어린이도서관협의회 홈페이지와 마을도서관의 온라인 공동체에서 도서관 활동 상황을 살펴보았다. 수집한 문헌을 개관하면서 대전 마을도서관 운동이 촉발된 배경은 무엇이며, 마을도서관 설립을 주도한 주민들은 어떤 문제의식을 가지고 있었고, 어떻게 활동의 지속성을 확보하였으며, 이러한 활동의 교육적 의미는 무엇인가를 분석하였다.

둘째, 마을도서관 활동에 참여한 활동가들과 면담을 실시하였다. 활동가들의 면담은 2009년부터 2012년까지 공식적 및 비공식적으로 이루어졌으며, 이에 관한 자료를 정리하였다.

셋째, 대전 마을도서관 운동과 관련하여 관찰일지를 작성하였다. 연구자가 대전 지역의 마을도서관 활동에 관심을 가진 것은 2005년 알짬마을도서관이 설립된 시점이다. 이때부터 연구자는 대전 마을도서관과 관련된 자료를 수집하면서 느낀 점을 정리하였고, 여기에는 현장에서 마을도서관 활동가들과 교류하면서 생성된 자료까지 포함되었다. 또한 마을도서관 운동의 교육복지적 측면을 보다 세밀하게 분석하기 위해 2012년 8월에 해뜰마을도서관 및 알짬마을도서관 관장과 갈마동의 짜장마을도서관 활동가들과의 면담을 진행하였다.

연구자는 2005년에 설립된 석교동의 알짬도서관에 관심을 가지면서 저소득층 지역의 마을도서관 운동에 주목하였다.

본 연구는 연구자가 수행하였던 기존의 마을도서관 연구[1)]의 연장선상에서 진행되었으며, 자연스럽게 교육복지 문제를 숙고하게 되었다. 마을도서관 활동이 마을의 전체 아동을 대상으로 하는 '주체적 행위'라는 점 그리고 이러한 활동이 주민들에 의한 '내발적 성장 구조'를 가지고 있다는 점에 주목하였다. 따라서 본 연구에서 기존에 알짬도서관 연구를 위해 수집한 자료도 활용하였음을 미리 밝힌다.

연구자는 2005년 대전 지역 매스컴에서 대전 마을도서관 운동의 전신이라 할 수 있는 알짬도서관의 활동가들과 접촉하게 되었고, 2009년 알짬마을도서관 연구로 이어졌다. 알짬도서관의 관장은 '(사)풀뿌리사람들'이라는 대전 지역의 공익적 시민활동을 지원하는 시민단체 조직화에 관여하고 있었고, 이후에는 대전 지역 마을어린이도서관 설립의 운동을 주도하는 핵심적인 활동가로 성장하게 된다. 2009년에 알짬도서관 관장의 요청으로 대전마

---

1) 대전 지역의 마을도서관 연구로는 양병찬, 지희숙(2011), 양병찬, 박혜원, 지희숙(2011)의 연구가 있다.

을어린이도서관협의회 소속 자원 활동가 대상의 '마을교사' 연수를 맡은 것을 계기로 대전 지역 마을도서관 활동가들을 두루 만나게 되었다. 활동가들은 어린 자녀들을 위해 마을도서관 활동에 뛰어들었지만, 도서관 활동과 육아를 병행하는 것의 어려움, 경제적인 보상이 없는 상태에서 지속되는 자원 활동의 한계, 마을교사로서의 정체성과 전문성에 대한 고민 등 도서관 활동가로서 현실적인 고민에 빠져 있었다.

자료의 분석은 이렇게 다각적으로 수집된 자료를 지속적으로 정독하면서 일차적인 코딩(coding)으로부터 시작하였다. 코딩은 연구하는 현상의 내면적 구조를 분석하기 위하여 자료에서 반복적으로 등장하는 어휘, 주제, 장면 등을 조사하여 일정한 코드를 부여함으로써 자료를 체계화하는 작업을 말한다. 여기서는 스트로스(Strauss)가 개발한 개방코딩(open coding)과 축코딩(axial coding), 선택코딩(selective coding)의 단계를 거치면서 마을도서관 활동의 핵심 주제어를 추출하였다.

2. 연구의 배경

1) 대전 마을도서관의 설립과 운영 목적

(1) 대전 마을도서관 운동의 전개 과정

대전 지역에서 주민 주도의 마을도서관이 출발하게 된 뿌리는 대전 전민동 모퉁이도서관의 전신인 '선배어린이도서관'에서 찾을 수 있다.[2] 1998년 갈마동에서 어린이 독서 문화에 깊은 관심을 보이던 '이선배' 씨가 선배어린이도서관을 개관한 이후 '대전동화읽은어른모임'에서 활동 중이던 지역활동

2) 양병찬 외(2011). 전업주부들의 배움의 방식과 주체 형성. **평생교육학연구**, 17(4). 수정 인용.

가들과 결합하면서 선배어린이도서관은 개인 중심에서 지역의 학부모 중심으로 성격이 전환되었고, 2002년 모퉁이도서관으로 명칭을 변경하여 운영하고 있다.

2005년에는 대전시 중구 석교동의 학부모들에 의해 '알짬도서관'이 설립되었다. 그러나 마을도서관 운동이 대전 지역 전역으로 퍼져 본격화된 것은 2006년이다. 이 시기는 알짬도서관과 모퉁이도서관의 활동가들이 대전 시민사회와의 접촉과 연대를 확장하는 가운데 '주민들이 주체가 되는 마을도서관 설립 운동'을 모색하던 시기다.

대전 지역 마을도서관 운동의 특성은 도서관 운동에 참여한 운영 주체들의 활동 양상에 따라 세 시기로 구분해 볼 수 있다.

먼저 대전 마을도서관 운동 제1기는 모퉁이도서관과 알짬도서관의 활동가들이 주축이 되어 대전 지역의 시민사회와 손잡고 이 운동의 추진을 모색한 시점이다. 두 마을도서관의 성공적인 경험 사례는 지역적 관심을 받은 반면, 마을 내부적인 공감대 형성이나 연대로 이어지지 못했고, 이로 인해 '몇몇 학부모 중심'의 고립적 활동에서 벗어나지 못하는 과제에 직면해 있었다. 이를 인식하고 있던 활동가들이 대전참여자치시민연대와 지속적인 교류를 가지면서 대전 마을도서관 운동은 지역적 의제로 부각되기 시작하였다. 대전참여자치시민연대는 이미 2004년부터 지역 단위의 어린이도서관 설립에 대한 구상을 가지고 지역의 보육 · 교육 문제해결을 위한 마을공동체 형성을 모색한 바 있다.

2006년 7월에 이들을 중심으로 하는 '대전 마을어린이 도서관 만들기 모임'이 결성되고, 모퉁이도서관과 알짬도서관의 사례를 토대로 마을도서관 설립의 운영 철학과 기본 방향을 가다듬게 된다. 그 결과, 대전 전역에서 마을도서관 활동가층이 발굴되고, 이들에 대한 '공동연수, 워크숍, 현장견학' 등 집중교육이 추진되었다. 집중교육을 통해 양성된 활동가층이 운영 주체가 되어 2007년에는 관저동의 '해뜰', 태평동의 '짝꿍', 중촌동의 '짜장', 와

동의 '또바기' 도서관이 설립되기에 이른다.

대전 마을도서관 운동 제2기는 새롭게 설립된 4개의 마을도서관 활동가들과 기존 활동가층이 결합되어 '마을어린이도서관설립협의회'를 발족한 시점이다. 이를 계기로 대전 마을도서관 운동의 공동 기획과 운영의 기반을 마련하게 된다. 이와 함께 대전 마을도서관 설립의 실질적인 인큐베이팅을 주도하던 대전시민사회연구소의 부설로 '반디불터사업단'이 출범하면서 대전 마을도서관 운동의 지원센터로서의 기능과 위상을 갖추게 된다.

이 시기에 발굴된 활동가 50여 명은 6개월간의 강의와 토론, 모둠 발표, 현장학습, 조사연구, 위탁교육을 통해 도서관 운동의 철학과 비전을 설정하고, 마을 단위에서의 실행을 준비하였다. 이 결과, 2008년에 월평동의 '꿈터', 도마동의 '달팽이', 내동의 '작은나무', 법동의 '마루', 비래동의 '꾸러기', 홍도동의 '어깨동무', 갈마동의 '땅콩', 추동의 '호숫가' 등 8개의 마을도서관이 설립되었다.

대전 마을도서관 운동 제3기는 2009년부터 현재까지 마을도서관들의 자발적 역량 확대기다. 개별 마을도서관들은 마을 단위에서 도서관의 자생력 확보를 위한 풀뿌리 후원회 조직, 마을 활동가 양성, 전문성 강화를 위한 자체 교육과 함께 대전마을도서관협의회와 연대한 공동사업 운영, 전문연수 등을 꾀하면서 지역 정착화를 모색하고 있다. 이 과정에서 마을의 특색 있는 프로그램이 늘어나고, 향상된 역량은 마을 기업과 같은 분화된 형태의 활동으로 확장되고 있다.

(2) 대전 마을도서관의 운영 목적

마을도서관의 운영 목적은 '마을어린이도서관협의회 창립 자료'(2011)에서 밝힌 것처럼 "아동들과 청소년들이 누구나 평등하게 배우고, 알 권리를 누리며, 건강한 사회 구성원으로 자라날 환경을 만들고, 주민의 참여와 협력으로 살기 좋은 마을공동체를 형성하는 것을 목적"으로 하고 있다. 이는 마을도서관 설립을 주도한 마을 학부모들의 강한 문제의식을 반영한 것으로서, 주민들 스스로 마을 아동들의 교육적 · 문화적 경험의 기회를 확장하고, 문제를 해결하는 주체적인 활동의 필요성과 실천 의지를 담고 있다.

학부모들에 의해 하나둘 설립되기 시작한 대전 지역의 마을도서관은 일상적 생활 문제에 대한 강한 요구가 마을도서관 설립을 추동한 경우다. 학부모들의 일차적 관심사는 자녀교육이었고, 이러한 사적 요구가 '학부모'라는 동질적 집단의 '공동 요구'로 결합되어 마을에서의 보육과 교육 문제를 해결하는 방안으로 도서관 운동이라는 선택지를 형성해 낸 것이다.

마을도서관이 학부모들의 교육적 요구를 해결하는 대안적 선택지로서 세워진 것은 마을의 학교를 포함한 공공기관의 교육적 지원에 틈새가 있음을 시사한다. 학교나 지역의 교육기관, 사교육 시장이 해결해 주지 못하는 '교육적 갈증'이 존재했고, 이러한 문제의식이 마을도서관 설립을 이끄는 중요한 축이었음을 보여 준다. 이것은 마을도서관이 운영되는 방식, 즉 국가나 행정 혹은 전문가에 의해 기획되고 주도되는 방식이 아니라, 주민들 스스로 자신의 교육적 필요를 실천활동으로 전환시켜 가는 것에서도 알 수 있다. 따라서 마을도서관은 지역 주민의 생활공간에 위치하는 공공도서관이 제공하지 못하는 교육적 서비스를 제공하고, 아동들의 교육적 · 문화적 경험이 일어나는 장(場)으로서 고유의 교육적 역할과 정체성을 분명히 하고 있음을 알 수 있다.

2) 대전 지역 마을도서관의 현황

대전 지역에서 마을 주민들에 의해 설립 · 운영되는 민간 주도 마을도서관은 2012년 현재 14개다. 마을도서관의 설립 시기와 지역적 특성은 다르지만, 지역 주민들에 의해 아동들에 대한 교육적 · 문화적 지원활동이 시작되고 지속된다는 점에서는 동일하다. 자치구별로 서구 지역에 5개, 중구 지역

표 10-1 대전 지역 마을도서관 현황

자치구	도서관 명	마 을	설립 연도
서구	작은나무도서관	내동	2008
	달팽이도서관	도마동	2008
	꿈터도서관	월평동	2008
	땅콩도서관	갈마동	2008
	해뜰도서관	관저동	2007
중구	짜장도서관	중촌동	2007
	짝꿍도서관	태평동	2007
	알짬도서관	석교동	2005
유성구	모퉁이도서관	전민동	1998
대덕구	마루도서관	법동	2008
	꾸러기도서관	비래동	2007
	또바기도서관	와동	2008
동구	어깨동무도서관	홍도동	2008
	호숫가도서관	추동	2008
합계	14개		

에 3개, 유성구에 1개, 대덕구에 3개, 동구에 2개의 마을도서관이 운영되고 있다. 이들 마을도서관은 사안에 따라 대전마을어린이도서관협의회와 함께 움직이기도 하고, 자체적으로 다양한 교육적 역할을 하기도 한다.

(1) 마을도서관의 공간 구성

대전 지역 마을도서관들은 창립 회원들이 얼마씩 추렴하는 방식으로 재원을 마련해 공간을 임대하거나 사회복지공동모금회와 같은 외부 지원을 통해 공간을 확보하고 있다. 대전마을도서관설립운동이 추진되면서 마을의 공공기관이나 행정과 연계 통로가 확보되었고, 지역의 다목적 복지회관이나 문화원, 평생학습관, 지역생태관, 아파트 관리동 등을 자원으로 활용하게 되었다. 마을도서관 공간은 대략 20~40평으로 소규모다.

마을도서관 활동가들이 도서관 공간 구성에서 고려하는 몇 가지 원칙이 있다. 마을 아동들이 걸어서 올 수 있는 가까운 거리여야 하며, 공공기관과 인접해 찾기 쉬워야 하고, 공간 내부 조성도 아동들의 눈높이에 맞추어야 한다는 것이다. 기존의 몇몇 마을도서관이 소수 주민들에 의해 주도되고, 열악한 재정으로 인해 '골목 구석'이나 '외진 곳'이라는 '음지'의 이미지를 가지고 있는데, 이 이미지를 극복하고 당당한 지역교육 주체로서의 위상을 갖추기 위한 전략도 숨어 있는 셈이다.

마을도서관의 내부 환경은 공공도서관과 차별화하여 마을도서관의 고유한 정체성을 구축하고자 한다. 공공도서관들이 주로 도서 대출과 독서실의 이미지가 강한 반면, 마을도서관은 '아동들과 이웃 주민들이 만나는 친근한 곳, 누구나 눈치 보지 않고 배울 수 있는 곳'을 지향한다. 이에 따라 마을도서관은 가정집처럼 신발을 벗고 들어가는 친근한 구조를 갖추고, 아동들이 서가의 책을 쉽게 찾을 수 있게 동선을 배치하여 편안하게 책을 읽도록 배려한다. 도서관 입구와 내부 벽면은 도서관을 이용하는 아동들의 그림이나 작품을 전시해 '아동들이 주인'이라는 느낌이 들도록 한다. 도서관 활동가들은 또래 친구들의 어머니거나 이웃 아주머니들이기 때문에 거대 규모의 공공도서관이 주는 위압감이나 불편함과 대비되는 방과 후 보살핌을 받는 따뜻함을 내세우도록 한다.

(2) 마을도서관의 운영 주체

마을도서관 운영의 핵심 주체는 마을의 학부모 층이다. 그중에서도 취학 전 자녀와 초등학교 자녀를 둔 30~40대 전업주부들이다. 학부모들에게 중요한 삶의 문제는 자녀 양육에 관한 것으로, 비슷한 요구를 가진 학부모들과의 자연스러운 연대가 마을도서관의 설립과 실천으로 이어져 '도서관 활동가'라는 새로운 주체 세력을 산출해 내고 있다.

그러나 마을마다 활동가들의 특성은 다르게 나타난다. 예컨대, 모퉁이도서관처럼 중산층 거주 지역의 활동가들은 고학력자에 교육적 · 문화적 경험과 자원이 풍부하며, 도서관 활동의 의미를 자신의 여가 시간을 활용하는 자원봉사에 두는 반면, 알짬도서관처럼 저소득층 지역의 활동가들은 낮은 학력과 경제적 기반, 동원할 수 있는 자원이 취약함에도 마을 아동들의 교육문제해결을 위한 강한 공동체적 응집력을 보여 준다.

마을도서관에서 의사결정은 총회, 운영위원회, 자원활동가 모임을 통해 이루어진다. 운영위원회는 마을도서관마다 관장을 포함하여 10~15명 정도이며, 마을 축제나 마을도서관 행사에 참여하는 비정기적인 자원활동가들로 약 15~30명 선에서 활동하고 있다. 운영위원회는 자원활동가나 참여자들의 의견을 수렴해 마을도서관 프로그램의 기획과 운영에 관한 결정을 내린다. 이는 다시 자원활동가들에 의해 실행되고, 이들이 제안하는 다양한 의견과 개선점을 다시 운영위원회를 거쳐 도서관 활동에 반영한다. 일반 주민들은 도서 대출이나 마을 축제, 책 잔치, 바자회와 같이 마을도서관에서 주관하는 행사에 참여하는 것을 계기로 마을도서관 회원으로 유입된다.

(3) 재 정

마을도서관 재정의 가장 큰 부분은 주민들의 풀뿌리 기부다. 풀뿌리 기부자들의 대부분은 마을도서관에서 책을 대여하거나 도서관의 교육 프로그램 혹은 마을 축제와 같은 행사에 참여하면서 자연스럽게 편입된 도서관 회원이다. 이 외에 사회복지공동모금회나 관(官)에서 진행하는 외부 공모사업으로 일부 운영 자금을 확보한다. 외부 지원 사업은 도서관 자체 운영비로 시도하기 어려운 프로그램을 열 수 있지만, 까다로운 행정 절차로 인해 여러 제약이 따르기도 한다. 따라서 도서관 운영에 도움이 된다고 무조건 외부 사업을 진행하기보다 마을도서관의 철학을 반영할 수 있는 유연한 방식의 지원 사업을 선택적으로 활용하고 있는 편이다.

마을도서관들의 재정 상황은 마을마다 다르다. 아파트 밀집 지역에 위치한 해뜰도서관이나 모퉁이 · 작은나무 · 짜장 · 짝꿍 도서관은 지역의 경제적 기반도 안정되어 있고, 도서관 이용자도 많아 풀뿌리 기부를 이끌어 내는 데 유리하다. 이와 반대로 저소득층 지역은 열악한 마을의 상황과 맞물려 기부 문화도 취약한 편으로 마을도서관 활동에서도 '부익부 빈익빈' 현상이 나타난다. 예외적으로 알짬도서관은 저소득층 밀집 지역의 마을도서관임에도, 주민들의 풀뿌리 기부가 도서관 재정의 70%를 차지한다. 이는 소외 지역에서의 교육 문제에 관한 학부모들의 관심이 응집력으로 나타나는 것으로 볼 수 있다.

이처럼 마을도서관 운영에서 중요한 기반이 되는 풀뿌리 기부는 '마을공동체를 형성'해 내는 중요한 분기점으로 작용하기도 한다. 마을도서관에 기부하는 행위 자체가 주민들과 마을도서관 활동가 모두에게 '의미 있는 경험'이 되어 주민들을 마을도서관으로 이끌어 내고 참여시키는 매개체가 되고 있다. 다시 말하면, 활동가들에게 주민들의 풀뿌리 기부는 '돈이 아니라, 마을도서관 활동에 대한 전폭적인 지지와 격려'다. 주민들의 풀뿌리 기부는 마을도서관을 아끼는 마음, 마을도서관이 잘되기를 바라는 마음이자, 마을도서관 활동에 참여하는 또 하나의 방식이다. 마을도서관에 대한 주민들의 적극적인 참여는 학부모들이 도서관 활동가로서 활동하는 데 보람과 자부심을 줌으로써 도서관을 활성화하는 촉매제가 된다. 실제로 주민들은 마을도서관에 후원하게 되면서 자신들이 더 많이 배워 간다고 생각하며, 마을도서관에 대해 '주인의식'을 가지게 된다. 이러한 공동의 경험은 이들로 하여금 '우리'라는 모종의 공동체 의식을 강화시키고, 다시 '도서관 활동'이나 '후원'의 자발성을 높여 가는 동인이 되고 있다.

(4) 교육 프로그램

마을도서관에서는 '어린이도서관'이라는 명칭에서 드러나는 것처럼 '아동들의 책'을 매개로 교육활동이 일어나며, 이를 조력하고 지원하는 성인들의 공동학습으로 계속적인 활동이 이루어지는 순환적인 구조를 띤다. 도서관 교육 프로그램은 크게 아동 대상 교육 프로그램, 활동가 대상 교육 프로그램, 학부모 대상 교육 프로그램, 지역 주민 대상 마을공동체 프로그램 등 네 축으로 이루어진다.

첫째, 아동 교육 프로그램은 연령대에 맞는 양서를 구비해 놓고 도서를 대여하거나 책을 매개로 한 책 활동이 중심이 된다. 책 놀이나 동화 읽기, 동화 구연, 글쓰기, 체험활동과 같은 교육 · 문화 활동이 도서관마다 3~6개 정도 운영되며, 역사 체험이나 캠프 등을 포함한 방학 특강이 마련되고 있다.

둘째, 자원활동가 역량 강화 프로그램은 자원활동에 필요한 기초 소양교육과 심화교육으로 나뉜다. 기초교육은 사서 봉사를 위한 도서 대출과 반납에 필요한 행정 업무, 아동 도서에 대한 기초적인 지식과 컴퓨터 활용 등이다. 심화교육은 교육 프로그램 기획 및 운영, 공모사업 진행, 내부 강사활동에 필요한 전문성 함양을 위해 자체적으로 또는 학습 동아리 차원에서 이루어진다.

셋째, 지역 학부모 대상의 성인학습 프로그램은 부모의 역할이나 자녀와의 대화법, 퀼트, 경제 알기, 독서 토론 등 학부모들의 관심사에서 출발한다. 이런 프로그램들은 회원들이 자연스럽게 마을도서관 후원자로 참여하는 길을 열어 놓고 있으며, 자녀 양육에 실질적인 도움이 되는 프로그램을 제공함으로써 학부모들의 인식 전환을 꾀하고 있다. 그리고 후속 모임으로 대부분 학습 동아리를 운영하고 있다.

넷째, 마을 아동과 주민이 함께하는 마을공동체 프로그램이다. 마을공동체 프로그램은 마을도서관마다 활성화 정도가 다르지만, 대체로 '마을 탐방'이나 '마을 알기'와 같은 마을에 대한 애향심을 높이는 공동체 활동이 중심에 있다. 또한 마을의 학교, 주민센터 등 다양한 기관 및 단체와 연대해 개최하는 마을 축제나 책 잔치, 벼룩시장 등은 주민들에게 마을도서관 활동의 가치를 알리고, 모종의 연대 의식을 형성해 도서관 활동의 참여를 촉진하는 기회가 되고 있다.

3. 마을도서관 운동의 의의와 교육적 특성

마을도서관 운동은 주민들의 자발성에 기초하여 대안적인 교육 영역을 창출하고, 주민들의 생활 세계와 연계한 교육 내용과 방식을 만들어 가면서 마을도서관 고유의 정체성을 확립하고 있다. 주민 생활권에서 교육 기회의 접근성을 높이고, 참여자들의 역량을 향상시킴으로써 주민들은 마을 교육에서 주도성을 발휘하는 주체로서 성장해 가고 있다. 여기서는 주민 주도의 마을도서관 운동에서 나타난 교육적 특성과 의의를 살펴보고, 이러한 활동과 교육복지의 관련성을 분석하고자 한다.

1) 주민을 '교육의 주체'로 하는 공동학습의 장

마을도서관은 주민들이 자신들의 필요에 의해 설립하고 운영하는 기관이다. 이것은 마을도서관의 출발과 운영에는 참여자들의 적극적인 주도성이 수반되어야 함을 시사한다. 그렇다고 마을도서관 활동가들이 처음부터 완벽한 계획이나 설계를 가지고 시도하는 것은 아니다. 완벽한 설계를 가지고 시작하더라도 진행 과정에서의 수정과 시행착오는 불가피한 것이다. 이렇게 보면 마을도서관 활동에서 직면하는 다양한 경험은 도서관 활동가들과 주민들에게 새로운 학습의 세계로 안내하는 공동학습의 장(場)으로 작용하고 있음을 알 수 있다.

마을도서관 활동은 다른 평생교육기관처럼 전문가에 의해 기획된 교육활동이 아니라 주민의 일상적 요구를 반영하고, 이 과정에서 새롭게 드러나는 문제점을 성찰하고 다듬어 가는 교육활동이다. 이러한 과정은 마을의 학부모 혹은 아동들의 협력 작업을 통해 공동으로 기획되고 운영되며, 실천과 학습의 순환 속에서 모종의 '공동체 의식'을 형성해 내고 있다.

활동가들은 마을 아동들과의 깊은 만남 속에서 인식 변화를 체험하게 되면서 삶의 변화를 경험한다. 한편으로는 아동들의 표면적인 모습 뒤에 숨겨진 정서와 마음에 내재된 상처를 보게 되기도 하고, 다른 한편으로는 도서관에서 말썽을 피우거나 자기주장을 굽히지 않는 아동들의 행태와 관련해 자율성과 통제라는 이중적 가치 사이에서 갈등하기도 한다. 그러나 긴 시간의 흐름 속에서 아동들 스스로 질서를 찾아 가고, 다른 사람의 입장을 이해하며 수용하는 과정을 지켜보면서 아동들을 '관리의 대상'이 아니라 함께 성장해야 할 '독립적인 인격체'로 받아들이게 된다. 또한 그러한 여유와 교육적 기다림 속에서 자신의 변화를 체험하게 되는데, 이는 공식화된 프로그램이 아니라 생활 체험 속에서 교육적 경험이 일어나고 있음을 보여 준다.

> "처음에는 내가 무언가 배워서 내 아이에게 혹은 우리 도서관 아이들에게 뭔가 해 주어야겠다고 생각했는데, 그렇게 하려면 내가 뭘 알아야 하니까 이것저것 가리지 않고 공부하고 배워야 했어요. 그런데 아이들을 지켜보면 아이들 스스로 하는 것이 있어요. 자기들끼리 토닥거리면서 도서관 이용 규칙도 만들고, 프로그램을 하면서 싸우기도 하지만, 또 그 속에서 뭔가 합의를 해 가거든요. 그러면서 애들도 뭔가 느끼는 것 같고, 저희도 아이들을 새롭게 보게 돼요." (마을도서관 활동가)

아동들도 도서관 활동을 계기로 자신의 새로운 면을 발견하거나 사회적 관계가 확장되는 것을 경험한다. 도서관 활동을 통해 자신의 숨겨진 재능을 발견하거나 인정받기도 하며, 또래나 형, 나아가 도서관에서 만나는 이웃 주민들과의 지속적인 만남과 교류는 가정과 학교에서 경험하지 못한 또 다른 사회를 체험하는 접점이 되고 있다. 이것은 마을도서관 활동가들이 '아동들을 주인으로 세우고자 하는 도서관 운영' 철학에서도 찾아볼 수 있다.

마을도서관에서 주관하는 프로그램은 어른들의 관점에서 구성하는 것이 아니라, 아동들의 삶을 반영한 프로그램이어야 한다. 교육활동에서 아동들은 수동적인 객체가 아니라 자신의 생각을 표현하고 성찰하는 주체로서 성장하기를 기대한다. 대전 관저동에 위치한 해뜰도서관은 도서관 활동에서 아동들의 주도성을 키우기 위해 아동들 스스로 자신이 수강할 교육 프로그램을 직접 신청하는 것을 원칙으로 한다. 스스로 강좌를 신청하게 되면 중도 포기 비율이 훨씬 줄어들고, 프로그램 참여에 보다 적극적이라고 한다. 석교동의 알짬도서관은 '단 한 명의 아동을 위해서도 프로그램을 진행할 수 있다'는 운영 원칙을 내세운다. 세련된 형식과 참여하는 인원수보다 아동의 정서와 상황에 맞는 교육 내용과 방식으로 구성함으로써 학습 과정에서의 경험을 중시한다. 이러한 과정을 통해 아동들은 교육활동에서 주도성을 획득하고, 교육의 온전한 주체로 설 수 있기 때문이다.

2) 삶의 경험에서 형성되는 교육적 전문성

마을도서관의 역량에는 활동가 개인의 교육적 · 문화적 경험과 경제적 기반뿐 아니라, 참여 주민들의 의식이나 열정, 참여 수준, 물적 자원 등이 영향을 미친다. 마을도서관을 둘러싼 지역적 맥락이 도서관 활동의 강점으로 작용하기도 하고, 이와 반대로 도서관 운영의 약점이 될 수도 있음을 시사한다. 그러나 도서관 운동 주체에 의해 도서관을 포함한 지역의 변화를 추동해 낼 수 있다는 점에서 도서관 운동은 여전히 과정적 활동이라 할 수 있다.

마을도서관들은 저마다 전문성이나 역량 측면에서 동일하지 않다. 예를 들면, 아파트 밀집 지역에 있는 도서관들은 신규 활동가의 발굴이나 풀뿌리 기부에서 유리하고, 마을도서관 교육 · 문화 활동에 연계할 자원도 풍부한 편이며, 이는 마을도서관의 위상을 강화하는 긍정적 요인으로 작용한다. 마을의 다른 교육기관이나 단체와의 연대에서 위축되지 않을 만큼의 자원과 역량을 갖추고 있기 때문이다. 전민동의 모퉁이도서관은 중산층 지역으로 외국 거주 경험이 풍부한 주민들이 도서관 활동에 재능을 기부하는 일이 활성화되어 있는데, 지역의 특성이 마을도서관 활동의 강점으로 작용한 예다.

석교동의 알짬도서관은 열악한 경제 사정으로 도서관 활동에 동원할 물적 자원이나 인적 자원이 빈약하며, 학교나 주민센터와 같은 공공기관과의 결합도 느슨한 편이다. 이러한 약점이 오히려 학부모들의 공동체적 대응 전략을 강화시켜 도서관 활동의 자생력을 확보하는 동력이 되고 있다. 나아가 교육 품앗이 형태의 '품앗이 마을성장 학교'나 '허준의 밥상'과 같은 마을 기업 같이 진화된 형태로 전환되고 있다.

마을도서관이 속한 지역의 특성은 도서관 활동의 내용과 방식에도 그대로 드러난다. 마을도서관들은 '마을 주민에 의해, 마을에 기반한' 생활형 실천적 지식을 중시하며, 마을 주민, 그중에서도 마을 아동들을 대상으로 하는 교육 프로그램은 삶의 일상성을 중시한다. 즉, 아동들의 생활 세계를 유심히 관찰하면서 필요한 요구에 민감하게 반응하고 이를 교육 프로그램에 담아내고 있으며, 이것을 마을도서관이 해 줄 수 있는 교육적 역할로 인식한다.

> "우리가 만드는 프로그램은 '이런 게 필요할 거야.'라고 해서 만들기보다는 도서관에서 아이들을 지켜보면서 필요하다고 생각되는 것을 프로그램으로 만들어요. 프로그램에 참여하는 아이들의 특성이나 요구가 보이잖아요. 우리 마음대로 부모들의 요구를 진단해서 활동하지는 않죠."
>
> (마을도서관 활동가 B)

이처럼 마을도서관에서 학부모들이 주고받는 일상적 대화나 자녀교육에서 직면하는 어려움, 도서관 활동에서의 피드백은 고스란히 교육 프로그램으로 녹아든다. 이때의 지식은 고정된 텍스트 안에 갇힌 지식이 아니라, 주민들의 삶에 기반해 형성되는 지역적 지식(local knowledge)인 셈이다.

마을 주민들의 삶에서 산출되는 지역적 지식은 도서관 활동에 참여하는 주체들에 의해 구성되고, 마을도서관의 정체성을 규정하는 중요한 축이 된다. 지역의 교육 문제를 해결하려는 공동체적 대응 과정이 곧 마을 교육공동체를 형성해 가는 과정이자, 그것을 가능하게 하는 것이 마을도서관의 역할이라고 보기 때문이다.

3) 개인의 생활 요구에서 사회적 실천으로의 전환

학부모들이 마을도서관을 찾는 이유는 일차적으로 자신의 자녀교육에 도움을 받기 위함이다. 도서관에서 자녀에게 필요한 책을 대출하는 수준에서 시작하지만, 좀 더 적극성을 가지게 되면 도서관 교육 프로그램에 자녀를 참여시키거나 학부모 자신이 도서관 행사에 참석하기도 한다. 이 과정에서 도서관 활동의 가치를 체감하게 되면, 풀뿌리 기부자로 혹은 '사서 봉사자'로 도서관 활동에 좀 더 많은 열정과 시간을 투여한다. 자원활동에 매력을 느낀 일부 학부모들은 학습 동아리나 도서관 자체의 심화교육을 통해 도서관 운영위원회나 운영자의 길을 걷기도 한다. 이것은 참여자 개인의 시간적인 여유와 열정, 참여에 대한 결단이 뒤따라야 가능한 것이다.

마을도서관의 주요 활동가층은 자녀교육에 관심을 가진 학부모 집단으로, 도서관 활동은 비슷한 요구를 가진 동질적 집단의 잠재적 요구를 기반으로 한다. 그러나 이들이 '내 아이의 교육'에서 '내 아이'를 넘어 '마을 아동들' 혹은 '마을의 교육 문제'로 인식을 전환하기 위해서는 계속적으로 생각을 모으는 학습활동이 필요하다. 마을도서관에서의 계속적인 학습활동을 매개로 성장한 활동가 집단 혹은 학부모 집단의 참여에 따라 마을도서관의 역량이 향상되고, 나아가 지역의 활성화에 기여할 수 있기 때문이다. 다시 말하면, 활동가나 학부모들이 도서관 활동의 교육적 가치를 인식하고, 그것을 자신의 삶으로 수용하며, 실천적 행위로 이어 갈 때 마을도서관의 성장도 가능해진다.

따라서 마을도서관은 참여 주체의 역량을 향상시키기 위해 비형식 · 무형식 학습을 의도적으로 장치한다. 도서관 활동가들은 교육 · 문화 활동에 관심이 높은 집단으로 서로에 대한 호감도가 높은 편이다. 이러한 집단의 속성은 인간적인 친밀감을 높이는 데 유리하게 작용한다. 이에 따라 학부모들과 활동가, 학부모들 간에 자발적인 학습 모임이 생성되고, 여기서 공유되는 정보나 자원의 교환도 밀도 높게 이루어진다. 이러한 활동의 토양이 탄탄해지면 참여의 수준도 달라진다.

마을도서관에서의 참여 수준과 주도성은 처음부터 획득된 것이 아니라 지속적인 학습 과정에서 점진적이고 단계적으로 향상되는 것이다. 마을도서관 활동이 개인의 사적 요구에서 배태된 실천활동이라는 점에서 이러한 개인의 요구는 주민들의 참여를 자연스럽게 유도하고 있으며, 다시 사회적 실천활동으로 전환하는 데 긍정적인 요인이 되고 있다. 즉, 마을도서관 활동이 주민들의 생활 세계와 통합되고, 주민들의 협업을 통해 생성되기 때문에 이 과정에서 공동체적 가치를 몸에 익히고 실천하게 되는 것이다.

4. 시사점

1) 마을도서관 운동과 교육복지의 관계

(1) 마을 단위의 대안적 교육 영역의 창출

마을에서 일차적인 교육복지의 대상은 교육 소외계층 아동 · 청소년이지만 좀 더 확장하면 '마을의 모든 아동들'이다. 이러한 측면에서 마을도서관은 학교나 공공도서관의 교육적 틈새를 보완하기 위해 새롭게 창출된 교육 영역이라 할 수 있다. 즉, 마을에서 이전에 없던 마을도서관이라는 새로운 교육 인프라를 구축하게 된 것이다.

한 아동의 교육을 중심으로 마을의 교육 공간을 재편한다고 할 때, 다양한 교육 주체들이 참여 가능하지만, 이들 주체의 교육적 전문성이나 역량이 동일하지는 않다. 예컨대, 학교의 교육적 전문성과 공공도서관 그리고 주민센터와 지역아동센터의 전문성이 다른 것처럼, 마을도서관은 고유한 교육 내용과 방식으로 마을 교육의 주체로 자리매김할 수 있다.

대전 지역 중에서도 교육적 · 문화적 환경이 열악한 교육 소외 지역에서는 마을도서관의 설립으로 새로운 교육 환경 및 교육 문화가 조성되고 있다. 대전 지역에서도 소외된 추동의 호숫가 마을은 대청호반을 끼고 있어 100가구가 뚝뚝 떨어져 있고, 도심과도 멀어 아동들의 교육 문제가 가장 큰 걱정거리였다. 이 지역의 학부모들이 아동들의 교육과 장래에 대해 고민할 수 있는 공간의 필요성을 느끼면서 마을도서관의 설립을 추진하게 되었다. 알짬도서관의 설립 역시 마을에 변변한 문화 공간 하나 없는 지역적 열악함에서 촉발된 것이다. 맞벌이가정이나 조손 · 한부모 가정 등 교육적 지원이 필요한 소외계층에게 마을도서관은 방과 후 아이들을 안심하고 맡길 수 있은 돌봄의 공간이며, 배움의 공간이자, 문화적 체험이 일어나는 곳이며, 마을 주민들에게는 지역적 과제를 공유하고 논의하는 사랑방이다. 특히, 생활 전반에서 취약계층 아동들의 돌봄 문제를 학교에서 온전히 감당하기에는 벅차며, 지역의 다양한 교육 주체들과 분담하는 것이 필요하기 때문이다.

마을에서 새로운 교육 공간의 탄생은 마을 교육에 관한 새로운 사고와 참여를 가능하게 하는 연결 통로가 되고 있다. 마을도서관을 매개로 이전에 시도하지 못했던 다양한 활동이 일어나고, 나아가 마을 교육 문제를 공동으로 대응하는 가운데 생활권에서 일상적 돌봄과 교육적 지원이 가능하게 된 것이다. 또한 이는 마을에서 단순히 새로운 교육 공간이 설립되었다는 물리적 환경 조성 이상의 의미를 가진다. 새로운 공간이 들어서고, 그 공간을 매개로 마을 교육에 대한 새로운 생각이 모아지고 공유되며, 그 속에서 전개되는 공동의 대응 노력은 마을 교육의 구심체로 작용하기 때문이다.

(2) 주민 주체의 내발적 교육 역량의 향상

마을도서관 활동에서는 주민들의 내발적 역량이 활동의 추동력으로 작용한다. 내발적 역량은 외부 전문가에 의해 마을도서관 활동이 지속되는 것이 아니라 마을도서관 활동에 참여해 온 주민들의 역량에 따라 변화가 일어나는 것을 말한다. 이러한 변화가 가능하기 위해서는 일차적으로 도서관 활동에 참여하는 주민 개개인의 성장이 뒤따라야 한다. 주민들의 성장을 매개로 마을도서관의 활동력이 강화되고, 나아가 여기서 지역 교육공동체 형성의 토대를 마련할 수 있기 때문이다.

마을도서관은 주민들의 자발적 역량에 기대어 지역 교육 주체 중 민간의 공공적 역할을 극대화한 활동이다. 학교나 공공도서관 등을 통한 공적 교육 지원이 미치지 못하는 틈새를 찾아 일상생활에서 민간의 유연한 방식으로 교육적 역할을 생산해 낸다. 이러한 방식은 일회적 돌봄이나 관심이 아니라 생활 밀착형의 지원으로 마을의 새로운 교육 문화를 추동함으로써 지속 가능한 주민교육 운동의 가능성을 보여 주고 있다.

실제로 대규모의 재정과 행정조직, 전문인력이 투입되는 국가 교육복지정책 사업들이 지역에 안착하기까지 상당한 어려움을 겪는데, 이는 주민들의 생활 세계에서 참여 세력을 산출하지 못하기 때문이다. 마을도서관 활동은 주민 생활과 밀착된 활동을 통해 일차적으로 마을 아동들의 복지나 교육 문제에 관심을 갖도록 유도하는 것에서 출발한다. 따라서 지역 교육의 실태를 최대한 구체적으로 파악하고, 지역이 가진 교육적 역량을 모아 필요한 곳으로 흘러 들어갈 수 있게 해야 한다. 이러한 측면에서 마을도서관은 주민 생활 세계에서 교육복지 문제해결의 한 축을 담당할 주체로서 새로운 가능성을 보여 주고 있다.

또한 마을 단위에서 교육복지의 문제는 교육적으로 소외된 아동 · 청소년에 대한 직접적인 경제적 지원으로 출발한다. 그러나 일시적 관심에 머물지 않고 지속 가능성을 담보하기 위해서는 공동체적 대응이 요구된다. 즉, 마을 주민들 누구나 교육복지 문제에 관심을 갖고, 참여할 수 있도록 마을의 교육력을 강화하는 것이 필요하다.

교육복지의 궁극적인 목표는 교육의 기회, 과정, 결과의 평등을 보장하고, 나아가 주체적인 삶의 역량을 키워 내는 것이다. 마을도서관은 기존의 사회와 단절되었던 여성들에게 새로운 활동처를 제공하고, 삶의 진로를 재설정하는 시민교육의 중요한 장(場)이다. 이들의 높아진 의식과 실행력은 마을 아동들의 교육을 지원하는 일상적 교육의 울타리가 되고 있다. 또한 이러한 일련의 활동이 주민들 자신들의 절실한 생활 문제에서 출발해 실천활동을 생산하고 있다는 점에서 개인의 삶의 변화를 추동하고, 그 변화는 지역의 교육 문화를 변화시켜 가는 교육력으로 작용하고 있다.

(3) 교육의 본질 회복에 다가서는 유연한 운영 방식

마을도서관 활동은 마을 주민에 의한 자구적인 활동이라는 점에서 교육의 본질 회복과 맞물려 있다. 교육복지 문제는 단순히 교육 기회를 제공하는 것을 넘어 교육을 지원하는 과정 속에서 내재된 역량이 형성되는 과정적 활동이다. 마을에서 새로운 교육 환경을 구축하고, 이에 따라 더 많은 교육 기회를 제공하는 것을 넘어 아동들과 만나는 방식, 주민들과 소통하는 방식에 대한 고민이 필요하다. 실제로 이러한 과정을 통해 개인의 생활 속에서 변화를 체험해야 주민 한 사람 한 사람의 역량이 도서관 활동의 동력으로 모아질 수 있기 때문이다.

하승수(2007)는 지역에서의 풀뿌리 활동은 미리 활동을 결정해 놓고 사람들을 동원하는 것이 아니라 모든 일을 기획 단계에서부터 참여하는 사람들과 함께 논의하고 공감하는 문화를 가진 운동이라고 규정한다. 기존에 운동을 하는 사람에게 익숙한 방식이 아니라, 삶을 살아가는 사람들이 참여하기 쉬운 방식의 운동, 느리더라도 사람 사이의 관계와 신뢰를 중시하는 운동, 가시적인 성과에 집착하지 않고 참여하는 사람들의 삶을 변화시킬 수 있는 운동이라는 것이다.

이러한 측면에서 보면 마을도서관의 교육적 가치와 역할은 대안적인 교육 영역을 창출한 것을 넘어 운영 주체들이 마을도서관을 운영하는 방식에서 찾을 수 있다. 소수에 의해 주도되는 수동적이고 의존적인 방식이 아니라, 주민들의 주체적인 힘이 모아지는 방식이다. 마을도서관을 매개로 만나는 아동과 청소년 그리고 주민들의 관계는 조금은 더디지만 수평적이고 민주적인 의사소통 과정을 중시한다. 이는 마을도서관 사업을 추진하는 과정에서도 마찬가지다. 몇몇 운영자나 소수자에 의해 의사결정이 이루어지지 않는 개방적인 의사결정 구조를 확보하고 있다. 따라서 마을 주민들에게 필요한 교육 사업의 발굴은 기획 · 운영에서부터 주민의 참여가 필수적이며, 이러한 과정에서 형성되는 공동체 의식이나 연대감이 주민들로 하여금 마을의 교육 주체로서 실행력을 높이는 근간이 되고 있다.

이는 마을도서관의 역할이 단순히 책을 빌리고 읽는 도서관적 시각을 넘어서야 한다는 것을 의미한다. 오히려 마을도서관은 주민들과 아동들이 만나는 지점, 마을의 과제를 발굴하고 해결하기 위해 서로가 서로에게서 배우는 일상적 교육의 장으로 확장되어야 한다. 따라서 마을도서관 운동은 사람을 중심에 세우는 비시장적 경제 방식으로 일상의 문제를 해결하고 삶을 변화시켜 가는 교육 네트워크를 엮는 활동인 셈이다.

2) 마을도서관 운동의 과제

대전 지역 마을도서관이 마을에 안착하고 지속 가능하기 위해서는 마을활동가의 양성이 활성화되고, 전문성이 축적되어야 한다. 또한 다른 교육 주체들과 유기적인 연계 속에서 교육의 질적 향상을 도모해야 하는 과제를 안고 있다.

첫째, 마을도서관의 자생력 확보를 위한 활동가의 양성과 이들에 대한 체계적인 지원이 필요하다. 현재 마을의 특성에 따라 활동가층이 풍부한 곳도 있고, 이와 반대로 활동가 확보에 어려움을 겪는 곳도 있다. 자원활동가들은 경제적인 보상이나 체계적인 교육과 지원이 뒤따르지 못한 상태에서 전문성과 위상에 대한 갈등을 경험하기도 하고, 이는 모처럼 뜻을 가지고 도서관 활동에 참여한 주민들을 다시 도서관 밖으로 내모는 문제로 이어진다. 물론 전업주부에서 도서관 활동가로, 도서관 관장을 거쳐 지역의 교육 전문가나 시민사회의 핵심 활동가로 성장하는 사례가 없지 않지만, 활동가 개인의 삶의 행로에서 뚜렷한 비전을 가지고 활동가로서 전적인 몰입이 가능하게 하는 비전의 발굴과 체계적인 양성 과정이 필요하다. 소규모로 운영되는 마을도서관의 특성을 '전문성이 없는 교육' 혹은 '주먹구구식으로 하는 교육'으로 보지 않고, 마을 교육에서 도서관이 집중할 수 있는 교육적 역할을 지속적으로 발굴하고 축적해 가는 노력이 필요하다.

둘째, 마을도서관이 가진 전문성과 역량이 마을 교육으로 순환되도록 해야 한다. 대전 지역 마을도서관의 강점은 시민사회와 유기적인 연대와 정보교류가 이루어진다는 점이다. 이에 비해 마을 단위에서 다른 교육 주체, 특히 학교나 공공기관과의 연계는 여전히 매우 취약한 구조를 가지고 있다. 실제로 마을도서관이 지역의 기관 및 단체와 연합하는 것은 마을 축제나 바자회 책 잔치와 같은 특정 활동을 추진할 때다. 이로 인해 관(官)과의 연대 경험이 충분히 축적되지 못하고 있다. 이는 교육의 관점에서 보면 마을도서관이 가진 생활 지식, 실천적 지식이 마을 아동들과 주민교육으로 순환하는 데 장애가 되고 있다. 따라서 현재 민간 중심의 교육 연계망을 좀 더 확장할 필요가 있으며, 지역의 복지관이나 지역아동센터, 주민센터 등과의 적극적인 연대가 필요하다.

셋째, 지속적으로 교육의 질적 전문성을 높여 가는 방식으로 운영되어야 한다. 앞서 언급한 것처럼 지역의 학부모나 주민들에 의해 운영되는 소규모 마을도서관이라 하더라도 마을도서관은 전문성과 고유한 정체성이 있다. 이러한 전문성은 마을도서관 운영 주체들이 마을도서관의 설립을 주도한 문제의식에서 알 수 있듯이, 공공도서관이나 학교가 해 주지 못하는 교육적 틈새에서 찾을 수 있다. 아동들은 마을도서관에서 또래와 형, 누나를 만날 수 있고, 지역의 어른들과 사회적 관계를 형성하는 방법을 체험적으로 배운다. 또한 주도적으로 프로그램에 참여하는 과정은 '책임 있는 시민'으로 성장하는 데 기반이 된다. 나아가 '나'보다는 '우리'의 가치와 의미 역시 마을도서관의 체험 프로그램이나 책 잔치, 마을 축제 등을 통해 체득될 수 있다. 따라서 작은 사례라고 할지라도 마을도서관에서의 활동 기록을 지속적으로 축적하고 성찰함으로써 마을도서관이 가진 전문성을 보다 심화시켜 가는 노력이 필요하다.

11장 노인 죽음준비교육[1)]

1. 연구의 개요

1) 연구의 필요성 및 목적

우리 사회는 평균수명이 늘어나면서 노인 인구가 급속히 증가하고 있다. 이미 2000년에 65세 노인 인구가 전체 인구의 7.2%를 차지하면서 '고령화사회'가 되었고, 2018년에는 14.3%를 차지하게 되어 '고령사회'로, 2026년에는 20.8%를 차지하여 '초고령사회'가 될 것으로 전망된다(통계청, 2011). 고령화는 인간의 욕망 중 하나인 장수(長壽)가 점점 현실화되는 현상이라 할 수 있다.

그렇다면 이렇듯 장수하는 노인들에게 가장 중요한 삶의 문제는 무엇일

---

1) 신교남(2010). 전환학습에 이론에 기초한 노인의 죽음준비교육에 관한 사례연구. 공주대학교 석사학위논문. 재구성.

까? 아마도 그것은 '남은 삶을 어떻게 살 것이며, 또한 어떻게 사는 것이 잘 사는 것인가?' 하는 문제일 것이다. 노년기에 대한 아무런 준비 없이 세월에 이끌려 살 것인지, 아니면 삶의 주체로서 자기 주도적으로 살 것인지는 노인들이 삶을 어떻게 인식하느냐에 따라 달라질 것이다. 가족 공동체의 해체와 더불어 가정과 사회로부터 소외당하고 있는 노인들은 정체성을 상실해 가고 있다. 이러한 상황에서 노인의 정체성을 찾도록 도와주고, 주체성을 회복할 수 있도록 돕는 것이 노인교육에서 중요한 지점이 될 것이다.

최근 노인교육에서 부각되고 있는 죽음준비교육은 노인의 내적 성장과 자아정체성을 회복하는 데 초점을 맞추고 있다. 왜냐하면 죽음준비교육은 삶에 대한 교육이며, 인생을 반추하며 자아를 통합하는 것을 목적으로 하는 교육이기 때문이다.

죽음을 가까이 앞두고 있는 노인들에게 죽음을 회피하지 않고 직면하게 함으로써 삶을 재통합할 수 있도록 하기 위해서는 자신의 죽음을 올바르게 이해하고 준비하도록 도와주어야 한다. 죽음에 대한 태도와 대처 방안은 노년기의 삶 전체를 좌우할 수 있는 매우 중요한 요인이기 때문이다. 이에 죽음준비교육을 통해 노인들의 인식이 전환되어 가는 과정을 살펴보고자 한다.

2) 연구 문제

연구를 통하여 밝히려고 하는 구체적인 문제는 다음과 같이 설정하였다.

첫째, 죽음준비교육은 어떻게 이루어지고 있으며, 학습 과정에서 나타나는 특성은 무엇인가? 둘째, 죽음준비교육 이후에 노인들의 인식 및 행동 변화는 어떤 양상으로 나타나는가?

3) 연구방법

본 연구는 노인들이 죽음준비 교육과정을 통하여 어떻게 주체로서 성장해 가는지에 대한 과정을 연구하는 것으로 질적 사례연구 방법을 선택하였다. 질적 연구는 양적 연구와 달리 현상과 맥락을 독립적으로 구분하는 것이 아니라, 맥락 속에서 현상을 이해하고자 한다(김석우, 최태진, 2007). 특히, 질적 연구에서는 사물이나 현상의 맥락을 구성하는 사람들의 삶 속에서 그들의 논리와 언어를 통해 연구가 진행된다(조용환, 1999).

(1) 연구 참여자

죽음준비교육은 서울의 종교단체나 노인복지관에서 일부 진행되고 있지만 지방에서는 거의 찾아볼 수 없다. 본 연구에서는 S 광역시에 위치한 정원[2]노인복지관의 죽음준비교육 사례를 검토하였다. 정원노인복지관은 사회복지법인인 기독교 재단 산하의 노인종합복지관으로 도시 변두리에 위치하고 있다. 대체로 노인 이용자가 많은 편이며, 다양한 노인 사업이 매우 활발하게 진행되는 곳이다.

노인 대상 교육 프로그램은 스포츠댄스, 연극교실, 컴퓨터, 무용, 한글교실, 사물놀이 등 여가 프로그램이 주를 이룬다. 다행히 정원노인복지관에서는 죽음준비교육을 진행하고 있었다.

정원노인복지관의 죽음준비교육 프로그램은 2008년 구청 공모사업으로 선정되어 운영되었다. 당시 구청의 지원으로 시작된 죽음준비교육 프로그램은 현재는 자체 예산으로 운영되고 있다. 이 때문인지 죽음준비교육에 참가하는 노인의 수는 줄어들었고, 활성화도 낮아져 있었다. 그러나 이 복지관을 이용하는 노인의 수가 많기 때문에 죽음준비교육 프로그램에 대한 기획과

---

2) 본 연구에서 인용된 복지관 명칭은 가칭으로 정원노인복지관이라고 부르기도 한다.

홍보 및 운영을 잘한다면 활성화될 수 있을 것으로 생각된다.

정원노인복지관의 죽음준비교육의 명칭은 '아름다운 삶을 위한 죽음준비학교'다. 일 년에 두 번, 봄 학기와 가을 학기에 각각 12주씩 프로그램을 진행한다. 정원노인복지관의 죽음준비교육의 목적은 노인의 삶에서 죽음이라는 문제에 친근하게 접근하여 건강한 마음으로 죽음을 준비하도록 도와, 궁극적으로 노년기의 삶의 질을 향상시키는 것이다.

본 연구자는 정원노인복지관에서 2009년 5~7월, 12주 동안 죽음준비학교 자원봉사자 및 진행자로 활동하였다. 그중 세 번은 본 강사로 참여하면서 연구를 진행하였다. 이후 복지관에서 계속 자원봉사를 하면서 참여 학습자들의 생활을 관찰하였다.

죽음준비학교는 일주일에 1회 2시간씩 12회기로 진행되었다. 프로그램에 참여하는 노인 학습자들의 수업 과정을 빠짐없이 녹취하며 자세히 관찰하였고, 3회기마다 한 번씩 심층면담을 진행하였다. 수업 시간에 발표한 내용과 심층면담을 한 내용을 녹취하고 전사하여 분석하였다. 또한 죽음준비학교 초기에 노인복지관의 관장과 담당 사회복지사와 면담을 실시하여 프로그램 운영에 관한 전반적인 의견을 들었다.

죽음준비학교에 참여한 노인 학습자들은 남성 1명과 여성 23명으로 모두 24명이었다. 여성 노인 학습자는 모두 복지형 노인 일자리 사업[3]에 참여하는 노인들로, 복지관의 주선으로 죽음준비교육을 받도록 하고 있었다. 이것은 본 연구에 참여한 노인 학습자들의 배경을 적절히 통제할 수 없었던 한계점이었다. 이들 중 연구 참여자를 모두 여성 노인 학습자로 구성하였고, 이 중에서 학습에 열의를 보이는 11명을 최종 선정하였다.

---

3) 노인 일자리 사업이란, 일하고자 하는 65세 이상 노인들에게 능력과 경륜을 활용한 사회 참여 기회를 확대하고, 건강하고 활기찬 삶을 영위할 수 있도록 공공 또는 민간 부문이 사회적 일자리를 창출 · 제공하는 사업을 말한다. 그중 복지형 노인 일자리 사업은 소외계층 돌봄지원사업, 주거환경 개선지원사업, 문화복지 지원사업 등이 있다.

연구에 참여한 학습자들의 일반적인 특성을 살펴보면 배우자와 사별하고 혼자 사는 경우가 다수였다. 대부분의 노인 학습자는 교육 수준이 낮은 편이었으며, 건강 상태는 좋거나 보통이었고, 교육에 앞서 실시한 죽음준비도 관련 설문지에서 죽음에 대한 준비도가 대부분 높은 편으로 나타났다. 그러나 죽음을 수용하는 내적인 준비보다는 영정 사진이나 수의 등 죽음의 절차와 관련한 실제적인 준비를 하고 있었고, 그런 준비로서 죽음에 대한 준비를 모두 마친 것으로 이해하고 있었다. 종교는 대체적으로 기독교와 천주교가 많았고, 불교는 한 명으로 나타났다. 연구 대상자의 일반적 특성을 정리하면 〈표 11-1〉과 같다.

표 11-1 죽음준비교육 프로그램 연구 참여자의 일반적 특성

인 원	이름(별칭)	연 령	성 별	종 교	교육 수준	건강 상태	동거 가족	죽음 준비도
1	모니카	69	여	천주교	초 중퇴	보통	배우자	중
2	백합	71	여	기독교	초졸	좋음	혼자	상
3	코로나	63	여	천주교	초졸	보통	혼자	상
4	민들레	66	여	기독교	초 중퇴	보통	혼자	상
5	행복	70	여	기독교	중졸	보통	자녀	중
6	카타리나	72	여	천주교	고졸	보통	혼자	상
7	한마음	73	여	천주교	중졸	보통	혼자	중
8	목련화	65	여	불교	중졸	좋음	자녀, 배우자	상
9	함박꽃	74	여	기독교	초 중퇴	좋음	자녀, 배우자	상
10	무궁화	74	여	기독교	초졸	보통	혼자	중
11	공주	62	여	천주교	중졸	좋음	자녀, 배우자	상
12	G1	기관장			죽음준비교육 프로그램 기획, 운영			
13	G2	담당 실무자			죽음준비교육 프로그램 기획, 홍보, 실행			

(2) 연구 절차

본 연구는 죽음준비학교에 참여하고 있는 노인들의 죽음에 대한 인식 변화와 삶의 전환 과정을 분석하기 위해 시도되었다. 연구는 다음과 같은 절차로 진행되었다.

첫째, 죽음준비교육과 관련된 사례 및 서적, 논문 등을 수집하여 분석 자료로 활용하였다. 노인에 대한 이해와 전환학습 관련 이론, 죽음학, 죽음에 대한 인식, 노인이 인식하는 죽음, 죽음준비교육 등 본 주제와 관련된 국내의 선행연구 자료를 참고하여 다양한 논의를 폭넓게 이해하고 기술하였다.

둘째, 자료 수집은 심층면담과 참여관찰로 진행되었다. 연구자는 정원노인복지관에서 진행하는 아름다운 죽음준비학교 프로그램에 자원봉사자 및 강사자로 참여하고, 5월부터 주 1회 방문하여 수업에 참여하면서 노인들의 학습활동을 돕고 관찰함으로써 연구 활동을 해 나갔다. 프로그램이 종료된 후에도 계속 주 1회 복지관을 찾아 자원봉사를 하며 참여 노인 학습자들의 일상을 관찰하였다.

셋째, 자료 분석은 전사된 자료를 정독하면서 노인 학습자들의 변화 지점을 찾고, 죽음준비교육에 부여하는 의미를 도출하였다.

4) 연구 내용

노인교육의 핵심이 되는 죽음준비교육은 노인의 내적 성장과 자아정체성의 회복에 관한 것이다. 본 사례에서는 죽음준비 교육과정 이후 노인들의 죽음에 대한 인식과 태도의 변화뿐만 아니라, 노인들의 주체 형성 과정을 통해 앞으로의 삶에 어떠한 변화가 있는지에 초점을 두었다. 죽음준비교육은 어떻게 이루어지고 있으며, 학습 과정에서 나타나는 특성은 무엇인지, 죽음준비교육의 학습 경험 이후에 노인의 인식 및 행동 변화는 어떤 양상으로 나타나는지를 집중적으로 살펴보았다.

(1) 교육 내용

정원노인복지관의 죽음준비학교 프로그램의 교육 내용은 다음과 같이 구성되어 있다.

표 11-2 정원노인복지관 죽음준비학교 프로그램

회 기	주 제	교육 내용	회 기	주 제	교육 내용
1	마음을 여는 시간	• 프로그램 소개 및 자기소개 • 레크리에이션 • 사전평가	7	아름다운 죽음을 위해	• 존엄한 죽음의 중요성 • 장기 및 시신 기증 • 아름다운 죽음에 대한 견해 나누기
2	삶의 이해	• 삶의 이해 • 노년기의 이해(노화 과정) • 제3의 인생 • 노년의 특징	8	죽음 준비의 실제	• 죽음과 법률(상속과 유언에 대하여) • 유언장 쓰기 • 발표와 토론
3	죽음의 이해	• 죽음 준비의 중요성 • 죽음 준비의 내용 • 죽음의 의미	9	나의 장례식	• 장례 문화와 절차 • 나의 장례식 • 발표와 토론
4	사별과 상실의 의미	• 사별 경험 나누기 • 죽음의 경험과 느낌 나누기 • 발표와 토론	10	유언장 쓰기	• 유언장 쓰기 • 발표와 토론
5	인생 회고	• 생애 곡선 그리기 • 연대기 만들기 • 사진으로 쓰는 자서전	11	남은 삶의 소중함	• 의미 있는 삶이란(미래 계획 세우기) • 자원봉사의 이해(호스피스)
6	용서와 화해	• 용서와 화해의 중요성 • 용서와 화해의 대상과 방법 적기	12	수료식	• 사후평가 • 수료식 및 시상식

(2) 죽음준비 교육과정과 노인 학습의 변화

1회기: 자기 개방

1회기는 정원노인복지관의 기관장이 죽음준비학교에 대해 안내하고, 죽음 준비에 대한 사전 설문조사와 별칭 짓기 등으로 학습 분위기 조성에 초점을 두었다. 죽음준비학교의 수강자들이 자발적 참여를 하기보다 정원노인복지관의 노인 일자리 사업과 연계해 운영되고 있었기 때문에, 1회기는 수동적으로 진행되었으나 일부 학습자들은 새로운 주제의 학습에 대한 호기심을 보였다.

죽음에 대해 교육을 받는다는 것은 이들에게는 낯선 경험이다. 참여자들은 1회기가 시작되면서 자기소개와 별칭 짓기 등 활동 중심의 수업 방식에 당혹스러워하고, 글을 쓰면서 하는 학습활동을 어려워하였다. 이러한 경향은 학습자에 따라 다양한 양상으로 나타났다. 별칭 짓기조차 어려워하면서도 배운다는 것을 즐기는 학습자가 있는 반면, 어떤 학습자는 글쓰기에 대한 강한 거부감을 보이기도 했는데, 동료나 강사에게 자신의 부족함을 드러내는 것에 대한 두려움이 수업에 대한 거부감으로 나타나는 것으로 보였다.

2회기: 생애 단계에서 노인에 대한 이해

2회기는 삶을 이해하는 과정으로 자신이 노인임을 자각하고 수용하도록 하는 데 목적이 있다. 노인 학습자들은 자신의 신체적 변화에 대해 발표하는 시간에 각자 본인의 경험을 이야기하고, 다른 학습자의 이야기를 들으며 공감했다. 학습자들은 새롭게 알게 되는 노인 관련 지식에 대해 흥미를 보이면서 학습했다.

노인을 위한 교육은 평생교육의 일환으로 자기 학습의 원리를 기초로 하며, 무엇보다도 학습자들의 적극적인 참여와 동기 유발이 중요하다. 따라서 노인교육에서는 교사 중심적인 설명 위주의 강의보다 소규모 집단 형태의 토의식 강의 등 학습자 중심의 학습활동이 보다 많이 요구된다. 노인 학습자들에게 본인의 경험을 발표하게 하는 것은 자기 학습의 원리와 유의미 학습의 교수 원리를 적용한 효과적인 교육방법이었다.

3회기: 죽음에 대한 학습

3회기는 죽음과 죽음 준비에 대한 이해를 통해 노인 학습자들이 죽음관을 정립하고, 죽음 준비의 필요성을 인식하도록 하는 데 초점을 맞추었다. 그러나 저항을 보이는 학습자가 나타나기도 했다. 자신의 삶을 다른 사람에게 내보이는 것을 싫어하는 경우나 학습 참여 자체에 대한 거부감을 보이는 경우도 있었다. 전자의 경우 학습자는 구차한 인생 이야기를 남에게 보이기를 꺼려 했는데, 다시 들추고 싶지 않은 과거의 삶을 타인에게 보일 필요가 없다는 것이다.

후자는 비문해 학습자일 경우 종종 나타나는 현상으로, 읽기와 쓰기가 불가능한 것을 수치로 여기고 학습에 대한 저항을 보였다. 그러나 상호 학습을 통해 자신만 그런 것이 아니라는 것을 인식한 후에 서서히 자신을 개방하고 감정을 공유하게 되었다. 자신만이 힘든 삶을 살아온 것이 아니라는 사실을 알게 되면서 힘들게 살아온 주위 동료들을 격려하고, 마음을 나누게 되는 것이다. 이는 역동적인 상호 학습 과정에서 나타나는 긍정적 결과로 보였다.

4회기: 사별 경험의 감정 공유

4회기는 사별 경험을 주제로 수업이 진행되었다. 죽음준비학교에 참여한 학습자들 중에 많은 학습자들이 사별을 경험하였다. 수업은 그 아픔을 극복하는 방법에 대한 강의와 함께 경험을 나누는 시간이 되도록 하였다.

4회기에 접어들면서 몇몇 노인 학습자들은 상호 친밀감이 형성된 반면, 일부 학습자는 수업에서 이탈하였다. 수업 내용이 자신의 기대와 다르고, 수업 방식에 대한 불만도 있었던 것으로 보인다. 죽음에 대한 아픈 기억을 돌이키고, 타인 앞에서 이야기해야 하는 부담감과 죽음에 대한 구체적인 정보보다 자신들의 경험을 나누는 방식으로 수업이 진행되자 중도에 포기한 것이다.

5회기: 인생 회고를 통한 성찰

5회기는 지금까지의 인생을 되돌아보며 자신의 삶을 반성하고 반추하는 시간을 가졌다. 학습자들은 지나온 삶을 돌이켜 보고, 가족과 사랑, 인간관계 등을 정리해 봄으로써 내면에 쌓였던 것을 표현할 수 있었다. 더불어 자신의 삶을 정리해 보고, 인생의 의미를 긍정적으로 이해하는 데 도움이 되었던 것을 알 수 있다.

노인 학습자들은 자신들의 인생 이야기를 다른 사람들과 함께 나눔으로써 내적인 변화를 일으킨다. 과거의 기억을 나누고, 감정을 공유하고, 의사소통을 함으로써 인간관계를 긍정적으로 유지할 수 있다. 그러나 항상 긍정적인 감정의 변화만 있었던 것은 아니며, 저항의 감정을 느꼈던 학습자의 경우 더 큰 내적 변화가 일어나기도 했다. 노인 학습자들은 자신과 타인과의 차이를 알게 되고, 다른 사람들도 자신과 비슷한 경험을 해 왔다는 사실을 알면서 위안을 얻고 지지를 받게 되었다.

6회기: 용서와 화해를 통한 감정의 발산과 정화

6회기는 활동지를 작성하여 노인 학습자들이 잊을 수 없는 사람들에 대해 이야기하는 시간이었다. 자신에게 상처를 주었던 사건과 사람을 떠올리며 응어리진 마음을 푸는 것으로 수업을 진행하였다.

노인들이 활동지를 쓰고, 토의하고, 발표하다 보면 공통점이 발견된다. 자신들을 힘들게 하고 상처를 주어 용서할 수 없는 사람이 가족이고, 또한 용서를 할 수밖에 없고 화해하고 싶은 사람도 가족이라는 점이다. 가장 사랑하는 사람들과 상처를 주고받고, 용서하며 살아온 것이다. 시간을 되돌려 인생을 회고하면 사람들에게 좀 더 잘해 주고 사랑하며 살았어야 했다는 것을 느낀다. 앞으로 남은 삶이라도 더 잘해 주어야겠다고 생각하고 다짐하는 시간이었다.

7회기: 존엄한 죽음과 나눔의 이해

7회기부터는 죽음을 실제로 준비하는 시간으로 현장체험 학습을 진행하였다. 사랑의 장기기증본부에서 파견된 강사가 기증 문화에 대한 수업을 진행하였다.

교육이 절반 정도 진행된 시점부터 노인 학습자들이 서서히 변화하는 것을 확인할 수 있었다. 한발 물러서 있던 학습자들도 열정을 가지고 강의에 임하는 모습을 보였다. 수업 시간보다 일찍 나와서 자리를 정돈하고, 이름표도 챙겨 놓았다. 무엇보다도 수업에 임하는 태도가 좋아졌다. 질문도 많이 하고, 발표도 잘한다. 비록 글을 완전히 깨우치지 못하여 더듬거리며 쓰는 학습자도 있었지만, 하고 싶은 말을 다 쓰려고 애쓰고 있었다. 발표할 때도 진지하게 생각하고 발표한다. 모든 학습자가 다 그런 것은 아니지만 죽음을 수용하는 방식과 태도가 변화해 가고 있었다. 본 연구자는 감사하는 마음으로 조금씩 변화하는 과정을 관찰하였다.

8회기: 죽음 준비의 실제

8회기는 죽음 준비의 실제적인 내용에 대한 강의와 실습을 진행하였다. 현직 변호사를 초빙해 사망과 관련된 법적 절차, 상속방법, 유언 등 실질적인 내용을 중심으로 강의하였다. 노인 학습자들은 자신들의 사후 문제와 직결되는 당면 과제인 만큼 학습에 높은 관심과 열의를 보였다.

또 죽음과 관련된 법적 절차에 대한 내용은 대부분의 학습자들이 관심을 보였다. 경제적으로 넉넉하지 않고 혼자 사는 여성 학습자들이 많았지만, 재산 상속과 유언은 죽음준비교육에 반드시 있어야 된다고 생각하고 있었으며, 자손들에게 조금이라도 보탬이 되려면 잘 배워야 한다고 인지하고 있었다.

9회기: 장례 문화의 이해

9회기는 실질적인 죽음준비교육의 하나로 장례 문화와 절차에 대한 내용이었다. A 보건대학의 장례지도학과의 교수가 강사자로 초빙되었다. 우리나라 장례 문화에 대한 개괄적인 설명에 이어 노인 학습자들로 하여금 자신의 장례식을 직접 설계하도록 하여 장례 절차에 대한 구체적인 정보를 제공하였다.

장례에 관한 절차를 논의하는 시간에 이르자 노인 학습자들은 실제적인 죽음을 떠올리게 되었다. 막상 시신 처리를 계획하는 시간에는 불편한 심기를 내보이는 학습자도 있었지만, 대체로 이 절차가 죽은 자의 명복과 유가족들의 도리에 대한 통과의례임을 알고 있었다. 또한 살아서 계획할 수 있다면 자녀들에게도 도움을 줄 수 있다는 생각으로 열심히 수업에 임하는 자세를 보였다.

10회기: 좋은 삶 남기고 떠나기

10회기는 유언장을 직접 작성해 보는 활동수업으로 진행되었다. 교수자는 유언장 양식에 맞추어 작성하도록 유도했고, 작성 후에 발표하는 시간을 가졌다. 유언장을 쓰는 것은 쉬운 일이 아니다. 평상시에 자손들에 대한 관심과 사랑이 있거나 유언과 관련한 생각을 자주 한 경우라면 그리 어렵지 않겠지만, 요즘같이 왕래를 자주 하지 않거나 고독한 노년을 보내는 노인들에게는 여간 어려운 일이 아니다. 더욱이 많은 노인 학습자들에게는 글을 쓰는 것 자체가 부담이다. 이러한 연유에서 본 연구에 참여한 노인 학습자들은 유언장을 쓰는 것을 무척 힘들어했다. 유언장을 작성한 노인 학습자들은 가족들에게 마지막 글을 남긴다고 생각하니 눈물부터 앞선다고 하며 가슴속에만 간직했던 사랑의 표현이나 용서를 구하는 내용으로 유언장을 작성해 나갔다. 수업이 끝난 후에 노인 학습자들은 유언장을 쓰면서 인생을 다시 한 번 돌아보게 되었다며, 다음에 이 같은 상황이 오면 좀 더 깊이 생각하고 작성하겠다고 말하였다. 노인 학습자들은 이러한 과정을 통하여 다양한 죽음준비교육에 대한 인식을 새롭게 하고, 하나씩 배워 나가는 계기로 삼게 되었다.

11회기: 죽음 준비 계획의 설계

11회기는 죽음준비교육을 토대로 앞으로의 생을 계획하는 시간으로 수업을 진행하였다. 친밀한 분위기 속에서 동료 학습자들과 의견을 나누며 좀 더 성숙한 생을 살기 위한 계획을 세웠다. 잘 죽는다는 것은 잘 사는 것임을 학습한 노인 학습자들은 자율적인 인간으로서 주체를 형성하여 자신은 물론 동료들도 함께 성장할 수 있도록 힘을 길러야 한다는 것에 동의하였다. 특히, 자원봉사 활동에 대해 알고 싶어 하였고, 어떤 자원봉사를 하는 것이 좋을지에 대해 많은 의견을 나누었다. 그들은 호스피스 활동에 대해서 궁금해하면서 참여에 대한 의사도 표현했다. 또한 교육을 받지 않은 친구들에게 죽음 준비의 필요성을 알리겠다는 말도 전했다.

12회기: 마무리

12회기는 수료식과 촛불 의식을 치르며 일상으로 돌아가 하루하루를 귀중하게 보내기로 결심하는 시간을 가졌다. 학습자들은 죽음준비학교에서 교육을 받은 후에 이전에는 몰랐던 많은 것을 알게 되었다고 하였다. 이제 남은 생을 어떻게 살아야 할지 깨달았고, 이런 교육은 자녀들에게도 필요하다고 말하였다. 죽음에는 순서가 없기 때문에 미리 준비해 놓는 것이 중요한 것 같다고 하였다. 학습자들의 변화된 모습에 죽음준비교육의 필요성과 중요성을 새삼 인식하게 되는 시간이었다.

2. 연구의 배경

최근 고령자의 자립 능력을 강조하는 사회적 분위기가 확산되면서 노인교육의 중요성이 어느 때보다 강조되고 있다. 그러나 지금까지 노인을 위한 교육은 노년기 학습자들의 자기계발이나 자아실현을 위한 교육보다 노년의 무료한 시간을 달래기 위한 교양 · 취미 등의 여가활동 위주로 진행되어 왔다. 현재 우리나라의 노인교육 현황을 살펴보면 다음과 같다.

1) 노인교육 현황

우리나라 노인교육의 법적 근거는 「노인복지법」 및 「평생교육법」이지만 노인교육의 개념은 정확히 명시되어 있지 않다. 노인교육이 「노인복지법」에서는 노인 여가 · 복지의 범위에 들어 있고, 「평생교육법」에서는 명확한 근거를 찾기 힘들다. 노인교육기관의 행정 체계 또한 교육과학기술부와 보건복지부로 이원화되어 있으며, 현장에서 노인교육을 실천하고 있는 기관들은 대부분 보건복지부 관리하에 있다.

노인을 위한 평생교육은 1972년 10월 종로 태화관에 있는 서울평생교육원이 개설한 '노후생활 강좌'로부터 시작되었다. 그 후 1978년 문교부에서 '학군 단위 노인교실 설치 요강'을 만들어 전국의 7,371개 초등학교를 개방하여 학군 단위 노인교실을 개설하고 운영비를 지원하였다. 그리고 그중 가장 많은 노인교실을 확보하고 있던 한국성인교육협회가 1981년 대한노인회로 흡수되면서 노인교실의 설치 · 운영을 대한노인회에서 맡게 되었다.

대한노인회는 학군 단위 노인교실과는 별도로 시 · 도 단위 노인대학과 노인학교를 설립 · 운영하였다. 그 후 1989년 「보건복지법」상에서 학군 단위 노인교실, 노인대학, 노인학교 등이 모두 '노인교실'이라는 명칭으로 통일되었으며, 노인교실은 그 이후로도 법제상의 명칭일 뿐 현실에서는 거의 통용되지 않은 채 지금에 이르고 있다.

1987년 정부의 조직 개편에 따라 노인 평생교육에 관한 업무가 문교부 사회교육국에서 보건사회부 가정복지국으로 이전되었다. 그리고 1981년 「노인복지법」의 제정으로 노인복지관, 노인교실, 경로당은 '노인여가복지시설'로 관리 및 지원을 받게 되었다. 한편 정부 직제상으로는 1996년 교육인적자원부 평생학습정책과에 노인교육정책에 대한 조정 기능이 추가되면서 노인 평생교육에 관한 업무는 교육인적자원부로 다시 이관되었지만, 이미 노인여가복지시설로 규정되어 보건복지부의 관리하에 있던 대부분의 노인 평생교육시설은 그대로 보건복지부 감독하에 있었다. 따라서 노인 평생교육의 정책 조정 기능은 교육과학기술부로, 노인 평생교육 실시 기관의 관리 · 감독 기능은 보건복지부로 이원화됨으로써 이후 교육과학기술부의 다양한 노인 평생교육정책 계획은 제대로 실현되지 못한 채 끝나고 말았다. 교육과학기술부의 노인 평생교육정책에 대한 조정 기능은 점차 축소되어 노인을 포함

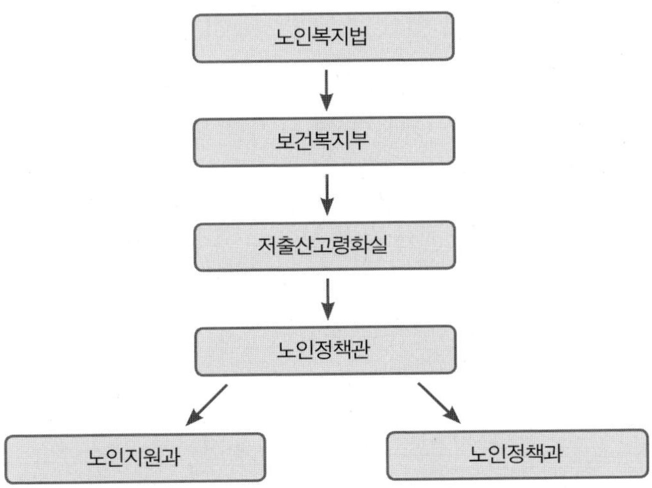

그림 11-1 노인복지 전달 체계: 2012 보건복지부 조직도 재구성

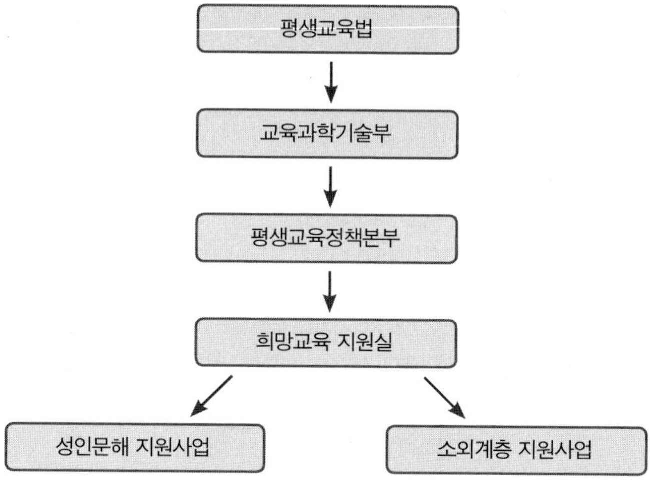

그림 11-2 노인교육 전달 체계: 2012 국가평생교육진흥원 조직도 재구성

한 소외계층 전체를 망라하는 업무로 통합 · 축소되었다(국가평생교육진흥원, 2012).

결국 현재는 주무 부처에 대한 공식적인 근거 규정 없이 보건복지부에서 포괄적인 노인생활 지원의 일환으로서 노인 평생교육사업의 대부분을 주관하고 있는 형편이다. 「노인복지법」에 근거한 노인복지 전달 체계는 [그림 11-1]과 같다.

「평생교육법」에서는 노인교육을 명시하고 있지는 않지만, 노인교육에 관한 전달 체계는 [그림 11-2]와 같은 조직도로 추정해 볼 수 있다.

민간 노인복지 행정조직으로는 사회복지법인, 재단법인, 특수법인, 사회법인, 사회단체(법정단체, 종교단체, 주민조직 등) 등이 있으며, 이들 민간 법인 또는 단체가 노인복지를 목적으로 노인교육을 실시하고 있다.

다음에서는 노인 여가시설 및 종교기관의 노인교육 현황을 살펴보기로 한다.

(1) 노인복지관과 사회복지관

보건복지부에서는 주로 개별 사업이나 프로그램을 직접 시행하기보다는 노인복지관, 노인교실, 경로당 등 시설에 대한 지원을 통하여 노인 평생교육 사업을 지원하고 있다. 복지관 중 노인 평생교육을 실시하고 있는 곳은 크게 사회복지관과 노인복지관으로 분류할 수 있다. 사회복지관은 그 이용자가 노인뿐 아니라 전 연령층이기는 하지만, 이용자 중 노인의 비율이 매우 높은 편이어서 대부분의 사회복지관에서 노인 평생교육을 실시하고 있다.

노인복지관은 「노인복지법」상의 노인여가복지시설 중 하나다. 노인복지관은 노인여가복지시설 중 가장 많은 지원을 받고 있는 전문적인 시설이다. 「노인복지법」 제36조에 따르면, 노인복지관은 노인의 교양 · 취미 생활 및 사회참여 활동 등에 대한 각종 정보와 서비스를 제공하고, 건강 증진 및 질병 예방, 소득 보장, 재가복지, 그 밖에 노인의 복지 증진에 필요한 서비스를 제공하는 것을 목적으로 하는 시설로 규정되어 있다. 또 「노인복지법」 시행규칙에는 노인복지관의 사업을 ① 노인의 생활 · 주택 · 신상 등에 관한 생활상담 및 노인의 질병 예방 · 치료에 관한 건강 상담과 지도, ② 노인에 대한 취업 알선 및 취업자의 사후 관리, ③ 노인의 기능 회복 또는 기능의 감퇴를 방지하기 위한 훈련 실시, ④ 노인의 교양 함양을 위한 프로그램의 제공 및 레크리에이션 활동 등의 지도로 규정하고 있다. 〈표 11-3〉에서 보는 바와 같이 2012년 현재 전국의 노인복지관은 총 281개소이며, 고령 인구의 증가에 따라 앞으로도 계속 증설될 것으로 예측된다(보건복지부, 2012).

표 11-3 노인복지관 지역별 현황(2011. 12. 31. 기준)

* 단위: 개

서울	부산	대구	인천	광주	대전	울산	경기	강원	충북	충남	전북	전남	경북	경남	제주	합계
41	17	11	18	9	6	8	48	9	16	13	20	29	13	17	6	281

출처: 보건복지부(2012). 2012년도 노인복지시설 현황. 재구성.

사회복지관은 「사회복지사업법」에 따라 설치된 시설로서, 지역사회를 기반으로 일정한 시설과 전문인력을 갖추고, 지역 주민의 참여와 협력을 통하여 지역사회 복지 문제를 예방하고 해결하기 위하여 종합적인 복지서비스를 제공하는 시설이다. 「사회복지사업법」 시행규칙에 따르면, 사회복지관의 사업내용 중 교육문화사업에 아동 · 청소년 방과 후 교실운영사업, 성인기능교실사업, 노인여가 · 문화사업, 문화복지사업이 포함된다. 그중 노인여가 · 문화사업은 노인을 대상으로 하는 각종 사회교육 및 취미교실 운영사업으로, 그 내용으로는 건강운동교실, 여가 프로그램, 교양교육 프로그램, 경로당 지원사업 등이 있다.

(2) 노인교실

노인교실은 지역 노인들을 위하여 초등학교 학군 단위로 설정된 노인 평생교육기관으로 출발하였다. 그러나 현재는 그 기능과 성격이 불분명해짐으로써 노인대학, 노인학교와 같은 일반 노인 평생교육기관을 모두 포함하는 개념으로 사용되고 있다. 노인교실은 1970년대 후반부터 설립되기 시작하였으며, 여가활동과 교육이라는 두 가지 기능을 담당하고 있다.

「노인복지법」상 노인교실은 노인여가복지시설 중 하나로, '60세 이상 노인의 사회활동 참여 욕구를 충족시키기 위하여 건전한 취미생활, 노인 건강유지, 소득 보장, 기타 일상생활과 관련된 학습 프로그램을 제공하는 교육기관'으로 규정되어 있다. 노인교실은 실제로는 노인학교 혹은 노인대학 등으로 불리며, 개인이나 사회단체가 「교육법」에 따른 형식이나 절차 없이 자의로 설립한 기관이다. 따라서 시설과 장소에 상관없이 설립자에 의해 학칙이 정해지고, 교재, 수업연한, 강사, 교육과정, 학생 관리, 경비 조달 등도 자체적으로 이루어지고 있다.

2012년을 기준으로 전국에는 약 1,557개의 노인교실이 지자체에 등록되어 있다. 그러나 이 숫자는 매년 지자체에 등록하는 노인교실만을 산정한

표 11-4 지역별 노인교실 수(2011. 12. 31. 기준)

* 단위: 개

서울	부산	대구	인천	광주	대전	울산	경기	강원	충북	충남	전북	전남	경북	경남	제주	합계
350	173	53	38	27	14	24	345	22	62	68	85	90	106	78	22	1557

출처: 보건복지부(2012). 2012년도 노인복지시설 현황. 재구성.

것으로, 실제 운영되고 있는 노인교실의 수와 일치하는 것은 아니다. 실제로 각종 노인단체, 사회봉사단체, 종교단체 및 개인에 의해 많은 노인교실이 설립 · 운영되고 있으나, 미등록 기관이 많아 정확한 숫자는 알 수 없다. 또한 현재 공식적으로 지자체에 등록한 노인교실에 한해서만 운영비 중 일부를 지자체의 재정에 따라 지원하다 보니, 「노인복지법」의 노인여가복지시설로 시 · 도 · 군 · 구 사회복지과 또는 노인 · 가정복지과가 담당하고 있지만 형식적일 뿐 실질적인 지도 · 감독 역할은 거의 없는 실정이다(보건복지부, 2012).

노인교실 중 일부는 대한노인회에서 운영하는 노인대학 및 노인학교에 속한다. 이 중 일부는 각 지방자치단체에 노인교실로 등록되어 있지만, 그렇지 않은 경우도 있다. 2012년 현재 대한노인회 산하 시설은 334개에 이른다.

(3) 종교기관

종교기관 역시 노인교실을 운영하고 있다. 이들 중 일부는 지자체에 노인교실로 등록되어 있지만, 미등록 상태에 있는 시설들이 훨씬 많다. 따라서 지자체에 등록된 노인교실 외에 종교기관이 운영하고 있는 노인교실의 수를 정확하게 파악하기 어려운 형편이다. 다만, 노인대학들 간의 연합회를 운영하고 있는 곳의 경우는 매년 새로운 노인교실의 수와 인원, 현황 등을 자체적으로 평가 · 기록하고 있다.

(4) 경로당

경로당은 지역의 노인들에게 자율적인 친목 도모, 취미활동, 공동작업장 및 각종 정보 교류와 여가활동의 장소를 제공하는 것을 목적으로 하는 시설이다. 경로당은 「노인복지법」상 노인여가복지시설의 하나로, 지역사회에서 노인들의 접근이 가장 용이하며 이용이 편리한 곳이지만, 규모가 영세하고 이용자인 노인들이 자치적으로 운영 · 관리하고 있어서 전문성이 결여되어 있다. 따라서 교육 기능보다는 여가 기능에 치중해 있는 것이 현실이다. 그러나 경로당은 비록 자체적으로 노인들을 위한 교육 프로그램을 운영할 만한 여건을 갖추고 있지는 못하지만, 다양한 경로당 활성화 사업을 통하여 점차 더 많은 외부 자원을 유인함으로써 지역사회 노인들의 교육적 요구에 부응하려는 노력을 기울이고 있다.

대표적인 경로당 활성화 사업으로는 지역의 사회복지관 및 노인복지관 등이 담당 경로당을 배정받아 다양한 프로그램을 시행하고 있으며, 대한노인회 역시 각 지회에 경로당 순회 프로그램 관리자를 배치하여 다양한 경로당 순회 프로그램을 운영하고 있다. 대한노인회는 전국 16개 시 · 도 연합회와 245개 시 · 군 · 구 지회 그리고 전국 6만 개 경로당을 이용하는 260만 회원으로 구성된 우리나라 노인을 대표하는 단체다. 2011년 말 현재 전국의 경로당은 약 61,537개소로 노인 이용시설 중 가장 많은 수를 차지하고 있다(보건복지부, 2012).

표 11-5 전국 경로당 현황(2011. 12. 31. 기준)

* 단위: 개

서울	부산	대구	인천	광주	대전	울산	경기	강원
3,181	2,054	1,380	1,359	1,228	757	743	8,782	2,905
충북	**충남**	**전북**	**전남**	**경북**	**경남**	**제주**	**합계**	
3,984	5,571	6,362	8,460	7,413	6,968	390	61,537	

출처: 보건복지부(2012). 2012년도 노인복지시설 현황. 재구성.

2) 죽음준비교육 현황

1978년 교양 강좌로 '죽음에 관한 강의'를 처음 도입한 곳은 서강대학교다. 이후 죽음준비교육은 대학의 정규 강좌로 지속되다가, 1996년 '죽음의 심리학적 이해'라는 강좌로 변경되었다. 또한 덕성여대 사회교육원에서는 1987년 3월 이래 '죽음의 철학'으로 죽음준비 프로그램이라는 강좌를 개설했으나, 1999년에는 수강생 부족으로 폐강되기도 하였다. 또한 고려대학교 최고위교육문화과정에서는 1996년 2학기부터 '삶의 정리와 교육'이라는 제목의 강연을 매 학기 열고 있다. 1991년 3월에 발족된 각당 복지재단의 '삶과 죽음을 생각하는 회'에서는 공개 강좌를 시작으로 죽음의 철학, 죽음준비교육의 필요성에 관한 공개 강연회 개최, 세미나 및 워크숍 개최, 회지 발간, 관련 도서 출판, 공동 추모제, 소그룹 상담, 호스피스 연구 및 교육을 실시하고 자원봉사자를 현장에 파견하는 등의 활발한 활동을 전개하고 있다. 2002년 10월에는 죽음준비교육 지도자 과정을 개설하여 한 학기에 8강좌씩 2년 연속 4학기제로 현재까지 운영하고 있다. 교육 내용은 죽음의 의미를 이해하고, 호스피스와 죽음, 슬픔 치유, 죽음과 법률, 장례 문화, 죽음준비교육의 목표, 영원한 생명 등의 주제를 통해 삶과 죽음의 의미를 추구하고, 죽음 준비의 필요성을 배운다. 또한 2005년에 한국죽음학회가 창립되고, 한림대학교에 생사학연구소와 동국대학교에 생사의례학과가 개설됨으로써 죽음준비교육에 관한 관심이 한층 높아졌다(이이정, 2003: 81).

우리나라의 죽음준비교육은 앞에서 서술한 각당 복지재단의 '삶과 죽음을 생각하는 회'가 다양한 교육을 시행하고 있지만, 프로그램의 대부분이 지도자 양성을 목적으로 하고 있으며, 일반 노인들을 대상으로 실제적인 죽음준비교육 프로그램을 운영하고 있는 곳은 대개 노인복지관이다. 그중에서도 서울의 시립노원노인종합복지관은 2006년 외부 지원 사업으로 서울시 사회복지공동모금회의 지원을 받아 '아름다운 생애 마감을 위한 senior 죽음준비학교' 사업을 진행하였다. 이 교육사업은 많은 관심을 모으며 성공적으로 진행되었고, 죽음준비교육에 관한 사회의 관심을 불러일으키는 데 기여하였다.

현재 대도시의 많은 노인복지관에서 일반 노인들을 대상으로 죽음준비교육을 진행하고 있으며, 전문직 은퇴 노인들을 대상으로 죽음준비교육 지도자 과정 등이 개설되어 보다 올바른 죽음 문화의 보급이 이루어지고 있다.

3. 연구 결과 및 해석

1) 학습의 특성

(1) 노인과 자기주도적 상호 학습

죽음준비교육에서는 학습자들이 동료와의 의사소통을 통하여 서로가 서로에게 도움을 주는 상호 교수자의 역할을 하게 되었다. 능력이 있는 사람이 교수자 역할을 하기보다 무형식적인 대화 과정 속에서 매 순간 모든 노인들이 교수자와 학습자의 역할을 동시에 수행하는 것이다. 여러 사람들 속에서 자신의 이야기를 하면서 경험을 나누고, 이 과정에서 노인 학습자들은 서로를 이해하는 방식을 배우게 된다. 이때의 학습 내용은 그들의 관심과 경험을 토대로 한 내용이다. 어떤 한 사람의 경험은 연령과 성, 그가 속한 사회와 깊은 관련을 맺고 있기 때문에 타인의 경험을 통한 학습은 그들의 삶과 직결되고, 학습의 효과 또한 높게 나타난다.

노인 학습자들은 동료들과의 상호 학습을 통해 그들의 인식과 행동을 변화시켜 나가는데, 이때 학습방법은 제삼자의 행동이나 말을 통해 학습자가 스스로 깨달으면서 습득하는 방법과 문제해결 방식을 직접적으로 습득하는 방법 등 두 가지 양상으로 나타났다.

이와 같이 노인 학습자들은 동료 집단을 형성하여 수업 시간이나 그 밖의 자유 시간에도 그들끼리 모여 앉아 대화를 나누고, 수업을 듣는 경향이 강하게 나타났다. 비록 노인들의 교제 범위가 넓다고 하더라도, 동료 학습자와 자신과의 사이에 충분한 교류가 이루어진 후에 내면 깊이 잠재된 문제들을 끄집어내고, 그것을 이야기하는 경향을 보여 주고 있다. 결국 노인 학습자들 간의 대화는 유대감이 어느 정도 형성되었을 때 보다 효과적으로 이루어짐을 알 수 있다.

(2) 노인과 경험학습

죽음준비학교에서 배우는 학습의 내용은 형식화된 지식이나 기술보다는 살아가면서 직면해야 할 죽음에 대한 태도 또는 인식 등의 전환이었으며, 평화로운 죽음을 맞이할 수 있도록 지나온 삶을 회상하는 것이다. 노인 학습자들은 그들이 살아온 경험을 이야기하면서 추억에 잠기기도 하고, 슬픔이나 분노와 같은 억눌린 감정을 해소하기도 한다.

여성 노인 학습자들이 시집살이, 가난, 배우자의 죽음, 자녀의 갑작스러운 죽음 등 과거의 경험에 대해 회상하고 이야기하는 것은 단순한 넋두리에 그

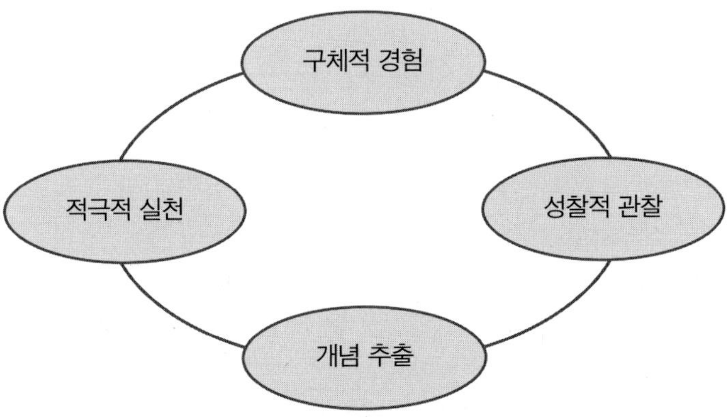

그림 11-3 콜브의 경험학습

출처: Kolb(1984). p. 42.

치는 것이 아니라 지나온 삶을 정리하는 시간을 갖는다는 데 의의가 있다.

따라서 노인 학습자들은 살아온 인생에 대한 회상과 반성의 기회를 가짐으로써 삶에 대한 인식의 변화를 시도할 필요가 있다. 즉, 과거에 대한 회상을 통해 지금까지 누적되어 온 부정적인 감정의 응어리를 풀고, 자신이 지나온 삶에 대해 나름대로 의미를 부여함으로써 현재의 삶을 긍정적으로 수용할 수 있도록 하는 것이다.

이렇듯 노인 학습자들은 삶의 맥락에서 학습하게 된다. 형식적이고 구조화된 지식을 학습하는 것이 아니라 삶의 경험에 대한 반성과 비판적인 성찰을 통해 삶 속에 내재된 것들을 풀어 내면서 학습하는 것이다.

2) 학습의 결과로 나타난 변화

죽음준비학교 학습의 결과로 나타난 변화는, ① 죽음에 대한 수용, ② 일상으로 돌아간 삶의 자세, ③ 노인의 역할 회복 등 크게 세 가지로 정리해 볼 수 있다.

(1) 죽음의 수용과 재구조화

죽음준비교육 프로그램에 참여한 후 학습자들은 작은 변화를 보이기 시작하였다. 죽음에 대한 인식에서부터 실제적인 장례 계획, 상속, 유언, 기증에 관한 것, 또한 앞으로의 삶에 대한 태도 등이 그것이다. 노인 학습자들은 매 회기마다 조금씩 변화하는 과정을 겪었다.

1단계에서는 자기를 개방하며 자신이 노인임을 수용했고, 인간의 유한함을 인정하고 죽음에 직면하여 죽음을 있는 그대로 받아들였다. 2단계에서는 인생을 되짚어 보며 열심히 살아온 자신의 삶을 수용하고, 자신을 존중하는 마음을 가졌다. 그리고 미래를 직시하고 수용하면서 지혜를 얻었다. 3단계에서는 죽음의 실제 상황에서 결정해야 할 일에 대하여 자율적인 의사결정을 하게 되었다. 예전에는 많은 일들을 자녀에게 의지하고, 자녀에게 짐이 되지 않기 위해 참는 마음이 컸는데 교육을 받은 후에는 스스로 결정하고 싶은 것이 많다고 하였다. 이제 의존적인 성향에서 벗어나 자기주도적으로 살고 싶다는 의지를 보였다.

죽음준비학교 프로그램은 죽음과 관련된 지식과 정보를 제공하는 것뿐만 아니라 노인 학습자들이 가지고 있는 죽음과 관련된 가치, 감정, 태도를 탐색하고 발산하는 시간을 갖게 하였다. 그럼으로써 노인 학습자들은 과거를 회상하고 성찰하여 삶을 재구성하고 행위 방식을 변화시켜 새로운 자아를 형성해 가는 모습을 보였다.

또한 죽음준비교육을 통해서 노인 학습자들은 세 가지 형태로 인식을 전환하여 주체를 형성해 갔다. 첫 번째는 구성(construction)으로 죽음에 관해서 전혀 생각하고 있지 않다가 교육을 통하여 죽음에 직면하고 인식을 구성하며 죽음이라는 것을 받아들이면서 강사나 동료들과의 상호작용을 통해 성숙한 인간이 되는 것이다.

두 번째는 재구조화(reconstruction)다. 죽음에 대한 자신의 인식을 교육을 통해 보다 유의미하게 변화시키는 것으로, 자신의 죽음관을 유연하게 재구조화한다.

세 번째인 탈구성(deconstruction)은 죽음에 대해 자신만이 가지고 있던 고정관념이나 편견을 교육을 통해 전환시키는 것이다. 특정한 지식의 습득에 머무는 것이 아니라, 학습한 것을 자신의 삶 속에서 비판적으로 성찰할 때 진정한 학습이 이루어진다고 봄으로써 다양한 형태의 죽음을 경험할 수 있다는 사실을 인지하고 죽음을 보다 넓게 수용하게 된다.

노인 학습자들은 죽음준비교육을 통하여 죽음에 대한 인식을 전환하였고, 실제적인 죽음 준비에 능동적으로 참여하였다. 이제 앞으로의 남은 생을 어떻게 살아야 하는지에 관해서도 예전과 다르게 인식하여 하루하루를 소중하게 보낼 것이라는 다짐을 말하였다. 처음에는 죽음준비교육에 대해 자녀들의 반대가 있어 망설였지만 이제 자녀들에게도 알려 주고 싶다는 학습자도 있었다.

이러한 교육으로 학습자가 하루아침에 변화하지는 않는다. 서서히, 아주 작은 것에서부터 조금씩 변화해 간다. 죽음과 관련된 교육을 통해 학습자들은 외적인 성장보다는 내면적으로 성장하고 있었다. 노인 학습자들은 죽음준비교육을 통해 죽음에 대한 인식을 새롭게 함으로써 자신을 삶의 주체로 세우고, 남은 삶을 재구성할 수 있게 되었다.

(2) 무형식적 학습활동의 확장

노인 학습자들은 학습의 결과를 일상생활에 적용하는 것으로 나타났다. 가정으로 돌아가 자녀들과의 관계에 있어서도 죽음과 관련된 의미를 생각하며 행동한다. 가족 관계에 대한 인식 및 행동은 며느리와의 관계, 손자녀와의 관계를 중심으로 변화하는 경향을 보였다. 죽음이라는 큰 주제를 다룸으로써 소소한 작은 일에 양보하고 배려하는 마음을 가질 수 있게 된 것이다. 노인 학습자들은 그들의 인식 및 행동 변화가 강의를 통해 이루어졌다고 생각한다. 그러나 이것은 무형식의 학습에서 비롯된 것이다. 노인 학습자들은 학습을 통해 자신감을 회복하고, 삶과 죽음의 과정에 의미를 부여함으로써 적극적으로 삶을 살아가는 모습을 보여 주었다.

정체성의 확립이라는 것은 나를 찾아가는 것이다. 나를 찾는다는 것은 나를 있는 그대로 받아들이고, 나에 대한 믿음을 지키는 것이다. 노인 학습자들은 수업 과정에서 동료 학습자들과의 관계를 통해, 그리고 교사와의 관계를 통해, 인식이 바뀌고, 자신을 조금씩 찾아 가고 있음에 큰 기쁨을 얻었다고 한다. 어려웠던 시절을 지나 지금에 이르렀지만 인생을 되돌아보고 자신을 찾는 시간은 갖지 못했다. 죽으면 모든 것이 끝이라고 생각했는데, 잘 죽기 위해서 잘 살아야 함을 깨달았다고 한다. 노인 학습자들은 교육을 통해 그리고 스스로의 학습을 통해 성장하고 있었다.

또한 그들은 주변 환경의 변화와 새로운 인간관계를 통하여 삶을 새롭게 인식하고, 자신을 바라보는 태도와 삶을 살아가는 방식에 변화를 가져왔다. 이것은 결국 삶에 대한 그들의 의미 구조가 변화되었음을 의미한다. 노인 학습자들은 학습활동 속에서 동료 학습자들과 공감을 형성하게 되었다. 즉, 그들이 처한 상황이 자신만의 상황이 아니라 동료 학습자들도 함께 겪고 있는 문제라는 것을 인식하게 된 것이다. 이러한 과정을 통하여 노인 학습자들은 적극적이고 능동적인 성격으로 변화했으며, 삶에 대한 자신감을 얻는 것으로 나타났다.

(3) 사회적 관계에서의 노인의 역할 회복

우리 사회에서 노인의 역할과 사회적 인식에 대하여 노인들이 가지고 있는 일반적인 의미나 관점을 다음과 같이 설명할 수 있다. 노인들은 대체로 무능력하고, 우리 사회에서 담당할 수 있는 역할이 없으며, 사회로부터 받는 부당한 대우를 당연한 것으로 인식하고 있다.

죽음준비교육을 받은 노인 학습자들은 여러 가지 활동을 통해서 역할을 회복하게 되는데, 노인 학습자들은 주로 자원봉사 활동을 선호하는 모습을 보였다. 그들은 특별한 재능이 없어도 소외계층을 돌봄으로써 사회 구성원으로서의 역할을 회복하려고 하였다. 우리 사회에서 노인으로서, 더욱이 여성이 할 수 있는 일은 많지 않지만, 남은 생을 의미 있게 사는 방법 중 하나가 타인을 돕는 것이라는 의식을 형성하고 있었다. 그들은 자신의 도움이 필요한 곳에서 봉사할 수 있다는 것을 매우 즐겁고 보람된 것으로 인식하게 되었다.

3) 결론 및 논의

본 연구는 죽음준비 교육과정에 참여한 노인들이 학습을 통하여 어떻게 주체적 존재로 변화해 가는지를 알아보기 위해 수행되었다. 지금까지의 연구를 정리해 보면 다음과 같다.

(1) 결 론

죽음은 모든 인간이 태어나 성장하고 늙어 가는 것처럼 자연스러운 일이며, 인간이라면 누구나 당면하게 되는 문제다. 특히, 인간 발달의 마지막 단계에 있는 노인이 자신의 죽음을 준비함으로써 인생을 잘 마무리할 수 있도록 하는 것은 매우 중요한 과제라고 할 수 있다. 죽음준비교육은 성숙한 노년을 보내려고 하는 노인들에게 있어 중요한 교육인 것이다. 평소에 죽음에 대해 생각해 볼 기회를 갖지 못한 노인 학습자들은 죽음준비교육을 통하여 죽음에 대한 자신의 생각이나 감정을 나누게 되었다. 이러한 과정에서 자신의 죽음과 죽음 준비에 대한 의미를 점검해 보는 시간을 가질 수 있었다.

죽음준비교육은 노인 학습자들에게 죽음에 대한 정보만을 단순히 전달하는 것이 아니라, 강의와 대화, 집단활동을 통하여 자신의 지나온 삶을 정리하고, 죽음에 대한 의미를 생각해 보는 시간이었다. 나아가 삶과 죽음이 지금의 생활에 주는 의미를 발견할 수 있도록 학습 기회를 제공하였다. 노인 학습자들은 과거의 경험을 회상하면서 자신의 삶에 대해 긍정적인 의미를 발견하였다. 또 죽음준비교육은 노인 학습자의 인식을 변화시켜 내면의 성장에 영향을 미칠 수 있음을 확인하였다. 또한 이러한 교육을 통해 노인 학습자들은 자신의 삶을 수용하고, 주체를 형성해 가는 기회를 갖게 되었다.

죽음준비교육의 실제에 접어들면 노인 학습자들은 상속이나 유언, 장례에 관한 사항을 구체적으로 준비해 보게 된다. 이 과정을 통해 노인 학습자들은 자신의 죽음에 관해 결정해야 할 사항이 생각보다 많으며, 그러한 결정을 주체적이고 긍정적인 자세로 마주해야 함을 깨닫는다. 또한 죽음준비교육은 반성과 성찰로만 끝나는 것이 아니라 학습한 것을 실천으로 옮길 때 의미가 있다. 남은 삶에 대한 소중함을 알고, 미래에 대한 계획을 세워 실행에 옮기는 것까지 포함해야 한다. 그것은 인식이 변화되고 관점이 전환되는 것으로 끝나는 것이 아니라 실천과 행위로 이어져야 함을 말해 주고 있는 것이다.

죽음을 어떠한 방식으로 맞이해야 하는가에 대한 답은 편안하게, 고통 없이 죽음을 맞는 것으로 끝나지 않는다. 이제껏 학습한 것을 통해 삶을 아름답게 마무리하는 것이다. 죽음에 대한 인식이 변화되고, 인생을 바라보는 시각이 전환되면서 자원봉사나 기부 행위 및 장기 기증 등을 통해 실천해 가는 것이다. 이는 노인들이 죽음준비교육을 통해 주체를 형성한 후에 변화하는 삶을 살게 하는 죽음준비교육의 핵심인 것이다. 삶의 마지막 단계에 있는 노인들이 주체성을 갖고 보람되게 삶을 마무리할 수 있도록 하기 위하여 죽음준비교육은 반드시 필요하다.

(2) 죽음준비교육의 미래

이상과 같은 결론에 근거하여 죽음준비교육은 다음과 같은 방향이 요구된다. 첫째, 죽음준비교육에 대한 사회적인 인식 변화가 필요하다. 죽음을 삶의 일부로 생각하며 이야기할 수 있는 사회적 분위기와 죽음이란 스스로 준비해야 하는 것이라는 공감대 형성이 필요하다.

둘째, 대상자의 특성과 욕구에 맞는 프로그램이 개발되어야 한다. 연령, 성별, 교육 정도에 따라 죽음이 다르게 인식되므로, 죽음준비교육도 각 대상층에 적합한 내용으로 프로그램을 개발해야 한다.

셋째, 죽음준비교육 프로그램을 개발하고 진행할 전문가에 대한 교육이 요구된다. 죽음준비교육을 진행할 사람들에 대한 전문적이고 체계적인 교육과 훈련을 통해 다양한 학습자들에게 적절한 형태로 교육이 이루어질 수 있도록 장치를 마련하는 것이 필요하다.

넷째, 평생교육 관점에서 죽음준비교육이 확대될 필요가 있다. 죽음 준비는 노인뿐만 아니라 인생 주기의 전 단계에 있는 사람들이 더욱 충실한 삶을 살 수 있도록 평생교육의 차원에서 실시할 필요가 있다.

다섯째, 학교 현장에서 죽음 관련 교육이 필요하다. 이미 미국이나 유럽에서는 학교교육에 죽음 관련 교육이 포함된 곳이 많다. 우리나라도 청소년들의 자살을 예방하고 삶의 목적을 생각할 수 있도록 체계적인 죽음 관련 교육이 필요하다.

4. 시사점

노인교육은 교육의 수혜자가 되는 노인을 위한 교육, 교육의 내용이 되는 노인에 관한 교육, 젊은이들과의 상호작용 속에서 교육적 역할을 수행하는 노인에 의한 교육 등 세 가지로 요약된다.

노인교육은 보편주의 원칙에 따라 일정한 연령에 도달한 모든 노인을 대상으로 학습권을 보장해야 한다. 앞으로 고령 인구가 더욱 증가하고, 수명의 연장으로 은퇴 이후의 노년기가 늘어날 뿐 아니라 사회는 더욱 빠르게 변화할 것이다. 고령화 사회 속에서 노인들이 성공적이고 활동적인 노년기를 보낼 수 있도록 노인에 대한 학습권이 보장되어야 한다.

따라서 노년기 삶의 질을 유지하는 데 있어 필요한 최소한의 교육은 반드시 보장되어야 하며, 노인교육은 노인들을 위한 교육복지 차원에서 접근되어야 한다. 즉, 노인 개개인이 처한 생활수준, 교육 수준, 건강 수준과 무관하게 그들이 원하는 노인교육 프로그램에 접근하여 학습할 수 있도록 이에 대한 지리적 · 물리적 · 사회적 접근성을 향상시키고, 장애 요인을 제거해 주는 정책과 제도가 마련되어야 한다(한정란 외, 2011).

교육 기회의 보장과 함께 노인의 사회참여도 이루어져야 한다. 노인의 경험을 활용할 수 있는 노인 자원봉사가 적극적으로 활성화되어야 한다. 노인 자원봉사 활동은 역할 상실을 겪는 노인들에게 새로운 사회적 역할을 부여해 주며, 타인에게 도움을 줌으로써 봉사자들에게 자긍심을 갖게 한다. 또한 노인 자원봉사는 세대 공동체 교육과 연결할 수 있다. 공동체 사회를 이루기 위하여 소외계층의 교육뿐만 아니라, 연령을 아우르는 세대 통합의 교육적 노력에 노인 자원을 활용하는 것이 필요하다.

현재 우리나라의 미래 과제 중 복지는 뜨거운 관심 분야로 떠오르고 있다. 교육복지 또한 새롭게 부상하고 있다. 그러나 행정 체계상 노인을 대상으로 하는 사회복지만 있을 뿐 교육복지는 없다. 교육과학기술부 조직에 교육복지국이 있으나 노인을 대상으로 하는 정책이나 노인의 교육은 교육복지에서 제외되어 있다. 다만, 소외계층 평생교육 프로그램 지원사업에 노인을 대상으로 한 프로그램이 있으며, 노인 학습자가 높은 참여율을 보이고 있다. 소외계층 평생교육 프로그램 지원사업이 노인 평생교육의 활성화에 도움이 되고 있는 것은 바람직한 일이다. 노인교육이 더 발전되기 위하여 정부의 행정 체계 및 지원 체계가 확립되어야 할 것이며, 노인들에 대한 복지적 접근과 교육적 접근이 조화를 이루는 가운데 통합되어야 할 것이다.

노인의 죽음준비교육은 주로 노인복지관에서 이루어지고 있다. 그러나 노인복지관을 이용하지 못하는 노인들도 많다. 노인복지관을 이용할 수 없는 노인교육의 사각지대가 존재하는 것이다. 죽음은 누구나 피해 갈 수 없으므로, 가난과 질병의 고통 속에 살아온 노인들이 죽음을 잘 준비할 수 있도록 교육이 이루어져야 한다. 한평생 살아온 자신의 삶을 정리하고, 죽음을 준비하는 것이야말로 노년기에 달성해야 할 자아통합이라 할 수 있다. 죽음에 가장 가까이 접해 있는 노인들에게 죽음에 대한 인식과 준비를 유도하여 삶에 보다 긍정적이고 의미 있는 가치를 만들어 내도록 지원하는 것은 노인교육의 주된 과제다(박성희, 2011c). 죽음준비교육이 많은 노인들에게 보급되기 위해서는 노인복지관뿐만 아니라, 주민자치센터, 종교기관, 요양원 등 많은 곳에서 활성화되어야 할 것이다.

6부

다문화 교육복지 실천연구

12장 | 여성 결혼이민자의 경험학습

13장 | 북한이주민과 교육복지

12장

여성 결혼이민자의 경험학습[1)]

함열 지역 '농촌이민여성센터'의 다문화교육 사례를 중심으로

1. 농촌이민여성센터의 형성과 다문화교육

오늘날 한국 사회는 다인종 · 다문화 사회로 급속하게 변화해 가고 있다. 변화의 주요 원인으로는 세계화에 따른 이주노동자의 유입, 국제결혼을 통한 여성 결혼이민자[2)]의 증가와 그들이 구성하는 다문화가정[3)]의 확산 그리고 북한이탈주민[4)]의 유입 등을 들 수 있다.

한국인 남성과 결혼한 여성 결혼이민자 수는 1990년대 중반부터 증가하

---

1) 곽효정(2011). 여성 결혼이민자의 경험학습에 관한 연구. 공주대학교 대학원 석사학위논문. 참고.

2) 흔히 사용하는 용어인 '이주여성'은 여성 이주노동자, 여성 결혼이민자, 성매매 종사 외국인 여성을 모두 포함하는 광범위한 표현이므로 결혼을 통해 이주한 여성들은 '국제결혼 이주여성'이라는 표현을 쓸 수밖에 없는데, 이럴 때는 국제결혼 이주남성이라는 표현의 문제가 생긴다(권미경, 2007). 본 연구에서는 '여성 결혼이민자'라는 용어를 사용하였다.

3) 다문화가정은 2004년 4월에 건강가정시민연대가 가정 용어를 개선하기 위해 사용을 권장한 용어로 우리와 다른 민족이나 문화적 배경을 가진 사람들로 구성된 가정을 통칭한다(권미경, 2007).

4) 북한이탈 주민은 '탈북자'라고도 부르나 2005년 1월 10일부로 통일부는 탈북자라는 용어를 '새터민'으로 바꾸었다. 새터민은 '새로운 터전에서 삶의 희망을 갖고 사는 사람'이라는 뜻이다.

여 2000년대로 접어들면서 급격한 상승세를 보여 2011년에는 외국인과의 혼인 중 74.8%가 외국 여성과의 혼인이다(통계청, 2011). 이러한 여성 결혼이민자의 증가는 다문화 사회로의 급속한 진전을 보여 주며, 현재 한국 사회에서는 여성 결혼이민자와 그들이 구성하는 다문화가정이 사회적 쟁점으로 부각되고 있음을 시사한다.

국적별로는 동아시아의 여성 결혼이민자들이 증가하고 있다. 2011년 베트남 출신 여성 결혼이민자 수는 7,636명으로, 2000년에 비해 거의 99배 정도로 늘어난 규모다. 2003년부터 새롭게 등장하여 2007년에 들어서는 거의 95배가량 늘어난 캄보디아 국적의 여성 결혼이민자는 출신국 중 가장 두드러진 증가세를 보이고 있다. 그러나 2008년 이후로는 점점 감소하는 추세다.

2011년 기준으로 한국 남성과 외국 여성과의 혼인은 총 22,265건으로 전년보다 4,009건 감소하였으며, 중국(33.9%), 베트남(34.3%), 필리핀(9.3%)

표 12-1 외국인과의 혼인

* 단위: 건(%)

구분 \ 연도	2001	2002	2003	2004	2005	2006	2007	2008	2009	2010	2011
총 혼인 건수	318,407	304,877	302,503	308,598	314,304	330,634	343,559	327,715	309,759	326,104	329,087
외국인과의 혼인	14,523	15,202	24,775	34,640	42,356	38,759	37,560	36,204	33,300	34,235	29,762
(총 혼인 중 비중)	(4.6)	(5.0)	(8.2)	(11.2)	(13.5)	(11.7)	(10.9)	(11.0)	(10.8)	(10.5)	(9.0)
증감	2,918	679	9,573	9,865	7,716	-3,597	-1,199	-1,356	-2,904	935	-4,473
증감률	25.1	4.7	63.0	39.8	22.3	-8.5	-3.1	-3.6	-8.0	2.8	-13.1
한국 남성 + 외국 여성	9,684	10,698	18,750	25,105	30,719	29,665	28,580	28,163	25,142	26,274	22,265
증감률	39.4	10.5	75.3	33.9	22.4	-3.4	-3.7	-1.5	-10.7	4.5	-15.3
한국 여성 + 외국 남성	4,839	4,504	6,025	9,535	11,637	9,094	8,980	8,041	8,158	7,961	7,497
증감률	3.8	-6.9	33.8	58.3	22.0	-21.9	-1.3	-10.5	1.5	-2.4	-5.8

출처: 통계청(2011).

등 3개국이 차지하는 비중이 77.5%로 대부분을 차지하고 있다.

이는 중국 및 베트남 여성과의 혼인이 감소하였기 때문이며, 2006년 방문취업제 실시로 인해 중국 여성과의 혼인이 지속적으로 감소하고 있는 것이 원인으로 추정된다.

여성 결혼이민자의 대부분은 생존을 위해 국제결혼을 선택하고 나서 한국으로 이주했다. 따라서 한국의 문화를 전달받아야 할 대상으로 인식되어서는 안 되며, 존재하기 위해 학습에 주체적으로 참여하는 생활인이자, 건강한

표 12-2 국적별 외국인과의 혼인

* 단위: 건(%)

연도 구분	2000	2001	2002	2003	2004	2005	2006	2007	2008	2009	2010	2011	구성비	전년 대비 증감
한국 男 + 외국 女	6,945	9,684	10,698	18,750	25,105	30,719	29,665	28,580	28,163	25,142	26,274	22,265	100.0	-4,009
베트남	77	134	474	1,402	2,461	5,822	10,128	6,610	8,282	7,249	9,623	7,636	34.3	-1,987
중국	3,566	6,977	7,023	13,347	18,489	20,582	14,566	14,484	13,203	11,364	9,623	7,549	33.9	-2,074
필리핀	1,174	502	838	928	947	980	1,117	1,497	1,857	1,643	1,906	2,072	9.3	166
일본	819	701	690	844	809	883	1,045	1,206	1,162	1,140	1,193	1,124	5.0	-69
캄보디아	1	2	2	19	72	157	394	1,804	659	851	1,205	961	4.3	-244
미국	231	262	267	322	341	285	331	376	344	416	428	507	2.3	79
태국	240	182	327	345	324	266	271	524	633	496	438	354	1.6	-84
우즈베키스탄	43	66	183	328	247	332	314	351	492	365	317	324	1.5	7
몽골	64	118	194	320	504	561	594	745	521	386	326	266	1.2	-60
네팔	2	2	21	22	32	16	33	82	159	316	202	211	0.9	9
러시아	70	155	236	297	315	234	203	152	110	139	119	125	0.6	6
기타	658	583	443	576	564	601	669	749	741	777	894	1,136	5.1	242

출처: 통계청(2011).

한국 사회를 만들어 가는 지역 구성원이 되어야 한다.

그러나 여성 결혼이민자의 가정은 언어 차이, 문화적 · 관습적 차이, 경제적 어려움, 차별대우, 취약한 자녀 양육 및 교육 환경 등으로 인해 많은 문제를 겪고 있다.

때로는 가정폭력, 가정의 불화나 파탄이라는 극단적인 결과로 나타나는 경우도 있다. 이와 같이 생활 속에서 수많은 문제에 부딪히면서 학습의 욕구와 기대가 자연스럽게 발생하게 되며, 이런 문제를 예방하고 해결하기 위해서는 계속적인 교육과 학습의 참여가 요구된다. 여성 결혼이민자의 삶의 질과 능력을 향상시키기 위해서는 그들이 학습을 통해 삶에 어떠한 변화를 보이는지에 대한 지속적인 검토가 필요하다.

다음에서는 함열 지역에 위치한 농촌이민여성센터에서 실시하는 다문화교육에 참여했던 경험이 있는 여성 결혼이민자들이 교육을 통해 학습한 다양한 경험의 실천이 삶에 어떠한 변화를 주는지 알아보고자 한다.

1) 사단법인 농촌이민여성센터의 설립 과정

(1) 농촌이민여성센터의 설립 배경

익산시의 북단부에 위치한 함열읍은 익산 북부권의 경제와 문화 생활의 중심지이며, 호남선 철도와 23번 국도가 관통하여 교통이 원활하고, 풍부한 화강암이 매장되어 있어 예로부터 석재산업이 발달한 지역이다. 또한 함열읍은 비옥하고 광활한 농경지를 보유한 평야 지대로 신라시대 함열현에 속했으며, 조선시대 안열현(용안과 합병), 1895년 함열현이었다가 1914년 행정구역의 개편과 함께 함열면으로 개칭되었고, 1979년 5월 1일 현재의 함열읍으로 승격되어 '95. 5. 10 도 · 농 통합'에 의거하여 익산시 함열읍으로 오늘날에 이르고 있다.

함열 지역은 전형적인 농촌 지역으로 농업에 종사하는 가구가 상당수이며, 다문화 사회에 발맞추어 결혼 형태의 변화도 함께 나타나고 있다. 출입국외국인정책본부(2011)에 따르면, 이 지역의 변화하는 결혼 형태로서 외국 여성과의 결혼이 빠르게 증가하고 있는데, 현재 함라면, 황등면을 포함해 전라북도 익산시 전체 여성 결혼이민자 수 989명 중 130여 명에 이르고 있으며, 점점 그 수가 증가하고 있는 추세다.

함열 지역은 현재 세계 각국의 많은 여성 결혼이민자들이 국내에 이주해 와 새로운 환경에서 가정을 꾸리고 시부모를 모시며 농사일을 하는가 하면 자녀 양육까지 1인 4역의 역할을 감당하고 있다. 여성 결혼이민자들은 활력이 없는 농촌을 밝고 기쁘게 하는 희망이자 원동력으로 자리 잡아 가고 있다. 그럼에도 여성 결혼이민자들의 사회적 · 경제적 지위와 존재감은 그들이 하는 중요한 역할만큼 인정받지 못하고 있는 것이 현실이다. 보수적인 농촌에서 겪는 여성 결혼이민자로서의 아픔, 본국의 가족과 떨어져 살아야 하는 외로움, 시부모와의 갈등과 남편의 몰이해, 자녀들이 성장하면서 겪는 정체성의 혼란과 학습 여건의 미비 등 셀 수 없이 많은 장애물과 싸워야 하는 고통을 감내하고 있다.

농촌이민여성센터는 농촌 지역 여성 결혼이민자들의 친구가 되어 주고, 그들이 행복한 가정과 보람 있는 일터를 만들어 나가도록 적극적으로 후원하고 협력하기 위해 그동안의 산발적인 사업을 한데 묶어 농촌이민여성들을 위한 사업을 좀 더 효과적이고 집중적으로 전개하기로 의견을 모아 2008년 사단법인을 설립하게 되었다.

농촌이민여성센터는 여성 결혼이민자들과 지역 주민 간의 문화적 차이를 줄이고 이해의 폭을 넓힘으로써 변해 가는 농촌 공동체를 위해, 첫째로 여성 결혼이민자들의 주체적인 참여를 지원하고, 기회를 제공하며, 둘째로 여성 결혼이민자에 대한 지역 선주민 여성들의 인식 변화를 위한 다문화교육을 실시하는 데 초점을 두고 시작되었다. 한국이라는 낯설고 특수한 상황에서도 여성 결혼이민자들은 조금씩 변화의 모습을 보이기 시작했고, 그들의 변화에 실무자들의 기여도 큰 비중을 차지했다.

농촌이민여성센터에서는 다문화교육의 중심이 센터의 주인인 여성 결혼이민자들과 지역 주민 여성인 만큼 수동적 학습자의 개념이 아닌 능동적이고 주체적인 교육이 되도록 노력하고 있다. 또한 교육의 성과로 무엇을 실천하고 실현할 수 있는지를 열린 소통을 통해 함께 고민하고 지역의 여성들이 함께 꿈꾸고 한 걸음씩 나아가는 데 초점을 맞추고 있다.

(2) 농촌이민여성센터의 조직 및 활동

농촌이민여성센터는 점차 다양화 · 다원화되어 가는 우리 사회 속에서 서로의 다름이 차별받지 않고 존중받는 행복한 열린 사회를 지향하며 함께 참여하고 노력하고자 모인 비영리 사단법인이다. 특히, 농촌 지역에서는 여성 결혼이민자들의 급속한 증가와 함께 그들이 구성한 다문화가정이라는 새로운 형태의 가족이 자리 잡게 되면서 선주민 여성 농민들과 여성 결혼이민자들이 희망적인 농촌을 만들어 보고자 실무자들과 함께 뜻을 모아 활동을 전개하고 있다.

표 12-3 농촌이민여성센터의 조직 현황

구 분	대표자	상근자	비상근자	기 타	총 인원
인원수	1	2	3	-	6

유 형	계	유 형	계	유 형	계	유 형	계
일반직	1	직업상담사	-	특수교사	-	조리원, 영양사	-
사회복지사	2	재활교사	-	의사, 간호사	1	서무 · 경리	-
생활복지사	-	문리/언어치료사	-	보육교사	1	강사	1
생활지도원	-	심리치료사	-	웹마스터	-	기타	-

이들의 목적은, 첫째로 선주민 여성과 여성 결혼이민자들이 지역사회와 가정에서 행복한 삶을 영위할 수 있도록 다양한 활동을 지원하는 것이며, 둘째로 선주민 여성과 여성 결혼이민자들의 지위 향상과 삶의 질 제고를 통한 건강한 농촌 가정의 구현과 농촌 사회의 발전이다. 마지막으로, 문화적 차이로 인해 한국 생활의 적응에 어려움을 겪는 여성 결혼이민자들이 다문화교육을 통해 정체성을 확립하고, 지역 정착의 기반을 마련하는 데 도움을 주는 것을 목표로 활동을 시작하였다.

표 12-4 농촌이민여성센터의 주요 연혁 및 활동

2005년	익산 지역 여성농업인센터 설립 추진 발기인 대회
2006년	지역단체 연대사업 지원(농촌어린이한마당, 익산정월대보름한마당)
2007년	동화 읽는 어머니 모임 운영, 지역아동 주말자연학교 진행
2008년	• 8월: 농촌이민여성센터 창립 총회 • 8월~현재: 상담활동(진로 · 학습 · 부부 · 자녀 · 인권 · 고부 상담 등) • 9월: 법인 설립 허가 • 11월~2009년 3월: 영농교육 진행
2009년	• 1월: 익산 이주가정 아동 · 청소년 종합지원 네트워크 가입 • 학부모 교육, 여성 결혼이민자 및 자녀 한국어 교육, 음식과 놀이로 만나는 24절기와 세시놀이 • 지역 다문화 프로그램 '꽃 찾으러 왔단다' 등 익산농촌어린이한마당 다문화 체험 부스 • 첫 필리핀 자조 모임, 다문화가족과 함께하는 나눔장터 • ○○ 초등학교 다문화 축제 음식 체험 및 다문화 강사 참가 • 웅포 곰개나루 해넘이 축제 다문화 음식 부스 운영
2010년	• 선주민 여성 자조 모임 및 요가 사랑방 • 이모멘토 양성교육, 농촌 정착을 위한 영농교육
2011년	• 3월 이후: 농촌다문화가족지원센터 개소식 • 자립 · 자활 훈련/수선방 20회기 • 장터운영 훈련/자격증반
2012년	• 홈패션 교육 • 4월 이후: 황등풍물시장 다문화카페, 홈패션 전시판매장 운영

2) 농촌이민여성센터의 다문화교육 프로그램

농촌이민여성센터의 다문화교육은 여성 결혼이민자를 위한 교육과 선주민 여성을 위한 교육으로 구분할 수 있다. 그리고 여성 결혼이민자를 위한 교육은 크게 생활 지원을 위한 교육, 안전한 농촌 정착과 경제활동을 위한 교육, 선주민과 여성 결혼이민자의 관계 형성을 위한 교육 등 세 가지로 나눠 볼 수 있다. 생활 지원으로는 의사소통을 가능하게 하는 한국어 교육과 여성 결혼이민자들이 직접 겪고 있는 생활 속의 문제, 자녀교육의 문제, 문제의 해결을 위한 센터 내 상담, 자녀 방문상담 및 학습도우미 교육이 함께 이루어진다. 또한 안전한 농촌 정착을 위한 경제활동 교육으로 영농교육뿐 아니라 농촌 여성 결혼이민자의 자립훈련과 자활교육이 있다. 마지막으로, 선주민 여성과 여성 결혼이민자의 친목 도모와 문화행사 및 국가별 자조 모임과 지역 내에서 서로 의지하며 돕는 이모멘토 양성교육을 진행하고 있다.

(1) 생활 지원을 위한 교육

① 한국어 교육

대부분의 여성 결혼이민자들이 겪는 가장 큰 어려움은 한국어가 서툴러 의사소통이 원활하지 않은 것이므로, 한국어 교육은 이들의 사회 적응을 지원하는 가장 중요한 교육이다. 한국어 교육은 지역적인 특색으로 인해 제1교육장과 제2교육장으로 나누어 진행되고 있다. 제1교육장인 농촌이민여성센터의 교육실에서는 매주 화요일 오후 3시에 학습자 8명을 대상으로 한국어 교육이 진행된다. 또한 제2교육장인 황등면사무소 교육실에서는 매주 금요일 오후 2시 학습자 15명이 한국어 교육을 받고 있다. 이와 별개로 수시로 찾아오는 여성 결혼이민자들에게 학습의 기회를 제공하고 있다.

교육과정은 가정, 직장 내 활발한 의사소통과 업무 능력의 향상, 일상생활

공간에서의 적극적인 대화 기회 제공, 지역에 대한 친밀감 형성이며, 수준에 따라 초급반과 중급반으로 구분하여 2개의 반이 운영되고 있다. 교육 내용은 교과서 및 학습지를 활용한 단계별 한국어 교육, 동화 구연으로 배우는 한국어 과정 등이다. 강사는 모두 센터의 실무자로 문해교사, 문해교육사 자격증을 취득한 사람들로 구성되어 있다. 이들은 한국어의 이해뿐 아니라 일상생활에 필요한 것과 접목한 다양한 의사소통 방법을 교육 내용으로 구성하기 위해 고민하고 있다.

센터에서는 수시로 학습 기회를 제공하고 있지만, 학습자의 여러 사정으로 꾸준히 출석하지 못하는 상황이 발생한다. 실제 수업을 진행하는 교육자의 입장에서 학습자들이 꾸준히 참여하지 못하는 것은 수업 진행 시 애로사항으로 작용한다. 그러나 한국어 교육이 갖는 중요성을 알기에 그러한 상황에서도 수업을 의미 있게 진행하기 위해 노력하고 있다.

② 다문화가정 자녀 방문상담 및 학습도우미

여성 결혼이민자들은 살아가면서 많은 경험과 학습을 통해 성장한다. 그중에도 아이들의 자녀 문제, 부부 문제, 경제적 문제 등에 대한 어려움을 센터와의 상담을 통해 문제를 풀어 나가고 있다. 센터는 학습 참여자들의 애로사항 접수 등 다양한 상담활동을 하고 있다.

센터 내 상담 현황을 살펴보면, 상담 건수로는 51건으로 진로상담(진로 · 적성 검사, 성격검사 부모 참관 해설) 9건, 학습상담(학습습관 검사 및 해설) 19건, 부부상담(가정폭력으로 인한 쉼터 연계, 지속 상담) 8건, 자녀상담(학교 부적응아 상담 후 또래상담으로 연계) 12건, 인권상담(의뢰된 갈등의 중재 후 해결) 1건, 고부간의 상담(농촌에서 3세대 가족 갈등 해결책 모색) 2건으로 나타나고 있다.

다문화가정이 급증하고 있는 농촌에서 자녀교육 문제는 심각하며, 자녀들의 학습 부진 및 정서적인 문제도 제기되고 있다. 이에 따른 실질적인 지원이 시급해짐에 따라, 솔솔송상담센터, 익산 이주가정 아동 · 청소년 종합지원 네트워크, (사)익산시자원봉사종합센터, 원광대학교 사범대학 학생회의 후원으로 학습상담을 지원하고 있다. 교육 내용으로는 각 가정에 직접 방문하여 상담 기록지를 작성하고, 2회차에 언어발달검사(아동)와 성격검사(청소년)를 진행하였다. 3회차에 인지발달검사(아동), 진로적성검사(청소년)를 진행하고, 4회차에는 검사 결과를 토대로 각 가정의 부모상담 및 필요에 따라 사회서비스 기관을 연계하여 치료를 받을 수 있도록 지원하고 있다. 추후 학습도우미 과정을 통하여 주요 과목을 중심으로 주 4시간씩 연 100회의 학습을 진행할 예정이다.

상담교육의 목표는 다문화가정 자녀들의 발달 상태를 조기에 진단하고, 필요시에 치료와 연계하며, 청소년들의 진로 탐색 및 학습 능력 향상에 도움을 주는 것이다. 또한 자녀들에 대한 이해를 돕고, 자녀 양육 문제를 함께 고민하고 해결할 수 있는 기본 구조를 구축하여 자녀들이 지역의 자원으로 자리 잡을 수 있도록 도움을 주는 것이다.

(2) 경제활동을 위한 교육

① 영농교육

최근 외국 여성과의 결혼 증가로 인해 농촌 지역에 국제결혼 가정이 급증함에 따라 농사일을 경험해 보지 못한 여성 결혼이민자를 대상으로 한 영농기술 교육이 절실히 요구된다. 이 교육은 여성 결혼이민자들의 빠른 정착을 지원하고, 영농 주체로서 자리매김할 수 있도록 도와주기 위한 것이다. 농촌의 국제결혼 가정은 대부분 농업에 종사하고 있으며, 여성 결혼이민자들이 농촌에 뿌리를 튼튼하게 내리기 위해서는 농사활동을 통한 경제적 기반의 확립이 필요하다. 따라서 센터에서는 여성 결혼이민자를 대상으로 한 영농교육을 실시하고 있다.

영농교육이 지향하는 목표는 농촌 여성 결혼이민자의 정체성 확보와 여성 농업인으로서 안정적인 정착을 지원하는 것이다. 또한 이러한 교육과 경험을 통해 작업 중 안전사고 예방과 기술력 극대화를 실현하며, 농사부터 가공까지 구체적인 소득으로 연결되도록 하여 건강하고 행복한 가정생활을 영위하도록 돕는 데 있다.

1회차 영농교육은 농림수산식품부와 전라북도가 함께 지원하고, 전북특성화교육사업단 주최, 농촌이민여성센터 주관으로 교육을 진행하였다. 1회차는 2008년 11월 7일부터 2009년 2월 20일까지 총 22회기를 시작으로 하여, 2010년 3월부터 현재(2010년 12월)까지 2회째 교육이 진행 중에 있다. 교육 내용을 살펴보면 〈표 12-5〉와 같다.

표 12-5 영농교육 진행표

회 차	일 시	장 소	교육 내용
1	'08. 11. 07	익산시 농업기술센터	개회식, 한국의 농업, 다문화가정 지원 정책
2	11. 13	전북 농업기술원	농업 홍보관 관람, 연구시설 개괄
3	11. 21	순창 고추장사업단지	한국 전통음식 제조법 배우기
4	11. 28	성당 포구테마마을	김장 체험
5	12. 05	전북 농업기술원, 김제 천지원	버섯 재배기술, 선진지 견학
6	12. 12	국립식량과학원	벼맥류부식량 작물 재배기술
7	12. 19	익산시 농업기술센터	영농 정보화 교육
8	12. 26	전북 농업인력개발원	농기계 운전실습
9	12. 31	웅포 곰개나루 공원	지역문화 축제 참여
10	'09. 01. 09	전주 한옥마을, 자연생태박물관	전통문화 및 자연생태 관찰
11	1. 16 ~ 17	경주 문화유적지, 콩코드호텔	한국 문화 탐방(1박 2일)
12	1. 23	전북 농업기술원	소득 작물 재배기술
13	1. 30	성당 포구테마마을	지혜롭고 행복한 농촌살이

14	2. 06	전북 농업기술원	복분자 재배기술
15	2. 13	성당 포구테마마을	향후 농촌의 전망과 비전
16	2. 20	익산시 농업기술센터	수료식
17	'08. 12. 28	함열 RPC	(보충교육 17~22회기) 수확 후 관리 현장교육
18	'09. 01. 12	농촌이민여성센터	일본 교육생 워크숍
19	2. 02	농촌이민여성센터	중국, 키르키스탄 교육생 학습 모임
20	2. 07	농촌이민여성센터	필리핀 교육생 워크숍
21	2. 09	성당면 두동농촌체험관	일대 한국 문화탐방 대보름 행사
22	2. 11	함라, 신촌 마을회관	베트남 교육생 학습 모임

영농교육 이후 부족한 점과 보완해야 할 점도 많았지만, 상호 관계를 형성하고 친분을 쌓아 가정과 지역사회에서 능동적으로 활동을 전개하며 함께 성장할 수 있는 성과를 얻게 되었다.

영농교육 후 2년여 동안 용동면 화배리 소재의 밭을 임대하여 익산시 농업기술센터 주말농장과 함께 '콩 재배 → 메주 → 된장 만들기 전 과정'을 익히고 경제성을 갖출 수 있도록 추진하고 있다.

여성 결혼이민자들은 자기계발과 함께 주체적이고 적극적인 여성 농업인으로서 성장하기를 희망한다. 따라서 앞으로 지속적이고도 체계적이며 전문적인 영농교육이 이루어져야 할 것이다.

② 자립훈련과 자활교육

여성 결혼이민자들은 일시적인 거주자로서 체류하는 것이 아니라 결혼으로 인해 영구적으로 한국에서 살기 위해 들어온 것이다. 이들에게 필요한 것이 처음에는 의사소통과 문화적 적응을 위한 교육이었다면, 이후의 교육은 지역에서 자립하며 성장해 나갈 수 있는 경제활동을 위한 준비 교육이 필요하다. 농촌의 다문화가정은 경제를 책임지고 있는 가장들의 고령화가 심각하여 머지않아 여성 결혼이민자들이 가정경제를 책임져야 하는 현실이다. 함열 지역의 재래시장인 5일장을 다문화가 어우러지는 특색 있는 장으로 만들어 경제적으로 자립할 수 있는 자립훈련의 기회를 줄 필요가 있다.

일본, 필리핀, 베트남과 선주민(한국인) 등 각국 총 12명의 학습자가 직업을 갖기를 희망하며 교육에 참여하고 있다. 현재 교육은 두 가지 분야로 나뉘어 전개되고 있다. 하나는 함열 재래시장 다문화 음식장터로 10일에 한 번씩(3회/월) 3개월간 진행되는 장터 운영 훈련과정이다. 위생교육과 함께 각 나라별 음식을 만들어 판매 · 체험하는 교육으로 익산의 큰 축제인 서동축제와 함열 재래시장에서 작지만 뜻깊은 성과를 얻었다. 다른 하나는 재활용 의류 수선으로 기부받은 옷가지와 재활용 의류를 수거하여 수선 및 리폼 단계를 거쳐 알뜰장터에서 판매를 목적으로 한다.

교육의 목표는 여성 결혼이민자들이 지역 주민과 함께 먹거리와 장터를 활용해 특색 있는 재래시장을 만들고, 재봉기술을 익혀 수선 및 리폼을 하며, 소품을 제작하여 경제적 자립 기회를 제공하는 것이다. 또 여성 결혼이민자들의 농촌형 사회적 기업으로의 성장 가능성을 모색하고 있다.

(3) 관계 형성을 위한 교육

① 국가별 자조 모임

농촌이민여성센터는 일본, 필리핀, 베트남 총 3개 국가의 공동체가 조직되어 있다. 국가별 자조 모임을 통해 공동체를 구성하고, 구성원의 권익을 보호하며, 가족 단위 지역 행사를 통해 한국 생활의 원활한 적응을 지원하고 있다.

초기 자조 모임은 교육의 일환으로 진행되었다. 2009년 6월부터 12월까지 7회기의 교육과정이 진행되고, 교육이 끝난 후에 각 나라별 소모임 정도로 지속되어 왔으나 현재는 한 달에 한 번씩 열리는 가족 단위 모임으로 조직이 활성화되었다. 이 모임을 통해 자녀교육, 경제활동 등 다양한 정보를 공유하며 상호 부조 관계를 형성해 가고 있다.

② 이모멘토 양성교육

농촌이민여성센터는 여성 결혼이민자 대상의 교육 못지않게 지역의 선주민을 대상으로 하는 교육에도 비중을 두고 있다. 선주민 여성들도 농촌 지역사회에서는 수동적이어서 참여 빈도가 떨어지고 역차별을 받는다는 인식을 갖고 있기 때문에 공동체적 의식을 갖기 위해서 더 많은 만남과 이해가 필요했다.

농촌에 거주하고 있는 여성 결혼이민자들이 지역에서 튼튼하게 뿌리내리는 데는 선주민 여성들의 관심과 도움이 필요하다. 이에 뜻이 있는 선주민 여성들이 함께 교육에 참여함으로써 여성 결혼이민자들에게는 언니처럼, 아이들에게는 이모처럼 친숙한 멘토가 되어 더불어 건강한 농촌을 만들기 위해 노력하고 있다. 새로운 일을 시작하거나 중요한 결정을 내릴 때, 또는 어려운 상황을 해결해야 할 때, 선주민 여성들의 지혜와 격려는 커다란 힘이 되기 때문이다. 이모멘토 양성교육은 선주민 여성들이 여성 결혼이민자의 삶을 이해함으로써 그들을 사회적으로 차별하거나 외면하지 않고 다른 사회 구성원들과 함께 지역사회의 일원으로 받아들일 수 있도록 도우며, 공동체 의식을 함양시키는 데 목적을 갖고 있다.

교육과정으로는 가족상담에 기초한 의사소통, 청소년에 대한 이해, 요가 사랑방, 아이사랑 모임 등이 진행되고 있으며, 이모멘토 양성교육은 지역 주민과 여성 결혼이민자들이 서로 멘토와 멘티의 관계를 맺음으로써 교육으로만 끝나는 것이 아니라 지역에 들어가 서로 의지하며 소통할 수 있는 장을 마련하여 삶의 의미를 찾게 하는 교육이라 할 수 있다.

표 12-6 이모멘토 양성교육 진행표

회 차	일 시	프로그램 명	교육 내용
1	'10. 03. 05	자기 발견 프로그램	개강식 - 오리엔테이션 및 자기소개
2	3. 05		이모멘토 - 여성 결혼이민자 결연 맺기
3	3. 12		친밀감 형성하기
4	3. 12		주도적인 삶을 위한 'life plan'
5	3. 19		의사소통 훈련 강의
6	3. 19		의사소통 훈련 실기
7	3. 26	농촌 현실에 대한 이해	한국 농촌의 현실과 익산 지역에 대한 이해
8	3. 26		농촌 여성 권리 찾기와 농촌교육의 현실
9	4. 02		의료, 법률(인권) 지원 기관 및 연결 기관 알기
10	4. 02		익산 지역 여성 결혼이민자 'help map' 만들기
11	4. 09	여성 결혼이민자 모국에 대한 이해	중국의 역사, 종교, 문화: 여성 결혼이민자 강사
12	4. 09		일본의 역사, 종교, 문화: 여성 결혼이민자 강사
13	4. 16		필리핀의 역사, 종교, 문화: 여성 결혼이민자 강사
14	4. 16		베트남의 역사, 종교, 문화: 여성 결혼이민자 강사
15	4. 23		여성 결혼이민자의 인권 문제
16	4. 23		아시아 여성으로 함께 살아가기
17	4. 30	상담	대화법, 이해법
18	4. 30		멘토의 자세와 자격
19	5. 07	수료식	기대 역할 알기
20	5. 07		수료식
	5~12월	멘토 프로그램	• 멘토링 - 함께 장보기, 가족 만남 - 한국 음식 함께 만들기 • 멘토 보수교육 - 월 1회 진행 - 사례 공유(발견된 문제에 대한 방안 마련)

이 밖의 활동으로 8월 14~15일 1박 2일로 선주민 이모멘토와 여성 결혼이민자 멘티의 수련회가 진행되었다. 이 수련회는 다 함께 한자리에 어우러져 서로를 이해하고 관계를 형성해 나가는 시간이었다. 이후 멘토와 멘티가 약속을 정하여 여성 결혼이민자들의 집에서 만남의 시간을 가지며, 가족들과 인사를 나누고, 문화 차이로 인한 실생활의 어려움이 무엇인지 알아보는 생활 나눔의 시간을 공유하였다. 가족 관계, 이웃 관계, 음식, 육아, 가전제품 사용법 등 다양한 분야에서 활용할 수 있도록 체크리스트를 제공하여 실생활에 도움을 주었다. 공식적인 만남이 아닌 지역, 마을 안에서 자유롭게 활동하며 인간관계를 형성하고, 한 달에 한 번씩 모여 사례를 공유하면서 좀 더 다양한 방법으로 학습 효과를 얻도록 유도하여 성장하고 있다.

이처럼 농촌이민여성센터는 지역의 특수한 상황과 학습자의 성격을 고려하여 생활, 경제활동, 관계 형성 등의 영역별로 다문화교육 프로그램을 운영하고 있다. 센터의 다문화교육 특성을 간략하게 살펴보면 다음과 같다.

첫째, 농촌이민여성센터의 교육은 여성 결혼이민자들의 생활과 인권을 보호한다는 측면에서 진행되고 있으며, 결혼이민자 자국의 언어와 문화를 존중하며 접근한다. 이는 문화의 다양성을 인정해 주는 것이며, 여성 결혼이민자들이 자부심을 갖고 교육에 참여할 수 있도록 한다.

둘째, 농촌이민여성센터의 교육은 열린 소통의 구조를 지향한다. 센터에서 다문화교육이 이루어지는 상황은 매우 불규칙하다. 농촌 지역의 특성상 학습자인 여성 결혼이민자들은 연속적으로 교육에 참여하기 어려운 여건에 놓여 있다. 지역의 반경이 넓고, 이동 수단이 열악한 상황이며, 농번기 때는 더욱더 참여율이 떨어진다. 선주민 여성들도 농촌 지역사회에서는 수동적이어서 참여 빈도가 떨어지고, 역차별을 받는다는 인식을 갖고 있기 때문에 공동체 의식을 형성하기 위해서는 더 많은 만남과 이해가 필요하다. 이러한 상황에서 교육의 효과를 높이고, 학습자들에게 보다 의미 있는 교육이 되기 위해서는 교육 주체들과 학습 참여자, 선주민 여성들 간의 원활한 소통은 필수적인 요소다. 농촌이민여성센터는 지속적으로 교육 기회를 제공하고, 학습자들의 의견을 반영함으로써 지속적인 참여와 지역의 공동체 발전을 도모한다.

셋째, 농촌이민여성센터의 교육은 여성 결혼이민자들의 주체적인 참여를 지향하며, 이를 통해 정체성을 확립하고, 지역사회에 안정적으로 정착할 수 있는 기반을 제공하는 데 목적이 있다. 그럼으로써 여성 결혼이민자들의 지위와 삶의 질을 향상시켜 농촌 사회의 발전에 이바지하고자 한다.

2. 여성 결혼이민자의 경험학습 연구[5)]

여성 결혼이민자의 다양한 경험과 학습 과정에 나타난 삶의 변화 과정을 연구하기 위하여 질적 연구방법을 적용하였다. 질적 연구에서 주체는 환경에 적응하는 수동적인 유기체가 아니라, 자신의 행동 의지에 따라 위기를 극복하며 환경에 적극적으로 순응해 나간다고 본다. 질적 연구 자료는 연구자의 눈이 아닌 행동하는 인간의 '내면의 눈으로' 서술되는 자료에 의하여 해석되는 특징이 있다. 따라서 다양한 삶의 주체자인 여성 결혼이민자의 경험과 학습 과정에 나타난 삶의 변화 과정을 연구하는 데 있어서는 표준화된 검사보다는 여성 결혼이민자의 내부자적 시각을 중시한다. 본 연구는 여성 결혼이민자들의 다문화교육 참여 후의 변화 과정을 분석하기 위하여 근거이론[5)] 접근방법을 사용하였다.

이 연구에서는 농촌이민여성센터의 교육에 참여하는 학습자를 선정하여 참여관찰과 반구조화된 인터뷰(semi-structured interview)를 통해서 자료를

5) 경험학습(experiential learning)은 경험을 통해 학습이 이루어짐을 의미한다. 진정한 의미의 학습은 책을 통하거나 간접경험으로 이루어지는 것이 아니라 학습자의 실제적인 경험과 연결되거나 통합될 때 이루어질 수 있는 것으로, 학습자 자신의 경험을 반성적으로 고찰함으로써 학습하게 됨을 강조한 것이다. 즉, '경험에 의한 학습' 혹은 '경험을 통한 학습'이라 할 수 있다(한승희, 2004).

수집하였다. 자료를 수집한 후에는 스트로스(Strauss)와 코빈(Corbin)이 발전시킨 근거이론[6]을 이용하여 사례를 분석하였다.

1) 연구 대상

전라북도 익산시 함열읍에 위치한 농촌이민여성센터에서 실시하는 다문화교육과 교육에 참여하는 여성 결혼이민자들을 사례로 선정하였다.

이곳에 등록한 여성 결혼이민자는 60명이고, 정기적인 국가별 자조 모임의 구성원은 30명이다. 프로그램의 성격과 지역적 특색에 따라 학습자의 인원은 변동이 있으며, 농번기 때의 학습자 수는 다소 차이가 있다. 이 기관은 다양한 여성 결혼이민자를 위한 사업이 활성화되어 있고, 전문지식을 바탕으로 하는 종합적이고 체계적인 교육 사업을 펼치는 것을 운영 목표로 하고 있으며, 여성 결혼이민자의 원만한 정착과 생활의 편의를 추구하고 있다.

연구 참여자는 센터의 교육에 참여하고 있는 여성 결혼이민자를 대상으로 하여 현장의 실무 담당자로부터 직접 추천받았다. 또한 연구자는 라포(rapport) 형성을 위해 참여자들과 함께 교육에 참여하였고, 각종 지역 행사에도 참여하면서 참여자들을 관찰 · 기록하였다. 인터뷰에서는 연구 참여자들에게 본 연구에 대한 설명을 하고, 연구 참여에 대한 동의를 얻은 후에 연구를 진행하였다.

연구 참여자는 실무자 2명과 여성 결혼이민자 6명인데, 연구 참여자를 정리해 보면 〈표 12-7〉과 같다.

---

6) 근거이론 접근방법(grounded theoric approach)은 일련의 체계적인 과정을 통하여 어떤 현상에 대해 귀납적으로 이끌어진 하나의 근거이론을 발전시키는 질적 연구방법이다. 따라서 근거이론 방법은 기존의 이론 또는 연구자가 정립한 이론 및 연구 현장에서 수집되는 자료와 지속적인 비교 분석이 중요한 개념이 되기 때문에 '지속적인 비교방법(constant comparative method)'이라고도 한다(김수지 외 공역, 1996).

표 12-7 함열읍 농촌이민여성센터 다문화교육의 연구 참여자

<table>
<tr><th>유 형</th><th>이 름</th><th>성 별</th><th>결혼
존속 기간</th><th>출신국</th><th>자 녀</th><th>가족
관계</th><th>참여
기간</th><th>참여 프로그램</th></tr>
<tr><td rowspan="6">학
습
자</td><td>A1</td><td>여</td><td>10년</td><td>필리핀</td><td>2남</td><td>남편
자녀</td><td>2년</td><td>• 한국어 교육
• 동화구연 프로그램
• 영농 프로그램
• 자활 · 자립 교육
• 필리핀 자조 모임
• 지역 행사 참여
• 필리핀 음식 체험</td></tr>
<tr><td>D2</td><td>여</td><td>2년</td><td>베트남</td><td>무</td><td>시부모
남편</td><td>1년</td><td>• 한국어 교육
• 동화구연 프로그램</td></tr>
<tr><td>R3</td><td>여</td><td>14년</td><td>일본</td><td>3남</td><td>시어머니
남편
자녀</td><td>2년</td><td>• 영농교육
• 동화구연 프로그램
• 자활 · 자립 교육
• 일본 자조 모임
• 일본 음식 체험</td></tr>
<tr><td>R4</td><td>여</td><td>8년</td><td>필리핀</td><td>3녀</td><td>시부모
남편
자녀</td><td>2년</td><td>• 영농교육
• 필리핀 자조 모임</td></tr>
<tr><td>T5</td><td>여</td><td>7년</td><td>베트남</td><td>2남</td><td>시부모
남편
자녀</td><td>2년</td><td>• 영농교육
• 한국어 교육
• 자활 · 자립 교육
• 베트남 자조 모임
• 지역 행사 참여
• 베트남 음식 체험</td></tr>
<tr><td>K6</td><td>여</td><td>9년</td><td>일본</td><td>2남</td><td>남편
자녀</td><td>2년</td><td>• 영농교육
• 자활 · 자립 교육
• 일본 자조 모임
• 일본 음식 체험</td></tr>
<tr><td rowspan="2">실
무
자</td><td>K1</td><td colspan="2">센터장</td><td colspan="5">농촌이민여성센터 이사장 직분을 갖고 있으며, 여성 결혼이민자의 상담 및 교육 사업을 총괄하고 있음</td></tr>
<tr><td>C2</td><td colspan="2">담당 실무자</td><td colspan="5">농촌이민여성센터 사무국장의 직분을 갖고 있으며, 행정 업무, 교육 준비 및 진행을 하고 있음</td></tr>
</table>

2) 연구 절차

연구자는 본 연구를 수행하기 위해 2009년 8월부터 2010년 11월까지 자원 참여자로 한 달에 두 번 이상 센터에서 진행하는 교육 프로그램과 각종 행사에 참여하였고, 일 년여 동안 관찰과 인터뷰를 통해 자료를 수집하였다. 구체적인 연구 절차는 다음과 같다.

첫째, 본 연구자는 2009년 8월부터 2010년 11월까지 함열 지역 농촌이민여성센터를 직접 방문하여 기초 자료를 수집하고, 센터를 이용하는 여성 결혼이민자를 연구 대상으로 선정하였다.

둘째, 본 연구자는 농촌이민여성센터의 교육에 참여하고 있는 여성 결혼이민자를 대상으로 2009년 8월부터 2010년 9월 초까지 1차 인터뷰를 실시하였고, 1차 자료 분석 후 미흡한 부분은 필요에 따라 2차 인터뷰를 실시하였다. 또한 의사소통에서 미흡한 부분은 실무자의 도움을 받아 보완하였다.

셋째, 본 연구자는 연구 참여자와의 인터뷰 도중 참여자의 외모나 기분, 말투 등에 대해서는 메모와 함께 전사 후에 소감을 정리하였다. 이는 자료의 신뢰성을 높이기 위한 도구로 활용하였다.

넷째, 연구 참여자의 학습 과정에 대해서는 결혼이민자들의 생활이나 교육과정을 지켜봐 온 농촌이민여성센터의 전문가와의 인터뷰를 통해 보충적인 자료를 수집하였다.

다섯째, 인터뷰가 끝난 후에는 자료를 정리하는 과정에서 녹취록을 작성하고 근거를 남기기 위해 관찰일지를 기록하였다. 질적 연구의 신뢰성을 확보하기 위한 개념 추출과 분석에서는 녹취록에서 추출한 개념을 범주화하였다. 이를 통해 여성 결혼이민자들의 학습 과정에 나타난 삶의 변화를 분석할 수 있었다.

3) 자료의 수집과 분석

(1) 자료의 수집

근거이론에서는 연구자 자신이 연구하고자 하는 현장에 직접 들어가서 참여자의 문화와 행위 패턴에 익숙해지고, 그들의 입장에서 탐구하는 것이 중요하다. 따라서 본 연구자는 연구에 임하기 전에 여성 결혼이민자에 대한 국가 정책 자료 연구보고서, 국내외 학술논문, 세미나 자료집, 기관 홍보 자료 등 현재까지의 연구 동향을 검토해 보고, 여성 결혼이민자의 경험 및 학습 과정을 이해할 수 있는 이론적 민감성을 갖추고 자료 수집에 들어갔다.

본 연구의 인터뷰와 참여관찰은 2009년 8월부터 2010년 11월 초까지 일 년여간 이루어졌다. 인터뷰는 센터 내 교육장과 함열초등학교 운동장(어린이날 행사 관계로), 연구자의 차 안에서 상황에 따라 30~70분간 진행하였다.

인터뷰 실시 전에 연구 주제와 연구 목적 및 인터뷰 내용의 녹음에 관하여 충분한 설명을 하고, 연구 참여자의 동의를 얻어 모든 내용을 녹음하였다. 인터뷰 도중 답변하기 곤란한 질문에는 답을 하지 않아도 좋으며, 인터뷰를 중단할 수 있다는 점도 미리 설명하였다. 연구 참여자의 신원 보호를 위해 인터뷰 내용은 익명으로 처리하였다. 본 연구자는 2009년 8월부터 농촌이민여성센터의 회원으로 등록하여 교육과정이나 지역 행사에 참여할 수 있는 권한을 갖고 있었으며, 교육 프로그램의 개발이나 추진 방향에 대한 의견을 제시할 수 있다. 따라서 본 연구자는 여성 결혼이민자들의 교육에 직접 참여하여 연구 참여자를 관찰하였다. 인터뷰는 참여자들과 비구조적 인터뷰(unstructured interview) 및 반구조적 인터뷰 형식으로 진행하였다. 이는 연구자가 질문 내용의 핵심을 정리하고, 인터뷰를 진행하는 가운데 질문 내용과 방향을 보충하는 형태로 이해할 수 있다. 이러한 인터뷰 방식은 잘 짜인 질문과 답변의 형태가 아닌 자유로운 대화를 통해 자신의 연구 목적에 맞도록 유도하면서 진행해 나가는 방법이다(박성희, 2004; 조용환, 2005).

(2) 자료의 분석

본 연구 자료의 분석 과정은 자료에 대한 일차적 정보의 확보와 자료에 대한 단계적 분류, 조합 및 범주화가 생성되는 과정이다. 또한 방대한 자료를 앞에 두고 연구자의 이론적 민감성이 두드러지게 요구되는 부분이다. 따라서 다음과 같은 방법과 진행 절차에 따라 자료를 분석하였다.

① 1단계: 원자료화

녹음 자료를 전사하여 이것을 원자료로 사용하였다. 전사된 자료의 양은 사례당 A4 용지로 6~10장의 분량이 되었다.

② 2단계: 자료의 개념화 및 범주화

전사된 원자료를 개념화하기 위하여 전사된 모든 자료는 한 줄씩 꼼꼼히 읽어 가며 단어와 문장에 대한 의미를 파악하고, 그에 대한 통합 작업으로 개념화하였다. 사례마다 지속적인 비교방법을 사용하여 개념에 대한 분류, 비교, 연결 짓기 등을 시도하여 관련 개념을 하나의 범주로 묶어 그 특성과 범위를 설명하였다. 근거이론에 의한 코딩 작업으로 중심 개념을 파악하고 범주화 작업을 하였다. 원자료를 읽고 각 단어와 문장의 의미를 충분히 파악하여 그 의미와 내용에 맞는 개념을 설정하는 작업을 실시하고, 형성된 상위 범주에서 코딩표를 만들어 원자료와 비교하여 코딩하였다. 이때 코딩된 자료는 원자료와의 비교를 통해 앞서 얻은 개념과 상호 비교하여 각각의 내용과 개념을 한데 묶어 구분하도록 개방코딩을 하였다.

③ 3단계: 자료의 분석

이론적 코딩은 근거이론에서 가장 중요한 핵심을 차지하며, 체계적인 자료의 해석을 위해 필요하다. 코딩 과정은 자료를 분석하고 개념화하여 새로운 방식으로 자료를 재조합하는 과정이며, 자료에서 현상의 실체에 충실한 이론을 공식화하는 핵심 과정이다. 근거이론에 의한 코딩법은 개방코딩, 축코딩 그리고 선택코딩의 세 가지 과정을 통하여 완성된다. 개방코딩은 개념을 명명하고 속성을 찾아내어 실체적 부호를 작성하는 과정으로, 자료를 해체하여 현상에 이름을 붙이고 범주화하는 분석 작업이다. 축코딩은 개방코딩에서 나타난 자료의 범주와 하위 범주를 관련지어 패러다임 모형, 즉 '인과적 상황 – 현상 – 맥락 – 중재 상황 – 작용과 상호작용적 전략 – 결과의 관계'로 범주를 연결하는 과정이다. 선택코딩은 핵심 범주를 선택하여 이론을 형성하는 단계로 핵심 범주를 다른 범주에 체계적으로 연관시키고, 관련성을 확인하여 발전시켜 나가야 할 범주를 정리하고, 이론 형성을 위해 범주를 통합하는 과정이다(신경림 역, 2001).

연구자는 자료의 개념화 및 범주화를 통해서 연구 결과를 도출하였다.

3. 경험학습 과정에 나타난 여성 결혼이민자의 삶의 변화

한 개인은 사회 속에서, 또 상황에 따라 경험하고 성장하며 변화한다. 한 나라의 평범한 소녀로서, 여성으로서의 삶을 살다가 한국인과의 국제결혼을 통해 이국의 땅으로 이주하여 변화와 문화적 갈등을 겪고, 새로운 삶을 경험하면서 조금씩 성장하게 된다.

연구 참여자들은 여성 결혼이민자로서 의사소통의 어려움, 한국 생활에 대한 적응, 경제적 어려움, 외로움과 소외감, 정서적 단절감, 자녀 양육 및 교육 등 많은 문제에 부딪히면서 생활하고 있다. 이러한 갈등 상황 속에서 여성 결혼이민자들은 더 나은 삶을 위해 반성적인 사고를 하게 되며, 문제를 해결하기 위한 방법으로 여러 다문화교육 프로그램에 참여하게 된다.

이들의 스스로의 학습 경험, 가족 및 타인 간의 관계로부터의 학습 경험,

이웃과 지역사회를 통한 학습 경험은 그들의 삶에 소중한 자원이 되고, 능동적인 참여와 실천적 변화를 촉발한다.

표 12-8 여성 결혼이민자의 경험학습 과정에 나타난 개념 및 범주화

범 주	하위 범주	개 념
긍정적 삶의 수용	외로움, 무기력 탈피	스트레스 해소, 외로움 극복, 답답함 해소, 낯선 환경에서의 생활이 가능함, 두려움이 사라짐
	긍정적인 심리의 변화	좋음, 재밌음, 당당해짐, 자신감이 생김, 행복함, 적극적인 태도, 생각의 변화, 긍정적 자기 인식
학습의 일상적 활용	지속적인 학습의 연계	성장을 위해 계속 배우고 싶음, 자녀에게 좋은 어머니의 모습을 보여 주고 싶음, 스스로 학습함, 긍정적 학습을 통한 타인 권유
	한국 생활에 대한 적응	한국 생활이 좋음, 한국 사람이 된 것 같음, 한국 문화에 대한 이해
	학습의 활용	센터 및 지역 행사에 적극적인 참여, 일상생활에 적용, 의사소통이 가능해짐, 자녀교육이 수월함
학습 자원의 확장	정보 제공의 기회	센터를 통한 취업 연계, 어려울 때 상담할 수 있음, 다양한 교육의 참여 가능, 자녀교육 및 교육에 대한 정보 공유
	소통의 네트워크	자녀교육에 대한 관심: 정부기관의 지지 여부
		교육 이후 취업 알선에 대한 관심: 정부기관의 지지 여부
	자기 성장 기회	자신의 능력 향상, 자격증 취득 희망
주체적 성장 및 발전	가족 및 이웃 관계의 변화	자조 모임을 통한 지속적인 만남, 남편이 적극적으로 도와줌, 이웃을 두려워하지 않음, 남편의 관심과 격려, 시부모님의 배려, 지역 행사에 가족이 함께 참여, 이모멘토 교육을 통한 지역 주민과의 유대감 형성
	목표가 생김	같은 처지의 여성 결혼이민자를 도와주고 싶음, 직장을 갖고 싶음, 받고 싶은 교육이 생김, 도전정신이 생김

1) 긍정적 삶의 수용

여성 결혼이민자들은 삶을 긍정적으로 수용하게 된다. 이들은 그동안 가정에서의 고립, 의사소통의 어려움, 반복되는 일상의 무기력감 등을 경험하였다. 그러나 학습에 참여하면서 삶의 즐거움을 느끼게 되는 것은 외로움과 무기력감을 느끼던 여성 결혼이민자들에게 의미 있는 변화다. 이들은 학습 과정에서 반성적 사고를 통해 부정적인 심리를 극복하는 모습을 보여 주며, 심리적 만족감과 적극적인 태도, 생활에 있어 긍정적인 변화를 갖게 된다.

2) 학습의 일상적 활용

여성 결혼이민자들은 학습의 일상적 활용이 가능해진다. 학습 과정에서 습득한 내용을 실생활에 적용함으로써 그 결과에서 만족감을 느끼고, 지속적인 학습 욕구를 갖게 된다. 학습에 대한 긍정적인 경험을 한 학습자는 타인에게 학습을 권유하고, 교육 지원 및 시설이 확산되기를 바라며, 지속적으로 배우고자 하는 마음을 갖게 된다. 또한 한국 생활에 잘 적응하게 됨으로써 여성 결혼이민자의 삶에 학습이 일상적인 생활로 나타나게 된다.

3) 학습 자원의 확장

여성 결혼이민자들의 학습 자원이 확장된다. 센터의 실무자 및 학습 동료들과 교육 및 육아, 가사에 대한 정보를 공유함으로써 고민에 대한 조언과 도움을 얻는 등 상담 지원체제를 통해 계속적으로 정보를 획득할 수 있었다. 여성 결혼이민자들은 학습에 참여하며 때론 교육의 주체가 되기도 한다. 이러한 경험은 개인의 능력을 계발하여 직업 능력을 향상시키고, 자격 취득을 위해 노력하며, 자기 성장의 기회를 갖게 한다.

4) 주체적 성장 및 발전

여성 결혼이민자들은 개인의 정체성 형성과 함께 주체적 성장과 발전된 모습을 보여 준다. 가족의 경우, 시부모, 남편, 자녀와의 관계가 호전되고, 학습자에 대한 가족의 지원과 관심도 증대되었다. 이는 학습을 통해 여성 결혼이민자가 속한 다문화가정이 겪는 문제점을 예방하고, 극복해 가는 모습으로 볼 수 있다. 학습에의 참여는 새로운 인간관계를 형성할 수 있는 기회를 확대시켜, 동료들과의 관계에서도 긍정적인 변화가 생겼다. 또 다른 변화는 여성 결혼이민자들이 자신의 삶을 스스로 계획하고, 새로운 목표를 설정하게 된 것이다. 그들은 다양한 교육을 경험하면서 자기계발을 위해 미래의 계획이나 새로운 일에 도전하게 된다. 이와 같은 변화는 여성 결혼이민자들이 농촌이민여성센터의 다문화교육을 수용하고, 주최자를 신뢰하며, 학습자 간의 긍정적인 상호작용으로 이루어 낸 학습의 결과일 것이다.

이처럼 다문화교육 참여 경험이 있는 여성 결혼이민자들은 경험학습 과정을 거치면서 내면의 변화와 함께 주체적으로 성장하는 기회를 갖게 된다. 여성 결혼이민자들에게 있어서 다문화교육을 통한 경험학습은, 첫째 전반적인 삶의 경험을 강조한다. 학습의 중요한 자료이자 학습 과정 자체가 경험이라는 점이 경험을 통한 학습의 중요한 특성으로 작용한다.

둘째, 학습 과정에서 자신의 삶을 되돌아보는 반성의 시간을 갖게 되며, 학습의 자료인 경험에 대한 반성 과정을 통해서 새로운 학습이 발생하게 된다. 반성은 학습자가 경험한 내용 또는 학습자가 당면한 문제에 대하여 인식하고, 지각하고, 느끼고, 새로운 방식으로 생각하고, 답을 찾아보는 과정이다. 비판적 반성은 단순한 반성에서 한 걸음 더 나아간다. 단순히 수면에 드러난 문제를 넘어서 이면에 존재하는 다양한 기본 가정과 원리에 대하여 생각하고, 새로운 대안을 찾는 과정이 비판적 반성의 과정이다. 이러한 과정이 경험을 통한 학습에 수반되기 때문에 다문화교육 프로그램에 있어서 경험을 통한 학습의 중요성이 강조된다. 이러한 경험학습의 반성적 과정은 경험학습의 가장 중요한 특징이다. 보다 다양한 상황의 경험을 이해하고, 그것을 바탕으로 학습하고 이를 활용하는 데 반성은 필수적인 요소로 기능한다.

모든 교육은 개인의 의미 있는 변화를 첫 번째 목적으로 삼을 것이다. 여성 결혼이민자들을 대상으로 한 다문화교육에의 참여와 학습은 한 개인이 내적으로 자신의 존재를 인식함으로써 주변과의 관계를 형성하고, 주체적 삶을 살아갈 수 있도록 도울 것이다. 이처럼 경험학습 과정에서 나타나는 학습의 특성은 다문화교육의 본질을 강화하는 중요한 요소로 작용한다. 개인(소수자)의 주체화, 다수자의 변화, 주체성을 바탕으로 한 지역 공동체 형성 등 경험학습은 이들의 삶에 중요한 의미를 가진다.

함열 지역 농촌이민여성센터의 다문화교육 실천활동에 참여한 여성 결혼이민자의 경험학습 과정을 분석한 결과, [그림 12-1]과 같은 삶의 변화를 읽어 낼 수 있었다.

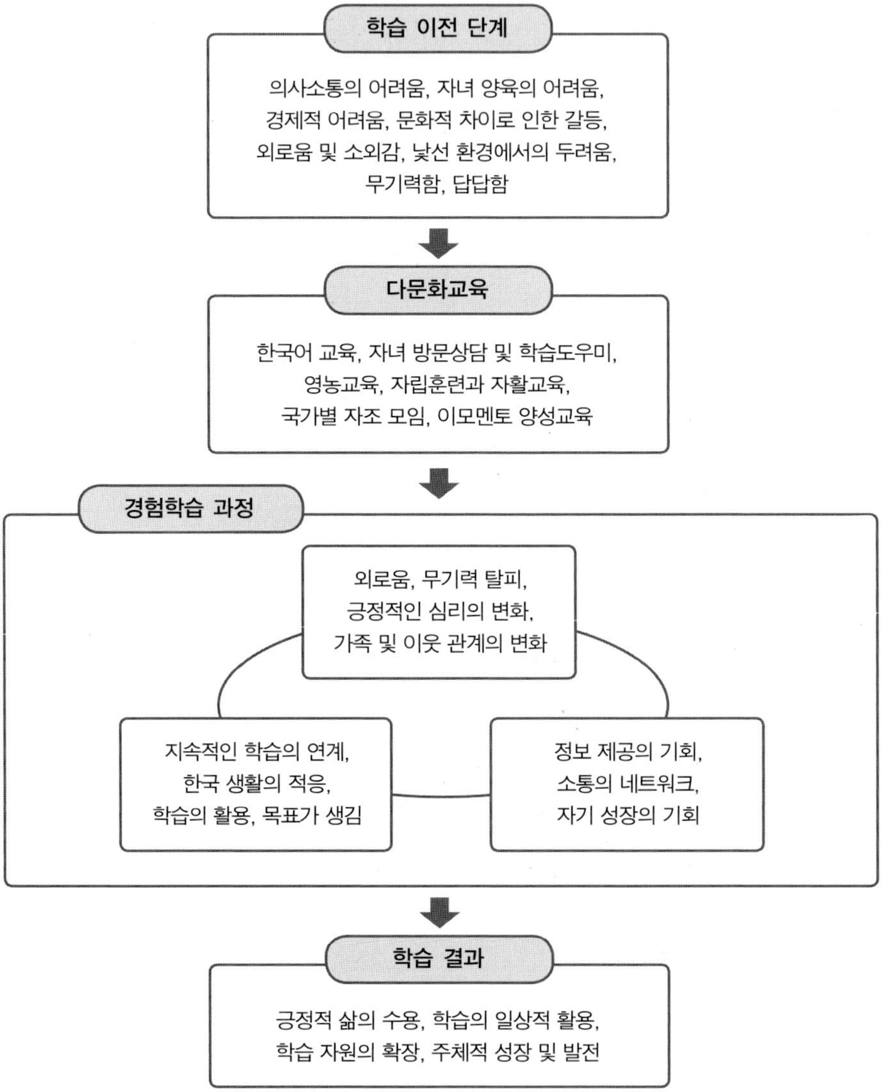

그림 12-1 경험학습에 따른 여성 결혼이민자의 삶의 변화

13장

북한이주민과 교육복지[1)]

북한이주민의 생활 적응에 관한 연구

1. 연구의 개요

1) 필요성 및 목적

한국에 입국한 북한이주민은 약 2만 3,000명(통일부, 2012) 정도로 아직은 소수자지만 연간 2천 명 이상이 한국 사회로 진입하고 있다. 북한이주민 중 여성의 비율은 60~70%에 이르고, 사회적으로나 신체적으로 약자인 여성은 중국 체류 과정에서 인신매매, 성폭력, 심한 노동 등의 상처를 경험한다(박정란, 강동완, 2009). 우리는 이러한 특수한 상황의 경험을 겪고 한국 사회에 적응해 나가는 이들에게 주목해야 할 필요가 있다. 북한이주민은 한국 사회에서 보다 안정된 생활과 한국 사회 시민으로서 희망을 가지고 새로운 삶을 시작한다. 하지만 지금까지 살아왔던 모국의 체제나 문화적 차이 등으로 인

1) 이지영(2012). 북한이주민의 초기 '생활 적응'을 위한 학습 경험 연구. 공주대학교 석사학위논문. 참고.

해 정착 과정에서 많은 어려움을 겪게 된다. 이 때문에 한국 사회에서는 북한이주민에 대한 관심과 지원, 올바른 이해를 위한 노력이 필요하다.

본 연구의 목적은 북한이주민의 한국 사회 편입 후 초기 정착 과정과 적응을 위한 교육이 어떻게 이루어지고 있는가에 대한 것이다. 북한이주민의 초기적응교육과 생활의 경험을 통해 이들의 요구와 필요를 이해하고, 한국 사회 공동체 일원으로서 안정적으로 적응해 나갈 수 있도록 지속적인 관심과 이해가 필요하다. 그러나 이들에 대한 연구가 매우 부족하므로 초기 생활 적응을 위한 연구를 진행하였다.

2) 연구 내용

연구는 북한이주민의 초기 생활 적응에 중점을 두고 지역사회 진입 후에 받게 되는 초기집중교육 프로그램과 학습 경험을 살펴보고자 한다. 그 연구 내용으로, 첫째 하나센터 '초기집중교육' 프로그램의 교육과정을 분석한다. 둘째 북한이주민이 초기집중교육에 참여하면서 생활 적응을 위한 어떤 학습 경험을 하고 있는지 분석한다.

3) 연구방법

본 연구는 북한이주민의 적응교육과 실제 일상생활의 적응에 요구되는 학습 경험을 분석하기 위한 질적 연구방법으로 이루어졌다. 연구는 삶의 주체자인 북한이주민의 시각으로 접근하기 위해 표준화된 설문지보다는 참여관찰 자료와 심층면접을 중심으로 자료를 수집하여 생활 적응 과정을 연구하고자 했다.

연구 참여자는 2011년 A, B 하나센터 초기집중교육을 이수한 6개월 미만의 북한여성이주민 6명과 하나센터의 실무 담당자 3명, 교육 강사 1명, 정착도우미 1명 등으로 총 11명이다. 연구에 참여한 북한여성이주민은 대부분 단독 입국했고, 중국에서의 거주 기간은 3~9년 정도였다. 입국 경로는 중국의 브로커를 통해 태국, 라오스 등을 거쳐 한국으로 입국한 것이다. 출신 지역은 대부분이 중국과 국경을 이루는 혜산시, 새별군, 회령시 등의 함북 지역이다. 학력은 총 10년으로 우리나라의 고등학교 1학년에 해당하는 고등중학교 졸업이 대부분이고, 북한에서의 직업 유형을 보면 군인, 노동자, 무직, 간호사, 유치원 교원, 통계원 등이다. 무직의 경우 대부분 생업을 이어 나가기 위해 국경에서 장사나 밀수 등을 한 경험이 있다. 연구 참여자들의 거주 형태를 보면 혼자 사는 경우와 자녀를 둔 2인 가족이 가장 많다. 단독으로 탈북하는 많은 수의 여성들이 인신매매혼이나 조선족과의 동거 형태로 중국에서 체류하다가 한국행을 택하게 된다. 이들이 중국에 머무는 동안은 북한으로 강제 송환의 위험이 항상 따랐고, 연구 참여자 중에는 북송되는 과정에서 극적으로 탈출한 사례도 있다. 한국으로 입국하는 과정에서 동거인의 동의하에 오는 경우도 있으나 위험을 무릅쓰고 탈출하는 경우가 대부분이다.

자료 수집은 연구자가 지역적응교육의 참관과 정착도우미로 활동하며 현장을 참여관찰하였다. 참여관찰을 위해 A 하나센터 연구 참여자와는 하나원 퇴소식에서 만남을 가졌고, B 하나센터 연구 참여자는 초기집중교육 수료 이후부터 지속적으로 만났다. 하나센터 관계자 및 외부 강사는 참여관찰과 면접의 방법으로 인터뷰를 병행하여 자료를 수집했다. '초기집중교육' 프로그램의 참관은 3회 이루어졌다. 연구자와 연구 참여자와의 만남이 6개월 동안 월 3~5회 이루어졌고, 이 외에 전화나 이메일을 통해 자료를 수집하였다. 관찰 초기에는 연구 참여자가 신변 보호와 불안한 심리 상태 등의 이유로 연구자와의 관계에서 소극적이었다. 이후 어느 정도 라포가 형성되었을 때 편안한 관계에서 대화를 지속할 수 있었다. 연구자는 정착도우미 활동을 하면서 '편안한 이웃'으로 연구 참여자와 관계를 유지하고자 하였으며, 이처럼 친밀한 관계를 유지함으로써 연구 참여자가 학습 경험이나 생활 적응에 필요한 요구를 편안하게 이야기할 수 있도록 하였다. 교육과정은 하나원의 '사회적응교육' 프로그램과 하나센터의 '초기집중교육' 프로그램을 중심으로 분석하였다.

2. 연구의 배경

1) 북한이주민의 현황

북한이주민의 한국 입국은 1998년 이후 점차 증가하기 시작하였다. 북한을 탈출해 북한 이외의 지역에 거주하는 이들은 '탈북자'로 불리고, 한국에 정착한 이들은 새터민, 북한이주민, 북한이탈주민 등으로 불리고 있다. 한국에서 지칭하는 공식 용어는 '북한이탈주민'으로 「북한이탈주민의 보호 및 정착지원에 관한 법률」(1997)이 제정되면서부터다. 이 장에서는 '이탈'이 주는 어감이 상처를 드러내는 말로 다소 불편함을 줄 수 있어 함께 살아가는 이웃이란 의미에서 '북한이주민'으로 사용하고자 하였다. 다만 필요한 경우, 북한이탈주민, 탈북자 등을 혼용하여 표현하였다.

북한이주민은 같은 민족적인 특성을 가지고 냉전체제에서 60여 년 이상 다르게 살아왔고, 경제적 빈곤이나 체제에 대한 불만, 처벌에 대한 불안 등의 이유로 북한을 탈출한 이들이다. 우리는 이들을 동포로 수용하거나, 국제적인 인권법을 포함하는 「국제인도법」에 따라 보호 대상이 되는 난민으로 받아들인다. 정부는 「북한이탈주민의 보호 및 정착지원에 관한 법률」과 유엔 난민협약 등의 국제법에 따라, 탈북자가 희망하는 경우 인도주의적 차원에서 전원 수용하는 것을 원칙으로 하고 있다.

한국에 입국하는 북한이주민은 2001년을 기점으로 연간 1천 명을 넘었고,

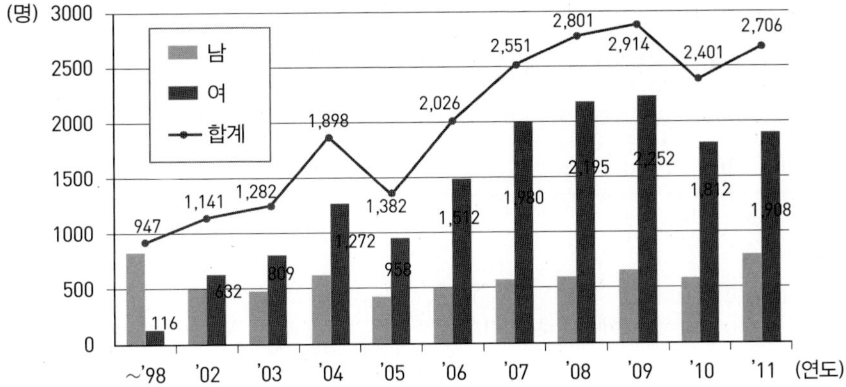

그림 13-1 북한이주민의 입국 현황

출처: 통일부 홈페이지. 통계 자료 재구성.

표 13-1 북한이주민의 연령별 누계 및 비율

구 분	0~9세	10~19세	20~29세	30~39세	40~49세	50~59세	60세 이상	계
누계(명)	963	2,724	6,338	7,188	3,746	1,160	1,064	23,183
비율(%)	4	12	27	31	16	5	5	100

출처: 통일부 홈페이지. 통계 자료.

2006년 연간 2천 명을 넘어섰다. 특히, 2002년을 기점으로 새롭게 나타나는 특징은 여성의 비율이 55%로 빠르게 증가하고 있고, 가족 단위 입국에서 단독 입국이 늘어나고 있는 점이다.

북한이주민의 연령대를 보면 20~30대가 전체의 58%로 가장 많으며, 40대가 16%, 10대 청소년이 12%를 차지하고 있다.

북한이주민의 북한에서의 직업은 무직이 50%로 가장 많고, 다음으로 노동자의 비율이 38%를 차지하고 있다.

표 13-2 북한이주민의 재북 직업 유형

구 분	무직 부양	노동자	관리직	전문직	예술 · 체육	봉사 분야	군인 및 공작원	계
누계(명)	10,627	8,127	390	448	188	817	594	21,191
비율(%)	50	38	2	2	1	4	3	100

출처: 통일부 홈페이지. 통계 자료.

통일부(2011) 조사에 따르면, 1960~1994년까지는 북한이주민 중 고졸자가 46%, 대졸자가 37%로 나타나 상대적으로 높은 학력을 소지하고 있음을 알 수 있다. 그러나 최근 입국한 북한이주민의 교육 수준을 보면 한국의 고등학교 1학년에 해당하는 고등 중학교 졸업이 70%로 가장 높고, 전문대 9%, 대학 이상 8%의 순으로 나타나고 있다.

표 13-3 북한이주민의 재북 학력 수준

구 분	취학 전 아동	유치원	인민학교	고등 중	전문대	대학 이상	기 타	계
누계(명)	569	193	1,333	14,925	1,925	1,553	693	21,191
비율(%)	3	1	6	70	9	8	3	100

출처: 통일부 홈페이지. 통계 자료.

이 중 학교 교육 지원 대상자에 해당되는 연령인 만 20세 미만의 인구는 점차 증가하고 있다. 관련 법률에서는 탈북청소년의 개념을 '만 6세 이상 만 24세 이하 북한 출생'으로 규정하고 있다. 이에 따라 탈북청소년의 학교 교육 지원은 초 · 중 · 고등학교 학령기와 「청소년 기본법」이 규정하는 만 24세까지 포함하고 있다. 또한 중국 등 제3국에서 출생한 아동 · 청소년은 법률에서 교육 지원 대상으로 포함하지 않지만, 북한이주민 가정의 자녀로서 필요한 경우에 탈북청소년 교육 지원 대상에 포함하고 있다.

또한 만 20세 미만의 직계존속 없이 거주하는 단독 세대 청소년은 무연

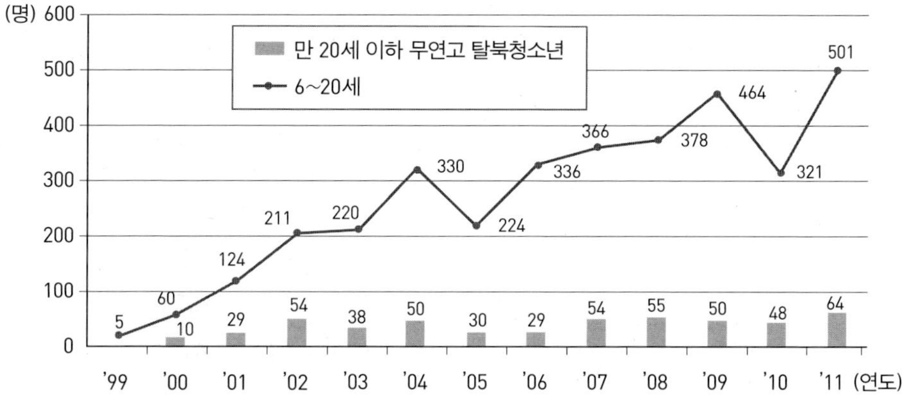

그림 13-2 연도별 탈북청소년 입국 현황과 무연고 탈북청소년 현황

출처: 탈북청소년교육지원센터(http://hub4u.or.kr). 재구성.

고 청소년으로 분류하고 있다. 무연고 탈북청소년은 만 20세가 되어야 주택을 배정받을 수 있으므로, 그 이전에는 보호가 가능한 공동체 또는 그룹홈에서 생활하도록 하고 있다. 무연고 탈북청소년은 대부분 기숙형 대안학교나 생활공동체(그룹홈)에서 생활한다. 그룹홈은 가정집 형태로 되어 있으며, 소수의 인원이 교사와 함께 생활하면서 일반 학교에 다니게 된다. 서울 근교에 있는 그룹홈으로 무연고 탈북청소년 보호시설인 '꿈사리공동체' '우리집' 등이 있다. 2012년 현재 만 20세 이하 무연고 탈북청소년은 103명 정도다.

2) 입국과 정착 과정

한국으로 입국하는 탈북자는 주로 [그림 13-3]과 같이 중국이나 러시아 국경을 넘어서 중국에 체류하거나 몽골, 베트남, 라오스, 캄보디아를 거쳐 한국이나 제3국에 정착하는 것을 목적으로 한다. 탈북자 중 일부는 중국에 체류하는 과정에서 노동력을 착취당하거나 인신매매 등으로 빈번하게 인권 침

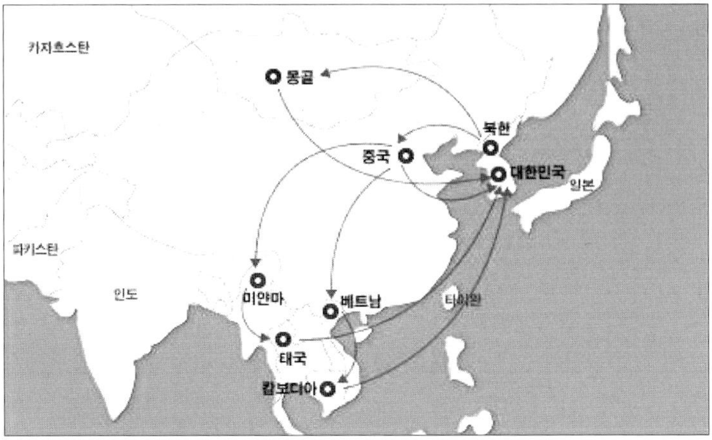

그림 13-3 북한이주민의 입국 경로

출처: 탈북청소년교육 지원센터(http://hub4u.or.kr). 정책 자료.

해를 당하기도 한다. 한국으로의 입국은 대부분 탈북 브로커를 통하거나 민간·종교 단체의 도움으로 이루어진다. 탈북 과정에서 중국 공안과 국경 수비대에 잡혀 북송되기도 하고 가족과 헤어지기도 한다.

「북한이탈주민의 보호 및 정착지원에 관한 법률」의 제·개정은 북한이주민의 정착 정책을 체계적으로 추진하는 계기가 되었다. 북한이주민의 한국 입국 과정은 [그림 13-4]와 같이 입국 조치, 초기 자립 지원, 사후관리의 과정으로 진행된다. 첫째, 입국 조치는 탈북자가 각국 대사관 및 영사관에 보호 요청을 하면 외교통상부나 관계 부처에 상황을 보고한 후, 해외공관이나 주재국 임시보호시설에서 수용하고 한국으로의 입국 방안을 마련한다. 그들이 한국으로 이송되면 2~3개월의 합동심문을 받은 후, 보호 결정이 내려지면 정착지원시설(이하 하나원)[2]로 보내진다. 둘째, 초기 자립 지원은 하나원에서의 정착준비 교육과 지역적응센터(이하 하나센터)에서의 거주지 적응을 위한 교육이다. 이때 호적을 취득하는 취적(就籍), 정착지원금 지급, 거주지 배정 등이 이루어진다. 셋째, 사후관리는 지역사회에 편입한 이후부터 일

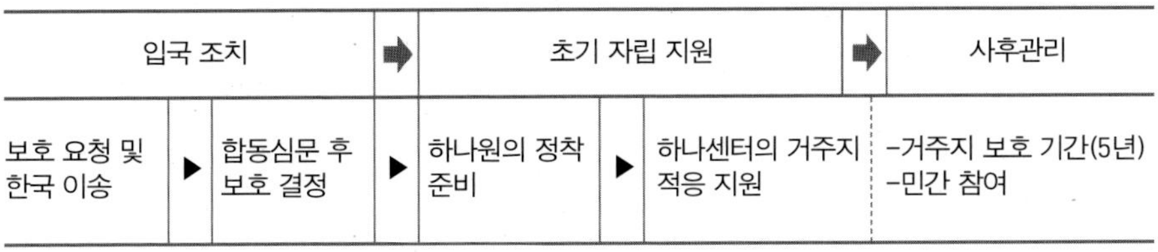

그림 13-4 북한이주민의 입국 및 정착 과정

년간의 '사후 지원'과 이후 5년간의 거주지 보호 기간으로 신변 보호와 정착 지원이 이루어지는 과정이다.

북한이주민에 대한 사회적 관심과 이들의 사회 적응을 지원하는 정책적 지원은 지속적으로 늘어나고 있다. 통일부에서는 「북한이탈주민 보호 및 정착지원에 관한 법률」에 근거하여 [그림 13-5]와 같이 거주지 정착 지원을 실시하고 있다. 하나원의 사회적응교육을 마친 이후 거주지로 편입되면 하나센터, 보호담당관, 정착도우미, 북한이탈주민지원재단, 북한이탈주민지역협의회, 지역 종교 · 민간 단체 등으로부터 지원을 받는다. 이러한 지원체계는 통일부 중심의 지원에서 그 역할을 점차 지자체와 민간으로 확대하여 지역 중심이 되도록 하고 있다. 그 내용을 좀 더 구체적으로 살펴보면 다음과 같다.

첫째, '하나센터'는 북한이주민의 지역적응교육을 위해 통일부가 전국 16개 시 · 도 총 30곳을 지정 · 운영하고 있다. '하나센터'는 생활 적응을 위한 '초기집중교육'을 3주간(60시간) 실시하고, 초기 일 년간 '사후 지원'을 하고 있다.

둘째, 보호담당관제도로 '취업보호담당관' '거주지보호담당관' '신변보호

2) 하나원의 사회적응교육은 1999년 7월 8일 경기도 안성에서 개원과 함께 시작되었고, 안성 하나원은 성인 여성과 60세 이상의 경로반, 남녀 청소년 등이 교육을 받고 있다. 20세 이상의 성인 남성은 양주의 별도 하나원에서 교육을 받는다. 2012년 12월 개원 예정인 제2하나원은 현재 민간시설을 빌려 쓰고 있는 양주 하나원을 이전하는 것이다.

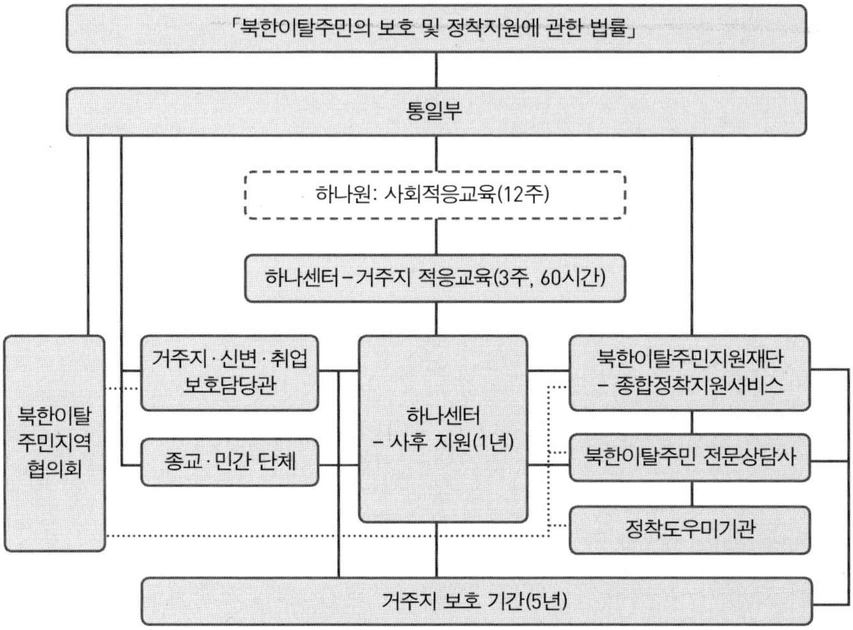

그림 13-5 거주지 정착 지원 체계

출처: 이지영(2012). 북한여성이주민의 '생활 적응'을 위한 학습 경험.

담당관'이 있다. '거주지보호담당관'은 각 지자체별로 지정해 전입 과정에서부터 주민등록, 생계급여, 의료급여 대상자 지정 등 사회보장제도의 편입 등 각종 행정 지원 업무를 담당한다. '신변보호담당관'은 거주지 관할 경찰서에서 지정된 경찰관이나 형사로서 북한이주민의 신변 보호와 거주지 정착을 지원한다. '취업보호담당관'은 고용노동부 산하 전국 54개소 고용센터에 소속된 전문직업상담사로서 진로지도, 직업훈련, 취업상담 등의 지원을 담당한다.

셋째, '북한이탈주민지역협의회'는 정부와 민간이 북한이주민의 효율적 지원 체계를 구축하기 위해 100인 이상의 북한이주민이 거주하는 지역에 구성한 단체다. 지역협의회의 구성은 거주지 · 취업 · 신변 보호담당관, 하나센터, 지역 종합사회복지관, 정착도우미, 민주평화통일위원회, 종교 · 민간 단체, 대학, 기업체 등의 대표로 지역 실정에 맞게 구성된다.

넷째, '북한이탈주민지원재단'은 2010년에 설립되어 북한이주민의 생활 안정과 적응에 필요한 종합서비스를 제공하고 있다. 2012년 주요 사업으로는 초기 정착 지원 및 취약계층 지원, 취업 및 자립 · 자활 지원, 청소년 장학사업 및 주민교육, 주민 통합 및 홍보, 연구 지원 등이 있다. 이 재단은 정착 지원 네트워크의 거점 및 가교의 역할을 담당함으로써 정착 지원 체계의 중심축을 이루고자 한다.

다섯째, '정착도우미제도'는 거주지로 편입된 이후 일 년간 북한이주민 1세대당 1~2명이 전담하여 정착을 지원하는 제도다. 정착 초기에 거주지 생활 정보나 필요한 도움을 제공하는 등 다양한 계층과 대상별 특성을 고려하여 맞춤형 지원을 하고 있다. 이 제도는 2005년부터 실시되었고, 2012년부터는 북한이탈주민지원재단이 대한적십자사, 자유총연맹, 지역 종합사회복지관, 민간단체에 위탁 운영하고 있다. 2012년 현재 27개 단체에 소속된 1,500여 명이 활동하고 있다.

여섯째, '북한이탈주민 전문상담사제도'는 하나센터, 정착도우미, 사업기관과 협력하여 북한이주민의 정신건강과 심리 안정을 위한 상담과 의료 지원 연계 등 찾아가는 상담서비스를 실시하는 것이다. 2010년부터 100여 명의 전문상담사가 북한이탈주민지원센터 소속의 하나센터와 북한이탈주민지원 민간기관에 배치되어 있다(2012 통일백서, 2012).

북한이주민의 정착지원금으로 기본금과 가산금을 지원하며, 주거, 취업, 교육을 위한 각종 장려금이 〈표 13-4〉와 같이 지급되어 조기 정착을 지원하고 있다. 기본금은 하나원을 퇴소할 때 일부 지급하고, 나머지는 거주지 편입 후 일 년간 분기별로 지급한다. 가산금은 연령, 장애, 한부모가정 아동보호, 장기치료로 구분해서 지급 결정 후 월별로 지급하고 있다. 그 외의 의료 혜택으로 의료보호 1종 수급권, 「국민기초생활보장법」에 따른 생계급여가 있고, 지급 조건 및 수준은 매년 정책에 따라서 조금씩 차이가 있다. 주거

지원금은 북한이주민이 지역 거주지에 편입될 때 실입주 보증금만 지원하고 잔액은 거주지 보호 기간이 종료되는 5년 후 지급을 원칙으로 하고 있다.

취업지원제도는 직업훈련 제공과 장려금 지급으로 구분된다. 2010년까지는 직업훈련기관이 고용노동부와 직업훈련 위탁 체결을 맺어 훈련을 실시하

표 13-4 정착 지원 및 지원금(2011)

구 분	항 목	내 용
정착금	기본금	1인 세대 기준 600만 원 지급
	가산금	노령, 장애, 장기치료 등 최대 1,540만 원 지급
사회복지	생계급여	국민기초생활보장 수급권자(1인 세대 월 약 42만 원)
	의료보호	의료급여 1종 수급권자로서 본인 부담 없이 의료 혜택 제공
	연금특례	보호 결정 당시 50세 이상~60세 미만은 국민연금 가입 특례
주거	주택알선	임대 아파트 알선
	주거지원금	1인 세대 기준 1,300만 원
취업	직업훈련	훈련 기간 중 훈련수당 월 10~20만 원 지급(노동부)
	직업훈련장려금	500시간 120만 원/500~1220시간(120시간당 20만 원 추가) 120만 원 지급, 직업훈련 추가장려금(1년 과정, 우선 선정 직종) 200만 원 지급
	자격취득장려금	1회 200만 원(기술 · 기능 서비스 분야, 임상병리사, 요양보호사, 사회복지사 등) 지급
	취업장려금	1년차(6개월 이상 1년 이하 250만 원), 2년차(550만 원), 3년차(650만 원)
	고용지원금	급여의 1/2(70만 원 한도)을 최대 3년간 지원(채용 기업주에 지급)
	기타	취업보호(우선 구매), 영농 정착 지원, 특별임용 등
교육	특례 편입학	대학 진학 희망자의 경우 특례로 대학 입학
	학비지원	중 · 고등 및 국립대 등록금 면제, 사립대 50% 보조

출처: 통일부(2012). 북한이탈주민정책.

였고, 수강 시에만 훈련비와 특별수당이 지급되었다. 2011년부터는 가상계좌를 발급하고 수강생은 계좌로 지급된 훈련비 한도 내에서 자유롭게 수강이 가능하다. 직업훈련 단독반 참가자는 200만 원, 취업성공 패키지(거주지 보호 기간 5년 이내, 만 18~64세 이하) 참가자는 300만 원을 지급한다. 하나원의 기초 직업적응 훈련과정 130시간과 하나센터 초기집중교육 60시간이 인정되며, 직업훈련기관에서 수료한 시간에 따라 장려금을 차등 지급하고 있다. 또한 북한이주민의 고용 촉진을 위해 고용주에게 고용지원금을 지급하고 취업 알선 등을 제공하는 '취업보호제도'가 있다.

교육 지원은 거주지 보호 기간 5년 이내의 만 25세 미만인 자의 경우 고등학교 이하의 학교에 입학 · 편입학을 지원하고, 고등학교 졸업 또는 이와 동등 이상의 학력이 인정되는 만 35세 미만인 자의 경우 대학 · 교육대학의 편입학 지원 대상자에 해당된다. 중 · 고등학교는 입학금, 수업료, 학교운영지원비 및 기숙사비 등을 면제해 주고, 국 · 공립대학은 학비 전액, 사립대학은 50%를 보조해 준다. 그 외 거주지 보호 기간 5년 이내에는 연령에 관계없이 산업대학 · 전문대학 · 원격대학 및 이에 준하는 각종 학교, 「평생교육법」에 의하여 학력이 인정되는 기관에 입학하는 경우도 지원하고 있다.

3) 북한이주민 교육기관

북한이주민이 한국 입국 후 받는 공식적인 교육은 하나원의 사회적응교육과 하나센터의 초기집중교육이다. 경기도 안성에 위치한 하나원에서는 사회적응교육과 직업교육을 실시하고, 이후 거주지 배정을 받은 지역의 하나센터에서 지역에의 적응을 위한 초기집중교육과 사후 지원을 하고 있다. 관련 법률은 초기에는 '보호'를 강조하였으나 점차 '자립 · 자활'에 중점을 두고 있다. 이들 기관의 교육 프로그램은 생활 적응 중심의 교육과 진로교육이나 취업을 위한 직업훈련에 초점을 맞추고 있다.

(1) 하나원의 사회적응교육

하나원은 1999년 8월 개원하여 2000년부터 체계적인 교육을 시작하였다(2010 통일백서, 2010). 하나원에서는 북한이주민의 보호가 결정되면 8~12주간(420시간)의 기본적인 사회적응교육을 실시한다. 그 밖에 초기 정착 지원으로 가족 관계 등록, 주민등록증 발급, 정착지원금 지급, 주택 알선 등 자립·자활에 관한 업무를 수행한다. 교육 프로그램의 목표는 민주 시민의 기본소양을 갖추기 위한 정서 안정과 문화적 이질감 해소다. 또한 사회경제적 자립을 위한 동기부여를 하고, 정착 의지 함양이나 실생활 중심의 학습을 강조하고 있다. 교육과정의 주요 영역은 '정서 안정 및 건강 증진' '우리 사회의 이해 증진' '진로지도 및 직업 기초능력 훈련' '초기 정착 지원' 등으로 구분된다. 다양한 교육적 수요를 만족시키기 위해 '자율참여형 보충 프로그램(438시간)'을 개발하여 각종 자격증, 컴퓨터, 회계 기초, 운전면허 등 희망 분야에 따라 학습할 수 있도록 하였다.

표 13-5 하나원 사회적응교육 정규 프로그램

주 제	주요 내용	비 고
정서 안정 및 건강 증진	• 역할 연습, 건강 증진, 체육활동 등 • 건강한 가정	12주(총 420시간) ※운전면허, 컴퓨터, 회계 기초 등 자율 참여형 보충 프로그램 별도 운영(438시간)
우리 사회의 이해 증진	• 역사, 국어·외래어 • 민주주의, 자본주의, 시장경제 교육에 중점 • 실생활 위주의 현장학습 강화	
진로지도 및 직업 기초능력 훈련	• 적성검사, 진로지도, 단기집중 직업훈련	
초기 정착 지원	• 정착의지 함양교육, 정착지원제도 설명	

출처: 통일부(2012). 통일백서.

(2) 하나센터의 지역적응교육

북한이주민은 하나원의 교육을 수료하면 주택을 배정받아 거주지 지역사회에 첫발을 내딛게 된다. 하나센터에서는 '초기집중교육' '사후지원' '네트워크'의 사업이 진행된다. 이 교육은 거주지로 편입된 일 년 이내의 북한이주민을 대상으로 3주간(60시간)의 초기집중교육(유아, 학생, 고령자 등 제외)과 일 년간의 사후지원이 이루어진다.

북한이주민은 거주지로 편입한 직후에는 많이 지쳐 있는 상태로 새로운 교육에 대해 거부감을 가진다. 그러나 이들에게는 당장 의식주를 어떻게 해결해야 하는지, 몸이 아파서 움직일 수 없을 때는 어떻게 도움을 받아야 하는지, 구직은 어떻게 하는지 등의 실생활 밀착형 교육이 필요하다. 따라서 하나센터는 지역적응교육과 북한이주민의 특성을 고려한 심리 및 진로 상담, 생활 정보 제공, 취업서비스 안내 등을 종합적으로 실시한다.

'초기집중교육' 프로그램의 목표는 북한이주민의 지역사회 내 자립 · 자활을 이루도록 지원하는 것이다. 교육 내용은 〈표 13-6〉과 같이 일상생활 교육과 지역사회의 이해를 위한 '지역사회 이해 및 생활교육', 진로 · 직업을 위한 '진로탐색과 직업준비교육', 학업을 위한 '진학지도', 심리적 안정을 위한 '건강 증진 및 개인 역량 강화교육', 장기 목표 설정을 위한 '인생 설계' 등의 다섯 가지 주제를 중심으로 각 하나센터의 여건에 맞게 구성되어 있다.

둘째, '사후지원' 사업은 거주지 편입 일 년 이내의 북한이주민을 대상으로 일 년간의 지역사회 적응과 자립 · 자활 기반을 마련하기 위한 도움을 제공하며, 하나센터를 중심으로 민간 · 종교 단체가 함께 지원하고 있다.

셋째, '네트워크' 사업으로 지역 내 남북주민을 대상으로 교류 사업을 추진하고 있다.

표 13-6 하나센터 초기집중교육 프로그램 내용

<table>
<tr><th>주 제</th><th>주요 내용</th><th>비 고</th></tr>
<tr><td>지역사회 이해 및 생활교육</td><td>• 하나센터 소개
• 교통, 시장 안내
• 지역사회 안내, 지역 내 주요 기관 소개
• 지역 내 주요 기관 탐방
• 각 보호담당관의 역할 소개와 초기 미팅</td><td rowspan="5">〈하나원 수료 후 첫 일주간〉
• 하나원 수료 후 신병인수
- 주민등록/입주 신고
- 담당 형사 상견례
• 지역사회 안내
- 교통, 시장 안내
• 기초생활보장 수급 신청
- 인감증명 등록
- 주민등록증 발급
- 통장 실명 변경
• 고용지원센터 출장 교육
- 직업훈련 정보 제공
- 구인, 구직 정보 제공</td></tr>
<tr><td>진로탐색과 직업준비 교육</td><td>• 생활 점검 및 생활 설계
• 취업(근로활동)의 동기와 목적 정리
• 직업의 종류와 필요성, 직장 문화 등 강의
• 직업훈련 프로그램 탐색 및 방문</td></tr>
<tr><td>진학지도</td><td>• 지역 내 학교 소개
• 학부모 교육</td></tr>
<tr><td>건강 증진 및 개인 역량 강화 교육</td><td>• 기본 건강관리
• 정신건강 예방교육
• 지역 의료기관 이용방법 안내 및 방문
• 여가활동 안내</td></tr>
<tr><td>인생 설계</td><td>• 인생 계획서 작성 및 공유</td></tr>
</table>

출처: 통일부(2012). 통일백서.

표 13-7 사후지원 및 네트워크 사업

구 분	내 용
사후지원 사업	• 교육 및 진학 지원 • 진로 및 취업 지원 • 생계 지원 • 의료 지원 • 심리 · 안정 지원 • 법률 지원 • 기타 사후지원 사업
네트워크 사업	• 북한이탈주민 자원봉사단 구성 및 운영 • 남북주민 공동 체육대회 • 남북한주민 정기모임 행사 • 남북주민 송년 및 명절 행사 등

출처: 통일부(2012). 통일백서.

(3) 하나원의 아동 · 청소년 교육

하나원 내에 설립된 예비학교인 '하나둘학교'에서는 4~19세 이하 청소년을 대상으로 연령 및 학력을 고려한 수준별 교육을 실시하고 있다. '하나둘학교'는 유치반 1개 반, 초등반 2개 반(저 · 고학년), 청소년반 3개 반으로 운영되고 있다. 취학 전 어린이(만 4~6세)는 하나원 인근의 삼죽초등학교 유치원에서 통합교육을 받고, 방과 후에는 하나둘학교 프로그램에 참여한다. 초등학생(만 7~13세)은 삼죽초등학교에서 오전에는 일반학급 학생들과 통합교육을 받고, 오후에는 특별학급에서 맞춤형 수업을 받고 있다. 방과 후에는 하나둘학교 프로그램에 참여한다. 청소년은 하나둘학교에서 중 · 고등학교 교육을 받는다.

2011년 10월 '하나둘학교'는 '북한이탈주민 예비학교'로 전환하여 탈북청소년의 일반학교 진학을 지원하고 있다. 하나둘학교[3]에서는 학력 보충 등의 디딤돌 교육과 학력 진단 및 진로 · 진학 상담, 학력 인정 등 편입학 지원, 준비보충학습, 학교 사회생활 적응교육 등의 프로그램을 운영하고 있다.

탈북청소년은 이전에는 거주지 편입 이후 지역교육 지원청에서 학력을 인정받았으나, 2011년 3월부터 하나원에서 관할 경기도교육청의 학력 심의를 받아 일반학교나 대안학교 등에 진학할 수 있게 되었다. 탈북청소년의 학력 인정이 되는 특성화 중고등교육기관은 경기도 안성시에 있는 '한겨레 중 · 고등학교'다. 한겨레 중 · 고등학교는 탈북청소년들의 학령과 학력 간의 격차를 줄이고자 세워졌다. 또한 탈북청소년을 위한 대안학교로 북한이탈주민 후원회에 등록되어 있는 학교는 '셋넷학교' '여명학교' '하늘꿈학교' '한꿈학교' '한울학교' 등이 있다.

탈북청소년들은 90% 이상이 정규학교에 진학하고 있으며, 대안교육기관에는 10% 정도가 재학 중이다. 탈북청소년 중 일부는 이질화된 문화와 학교생활에 어려움을 겪어 학업 중단으로 이어지는 등 한국 사회에 적응하는 데 어려움을 겪고 있다. 하지만 일대일 멘토링, 전담 코디네이터 배치 등의 개별 맞춤형 교육 지원으로 중도 탈락률의 추이가 '07년 10.8%, '08년 6.1%,

---

3) 명칭은 그대로 하나둘학교로 불리고 있음.

표 13-8 탈북청소년의 재학 현황(2011. 4.)

구 분	정규학교[1,681(90%)]			대안교육시설 (전일제)	계
	초등학교	중학교	고등학교		
재학 현황	1,020(54.6%)	288(15.4%)	373(20%)	186(10%)	1,867(100%)

출처: 탈북청소년교육 지원센터 홈페이지. 탈북청소년 주요 통계.

'09년 4.9%, '10년 4.7%로 점차 감소하고 있다(탈북청소년교육 지원센터 홈페이지, 2012). 또한 탈북청소년들의 교육활동을 위해 북한이탈주민지원재단에서 장학금 지급, 해외연수, 문화 체험, 탈북청소년 대안교육시설 지원 등을 강화하고 있다(탈북청소년교육 지원센터, 2012).

3. 연구 결과 및 해석

교육과정에 대한 내용 분석은 하나원의 '사회적응교육과정'과 하나센터의 '초기집중교육과정'을 중심으로 이루어졌다. 하나원의 사회적응교육과정은 통일백서에서 제시된 내용을 중심으로 분석하였고, 초기집중교육과정은 통일부 지침의 교육과정과 수도권 A 하나센터 및 지방의 B 하나센터 교육과정을 중심으로 분석하였다. 학습 경험의 분석을 위해서 참여관찰 후 매번 참여관찰지를 작성하고, 심층면접 내용을 주제별로 분석하였다.

1) 적응교육과정 내용 분석

하나원의 사회적응교육과정의 교육 목표는 민주 시민으로서의 기본 소양을 갖추기 위한 '정서적 안정과 문화적 이질감 해소 및 사회 경제적 자립 동기부여'다. 내용에서는 정착 의지 함양과 실생활 위주의 학습이 강조되고 있다. 교육과정의 주요 영역은 정서 안정 및 건강 증진(10%), 우리 사회의 이해 증진(31%), 진로지도 및 직업 기초능력 훈련(46%), 초기 정착 지원(13%)으로 구분되어 있다. 또한 다양한 교육 수요에 따라 일상생활에서 활용 가능한 '자율참여형 보충 프로그램'을 실시하여 각종 자격증, 취업 설명회, 운전 등 본인의 희망에 따른 과목을 선택해 학습할 수 있게 하였다. 직업교육의 경우 요리, 재봉, 간병, 제과, 간호 등의 분야로 상대적으로 임금 수준이 낮고 단기간에 취업이 가능한 분야로 국한되어 있음을 알 수 있다.

하나센터의 초기집중교육과정은 4개의 영역으로 나누어져 있는데, 교육 내용은 생존과 자립 · 자활을 위한 '일상생활 적응'과 '직업 적응'에 중점을 두고 있다. 다음으로는 인간관계 개선과 심리 · 정서적 문제를 다루는 '개인 역량 강화'나 '인생 설계' 영역으로 구성된다. '개인 역량 강화'나 '인생 설계' 영역은 교육 내용의 성격이 명확하지 않기 때문에 일상생활 적응이나 직업 적응의 범위로 넓혀 생각해 볼 수 있다. 따라서 초기집중교육과정의 내용을 크게 일상생활 적응과 직업 적응에 중점을 두고 그 특징을 살펴보고자 한다.

초기집중교육과정은 통일부 초기집중교육과정(안)을 기준으로 각 지역 여건에 맞게 교육과정을 운영하게 되어 있다. 교육과정의 내용은 두 기관이 비슷하나 실제 교육 운영과 학습 경험에서는 차이를 보인다. 또한 북한에서 받은 교육 경험이나 제3국에서의 직업 경험은 직업 적응에 중요한 자원이 될 수 있는 요소로 나타난다.

> "하나원 직업에 대한 안내를 받았는데, 간호사는 북한에서 했기 때문에 자신 있었고, 잘할 수 있을 것 같은 생각이 들었어요." (북한여성이주민, 30대)

하나원 수료까지 계속된 교육과 훈련으로 거주지 편입 직후에는 '교육'에 대한 부담을 가지고 있어 자유롭게 쉬고 싶은 심리적 상태도 반영되고 있다.

그럼에도 '초기집중교육'의 필요성에 대해서는 모두가 동의하고 있다. 교육 기간은 대체로 적당하다는 의견이고, 교육 내용에서는 긍정적이면서도 실질적으로 생활에 필요한 내용을 요구하고 있다. '초기집중교육'에 참가한 학습자들은 교육을 통해서 선배, 친구, 민간단체와 새로운 네트워크를 형성하게 된다. 하나센터는 교육 공간이자 만남을 위한 공간으로서 교육뿐만 아니라 한국의 문화를 자연스럽게 익힐 수 있다는 긍정적인 평가를 받고 있다.

> "……교육에서 배우는 것도 있지만 정보를 얻기도 하고, 선배들이나 다른 사람을 만나기도 하니까요." (북한여성이주민, 40대)

2) 일상생활 적응을 위한 학습 경험

학습자들이 거주지에 편입한 직후는 심리적 안정과 일상의 사소한 정보를 안내받을 수 있는 1~3일 정도의 생활밀착형 지원이 필요하다. 특히, 한부모 가정이나 혼자일 경우 심리적 안정을 취하기가 어렵다. 일반 주민들에게는 너무나도 평범한 일상생활이 이들에게는 큰 어려움으로 다가온다. 긴급 전화번호, 서비스센터의 이용, 대중교통 이용, 시장 보기 등은 사소하지만 이들에게는 일상적으로 겪는 어려움이다.

> "처음 집에 도착했을 때의 느낌은 너무 막막했어요. 혼자 잠을 자는 것도 불안하고 누가 좀 함께 있어 줬으면……." (북한여성이주민, 40대)

학습자들은 탈북 과정과 제3국 체류 기간 동안 여러 가지 정신적 · 육체적 문제를 겪기 때문에 건강 상태가 좋지 않은 경우가 대부분이다. 거주지 보호 기간 5년까지는 의료급여 1종 수급권자로 지정되어 의료 혜택을 받게 되지만, 거주지 편입 직후에는 의료보험 관련 행정적 절차가 처리되지 않는 상태

여서 응급 상황에서는 대처가 매우 어렵다.

> "도착한 지 이틀이 되어 아직 병원이 어디 있는지도 모르겠고, 갑자기 아프니까 어떻게 해야 할지……." (북한여성이주민, 30대)

학습자들은 탈북 과정에서 급격한 변화를 경험하고 충격을 받아, 많은 경우 외상 후 스트레스 장애(Post Traumatic Stress Disorder: PTSD)를 겪으면서 불안, 우울, 두통 등의 신체적 · 정신적 문제가 나타난다. 초기에는 느끼지 못하다가 일상생활에 어느 정도 적응될 때 신체적 · 정신적 고통을 호소하기도 한다.

> "사후관리가 더 중요하다고 생각합니다. 초기집중교육이 끝난 이후에 사람들의 적응에 더 관심을 가져야 합니다. 이때 심리적으로 더 힘들어하는 것 같아요." (교육 강사)

정착지원금으로 생활하는 초기에는 수입 · 지출에 대해 익숙하지 않아 충동적인 소비로 어려움을 겪는 경우도 발생한다. 경제교육에서 저축 습관, 금융기관 안내도 중요하지만, 당장의 소비생활을 중심으로 실질적인 도움을 받고 싶어 한다.

> "시장에 갔을 때 필요 없는 것도 보면 자꾸 사게 돼요. 할부 구입 때문에 매달 돈이 빠져나가서……." (북한여성이주민, 30대)

한국과 북한의 교육 방식에는 큰 차이가 있기 때문에 이들은 자녀 양육과 교육에도 어려움을 겪고 있다. 초기집중교육 이후에 하나센터에서 받은 부모교육이 많은 도움이 되었다고 이야기하고 있으나, 지방의 경우 부모교육

 의 기회가 거의 없는 실정이다.

> "어릴 때 거친 나라에서 거칠게 살았으니까요. 북한은 아이들이 많이 맞고 무조건 복종해야 하거든요……." (북한여성이주민, 30대)

학습자들은 탈북 후 제3국에서 불법 체류 기간 동안 동거 형태의 가족 관계를 형성한 경우가 많다. 한국 입국 이후에 제3국의 가족과 관계가 지속되는 경우 자녀 양육이나 남편 문제로 갈등을 겪게 된다.

> "중국에서 사는 게 먹고살기나 하는 거지, 사람값 못하고 사는 거죠……." (북한여성이주민, 50대)

> "중국에 남편과 아이가 있어 빨리 들어오라고만 하고, 이쪽 사정을 잘 이해 못해요……." (북한여성이주민, 30대)

학습자들이 지역사회에 편입하기 이전에 종교를 접하는 과정은 주로 중국 체류 기간이나 탈북 과정에서 종교단체의 도움을 받거나 하나원의 종교실(기독교, 불교, 천주교 등)을 통해서다. 종교단체는 의료, 생활 물품, 가정방문 등 북한이주민이 지역사회에 적응하는 데 다양한 지원을 하고 있다. 종교는 심리적인 안정감을 주고, 만남의 장소가 되기도 하지만, 일부에서는 종교활동을 유인하는 금전적 지원과 기부금에 대한 부담 때문에 갈등을 겪기도 한다.

> "……기도하면 편안하고 좋아요. 일자리도 알아봐 주시고 하는데, 그런데 제가 나가고 싶을 때 가면 좋겠는데 안 나가면 찾아오고…… 기부금 같은 것도 내야 하니 부담스러울 때도……." (북한여성이주민, 20대)

3) 진로·직업 적응을 위한 학습 경험

학습자들에게 구직을 위한 역량 함양은 한국 사회에서 안정적인 생계 기반을 마련하는 데 중요한 학습 경험이 된다. 취업교육은 직업의 이해, 고용지원센터 방문, 이력서 작성, 취업보호담당관과의 면담 등으로 진행된다. 직업훈련 과정과 취업이 연계되는 경우도 일부 있지만, 대부분의 학습자들은 교육과 일자리를 연계하기가 어렵다. 또한 40~50대의 경우 정규직 취업이 쉽지 않고 나이 제한으로 대학 등록금을 전액 지원받을 수 없는 상황이다.

> "사무직에서 일하고 싶어서 컴퓨터 자격증도 따고 운전면허도 땄지만, 지방이라 일자리가 많지 않아요." (북한여성이주민, 40대)

표준어 교육은 발음 교정, 외래어 익히기, 의사소통 방법 등을 통해 한국 문화의 이해를 돕는 데 목적을 두고 있다. 또한 교육을 실시하고 있지만, 언어나 문화에 대한 이해 부족으로 직장 내에서나 구직 과정에서 어려움을 경험한다. 한국주민의 북한이주민에 대한 편견과 상호 이해 부족이 구직 과정에서 장벽이 되기도 한다.

> "말을 못 알아들으니 바쁜데 일이 느려지고 하니 주인이 좋아하지 않는 눈치죠……." (북한여성이주민, 50대)

> "취업하는 것 정말 쉽지 않아요. 아르바이트도 북한 사람이라고 신분을 밝히면 안 된다고 해요." (북한여성이주민, 40대)

학습자들은 교육 강사 선정에서 같은 정착 경험이 있는 북한 출신 강사를 더 편하게 느끼고 있다. 실제 A 기관은 북한이주민이 상담사로 활동하고 있

 고, 두 기관 모두 선배 북한이주민을 강사로 초빙해 강의를 함으로써 긍정적인 교육 효과를 얻고 있다. 학습자들은 북한이주민의 적응을 지원하는 상담사, 정착도우미, 사회복지사, 선배 강사 등 역할 역량을 갖춰 지역 내에서 활동하기를 원하고 있다.

> "같은 지역에 사는 북한 사람들이 강의하고, 상담하면 더 좋겠다는 생각이 들어요……." (북한여성이주민, 40대)

4) 지원 체계에서 요구되는 학습 경험

학습자들은 생계비가 지급되는 동안 구직활동이나 직업훈련에 참여하는데, 이 기간에 취업을 하면 생계비 지원과 직업훈련비 수급이 중단되기 때문에 구직 과정에서 다양한 갈등 양상을 보인다. 생계비를 받기 위해 정규직 일자리를 적극 찾지 않고 일용직 형태의 일자리를 택하기도 한다. 또한 직업훈련이나 자격 과정이 역량 계발보다는 장려금을 받기 위한 수단으로 이용되기도 한다.

> "6개월 동안 나오는 수급비를 받으려고 아르바이트로 일하고 있어요. 불법인 건 알지만……." (북한여성이주민, 20대)

> "……70대가 정보처리 자격반을 등록하거나, 특히 요양보호사는 연령에 관계없이 가장 많이 하고……." (정착도우미)

학습자들은 북한 가족에게 딸, 아버지, 남편, 누이로서 생계 부양 책임을 유지하고 있다. 두고 온 가족에 대해 늘 미안한 마음과 그리움을 가지고 있기 때문에 경제적 지원을 함으로써 마음의 부담을 덜게 된다. 또한 이들은 북한이나 중국에 있는 가족을 데려오기 위한 브로커 비용을 마련하거나 생계비를 보내기 위해 빨리 돈을 벌고자 한다.

> "부모님이 계시니까 돈을 좀 보내고 있어요. 내가 좀 힘들지만 보내고 나면 그래도 마음이 편해요." (북한여성이주민, 20대)

북한이주민의 거주지 지원은 구심점 역할을 하는 기관이 없이 하나센터, 북한이탈주민지원재단, 정착도우미 사업, 지자체, 민간 지원 단체 등이 개별적으로 정착 지원을 하고 있다. 그러나 기관 간의 네트워크가 잘되지 않으면 지원의 중복이나 결여가 생긴다. 정착 지원에서 민간단체의 역할도 중요한 부분이지만 하나센터와 잘 연계되지 않아 어려움을 야기하고 있다.

> "……지원을 하려면 북한이주민의 정보가 필요한데 그런 쪽으로 아예 공유를 못하고 있어요. 각 단체와 소통이 안 되니 프로그램이 중복되는 경우도 있어요." (교육 강사)

교육 대상자 중 지역적응센터 교육에 다양한 이유로 참가하지 않는 경우가 생긴다. 초기집중교육이 강제 사항이 아니므로 하나센터 교육 관계자도 이러한 부분에서는 어려움을 겪고 있다. 실제 하나원에서 나온 Y 씨(20대)는 집을 배정받고 행정 절차가 끝난 이후로 한 번도 하나센터 교육에 참여하지 않았고, K 씨(20대)의 경우 하나센터와 먼 거리에 있는 친척 집에 거주한다는 이유로 교육에 참여하지 않았다.

현재 행정 권역별로 교육이 이루어지기 때문에 학습자들이 실제 거주하는 지역의 안내를 받기 어렵고, 사례관리의 어려움도 있다. 전문가들은 정착 지원 체계에서 권역으로 관리하는 것보다 지자체 단위로 교육하고, 거주지별 사례관리를 해야 한다고 지적하고 있다.

"지자체별로 지원이나 행정 처리 절차도 조금씩 차이가 있습니다. 권역을 묶어 관리하는 경우, 지원 물품이 나와도 지원 대상을 그 지역 주민으로 한정할 때가 많아 곤란한 경우가 생겨요……." (실무담당자)

학습자들은 정착도우미로부터 좀 더 편안하고 전문적인 도움을 받기를 원한다. 정착도우미의 역할이 너무 광범위하고, 정착도우미 간의 활동 편차도 크기 때문에 안정적인 도움과 평준화된 서비스를 받지 못하는 경우가 생긴다. 또한 정착도우미 사업과 하나센터 사업이 대부분 분리 운영되어 전달 체계에서도 문제점이 나타나고 있다.

"정착도우미…… 나는 두 달 지난 후에 만났어요. 불만이 있어도 자원봉사니까 말을 못하겠더라고요. 정말 하려면 제대로 좀 했으면 좋겠어요……." (북한여성이주민, 40대)

"정착도우미 제도의 운영 주체가 이원화되어 있는데 장단점이 있습니다. 분리 운영되면 하나센터 교육과 연계가 원활하지 않지만, 지원이나 자원 활용 면에 있어서는 장점이 될 수 있습니다." (실무담당자)

4. 시사점

사회적응교육과 초기집중교육 프로그램의 내용은 크게 '일상생활 적응'과 '진로 · 직업 적응'에 중점을 두고 있음을 알 수 있다. 하나원과 하나센터의 적응교육 프로그램이 연계되어 운영될 필요가 있으며, 개인별 맞춤형 지원이 요구되고 있다. 거주지 편입 직후에는 심리적 안정을 취할 수 있는 도움과 생활 정보를 안내받을 수 있는 생활밀착형 지원이 필요하다. 또한 북한이주민의 경제적 자립은 한국 사회에서 안정적인 정착을 지속하는 데 중요한 요소다. 경제적 적응을 위한 교육·훈련이 직업과 연계될 수 있도록 하는 것은 중요하다. 북한이주민이 가진 경험을 활용할 수 있는 상담사, 교육 강사 등 정착 지원을 위한 일에 참여할 수 있도록 역량을 강화시킬 필요가 있다. 북한이주민의 다양한 특성과 요구에 부응하기 위해 지역적응교육과 지원 체계가 좀 더 통합적이고 포괄적일 필요가 있다.

1) 적응교육과정에서 나오는 요구

하나원의 사회적응교육과정은 한국 사회에 대한 이해, 심리적 안정, 기초 직업훈련과 정보를 제공하는 것이다. 이 때문에 교육과정과 그 결과가 이후 지역적응교육에서 지속성과 연속성을 가질 수 있도록 프로그램의 연계가 필요하다. 정착 지원을 위한 교육은 완전한 정착의 상태가 아니므로 적응 가능성과 방향성을 가지고 하나원의 교육이 끝난 이후에도 지속할 수 있도록 해야 한다. 학습 결과에 대한 정보 공유는 개인별 맞춤형 교육 지원과 교육 프로그램의 중복을 피할 수 있다. 진로·직업 교육은 다양화되어야 하며, 하나원 교육 이후에도 지속될 수 있도록 후속 프로그램의 마련이 필요하다. 의료 지원이 필요한 경우 하나원과 하나센터가 부분적으로 연계되고 있으나 전체적인 교육과정과 그 결과에 대해서는 연계가 잘 이루어지지 않고 있다.

하나센터의 초기집중교육과정은 사회적·정서적·경제적 분야에서 이들의 정착 과정과 밀접한 연결이 요구된다. 북한이주민의 다양한 특성과 요구를 반영하여 지역적응교육과 지원 체계가 좀 더 통합적이고 포괄적일 필요가 있다. 초기집중교육의 체험이나 실습 위주의 교육 방식이 학습자에게 실질적인 도움을 준 것으로 나타났다. 교육 강사에 대한 만족도는 북한이주민 출신 강사로부터 안정감과 공감을 느끼고, 교육 기간은 적당하다는 의견이다. 교육과정에서 강의 계획과 실제가 일치하지 않는 경우와 각 하나센터에

 서 학습자들이 받는 교육에서 질적 차이가 생기는 경우가 있어서는 안 된다. 하나센터는 교육의 장소이자 새로운 인적 네트워크를 형성하는 만남의 장소다. 교육과정에서 학습자의 주체적인 참여를 이끌어 내기 위해서는 일방적으로 수용하는 태도보다는 학습자가 능동적이고 자기주도적으로 참여할 수 있도록 해야 할 것이다.

- 사회적응교육과 초기집중교육의 학습 결과에 대한 정보 공유 필요
- 개인별 맞춤형 프로그램과 진로 · 직업 교육의 후속 프로그램 마련 요구
- 체험 · 실습 위주의 교육방법의 선호와 교육과정을 통한 새로운 인적 네트워크 형성
- 교육 참여 시 학습자 주체의 자기주도적 참여 필요

2) 일상생활 적응을 위한 지원

한국 사회에서 살아가는 사람들의 상식적인 '일상생활'이 북한이주민의 초기 정착에 있어서는 중요한 시작점이 된다. 일상생활은 장보기, 여가, 공부, 가정생활, 사회생활 등 현실에서 부딪히며 느끼고 경험하는 일이다. 북한이주민이 지역사회에 편입된 후 일상생활에 적응하는 데 겪는 어려움을 해결하기 위한 구체적인 요구 사항은 다음과 같다.

첫째, 거주지 편입 직후에는 생활밀착형 지원을 위한 정착도우미 제도가 있지만, 학습자들은 편안하게 도움을 받을 수 없는 경우가 많았다. 각 정착지원기관 간의 차이가 발생하지 않도록 서비스의 표준화를 고려해야 한다.

둘째, 지역사회 편입 직후 건강에 문제가 생기는 경우가 빈번하게 나타나기 때문에 하나원 퇴소와 동시에 거주지에서 의료 지원을 받을 수 있어야 한다. 가벼운 증상부터 수술이 필요하거나 심리적인 문제 등의 건강 상태에 대한 안내나 상담을 받을 수 있도록 거주지 가까이에 지원기관이 필요하다.

북한이주민은 여성의 비율이 높은데, 이는 임신, 출산, 양육에 대한 지원이 다양하게 이루어져야 할 것으로 예상된다. 특히 자녀 양육에서 남북한 교육 방식의 차이로 인해 부모들이 혼란스러워하고 제3국의 체류 과정에서 형성된 가족과 갈등도 겪게 된다. 지역 보건소나 건강지원센터는 북한이주민을 위한 부모교육, 모자보건, 가족상담 등을 위한 교육에 적극적인 지원과 관심을 가져야 한다.

셋째, 생활 중심의 경제교육은 시장경제에 대한 안내와 저축 습관, 금융기관 안내를 중심으로 하고 있지만, 거주지 편입 직후 이루어지는 소비생활에 대한 안내 또한 필요하다. 휴대전화, 보험 상품, 생활기기 구입 등에서 합리적인 소비를 위한 교육이 실생활에 초점을 맞추어 실시되어야 한다.

넷째, 종교활동은 새로운 인간관계 및 가치관을 형성하는 데 영향을 미치는 요소가 될 수 있다. 이 때문에 종교에 대한 바른 이해를 위한 교육과 안내가 필요하다.

- 생활밀착형 지원을 위한 정착도우미 제도의 표준화된 운영 필요
- 신체적 · 심리적 건강 문제를 상담받을 수 있도록 지원기관의 적극적인 노력 필요
- 소비문화의 이해와 소비자 교육의 필요
- 종교 선택을 위한 이해 교육 필요

3) 진로 · 직업 적응을 위한 지원

지역사회 편입 직후 일상생활에의 적응과 기본적인 생활 문제가 해결되면 진로 · 직업 적응의 요구가 강하게 나타난다. 첫째, 진로 · 직업 교육에서 개인별, 생애주기별 직업 목표 설정을 위한 안내가 필요하다. 한국 입국 이전의 직업이나 교육 경험의 인정은 직업 적응 상황에서 중요한 요소다. 이 때

문에 심층 상담을 통해 과거 학습 경험과 적성을 살려 진로 · 직업 교육이 지속되도록 해야 하고, 구직을 위한 교육 · 훈련이 일자리와 연계될 수 있도록 맞춤형 직업훈련 과정이 요구된다. 둘째, 육아와 생활을 병행하는 여성이주민이 직업 적응의 기회에서 배제되지 않도록 돌봄과 보육 지원을 해야 한다. 셋째, 북한이주민이 지역의 인적자원으로서 역량을 발휘할 수 있도록 기회를 제공해야 한다. 북한이주민을 가장 잘 이해하고 그들이 더 편안함을 느끼는 사람은 바로 비슷한 경험을 가진 이들이다. 소수지만 북한이주민이 하나센터에서 상담사나 사회복지사로 활동하고 있는 것은 그 가능성을 보여주는 예다. 북한이주민은 지역에서 북한이주민을 위한 상담사, 사회복지사, 강사 등의 역할에 적극 참여할 수 있는 기회를 원한다. 넷째, 구직 과정에서 의사소통이나 지역 주민의 편견으로 인해 직간접적인 차별을 경험하고 있다. 따라서 북한이주민의 한국 문화 이해뿐만 아니라 지역 주민의 상호 이해에 대해서도 교육이 필요하다.

- 개인별, 생애주기별 맞춤형 진로 · 직업 교육의 필요
- 육아를 병행하는 여성이주민이 진로 · 직업 교육의 기회에서 배제되지 않도록 지원
- 상담사, 사회복지사 등 지역에서 활동할 수 있는 역량의 계발과 제도적 보완 필요
- 북한이주민과 지역 주민의 상호 이해를 위한 통일교육 마련

4) 지원 체계에서 필요한 요구

하나센터에서 교육이 이루어지는 기간은 북한이주민이 새로운 가치관을 형성하는 데 중요한 출발점이 된다. 교육의 필요성에 대해서는 모두 동의하고 있으며, 하나센터는 교육 공간이자 새로운 네트워크를 형성하는 만남의

장소가 된다. 교육 참가 거부자에 대해서는 거주지나 상황을 파악하고, 방문 상담 등을 통해 참여를 이끌어 내는 기관의 노력이 절실히 요구된다. 첫째, 안정적인 정착 지원을 위해 마련된 정착지원금과 각종 장려금이 온전히 기능을 발휘할 수 있도록 제도적인 보완과 학습자의 인식 변화에 대한 노력이 필요하다. 북한이주민은 정규직 취업과 동시에 생활수급비가 중단되기 때문에 구직활동에 소극적이거나 일용직 일자리로 구직하는 경향을 보인다. 따라서 생활수급비를 점진적으로 줄여 가는 것과 같이 지급 방식을 개선하고, 직업에 대한 바른 가치관을 가지도록 할 필요가 있다. 둘째, 하나센터는 일 년 미만의 초기 전입자 중심으로 사후 지원 교육을 실시하고 있지만, 이 기간 동안 거주지 보호 기간(5년)과 통합적 지원이 필요하다. 또한 행정 권역별 교육은 학습자 거주지별로 시행하고, 사후관리 또한 거주하는 지역에서 담당할 수 있도록 제도가 보완되어야 한다. 셋째, 초기집중교육과정에 참여하기를 거부하거나 거리상의 이유로 참여하지 않는 경우에 대한 보완이 필요하다. 교육 불참자에 대해서 하나센터와 보호담당관은 지속적인 협의가 있어야 하며, 이들의 교육 참여를 이끌어 내야 한다. 넷째, 북한이주민의 지원 체계가 일원화된 서비스를 제공할 수 있도록 구심점이 되는 기관을 두고 지역의 다양한 지원기관과 효율적으로 협력해야 한다. 하나센터와 지자체, 종교 · 민간 단체가 협력하고, 이들 단체가 지속적으로 북한이주민들에게 차등 없는 지원을 할 수 있도록 중심 기관의 역할이 필요하다.

- 정착지원금이 온전히 기능할 수 있도록 인식 변화 필요
- 사후 지원 기간(1년)과 거주지 보호 기간(5년)의 통합적 지원과 거주지별 사례관리 필요
- 교육 거부 및 결시자의 참여 유도를 위한 방안 마련 필요
- 중심 기관과 지원 체계 간의 원활한 네트워크 필요

북한이주민의 안정적인 정착을 위해 교육을 위한 지원, 정착지원금, 각종 장려금, 지자체와 민간 · 종교 단체의 지원 체계가 작동한다. 그러나 이와 같은 교육 지원 및 정착 지원에도 불구하고 전체 북한이주민의 80.2%가 기초생활수급자로 생활하고 있다(박종철 외, 2011). 북한이주민의 안정적인 정착을 위해서는 이들의 임파워먼트(empowerment)를 지원하는 교육이 매우 강조되며, 기능적 측면뿐만 아니라 문화적 · 정서적 측면을 함께 고려해야 할 필요가 있다. 이러한 임파워먼트를 지원하는 바람직한 교육을 위해서 다음과 같은 방안을 제시하고자 한다.

첫째, 지역적응교육에서 북한이주민이 교육 주체로서 능동적으로 참여할 수 있도록 해야 한다. '초기집중교육'은 일상생활에서 부딪히는 문제에 대해 질문하고 해결점을 찾아가는 통로가 될 수 있고, 교육 관계자, 선배 북한이주민과의 만남을 시작으로 지역사회에서 새로운 관계를 형성해 나가는 계기가 될 수 있다.

둘째, 하나센터가 중심이 되어 지자체 · 민간 · 종교 단체 간의 긴밀한 네트워킹을 해야 한다. 이를 위해 지원 체계 종사자의 전문화와 기관 간의 네트워크를 통한 협조가 필요하다. 또한 인적 · 물적 자원을 충분히 활용해 다방면으로 지원함으로써 중복과 배제가 되지 않도록 긴밀한 네트워킹을 해야 한다.

셋째, 하나센터 교육과 지원에서 지방과 수도권 간의 평준화된 서비스로 학습자들이 형평성에 맞게 정착지원 서비스를 받을 수 있도록 해야 한다. 수도권과 지방 또는 각 하나센터 간의 네트워크 역량의 차이로 학습자가 받는 서비스에 차등이 생겨서는 안 된다.

넷째, 안정적인 생활 적응과 지속적으로 직업생활을 해 나가기 위해서는 사회보장제도를 다양화하여 교육에서 소외가 발생하지 않도록 교육 기회를 보장해야 한다. 특히, 증가하는 여성이주민을 위해 연령별 맞춤형 교육을 제공하고, 육아나 건강의 문제로 인해 교육 기회에서 소외되지 않도록 해야 한다.

다섯째, 사회 통합과 지역공동체의 관점에서 북한이주민의 적응을 위한 노력을 이들에게만 요구해서는 안 된다. 지역 주민이 함께 관심을 가지고 상호 이해를 바탕으로 공동체 구성원으로서 노력할 필요가 있다.

북한이주민의 성공적인 정착은 미래의 통일 준비와 이후의 잠재적인 탈북자를 대비한 준비에서 중요한 경험이 될 수 있다. 북한이주민이 한국 사회의 구성원으로서 안정된 정착을 하기 위해 교육 기회에서 소외나 차등이 없도록 지원 체계가 강화되어야 한다. 이러한 지원과 더불어 중요한 요소는 북한이주민이 자립 · 자활할 수 있도록 자기주도적 학습을 위한 역량을 키워 나가는 것이다. 이들이 가진 역량을 발휘할 수 있도록 교육 지원을 해 주고 지역을 위해 일할 수 있도록 기회를 마련할 필요가 있다. 이들은 지역 주민과 북한이주민의 상호이해교육이나 통일교육의 촉매가 되어 그 역할을 할 수 있을 것이다. 또한 북한이주민이 한국 사회 구성원으로서 적극적인 참여를 할 수 있도록 우리 사회가 가진 편견과 차별을 극복해 나가야 할 것이다. 이것은 교육에서 사회 배제를 극복하고 통합의 관점에서 사회 구성원 전체를 위한 공동의 가치를 지향하는 것이다.

참고문헌

강명순(2007). 한국의 빈곤아동과 지역아동센터 법제화에 관한 이론과 실천. 서울: 부스러기 사랑나눔회.

강영희(2008). 대전 마을도서관 운동과 평생학습. 한국평생교육총연합회. 제2회 평생교육실천대장정 자료집. 지역교육공동체운동과 마을만들기-우리마을의 희망, 교육공동체를 창조하자, 54-60.

곽영우, 김명수, 반상진, 최준렬(2003). 교육경제학. 한국교육행정학회.

곽효정(2011). 여성결혼이민자의 경험학습에 관한 연구. 공주대학교 석사학위논문.

교육과학기술부(2008. 11). 농산어촌 교육복지 지원사업 추진계획.

교육과학기술부(2008. 12). 2008~2012 이명박 정부 교육복지대책.

교육과학기술부(2011. 9). 교육복지우선지원사업 시도 관계자 협의회 자료집.

교육과학기술부, 한국교육개발원(2010). 교육복지우선지원사업 이렇게 합니다.

교육인적자원부(2006). 학교혁신 기본 매뉴얼.

교육인적자원부(2007). 교육복지우선지원사업 '07년 기본계획.

교육인적자원부(2007). 다문화가정 자녀 교육 지원 대책. 보도자료.

교육인적자원부, 한국교육개발원(2005). 교육복지우선지원사업 추진 길잡이.

구인회(2003). 경제적 상실과 소득수준이 청소년의 교육성취에 미치는 영향. 한국사회복지학, 통권 53, 7-29.

국가평생교육진흥원(2012). 2010 평생교육백서.

권미경(2007). 다문화 사회의 교육문화 과제 탐색: 여성 결혼이민자의 체험에 관한 질적 연구. 동아대학교 박사학위논문.

권미경(2009). 여성결혼이민과 한국사회 다문화주의와 평생교육. 경기도: 한국학술정보.

권영성(2007). 헌법학원론. 서울: 법문사.

김경준, 최인재, 김형초, 주재현, 윤혜순, 김문섭, 최금해(2005). 외국의 청소년 복지정책. 한국청소년개발원 연구보고서. 서울: 한국청소년정책연구원.

김남순(1994). 교육행정 및 경영의 이론과 실제. 서울: 교육과학사.

김문섭(2003). 독일 청소년 교육 지원정책 연구. 독일 성인 · 청소년 교육의 실제와 한국에의 시사점. 한독교육학회 2003년 연차 학술대회 논문집, 71-88.

김병숙 역(2006). 직업심리학 핸드북. 서울: 시그마프레스.

김봉환, 김병석, 정철영(2000). 학교진로상담. 서울: 학지사.

김상용(2000). 부모의 권리와 아동 최선의 이익(자녀의 복리). 아동권리연구, 4(2), 25-55.

김석우, 최태진(2007). 교육연구방법론. 서울: 학지사.

김소희(2008). 작은 도서관 운동의 마을만들기적 성격에 관한 연구. 성공회대학교 석사학위논문.

김수암(2006). 해외 체류 탈북자 문제 쟁점과 과제. 서울: 통일연구원.

김수지, 신경림 공역(1996). 근거이론의 이해. 서울: 한울.

김신일(1985). 교육사회학. 서울: 교육과학사.

김신일(2009). 교육사회학(제4판). 서울: 교육과학사.

김용분(2010). 마을, 작은 도서관 그리고 정책. 서울: 한국학술정보.

김인회(2006). 교육복지 개념에 관한 고찰-교육 소외 해소를 위한 교육복지의 이론적 기초 정립에 관하여. 교육행정학연구, 24(3), 289-314.

김정원(2007). 교육복지와 학교의 역할: 교육복지우선지원사업을 중심으로. 교육사회학연구, 17(4), 35-61.

김정원(2007). 교육복지우선지원사업 운영 성과보고회. 서울: 한국교육개발원.

김정원, 김도희, 이경희(2008). 2007년 교육복지우선지원사업 운영 모델 개발 연구. 서울: 한국교육개발원.

김정원, 김성식, 박인심, 김도희, 김기범, 김경애, 이은미(2009). 교육복지우선지원사업의 효과 분석 연구. 서울: 한국교육개발원.

김정원, 김경애, 김민, 김영삼, 김효진, 박인심, 양병찬, 이경상, 이정선, 이지혜, 이화정, 허남순, 홍봉선(2010). 교육복지의 이론과 실제. 서울: 학이시습.

김정원, 이은미, 서덕희, 김경애, 박인심, 이경아 외(2008). 교육복지사업 발전 방안 연구. 서울: 한국교육개발원.

김정헌(2002). 복지정책론. 서울: 대명.

김정헌(2003). 교육복지행정론. 서울: 대명.

김정헌(2003). 복지국가론. 서울: 대명.

김찬호 역(1997). 이런 마을에서 살고 싶다. 서울: 황금가지.

김철수(2007). 헌법학개론. 서울: 박영사.

김충기(1995). 미래를 위한 진로교육. 서울: 양서원.

김혜순(2007). 한국적 "다문화주의"의 모색, 「한국적 "다문화주의"의 이론화」. 동북아시대위원회 용역과제 07-7. 한국사회학회.

김호기(1995). 현대 자본주의와 한국사회: 국가 · 시민사회 · 민주주의. 서울: 사회비평사.

김화순, 최대석(2011). 탈북이주민 정착정책의 인식과 과제: 정착지원을 넘어 사회통합으로. 통일정책연구, 20(2), 37-73.

나장함(2006). 질적 연구의 다양한 타당성에 대한 비교 분석 연구. 교육평가연구, 19(1), 265-282.

노기호(1998). 교원의 교육권에 관한 연구. 한양대학교 박사학위논문.

노기호(2008). 교육권론. 서울: 집문당.

농촌이민여성센터 총회 자료집 및 보고서(2009. 2, 2010. 1, 2010. 3, 2011. 1)

다음(2012). 국어사전.

다케우치 노리요시(2002). 우라야스 도서관 이야기. 서울: 황금가지.

대전마을어린이도서관 반딧불터사업단(2008). 1, 2차 교육과정 자료집.

대통령자문 빈부격차 · 차별시정위원회(2005). 양극화 해결을 위한 '동반성장' 전략 개발. 빈부격차차별시정위원회.

대통령자문 빈부격차 · 차별시정위원회(2006). 제74회 국정과제회의. 내부자료.

대통령자문 빈부격차 · 차별시정위원회(2006). 혼혈인 및 이주자의 사회통합 지원방안. 보도자료.

도시빈민연구소(1991). 빈민지역운동 사례집.

류방란, 이은미, 김경애, 김경희, 김가영, 서유미 외(2011). 2010년 교육복지우선지원사업 평가보고서. 서울: 한국교육개발원.

류방란 외(2006). 한국 사회 · 교육복지 지표 개발 및 교육 격차 분석. 서울: 한국교육개발원.

문영근(1997). 교회공부방 운영 실태에 관한 연구. 동국대학교 석사학위논문.

문화관광부(2004). 창의한국: 21세기 새로운 문화의 비전. 서울: 문화관광부.

박부권, 김경근, 김영화, 이미나, 이혜영, 심연미, 조금주(2002). 교육공동체 변화에 관한 연구: 권력집중형 교육공동체로부터 탈중심형 교육공동체로의 이행. 서울: 교육인적자원부.

박삼철(2011). 농촌교육복지연구. 아산재단연구총서 323집. 서울: 집문당.

박성혁(2007). 우리나라 다문화교육 정책 추진현황, 과제 및 성과 분석 연구. 서울: 교육인적자원부.

박성희(2004). 질적 연구 방법의 이해. 서울: 원미사.

박성희(2010). 아동 · 청소년의 행복권 보장을 위한 독일의 교육복지적 가족지원과 부모교육방법의 의의. 한국교육, 37(1), 207-224.

박성희(2011a). 아동 · 청소년의 행복보장을 위한 독일의 교육복지 개념 고찰. 한 · 독사회과학논총, 21(2), 143-166.

박성희(2011b). 생애사에 기초한 질적 연구방법. 서울: 원미사.

박성희(2011c). 노인교육론. 파주: 양서원.

박성희(2012a). 농촌지역아동센터의 아동 행복 위협에 관한 질적 연구 및 부모교육의 필요성. *Andragogy Today, 15*(1), 1-30.

박성희(2012b). 독일의 교육복지. 사회통합과 복지국가모델, 민주시민교육. 2012년 한독사회과학회, 공동학술회의 자료집, 85-102.

박인선(2004). 공부방 현황과 지역아동센터의 과제. 사회복지공동모금회.

박정란, 강동완(2009). 탈북여성 연구: 동향, 쟁점, 과제. 북한연구학회보, 15(2), 1-24.

박종철, 허문영, 강일규, 김학성, 양현모, 정순원, 정은미, 최은석(2011). 통일대비를 위한 국내 과제. 서울: 통일연구원.

백일우(2007). 교육경제학. 서울: 학지사.

백혜리(2007). 아동의 행복추구권 보장을 위한 보육제도의 개선방안. 보육정책연구, 3(2), 129-146.

보건복지가족부(2008). 아동복지사업안내.

보건복지부(2008). 지역아동센터 운영 현황 및 향후과제. 대통령인수위원회 보고자료.

보건복지부(2012). 2012 노인복지시설 현황.

부스러기사랑나눔회 편(2010). 지역아동센터의 이해와 실제. 서울: 학지사.

사회복지공동모금회(2004). 지역아동센터(공부방) 현황. 지역아동센터 공부방 현황과 과제 공청회 자료집.

서문희, 나정, 최혜선(2006). 사회적 격차 해소를 위한 육아비용 적정 분담 방안 연구. 서울: 육아정책개발센터.

설동훈, 김윤태, 김현미, 윤홍식, 이혜경, 임경택, 정기선, 주영수, 한건수(2005). 국제결혼 이주여성 실태조사 및 보건 · 복지 지원 정책방안. 보건복지부.

신경림 역(2001). 근거이론의 단계. 서울: 현문사

신교남(2010). 전환학습 이론에 기초한 노인의 죽음준비교육에 관한 사례연구. 공주대학교 석사학위논문.

신이선(1999). 학교사회사업의 실태와 활성화 방안에 관한 연구. 명지대학교 석사학위논문.

신익현(2003). 교육복지우선지원사업의 의의와 추진방향. 도시와 빈곤, 61, 49-65.

심익섭(2010). 독일지방자치단체 권한에 대한 합리적 정부 간 관계 연구. 한·독사회과학논총, 20(2), 3-34.

아동복지편람편집위원회(1997). 아동복지편람. 아산사회복지사업재단.

안병영, 김인희(2009). 교육복지정책론. 서울: 다산출판사.

양명숙(1996). 예비 부모 세대의 결혼관과 자녀관 그리고 성역할관에 대한 연구. 대한가정학회지, 34(2), 167-181.

양병찬(2007). 학습도시에서의 주민 교육공동체 운동의 전개. 평생교육학연구, 13(4), 173-201.

양병찬(2008). 농촌 학교와 지역의 협동을 통한 교육공동체의 형성: 충남 홍동 지역 교육공동체의 사례를 중심으로. 평생교육학연구, 14(3), 129-151.

양병찬(2009). 교육복지와 지역네트워크. 2009년 공주대학교 교육복지 교사연수 자료집.

양병찬, 박혜원, 지희숙(2011). 전업주부들의 배움의 방식과 주체 형성. 평생교육학연구, 17(4), 205-234.

양병찬, 지희숙(2010). 작은 도서관 운동의 평생교육적 특성 분석. 평생학습사회, 7(2), 175-202.

엄한진(2007). 세계화시대 이민과 한국적 다문화 사회의 과제, 「한국적 "다문화주의"의 이론화」. 동북아시대위원회 용역과제 07-7. 한국사회학회.

여성가족부(2007a). 결혼이민자가족 실태조사 및 향후 추진계획(3. 21). 보도자료.

여성가족부(2007b). 결혼이민자정책 정부에 힘 실린다(11. 7). 보도자료.

오성배(2005). 코시안 아동의 성장과 환경에 관한 사례 연구. 한국교육, 32(3), 61-83.

오성배(2005). 한국사회의 소수 민족 '코시안' 아동의 사례를 통한 다문화 교육의 방향 탐색. 교육사회학연구, 16(4), 137-157.

오성배(2007). 다문화가정 자녀의 교육실태 진단. 공주대 스타프로젝트 교육복지연구포럼.

오혁진(2006). 지역공동체와 평생학습. 서울: 집문당.

외국인정책위원회(2006). 외국인정책 기본 방향 및 추진체계. 보도자료.

원석조(2006). 사회복지정책론. 서울: 공동체.

윤여각, 양병찬, 이희수(2004). 지역사회교육론. 서울: 한국방송대출판부.

윤진 역(2007). 현대사회와 다문화주의. 경기: 한울.

윤철수(2004). 교육투자우선지역지원사업의 현황과 전망. 한국사회복지학회 추계공동학술대회 자료집, 119-138.

이경혜, 김정일(2009). 학업수행 부진에 부모빈곤이 미치는 영향 및 자기 주도적 학습능력의 매개효과. 아동학회, 30(4), 57-68.

이금순, 강신창, 김병로, 김수암(2003). 북한이탈주민 적응실태 연구. 통일연구원. 합동연구총서, 3-7.

이기범(1996). 복지사회와 교육: 자유, 평등, 공동체를 위한 교육복지. 교육학연구, 34(2), 21-39.

이돈희(1999). 교육정의론(수정판). 서울: 교육과학사.

이돈희(2004). 교육정의론. 서울: 교육과학사.

이동혁(2011). 진로 의사결정에서의 진로장벽의 역할: 예측변인 또는 조절변인. 상담학연구, 12(1), 59-80.

이명선, 김춘미, 고문희 공역(2004). 질적연구설계: 상호작용적 접근. 서울: 군자출판사.

이병래(2003). 대학생을 위한 예비부모교육 프로그램 개발 및 적용효과. 유아교육연구, 23(1), 133-152.

이상오(2000). 평생학습 사회 구축을 위한 교육복지 체제모형 개발. *Andragogy Today, 3*(2), 1-49.

이시우(2008). 교육복지 개념에 관한 교육법적 소고. 사회과학논총, 통권 15, 131-150.

이연옥(2002). 한국 공공도서관운동사. 한국도서관협회.

이연옥(2005). 현 단계 어린이도서관 운동의 내용과 특성에 관한 연구. 한국도서관 정보학회지, 36(1), 309-327.

이용교(2008). 지역아동 · 청소년센터의 발전방안. 한국복지교육원.

이용교, 임형택(2010). 교육복지론. 서울: 집문당.

이이정(2003). 노인 학습자를 위한 죽음준비교육 프로그램 개발 연구. 연세대학교 박사학위논문.

이재창 외 공역(2008). 진로 발달이론을 적용한 진로상담. 서울: 아카데미프레스.

이종승(2009). 연구방법론. 서울: 교육과학사.

이지영(2012). 북한여성이주민의 '생활 적응'을 위한 학습 경험 연구. 공주대학교 석사학위논문.

이진철(2012). 한국 교육공동체론의 전개 과정과 특성 분석. 공주대학교 박사학위논문.

이태수(2004). 교육복지구현 종합방안연구. 서울: 교육인적자원부

이현림(2009). 진로상담. 파주: 양서원.

이혜영 외(2004). 교육복지우선지원사업을 위한 연구. 서울: 한국교육개발원.

이혜영(2006). 교육복지에 관한 법제연구. 서울: 교육인적자원부.

이혜영, 류방란, 김정원, 장명림(2005). 교육복지우선지원사업 효과분석과 발전 방안. 서울: 한국교육개발원.

이혜영 외(2006) 교육복지우선지원사업 활성화를 위한 가정, 학교, 지역 사회 연계협력 강화 방안연구. 서울: 한국교육개발원.

이혜영, 김미란, 김성식(2006). 한국 사회 교육복지지표 개발 및 교육 격차분석. 서울: 한국교육개발원.

이혜원(2006). 아동권리와 아동복지. 파주: 집문당.

임연기(2006). 한국 농촌교육 정책의 변천과 그 특성 및 과제. 교육행정학연구, 24(4), 27-50.

임연기(2008). 농산어촌 학생지원, 김정원 외. 교육복지 마스터플랜 수립연구. 서울: 한국교육개발원, 140-155.

임연기(2010). 공정사회를 위한 교육정책의 진단. 교육정치경제행정전문가 대토론회 자료집. 한국교원단체총연합회.

임연기(2012). 농산어촌 연중돌봄학교 육성사업의 추진 내용과 성과 분석. 교육행정학연구, 30(2), 153-177.

임연기(2012). 연중돌봄학교 육성사업의 추진과정과 성과. 21세기 아시아시대의 교육의 역할. 2012연차학술대회자료집. 한국교육학회.

임연기 외(2007a). 농산어촌 통합형 교육복지모델 구상. 한국농촌교육연구센터 연구보고서.

임연기 외(2007b). 도농간 교육 격차 분석 연구. 한국농촌교육연구센터 연구보고서.

임연기 외(2008a). 도농간 학생이동 실상 분석. 한국농촌교육연구센터 연구보고서.

임연기 외(2011a). 2010 농산어촌 전원학교 및 연중돌봄학교 주요 성과와 우수 사례. 한국농촌교육연구센터 연찬회 자료집.

임연기 외(2011b). 2010 연중돌봄학교 성과분석. 한국농촌교육연구센터 연구보고서.

임연기 외(2012). 연중돌봄학교 육성사업 추진과정과 성과. 한국농촌교육연구센터 연구보고서.

임연기, 권동택(2007). 도농간 교육 격차 분석 연구. 공주: 공주대학교 교육연구소.

임연기, 최준렬, 양병찬, 박삼철(2008). 농산어촌 통합형 교육복지 모델 구상. 공주: 공주

대학교 교육연구소.

전재일, 이경은, 이석욱, 이성희, 박영준, 이석형, 이선자, 남영옥, 황보옥(2011). 학교사회복지론. 파주: 양서원.

정범모 외(1999). 21세기를 향한 교육개혁. 서울: 민음사.

정석용, 이규은(2011). 자기계발과 직업. 서울: 동문사.

정일웅 역(2002). 대교수학. 서울: 창지사.

정혜영(2008). 아동의 기본권에 관한 연구: '아동' 관련 조항의 신설과 그 헌법적 모델에 관한 검토. 공법학연구, 10(4), 81-112.

조석훈(2002). 학교와 교육법. 서울: 교육과학사.

조영달(2006). 다문화가정의 자녀 교육 실태 조사. 서울: 교육인적자원부.

조영달(2007). 다문화 교육 정책수립을 위한 기초 인식 조사 연구계획. 서울: 교육인적자원부.

조용환(1999). 질적 연구: 방법과 사례. 서울: 교육과학사.

조용환(2000). 질적 연구: 방법과 사례. 서울: 교육과학사.

조용환(2005). 질적 연구: 방법과 사례. 파주: 교육과학사.

조희연(1993). 계급과 빈곤. 서울: 한울.

지역아동정보센터(2009). 지역아동센터 2008년도 통계자료.

진혜경(2012). 청소년청책론. 서울: 학지사.

천성호(2009). 한국야학운동사. 서울: 학이시습.

최상근 외(2004). 교육 소외계층의 교육실태와 정책과제. 서울: 한국교육개발원.

최상근(2011). Wee 프로젝트 운영모델 개발 연구. 서울: 한국교육개발원.

최종인(2004). 교육복지와 교육학과의 관계 모색: 독일의 사회교육학(Sozialpaedagogik)을 중심으로. 교육철학, 31(1), 185-197.

최현주(2010). 교육복지 개념에 대한 비판적 고찰. 공주대학교 석사학위논문.

통계청(2010). 2010년 인구동태 조사.

통계청(2011). 2011 고령자 통계 보도자료.

통일백서(2010, 2012). 통일부.

통일부(2012). 2012 북한이탈주민 정착지원 업무 실무편람

통일부(2012). 2012 통일백서. 서울: (주)다해미디어.

통일부(2010). 2010 통일백서. 서울: (주)다해미디어.

평택대학교 다문화가족센터 편(2007). 한국사회와 다문화가족. 파주: 양서원.

표시열(2008). 교육법: 이론 · 정책 · 판례. 서울: 박영사.

하대현, 장영은(2012). 교육복지투자 우선지역 지원사업의 중재프로그램이 저소득층 아동의 지능, 정서지능 및 학업성취에 미치는 효과. **교육심리연구, 26**(1), 85-101.

하봉운(2012). 교육복지정책의 현황과 평가. 한국교육행정의 새로운 담론 탐색. **한국교육행정학회 제165차 추계학술대회 자료집**, 63-97.

하승수(2008). 풀뿌리운동과 한국사회. (사)풀뿌리사람들.

한국고용정보원(2009). CDP-E 꿈 가꾸기.

한국고용정보원(2009). CDP-M 진로탐색여행.

한국교육개발원(2011). 현장 중심의 자율적 교육복지우선지원사업 추진방안 연구. 서울: 한국교육개발원.

한국사회학회(2006). 동북아 "다문화"시대 한국사회의 변화와 통합. 동북아시대위원회 용역과제, 6-8.

한만길(2000). **21세기 교육복지 발전방안 연구**. 서울: 한국교육개발원.

한숭희(2004). **평생교육론: 평생학습 사회의 교육학**. 서울: 학지사.

한정란(2005). **노인교육의 이해**. 서울: 학지사.

한정란, 박성희, 원영희, 최일선(2011). 한국 노인교육의 현황 및 발전 방안. *Andragogy Today, 14*(1), 121-149.

한희원(2011). **정의로의 산책: 정의론**. 서울: 삼영사.

행정자치부(2007). 2007 외국인 주민 실태조사 결과. 내부출처.

허미화 역(1994). **질적 사례연구법**. 서울: 양서원.

허정무(2007). **노인교육학개론**. 파주: 양서원.

홍봉선(2004). 우리나라 교육복지의 방향과 과제. **한국사회복지학, 56**(1), 253-285.

전방연, 황매향, 김연진(2011). **진로탐색과 생애설계**. 서울: 학지사.

Banks, J. A. (2007). *Educating Citizens in a Multicultural Society* (2nd ed). Teachers College Press: Columbia University.

Barry, B. (1989). *Theories of Justice*. [이용필 역(1993). **정의론**. 서울: 도서출판 신유.]

Becker, G. S. (1964). *Human Capital: A Theoretical and Empirical Analysis with Special Reference to Education*. New York: National Bureau of Economic Research.

Bernstein, B. & Henderson, D. (1973). Social class differences in the relevance of language to socialization. In Bernstein, B. (Hg.), *Class, Codes and Control* (2). London.

Bundesministerium fuer Familie, Senioren, Frauen und Jugend(BMFSFJ)(2009). 13. *Kinder und Jugendbericht*. Berlin.

Burrell, G. & Morgan, G. (1979). *Sociological paradigm and organizational analysis*. London: Heinemann.

Deutscher Verein fuer oeffentliche und private Fuersorge (2001). Weiterentwickelte Empfehlung and Arbeitshilfe fuer den Ausbau and die Verbesserung der Zusammenarbeit der Kinder und Jugendhilfe mit der Schule. Frankfurt am Main, DV 10/01- AF. In: Hartnuss & Maykus (Hrsg.) 2004. 1141-1176.

Fassinger, R. E. (2005). Paradigms, Praxis, Problem, and Promise: Grounded Theory in Counseling Psychology Research. *Journal of Counseling Psychology 52*(2), 156-166.

Glaser, B. G. & Strauss, A. L. (1967). *The discovery of grounded theory: Strategies for qualitative research*. Chicago: Aldine

Guba, E. & Lincoln, Y. (1994). Competing paradigms in qualitative research. In N. Denzin & Y. Lincoln (Eds.), *Handbook of qualitative research*. London: Sage.

Henschel, A., Krueger, R., Schmitt, Ch. & Stange, W. (Hrsg.) (2008). *Jugendhilfe und Schule.* Wiesbaden: VS Verlag fuer Sozialwissenschaften.

Herr, E. L., Cramer, S. H., & Neiles, S. G. (2004). *Career guidance and counseling through the life span: Systematic approaches*. Boston, MA: Allyn & Bacon.

Im, Y. K. (2011a). New Directions and Tasks of the Rural Educational Welfare Policy in Korea. *The Journal of Educational Administration, 29*(2), 37-61.

Im, Y. K. (2011b). Issues and Tasks of Rotational Teacher System between Urban and Rural Schools in Korea. unpublished paper.

Johnson, D. W. & Johnson, R. T. (2002). *Multicultural Education and Human Relations: Valuing Diversity*. Boston: Allyn & Bacon.

Kerr, C. et al. (1973). *Industrialism and Industria Man*. Harmondsworth: Penguin.

KMK(Kulturministerkonferenz) (1999). *Informationsschrift ueber die Regelungen des KMK-Beschlusses. "Gegenseitige Anerkennung von Lehramtspruefungen und Lehramtbefaehigungen." Sekretariat des staendigen Konferenz der*

Kulturminister der Laender in der BRD.

Kolb, D. A. (1984). *Experiential learning: Experience as the source of learning and development.* Englewood Cliffs, N.J.: Printice-Hall.

Kuhn, T. S. (1970). *The structure of scientific revolution* (2nd ed.). Chicago: University of Chicago Press

Lincoln Y. S. & Guba, E. G. (2000). Paradigmatic controversies, contradictions, and emerging confluences. In N. K. Denzin & Y. S. Lincoln (Eds.), *Handbook of Qualitative research* (2nd ed) (pp. 163-188). Thousand Oaks, CA: Sage.

Lofland J. & Lofland, L. H. (1984). *Analyzing social settings.* Belmont: Wadsworth.

Marshall, T. H. (1963). *Sociology at the Crossroads and Other Essays.* London: Heinemann.

Maxwell. J. A.v(1994). *Qualitative Research Design: An Interactive Approach.*

Merriam, S. (1988). *Case Study Research in Education:* A Qualitative Approach. San Francisco: Jossey-Bass Publishers.

Merriam, S. B., & Caffarella, R. S. (1998). *Learning in Adulthood: A Comprehensive Guide* (3rd ed.). 318-330.

Merton, R. K., Fiske, M. & Kendall, P. L. (1956). *The Focus Interview.* New York: Bureau of Applied Social Research. Columbia University.

Meuser, M. & Nagel, U. (1991). ExpertInneninterviews-Viefach erprobt, wenig bedacht. In Garz, D. & Kraimer, K. (Hg.), *Qualitativeempirische Sozialforschung.* Opladen: Westdeutscher Verlag.

Ministerium fuer Familie, Kinder, Jugend, Kultur und Sport des Landes Nordrhein Westfalen (2011). *Im Interesse von Kindern und Jugendlichen.* Jugendringe in Nordrhein Westfalen.

Mishra, R. (1996). *Society and Social Policy: Theories and Practice of Welfare.* [남찬섭 역. 복지국가의 사상과 이론. 서울: 한울아카데미.]

Moeller, W. & Nix, C. (1991). *Kurzkommenrar zum Kind und Jugendhilfegesetz.* Muenchen: UTB.

Mol, S. T., Oudenhoven, J. & Zee, K. I. (2005). Validation of the Multicultural Personality Questionnaire among an Internationally Oriented Student Population in Taiwan. In Salili, F. & Hoosain, R. (Eds.). *Multicultural Edu-*

cation: Issues, Policies and Practices.

Parsons, T. (1951). *Social System*. London: Routledge.

Ponterotto, J. G. (2005). Qualitative research in counseling psychology: A primer on research paradigm and philosophy of science. *Journal of Counseling Psychology, 52*(2), 126-136

Popper, K. (1968). *Conjectures and refutations*. New York: Harper & Row.

Rawls, J. (1999). *A Theory of Justice.* [황경식 역(2003). 정의론. 서울: 이학사.]

Reason, P. (1994). Human inquiry as discipline and practice. In P. Reason (Ed.), *Participation in human inquiry*. Thousand Oaks, CA: Sage. 40-56.

Rolf, K. & Zimmermann, G. (2008). Strukturen, Leistungen und andere Aufgaben der Jugendhilfe, In: Henschel, A. Krueger, R., Schmitt, C. & Stange, W. (Hrsg.), *Jugendhilfe und Schule.* Wiesbaden: VS Verlag fuer Sozialwissenschaften.

Salili, F. & Hoosain, R. (ed). (2005). *Multicultural Education: Issues, Policies and Practices.*

Sandel, M. J. (2010). *Justice.* [이창신 역. 정의란 무엇인가. 서울: 김영사.]

Schneewind, K., Lukesch, H. & Bastine, I. (1979). *Familiaere Sozialisation: Probleme, Ergebnisse, Perspektiven*. Stuttgart: Keltt-Cotta.

Schuetz, A. (1972). *Gesammelte Aufsaetze,* (2). Den Haag: Nijhof.

Schultz, T. W. (1961). Investment in Human Capital. *American Economic Review, 51*(3), 1-17.

Sean, A. K. & Michael, J. K. (2005). Practicing Participatory Action Research. *Journal of Counseling Psychology, 52*(2), 187-195

Sergiovanni, T. (1994). *Building Community in Schools.* San Francisco: Jossey-Bass Publisher.

Strauss, A. L. & Corbin, J. (1990). *Basics of Qualitative Research*.

Strauss, A. L. & Corbin, J. (1996). *Grundlagen qualitativer Sozialforschung.* Weinheim: Beltz, Psychologie Verlags Union.

Super, D. E. (1990). A life-span, life-space approach to career development. In D. Brown, L. Brooks & Associates, *Career choice and development* (pp. 197-261).

Super, D. E. (1951). Vocational adjustment: Implementing a self-concept. *Occu-*

pations, 30, 88-92.

Tolbert, E. L. (1980). Conseling for career development. Boston: Houghton Mifflin.

Warschburger, P., Petermann, F., Fromme, C., & Wojtalla, N. (1999). *Adipositas-training mit Kindern und Jugendlichen*. Weinheim: Psychologie Verlags Union.

Wertz, F. J. (2005). Phenomenological Research Methods for Counseling Psychology. *Journal of Counseling Psychology, 52*(2), 167-177.

小川利夫(1985). 教育福祉の基本問題. 東京: 勁草書房.

小川利夫, 高橋正教(2001). 教育福祉入門. 東京: 光生館.

교육정책네트워크정보센터(http://edpolicy.kedi.re.kr)

교육복지우선지원사업(http://eduzone.kedi.re.kr)

교육정책네트워크정보센터(http://cesi.kedi.re.kr)

독일아동 · 청소년지원정보망(http://www.kinder-jugeadhif.info)

드림스타트(http://www.dreamstart.go.kr)

대전마을어린이도서관협의회(http://www.maeullib.org)

출입국외국인정책본부(http://www.immigration.go.kr)(2010. 1. 18, 4. 29, 2012. 7. 17)

탈북청소년교육 지원센터(http://www.hub4u.or.kr)

통계청(http://www.kostat.go.kr)(2010. 1. 18, 4. 29, 2012. 7. 17)

통일부(http://www.unikorea.go.kr)

http://www.mext.go.jp

http://law.e-gov.go.jp/announce/H21HO071.html

http://www8.cao.go.jp/youth/wakugumi.html

Wee 프로젝트(http://www.wee.go.kr)

We Start 운동본부(http://www.westart.or.kr)

www.nasch21.de

www.shuelergenossenschaften.de

www.genoatschool.de

www.schubz.de

찾아보기

인 명

용 어

저자 소개

임연기 공주대학교 사범대학 교육학과 교수

이병승 공주대학교 사범대학 교육학과 교수

최준렬 공주대학교 사범대학 교육학과 교수

이영재 공주대학교 사범대학 교육학과 명예교수

박성희 공주대학교 사범대학 교육학과 BK 21 연구교수

박혜원 공주대학교 사범대학 교육학과 박사과정

지희숙 공주대학교 사범대학 교육학과 박사과정 수료

김인옥 공주대학교 사범대학 교육학과 박사과정

곽효정 공주대학교 사범대학 교육학과 석사

신교남 공주대학교 사범대학 교육학과 박사과정

이지영 공주대학교 사범대학 교육학과 박사과정

교육복지의 이해

2013년 10월 30일 1판 1쇄 발행
2014년 8월 20일 1판 2쇄 발행

지은이 • 임연기 이병승 최준렬 이영재 박성희 박혜원
지희숙 김인옥 곽효정 신교남 이지영

펴낸이 • 김 진 환

펴낸곳 • (주) 학지사
121-838 서울특별시 마포구 양화로 15길 20 마인드월드빌딩 5층

대표전화 • 02) 330-5114 팩스 • 02) 324-2345

등록번호 • 제313-2006-000265호

홈페이지 • http://www.hakjisa.co.kr
커뮤니티 • http://cafe.naver.com/hakjisa

ISBN 978-89-997-0159-7 93370

정가 **18,000**원

저자와의 협약으로 인지는 생략합니다.
파본은 구입처에서 교환하여 드립니다.

이 도서의 국립중앙도서관 출판시도서목록(CIP)은 서지정보유통지원시스템 홈페이지(http://seoji.nl.go.kr)와 국가자료공동목록시스템(http://www.nl.go.kr/kolisnet)에서 이용하실 수 있습니다.
(CIP제어번호: CIP2013020332)